Shin Kawashima Ryuji Hattori
川島真・服部龍二 ――― 編

東アジア国際政治史

名古屋大学出版会

はじめに

　本書は 19 世紀以来の東アジアの国際政治史を通史として描こうとするものである。これまで東アジアの国際政治の歴史は，それぞれの国家史の一部として，あるいはイギリスやアメリカなどの文書に依拠した国際政治史の一部分として描かれてきた。昨今，一国史的な外交史研究でも，またヘゲモニーの観点だけを焦点とする国際政治史でもない，東アジアという場を意識した新しい国際政治史が描かれ始めている。これは，とかく列強の利権獲得競争の場として描かれがちであった東アジアの歴史を，地域内アクターと列強との間の相互関係のもとに捉えなおそうとする試みである。だが，このような視点に基づく多くの個別研究が蓄積されてきたにもかかわらず，東アジア国際政治史の通史はなかなか描かれてこなかった。

　しかし，東アジア国際政治史の通史の必要性は随所で耳にされるようになってきていた。その必要性の背景には，第 1 にこうしたテーマのテキストがほとんどなかったということがある。だが第 2 に，東アジア共同体論をふくめ，東アジアが国際政治，地域協力の場として強く意識され，しかも中国の台頭や朝鮮半島情勢による将来への不透明感があったため，歴史的に東アジアの国際政治を見据え，現在，将来を構想しようとする志向が強まったことがより根本的な潮流として存在している。本書は，そうした要請に応えようとしたものである。とはいえ，こうした通史を個人の研究者が単独で描くことは難しい。そこで，各分野で新たな領域を精力的に切り開いている研究者で，本文およびコラムを分担し，また共同で執筆を行った。その結果，新史料に基づいた，新たな論点や枠組みを，東アジア国際政治史の大きな流れとともに提示することができたのではないかと考えている。編者として，何かしらの理論や観点を執筆者に事前に提示したわけではないが，もし編者としての方針があったとすれば，それは各々の事象のおかれた同時代性を重視し，多様なアクターにとっての種々の選択肢を大切にすることであった。国際政治における文明 = 価値が多元化し，また国家以外の複数のアクターが登場し，さらには多様な民主主義が展開する中，外交が国内で情緒的に捉えられてしまう現在，歴史の分野から発信できるのは，国際問題の淵源を歴史的に

手繰ることよりも，歴史における多様な可能性や決定の蓄積の過程を同時代性のもとに示すことではないだろうか。

本書で想定している東アジアは，日中両国と朝鮮半島，そして台湾だが，叙述の中心は日本と中国におかれている。これは編者や執筆者の専門性の所以もあるが，国家を単位とした政治史を越えようとしてもなお存在している限界ともいえる。それでも，中国の視点を叙述に多く取り入れた点，また「帝国と植民地」という論点を取り入れた点は，本書の大きな特長であろう。構成は，第Ⅰ部が19世紀から第1次世界大戦まで，第Ⅱ部がパリ講和会議から第2次世界大戦の終結まで，そして第Ⅲ部と終章が20世紀の後半から21世紀初頭を扱う。叙述は基本的に時系列に沿うが，外交史，国際政治史，日本史，東洋史といった専門領域の違い，また外交文書の公開の有無などにより，叙述スタイルが完全に一致しているわけではない。これは個々の時代の研究状況を示すものでもある。

各章末の「研究課題」は，それぞれの章のエッセンスを把握する上での論点であり，これを利用して本文の理解を深めてほしい。また，コラムは学界の先端的動向を反映し，本文の内容を深く掘り下げている。研究を志す読者に是非とも活用していただきたい。また，地図や巻末の年表も本書を読み進める上での手助けとなろう。索引は紙幅の関係で人名に限定し，朝鮮半島関連のものはハングル発音を規準としている。他方，本書の編集にあたり，いくつか未解決の問題があったことも申し述べておきたい。特に用語や呼称には，現在の東アジア国際政治の問題をそのまま反映して統一が困難なものもあった。読者にはこの点，ご了解いただきたい。

21世紀の東アジアには，中国の大国化，台湾海峡や朝鮮半島情勢など多くの不確定要因がある。日本もまた不確定要因のひとつであるかもしれない。そうした多様な不確定要因が存在する場で，現在，将来を構想するとき，これまでの歴史をふまえないわけにはいかない。こうした面で，本書が歴史的思考を導く，ひとつの立脚点となればこの上ない喜びである。

2007年5月

川島　真

目　次

はじめに　i

第Ⅰ部　近代東アジア国際政治の形成

　　参考地図 1　2

第1章　東アジアの「伝統的」国際秩序 ……………………………… 3

　　はじめに　3
　1．東アジアにおける「伝統」的な国際秩序とその変容　5
　　　　――冊封・朝貢・互市
　2．アヘン戦争とペリー来航――「鎖国」から「開国」へ　9
　3．東アジアにおける主権国家関係の形成　16
　4．冊封・朝貢の再調整　20
　　　　Column 1-1　江戸幕府の外交変容　11
　　　　Column 1-2　不平等条約とイギリス商人　14
　　　　Column 1-3　脱清人――宗主国中国への琉球復国運動の展開　17
　　　　Column 1-4　属国と自主　23

第2章　開国と不平等条約改正 ……………………………………… 25
　　　　――日本による国際標準への適応過程

　　はじめに　25
　1．開国と維新　26
　2．行政権回復の試み　29
　3．法権回復への跳躍　33
　4．法権・行政権の回復と立憲制　42
　　おわりに　50
　　　　Column 2-1　明治維新をめぐる国際政治　27
　　　　Column 2-2　移　民　40

Column 2-3　居留地廃止　46

第3章　列強への道をたどる日本と東アジア情勢 ……………53
　　　——日清・日露戦争

　はじめに　53
　1．日清戦争への道程　54
　2．義和団事件と東アジア情勢の緊迫化　64
　3．日露戦争と戦後の東アジア情勢の変化　69
　4．韓国併合と韓国問題の「消滅」　78
　おわりに　80

　　　Column 3-1　ロシアから見た日清戦争　62
　　　Column 3-2　政治運動の場としての「東京」　67
　　　Column 3-3　ポーツマス講和会議　72
　　　Column 3-4　間島問題　77

第4章　中国をめぐる国際秩序再編と日中対立の形成 ……………82
　　　——義和団事件からパリ講和会議まで

　はじめに　82
　1．義和団事件と光緒新政　83
　2．辛亥革命と日本の対応　91
　3．袁世凱体制と対華21カ条要求　97
　4．パリ講和会議と国際連盟の成立　104
　おわりに　110

　　　Column 4-1　東アジアにおける公共財　88
　　　Column 4-2　満　鉄　90
　　　Column 4-3　「支那」という呼称——日本の対中認識の象徴　93
　　　Column 4-4　ウィルソン政権の東アジア政策　95
　　　Column 4-5　西原借款　103

第Ⅱ部　変動する東アジア国際政治

　　参考地図2　112
　　参考地図3　113

第5章　ワシントン体制下の国際政治 …………………………114
　　　　——1920年代

　はじめに　114
　1．ワシントン体制の成立　115
　2．ソ連の登場と北京政府「修約外交」　121
　3．北伐と国民政府「革命外交」　125
　4．ロンドン海軍軍縮会議の前後　130
　おわりに　135

　　Column 5-1　アヘン問題と国際連盟　116
　　Column 5-2　通信ネットワークをめぐる外交交渉　118
　　Column 5-3　排日移民法　123
　　Column 5-4　排日移民法改正運動　132

第6章　満洲事変と日中紛争 …………………………………137

　はじめに　137
　1．満洲事変　138
　2．塘沽停戦協定から華北分離工作へ　144
　3．華北分離工作後の攻防　148
　4．日中全面戦争の勃発　150
　おわりに　155

　　Column 6-1　満洲国は「国家」であったのか　140
　　Column 6-2　ナチス・ドイツと東アジア　152

第7章　アジア太平洋戦争と東アジア国際政治の変容 ……………157

　はじめに　157
　1．日中戦争の泥沼化と国際化　158
　2．ヨーロッパ情勢との連動　165

3．アジア太平洋戦争への拡散　167
　4．東アジアの新しい枠組みを求めて　171
　おわりに　177

　　Column 7-1　アメリカ中立法　159
　　Column 7-2　南京虐殺事件　160
　　Column 7-3　日米開戦とインテリジェンス　172

第8章　国際政治の中の植民地支配 ……………………………179

　はじめに　179
　1．日清戦争という分水嶺　180
　2．台湾における植民地政策の展開　184
　3．朝鮮における植民地政策の展開　189
　4．台湾・朝鮮における植民地政策の再編　193
　おわりに　205

　　Column 8-1　105人事件　194
　　Column 8-2　3.1運動　196
　　Column 8-3　委任統治　198
　　Column 8-4　渋谷事件と2.28事件　206
　　Column 8-5　東アジアの脱植民地化・脱帝国化　208

第Ⅲ部　現代東アジア国際政治の形成と展開

第9章　日本の復興と国共内戦・朝鮮戦争 ……………………212

　はじめに　212
　1．連合国の対日占領とアジア情勢の変容　213
　2．連合国の対日占領政策　218
　3．対日経済改革——非軍事化と民主化との狭間で　223
　4．国共内戦　230
　5．朝鮮戦争　235
　おわりに　242

　　Column 9-1　イギリス帝国と香港，アジア冷戦——人の移動と国際政治　215

Column 9-2　東京裁判　221
　　　Column 9-3　沖縄問題と「天皇メッセージ」　224
　　　Column 9-4　朝鮮戦争と中朝関係　237

第10章　中国分断後の国際情勢と日米安保改定　…………244

　はじめに　244
　1．対日講和と「中国問題」　245
　2．東西雪解けと東アジア　249
　3．1950年代の中ソ関係　254
　4．日米安保改定　261
　おわりに　268

　　　Column 10-1　バンドン会議　251
　　　Column 10-2　チベット問題　253
　　　Column 10-3　1955年体制と冷戦　262
　　　Column 10-4　日ソ国交回復交渉　264
　　　Column 10-5　東南アジアとの賠償問題　266

第11章　アジア冷戦の変容と日本の戦後処理　…………269

　はじめに　269
　1．日韓国交回復交渉と中ソ対立下の北朝鮮　270
　2．日中台関係のトライアングル　276
　3．ヴェトナム戦争と東アジア　282
　4．沖縄返還と東アジア　287
　おわりに　291

　　　Column 11-1　国際政治の中の「在満朝鮮人」　272
　　　Column 11-2　文化大革命　277
　　　Column 11-3　日米安保における核兵器問題　281
　　　Column 11-4　マレーシア紛争とイギリス　284

第12章　日中国交正常化から中国の改革開放へ　…………293

　はじめに　293
　1．東アジアをめぐる国際情勢の変化と日中国交正常化　295
　2．「反覇権」に基づく東アジア国際関係の構想　305

3．中国の近代化路線と東アジア　310
4．東アジア民主化と天安門事件　317
おわりに　321

　　Column 12-1　断交後の日台関係　304
　　Column 12-2　台湾問題の行方——中国の台湾政策を中心に　312
　　Column 12-3　中朝関係　314
　　Column 12-4　中国残留孤児問題　316
　　Column 12-5　韓国——解放と経済発展の光と影　318

終　章　グローバル化時代の東アジア……323

はじめに　323
1．冷戦終結後の東アジアの構造変動　324
2．東アジアにおける「歴史認識問題」　329
3．地域主義と「東アジア共同体」　336
4．中国の台頭と「競存」の時代　340
おわりに——東アジア国際政治における歴史・現在・未来　352

　　Column 終-1　村山談話　334

あとがき　355
参考文献　357
年　表　371
人名索引　384

第Ⅰ部

近代東アジア国際政治の形成

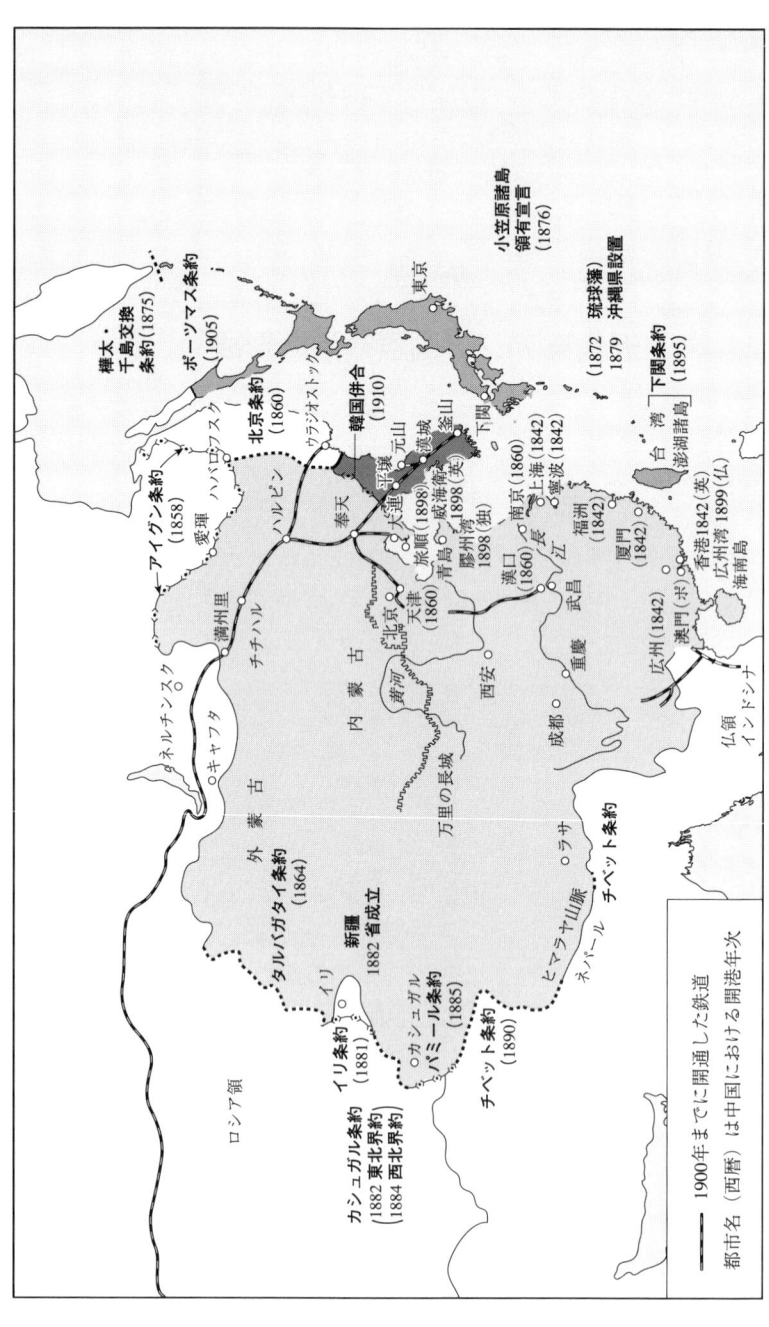

参考地図1　19世紀末から20世紀初頭にかけての国境線画定（第1章、第3章）

出典：「ヨーロッパ諸国のアジア進出」『増補 最新図説 世界史』（浜島書店、1988、p.124）をもとに家永真幸が作成。

第1章　東アジアの「伝統的」国際秩序

川島　真

はじめに

　東アジアの北東側に位置する日本から見える東アジアと中国や韓国から見える東アジアは異なるかもしれない。中国から見れば，東側に琉球，日本があるが，北東には満洲，朝鮮半島と沿海州があり，北にはモンゴルからロシアが，西には中央アジア諸国があり，西南にはチベット，ネパール，インドがあり，南には東南アジア諸国がある。東アジアの北東に位置する日本から見る場合の東アジアの広がりは，このうちの一部にしかならない。こうした東アジアの見え方の相違は，東アジアに多様性をもたらすひとつの源泉となろう。

　さて，そうした東アジアの広がりを考え直した上で，19世紀以前の東アジアの国際政治はどのようなものであったかと問われたら，何を思い浮かべるだろうか。高等学校の世界史や日本史の教科書には，「鎖国」，「朝貢体制」，「冊封体制」，「華夷思想」，「海禁」などの語があったであろうし，また中華思想という語を耳にしたことがあるかもしれない。そして，アヘン戦争や黒船来航まで，東アジアは閉ざされたところで，「開国」してようやく世界に向かって開かれたという印象を持つこともあろう。たしかに，アヘン戦争もペリー来航にともなう対外関係の変化も，東アジアの国際政治の地殻変動ともいえる変化をもたらした。アヘン戦争後の南京条約，ペリー来航後の日米和親条約など，中国も日本も欧米諸国と条約を結んだ。そして，19世紀の後半にいたる時期に，欧米諸国との新たな関係が築かれ，強大な軍事力を背景としたイギリスなどとの通商関係が構築され，また（中国とは17世紀末以来の条約締結国であった）ロシアの脅威が以前よ

りも現実化し，他方で太平洋航路が開かれ，アメリカ大陸との往来が始まり，数多くの中国人がハワイやアメリカ西海岸に渡った。こうした変化は，国内政治にも大きな影響を及ぼした。日本の明治維新，中国における同治中興，洋務運動などがそれにあたる。また，東アジア域内の国々の関係も変化した。それぞれが，国境線と国民を確定し，主権国家として条約に基づく関係を結ぶようになっていく。1871 年の日清修好条規，1876 年の日朝修好条規（江華島条約）は東アジア諸国間の新たな関係を示すものだった。

だが，「西洋からの衝撃」だけで東アジア全体が一気にかわってしまったわけではない。朝鮮と中国の朝貢関係は維持されたし，日本の天皇も，中国皇帝との対等を主張し，中国から国王称号を贈られた朝鮮や琉球国王よりも格上であることを印象付けようとした。また，幕末には長崎奉行らが千歳丸を上海に派遣して貿易をおこなおうとするなど通商面での新たな動きも見られた。他方，朝貢や冊封，あるいは互市などといった対外関係が，西洋と条約を結ぶことで自動的に崩れたわけではないことも看過してはならない。西洋諸国と条約を結ぶことと，東アジアと周辺地域との既存の関係とは，直接的に影響しあったわけではない。朝貢や冊封にとって問題となるのは，むしろ欧米諸国がそうした国々を植民地化して，中国にとっての朝貢国が減少したことである。他方，日本は，欧米と条約を結んだ後，周辺との関係を「条約」をベースに再構築しようとした。この点は日中で異なる。中国では欧米との関係がただちにアジア域内との関係に直接的に影響したわけではないのに対し，日本では欧米との関係の樹立と連動させて，アジア域内との関係も条約により再編しようとしたのである。朝鮮は欧米と条約を結びつつも，中国との伝統的関係を調整しながら原則として維持した。そうした面では，欧米と東アジア各国の関係変容だけを決定的要因として，19 世紀半ばから後半にかけての東アジア国際政治全体の変容を単純に論じることにも無理がある。

総じていえば，19 世紀半ばから後半にかけての時期は，欧米からの通商要請と武力衝突の中で，中国，日本，朝鮮，琉球各国それぞれが多様な対応をしながら，主権国家となって外交関係を築きつつ，他方で東アジアの域内関係も欧米との多様な関係と相互に影響しあいながら変容していった時代だったということができよう。その中で，東アジア各国の対外関係は，重層的な，あるいはダブルスタンダードともいうべき状況となった。そして，それぞれの主体によりそのダブ

ルスタンダードの採用の仕方が異なっていた。19世紀の半ばから後半にかけての時期の東アジア域内外交と東アジア諸国の対欧米外交は，（ロシアという異質な存在を孕みながら）相互に関係をもちつつも別の空間を形成していたのである。東アジア国際政治史においてこの重層的な状況が現在にまで連続しているか，その後も変容したのかについては議論が必要だろう。本章では，まず19世紀前半までの東アジアの「伝統」とされる国際関係について説明をおこない，次にその変容過程について触れてみたい。

1. 東アジアにおける「伝統」的な国際秩序とその変容
　　　──冊封・朝貢・互市

　東アジアの内的規範と華夷・海禁　東アジアの伝統的な国際関係，国際政治といえば何を想起するであろうか。高等学校の日本史の教科書でも，卑弥呼が魏に遣使したことや「漢委奴国王」の金印，倭の五王，白村江の戦，遣隋使，遣唐使，勘合貿易，倭寇，豊臣秀吉の朝鮮侵略，朱印船貿易，長崎貿易などといったかたちで，日本と，中国や朝鮮との関係について言及している。東アジアには，歴史的に形成されてきた関係の蓄積があるが，これは，欧州で形成された多国間のウェストファリア体制のような，条約に基づく，国家間の対等を原則とした「国際関係」とは異なるものである。また，東アジアのそれがシステムや体制と呼ぶに相応しいものかどうかも疑問である。だが，国，地域，そしてさまざまな主体による諸関係の蓄積が歴史的に形成されてきたことは間違いない。

　そこでは，政治，通商，安全管理などの面で共有されてきた規範もあった。たとえば，多くの場合，漢字で記された文書でコミュニケーションがとられ，使節が往来し，専門の通訳・接遇担当者が置かれ，貿易活動や漂流民の送還などについてのルールがあり，共有されていた。また，これらは，問題が発生する中で調整されており，制度を維持しようとするヴェクトルが強くはたらいていたにしても，「伝統」として固定化されていたものではなかった。

　他方，それぞれの世界観を見れば，国家の規模という点で群を抜いていた中国の世界観を日本や朝鮮も選択的に受容し，共有していた面があった［荒野］。中国の王朝は，基本的に自らを中心＝「華」とし，他国を周縁＝「夷」と位置づけていた（華夷思想）。その世界観は，「礼」を重んじる儒学の考え方とあいまって，

「礼」の広がりが皇帝の「徳」の広がりと連動し，直轄地（省のある地域で郡県制が施行されている）から間接統治地域（土司制が施行されている辺境。貢物をおこなうことで統治が認められるが王朝の版図内に有ると考えられる），版図外（冊封をすれば国王として認定する）というような同心円状の広がりによって示される世界観があった。この華夷思想は，「中華思想」と呼ばれることもあるが，もし中華思想を華夷的な世界観とするならば，それは中国に限定されたものではなく，日本や朝鮮にも見られたものである［濱下1990, 1997, 茂木］。だが，その華夷思想が近代になっていかに変容したかについては別途議論が必要である。

また，東アジアでは，自国人の海外渡航は原則として禁止され（渡航が認められたのは，中国が1860年，日本が1866年），対外交易についても，貿易港を限定し，貿易内容を管理していた（「海禁」）。この「華夷思想」と「海禁」が対外関係の基礎となっていた点については，日本も朝鮮もほぼ同じである。日本も朝鮮も，自らを中国，中華などと称し，周囲を「夷」として位置づけようとした（小中華）。だが，中国の王朝を「夷」とすることは稀であった。朝鮮や琉球は中国の王朝に朝貢していたが，満洲族をかつて「夷」とみなしていた朝鮮が，満洲族の王朝である清に朝貢するのには当初相当の抵抗があったものの，次第に変わっていった。また，それぞれが自らを中心とするような外交空間では，その関係の調整は困難をきわめるが，日朝間にあった対馬など，双方にとっての「辺境」に位置する政治主体が，緩衝体の役割を果たし，相互に説明や翻訳を変えながら両国の直接的な衝突を防いだ。複数の「華」が存在し得たひとつの理由は，辺境の緩衝体がその関係を調整していたからであろう。しかし，近代には，外交権の統一という必要性の中で，こうした緩衝体はその役割を縮小していった。

冊封・朝貢・互市　では，ここであらためて「冊封」や「朝貢」として整理される中国と周辺の政治勢力との関係を見ておこう。

第1は，周辺の政治勢力の首長が中国に使節を遣わし，国王としての称号を求め，中国がそれを承認するために使節を派遣するというものである。これを冊封といい，中国から派遣される使節を冊封使という。中国での担当部局は礼部であった。冊封使は，国王としての称号授与文書と共に，印璽や暦を与え，中国との往来においては中国の年号を用いることが求められた。また使節は多くの貢物を持参し，皇帝からも返礼品が贈られた。他方，冊封使は中国皇帝の臣であるが，冊封される国王と同ランクとされることが多かった。なお，使節の往来は国王の

交代ごとにおこなわれた。

　第2は、このような冊封とは異なり、中国皇帝に対して臣服の意志を表し、使節（貢使）を派遣して貢物を納めれば、中国側もそれに賞賜品で以て返礼し、貢使は多くの随行員を伴い、彼らは北京や定められた上陸地などで交易をおこなうことができるという関係である。これを朝貢といい、朝貢国の中には、この進貢の機会を増やすことを求めていた国もあった。朝貢は臣服の意思を示すためというよりも、朝貢にともなう交易のためにおこなわれたとする見解もある［浜下1990］。また、こうした朝貢については、次に見る互市も含めて、海外に国禁をおかして渡航した中国人（華僑、華裔、華人）がおこなっていた面があった［小泉］。他方、中国の王朝は、原則として、冊封や朝貢した国の内政に干渉することはなく、軍事支援についても要請に基づいておこなった。外交の面から見ても、中国は、冊封・朝貢した国と他国との関係には基本的に関知しなかった。そのため二重朝貢も頻繁に見られた。冊封・朝貢という概念は一元的な上下関係や全体として機能する体制やシステムを示すわけではなかったのである。

　第3は、冊封や朝貢をともなわない交易である（互市）。ここでも、4つの港が指定され、それぞれ納税面など、交易についてルールが定められていた。1757年以後、西洋諸国との交易は広州一港に限定されたが、これも互市の一形態とみなすことができよう。なお、貿易という点で見た場合、第2の進貢にともなう貿易よりも、互市による貿易の方が多かった可能性もある。

　「華夷思想」と「海禁」に基づく対外関係は、中国、日本、朝鮮などに共通して見られた。各国ごとの相違や歴史過程の中での個別の変容もあったが、対外関係を支える基本的な考え方は東アジアで共有されていた。

　これらの諸点が中国および東アジアの国際関係史を理解する上での基礎となるのだが、これらが「中国の伝統」、「東アジアの伝統」として実際に長い間存在していたものなのか、あるいはまた清代からのものであるにしても、実際の対外関係を「朝貢」や「冊封」などという名で概括してよいものなのか、じつはいまのところ多くの議論があり、「冊封体制論」や「朝貢体制論」もひとつの仮説で、確固としたものではない。特に、冊封・朝貢などのいわば華夷思想を理念的に体現した部分と、互市という実質的な通商貿易関係との間の関係については、時代ごとに大きな変化があるものと考えられ、今後の研究課題となっている。

　「伝統」の中の変容　冊封や朝貢それじたい、またそれがおこなわれていた時

代を，伝統として一括りにすることがあるが，ここでは，その「伝統」とされる時代における変容について簡単に説明しよう［岡本1999］。ここでは理念としての世界観と実際の対外関係の間の関係が問題となる。清の前の明王朝は，たしかに朝貢以外の対外関係を禁止した。「海禁」政策により海外渡航も禁止された。海外に行くとしたら，琉球などへの冊封使となるしかなかった。これはいわば理念としての世界観を実際の制度，政策に反映させたもので，従来税関の役割を果たしていた市舶司はその「朝貢」のための役所となった。貿易も，正式には，朝貢使節が持参する物品の交換というかたちで実施されるに留まった。それに反するものは「賊」として取締りの対象となったが，実際には私貿易が多く行われていたと考えられる。そして，このような理念を優先させた制度に変更が加えられたのが16世紀初頭であった。広東を中心にして，朝貢使節の持参した貨物に課税することにより，「貿易」としてそれを拡大的に認める動きがおこり，次第にポルトガルなどの西洋諸国（非朝貢国）にも拡大されることになった。これは，「商業の時代（大航海時代）」とよばれる世界規模での貿易拡大とあいまって，中国からの海外出航も促すことになった。だが，明は貿易を自由化したわけではなく，中国沿岸部や東シナ海，南シナ海の海上商業集団（「倭寇」と称される）がおこなっていた貿易を取り締まろうとした。

　明の後を継いだ清朝は，明前半期の体制，すなわち理念と制度を結合させた体制へと転換させた。ここでは依然として貿易は朝貢にともなっておこなわれるもの，とされた。しかし，大きな転機が訪れた。それは，1683年に，海上貿易勢力として台湾に拠っていた鄭氏政権が滅亡したことによる。それによって，清は海禁を解除し，税関ともいえる海関を各地に設置した。ここで想定された貿易は，朝貢や冊封とともにおこなわれるものだけではない。朝貢をおこなわずとも貿易ができたのである。その貿易を主体とした関係＝互市は朝貢から切り離されていくが，それが体制やシステムとして機能していたかどうかについては疑問が残る。そこでは，どこかの「国」と通商関係を結ぶというよりも，どこの国であれ，1757年以後の広東システムのように，納税など一定の条件を満たせば貿易を認めるというものであった。他方，華人の海外渡航は制限されていた。なお，イギリスから清に貿易拡大のために派遣されたマカートニー（Lord George Macartney）やアマースト（William Pitt Amherst）の中国皇帝への謁見をめぐる交渉に見られるように，外国の使節が派遣され中国皇帝などに謁見を求めてきた場合に

は，華夷秩序，朝貢や冊封の論理で謁見がなされたのであった。

このような冊封・朝貢・互市がそれぞれ重なり合う対外関係については，17世紀後半以後の中国と朝鮮，日本との間では相違があると考えられよう。日本や朝鮮は，1683年以前の清のように，理念と貿易を分離させない体制を原則として採用していたともいえる。であるとすれば，「開港」の意味するところも日本と中国とでは異なるものになると予想されるのである。

2．アヘン戦争とペリー来航——「鎖国」から「開国」へ

アヘン戦争と上海システム　19世紀初頭からロシア，イギリス，アメリカなどの船舶が，東アジアでの貿易活動や近海での漁業活動のための拠点を求めて，中国，日本，琉球などの沿岸を訪れるようになった。中国は17-18世紀初頭に，ネルチンスク条約，キャフタ条約をロシアと締結した。これらは，ラテン語で記された平等条約であり，これにより中露間の陸路の通商がルール化された。中国にとってロシアは「与国」とされ，対等な関係とされていた。

イギリスについては，擬似朝貢国ともいわれるが，基本的に互市関係にあり，広東での貿易が定められていた。だが，中国に対して貿易の拡大や中国の官僚と貿易監督官との直接的な文書の往来，イギリス人と中国人の間の紛争に対する裁判権の改善などを求めていた。そのイギリスと中国の間で，1840年にアヘン戦争が発生した。アヘン戦争と名づけられたのは，イギリスが持ち込むアヘンを中国側が禁止，排除しようとして発生した戦争だからである。中国は敗北し，南京条約および一連の条約により，中国は香港島をイギリスに割譲，広州の特権商人であった「公行」を廃止，広州のほかに上海などの4港を開港し，またそれに続く一連の条約によって，英仏米露に対して①治外法権，②関税自主権，③最恵国待遇を「片務的に」認める，こととなった。しかし，この南京条約は，中国の世界観や冊封，朝貢などといった対外関係の形態を変更させたわけではない。実際には，「互市」に示されるような対外貿易について，イギリスなどに対する限定を解除し，広東だけに限定していた交易を5港に拡大したことを意味する。すなわち，互市における調整という側面が強いのである。それに伴い，広東から上海に管理の中心が移り，4国以外の欧州諸国も上海での交易が認められるようになった（上海システム）［岡本1999］。また，このような変容の中で，朝貢をおこな

っていた諸国がそれを停止したわけでもない（シャム〔タイ〕は例外）［小泉］。アヘン戦争は，中国の近代の起点とされるが，それで冊封や朝貢を含む対外関係のすべてが変容したわけではなかったのである。1683年以後，中国は対外貿易（「互市」）を冊封・朝貢などから切り離していたが，アヘン戦争により，その対外貿易部分が改められたのだった。

「鎖国」と「開港」　しかし，清と日本とでは状況は異なる。17世紀初頭以来，対外関係と貿易関係を原則として一致させていた日本にとっては，「開港」はすなわち対外関係全体の変容を意味した面があった（⇒コラム「江戸幕府の外交変容」）。「鎖国」という言葉は長崎でオランダ通詞を務めていた志筑忠雄が，エンゲルベルト・ケンペル（Engelbert Kaempfer）の著書『日本誌』を翻訳した『鎖国論』という著作の中で初めて用いた言葉である。ケンペルは決して否定的な意味合いで説明を加えていたわけではない。また，海外情報という面で見れば，日本では長崎のオランダ商館長などを通じて，比較的正確に世界情勢を把握していたし，世界地理書の翻訳書なども（アメリカ独立以前に記されたものを翻訳したためにアメリカの情報が限定的であったということはあっても）出版されていた。アヘン戦争における中国の敗北，その前後の世界情勢を示す漢籍の流入も重要であった。これらは，幕府や諸藩だけでなく，蘭学者や国学者，そして俳諧のネットワークなどを通じて町人や農村にも一定程度の情報が流れていたのである。

　そうであっても，黒船が来航して日本に「開港」を求めたことは衝撃であったろう[1]。1853年にペリー（Matthew Calbraith Perry）が来航し，翌1854年に締結された日米和親条約では，アメリカ船に物資を補給（薪水給与）するため，下田，箱館が開港された。この段階では通商は定められず，漂流民保護，下田での居留地設置，片務的最恵国待遇が定められた。1858年の日米修好通商条約では，神奈川，長崎，箱館，新潟，兵庫などの開港，アメリカの領事裁判権，開港場での貿易，片務的最恵国待遇などが定められた。アメリカについで，イギリス，オランダ，ロシアなども相次いで日本と条約を締結したことにより，日本の「鎖国」政策は大きな変容を迫られる。この段階で日本は必ずしも清や朝鮮，琉球との関

1）ペリー来航の際，漢文通訳として広東人の羅森が同乗していたことが日本人の関心を集めた。また，ペリー来航の際，1844年に米清間に締結された望厦条約が日本側に手交された。これにより，「アメリカ合衆国」という呼称が漢字文における呼称として広まっていくことになる。

Column 1-1

江戸幕府の外交変容

　礼部と理藩院を中心に担われた清朝政府の外交では，西洋諸国との交渉を処理するため，1861年に総理衙門が設置されるが，日本においても，幕末にいたる外交課題の推移に応じて，江戸幕府の外政機構には変化がみられた。

　「通信」関係にあった朝鮮や琉球からの聘礼使節を迎える際には，そのたびに「朝鮮来聘掛」「琉球人参府掛」が組織され，また長崎のオランダ商館からの江戸参府も「和蘭人参府掛」が対応した。だが，18世紀末以降北方から始まった対外危機への対応は一様ではなく，その政策決定過程にも定型が確立していたわけではない。老中からの政策諮問は，寺社・町・勘定の三奉行のほか大小目付，ときには儒者，さらに直接交渉の現場を預かる幕府直轄地の遠国奉行に及んだが，天保13（1842）年の薪水給与令発令のように老中と他2名の専断とされる事例もある。

　しかし，オランダの開国勧告を受け，「鎖国」祖法維持の方針を返答した直後の弘化2（1845）年7月，老中阿部正弘のもとで兼職の目付と勘定からなる「海防掛」が新たに組織され，西洋諸国に対する政策決定過程の整備が始まる。ペリー来航後の外国使節との交渉には，臨機に兼務の各国別「応接掛」が任命された。対外関係専務の機関が確立するのは，日米修好通商条約締結後の安政5（1858）年7月に「外国奉行」が設置されたことによる。

　このような変容期の外交の担い手として注目されるのが，幕府儒者の林家や学問所関係者たちである。ペリー対応の首席全権は，幕府の教学政策を統括する林大学頭の林復齋であり，ロシア使節応対のそれを務めた筒井政憲は学問所御用であった。また目付系海防掛で「積極的開国論」に主導したとされる岩瀬忠震（林述齋の外孫）も，前職は昌平坂学問所教授方出役であり，幕府直轄の甲府徽典館学頭の経歴も有する。さらにさかのぼれば，文化年間にレザノフ（Nikolai Petrovich Rezanov）への宣諭使を務めた遠山景晉は，学問吟味の甲種及第者であった。従来「能吏」ゆえの重用と説明されてきた，これら学問所関係者の外交参与を，歴史的にどのように位置づけるか。

　東アジア域圏の外交文書が漢文で記されたこと，幕府の国書という公式外交文書も安政元（1854）年末までこの古典中国語で記されたこと，さらに国書授受や将軍との謁見を含む江戸拝礼における「礼」発現の方法こそが，対西洋外交においても当初からの課題であったことは重要である。「礼」から国家への交易許可を含む「通商」へと主たる外交課題が移行することを踏まえ，この時期の「儒吏」の意義をいま一度見直す必要があろう。

(眞壁　仁)

【参考文献】 藤田覚『近世後期政治史と対外関係』（東京大学出版会，2005年）
　　　　　　眞壁仁『徳川後期の学問と政治――昌平坂学問所儒者と幕末外交変容』（名古屋大学出版会，2007年）

係を変えていたわけではなかったが，実際には長崎に限定されていた対清貿易が各開港場に拡大するなどの変化をともなった［古田］2)。

天津条約の締結と不平等条約体制の形成　日米修好通商条約と同年に締結された天津条約は中国にとって決定的な意味をもつものとなる。この条約は，1856年からのアロー戦争の結果として締結されたものである。そして，その不履行を理由とした戦争の後，1860年に締結されたのが北京条約である。この条約で，天津条約を確認し，内容を一部加えたもので，イギリス，フランス，アメリカ，ロシアと締結された。先の南京条約が基本的に通商面に限定されていたのに対して，この天津・北京条約は北京での公使館設置など，清朝中央を相手とした通交を視野に入れたものとなっていた。これは皇帝と外国使節の謁見という，国体の根幹にかかわる問題を含んでいた。清にとっては，たしかに治外法権や関税自主権も看過できない問題であったかもしれないが，皇帝との謁見などの方法こそが対外関係の根幹として意識されていた。なぜなら，皇帝との関係において，冊封・朝貢以外の関係が発生することをこれは示していたからである。そして，1861年に総理各国事務衙門が北京に設けられたのは，こうした新たな対外業務の発生に対応してのことであった［坂野 1973］。

　また，片務的な領事裁判権，関税自主権，最恵国条項の問題もたしかに重要であった。特に，北京条約によって（すでに実質的に多くおこなわれていた）中国人の海外渡航が認められたことは領事裁判権の「不平等性」を認知させていく契機となった。実際，自国民の海外渡航が想定されていない場合，加えて排外運動が盛んな場合，領事裁判権を相手に与えることは，自国民を自国の法で裁くことを保証する点で，同時に自国民を保護することにもつながっていた。当初は，外国での案件は想定されず，自国内の案件が考えられたのである。だが，海外渡航が認められるに及び，加えて太平洋航路などによってアメリカ大陸に，あるいは東南アジアに苦力や商業活動のために移民する華人が増加すると，その保護や地位の問題が浮上するのである。なかには，東南アジアの植民地において植民地臣

2）琉球王国は，日米和親条約締結後に那覇を再訪問したペリーとの間で琉米修好条約を締結し（1854年7月），水・食糧などの供与が約された。この後，1855年にフランスと，1859年にはオランダと条約を締結している。だが，こうした一連の条約締結が直ちに清との冊封・朝貢関係の変更を意味したわけではない。1866年には清から最後の冊封使が琉球を訪れている。

民の地位を得て，中国に帰国し，列強の臣民同様の特権ある外国人として振る舞う華人も現れ始めたのであった。植民地臣民となった中国人や買辦たちは，不平等条約を利用して商業活動をおこなうようになった［本野］。

他方，天津・北京条約締結は英仏米露4国に限定され（有約通商国），ほかの欧州諸国は通商関係にはあっても条約は締結されなかった（無約通商国）。しかし，同治年間（1861–74年）には，清は欧州諸国と相次いで天津・北京条約をモデルとした条約を締結していく。この過程で，漢文も正文とするなど，自らの不利を解消しようとする動きも見られたが，実質的には中国をとりまく不平等条約体制が形成されることを意味していた（⇒コラム「不平等条約とイギリス商人」）。しかし，この段階でも，朝貢国が朝貢関係を解消して清と条約を締結するということは見られなかった。

西洋からの衝撃とアジアからの衝撃　黒船来航やアヘン戦争は，近世から近代への転換を示す象徴的な事件として扱われることが多い。たしかに黒船も，アヘン戦争も，日中両国に大きな衝撃をもたらした。だが，欧米列強によって，それまで閉じられていた扉を叩かれなければ，東アジアの「近代」は始まらなかったのであろうか。西洋からの衝撃を重視する「ウェスタン・インパクト論」は，アヘン戦争や黒船を重視するが，実際のところこれらの事件で本当にドラスティックに変わったのか，連続性はないのか，あるいはそもそもそうした変容は一連の過程に求められるのではないか，等の疑問がおのずと呈されよう。

この時期の東アジアの国際政治を理解するには，東アジアの内在的な歴史の動きと，グローバルな歴史の動きとのどちらか一方ではなく，双方を視野に入れた歴史の説明が求められる。これまでの研究は，当初，西洋からの衝撃を重視し，次に東アジアの内在的動きを重視する流れにあったが，現在は両者を総合的にとらえる視点が求められているところである。ここでは，高等学校までの歴史教科書が比較的西洋からの衝撃を重視していることに鑑み，東アジア域内の変化について紹介したい。南京条約による5港の開港，日米修好通商条約による5港の開港は，外国人が開港場の居留地に住むようになることを示していたが，その居留地には条約当事国であるイギリス，フランス，アメリカなどの商人が住み，数カ所には領事館が設置された。しかし，この開港場の設置は日中関係にも新たな動きをもたらしたのである。そのひとつの現象が，これまで長崎を通じて海外に出ていた商品が，各開港場を通じて直接海外市場，主に上海に流入するようになっ

Column 1-2

不平等条約とイギリス商人

　19世紀の中国・日本で活躍したイギリス商人と聞くと，人は何を思い浮かべるであろうか。アヘン密貿易で知られるジャーディン・マセソン商会，あるいはキャセイ・パシフィック航空の親会社である，ジョン・スワイア商会の名前を直ちに挙げられる人は，相当の歴史通であろう。

　こうしたイギリス商社は，数々の「不平等条約」特権の庇護下に置かれていたからこそ，中国・日本での事業活動で巨万の富を築き上げられたというのが，従来の通念であった。しかし，1970年代以来の研究の結果，東アジアにおけるイギリス商人のイメージは一変した。ジャーディン・マセソン商会のような大商社は例外であり，19世紀中期のイギリス商人は大半が経営規模も小さい上に中国・日本の言語文化，商習慣にも疎く，「不平等条約」特権庇護下にあっても，中国・日本経済を支配できる存在ではなかったことが明らかにされたのである。

　その結果，1980年代以降の中国・日本経済史研究者の関心は，イギリス商人よりも，彼らと対峙していた中国商人の団結力や人脈組織，あるいは日本の殖産興業政策や，日中両国商人による「アジア間競争」論に向けられるようになった。

　イギリス商人研究が下火になった原因はもうひとつある。それは，イギリス商人に関する史料の質が1880年代を境に低下し，研究の進展を妨げていたことである。ところが最近，この状況を打開する大事件が起こった。それは代表的なイギリス商社のひとつ，ジャーディン・マセソン商会が2003年から新たに1895年から1955年にかけての文書公開に踏み切ったことである。

　ジャーディン・マセソン商会文書はケンブリッジ大学図書館が保管管理している（インターネットカタログ検索は，http://ulmss-newton.lib.cam.ac.uk/ を参照）。今回の新文書公開によって，20世紀前半期における同社の活動の実態が解明可能になった。このことは，中国・日本で活躍していたイギリス商人や「不平等条約」体制研究の新たな進展が可能になったことを意味する。この分野の研究者にとって何よりの朗報であり，今後の研究の進展が期待される。

（本野 英一）

【参考文献】石井寛治『近代日本とイギリス資本』（東京大学出版会，1984年）
本野英一『伝統中国商業秩序の崩壊』（名古屋大学出版会，2004年）

たということである。その担い手は，西洋商人であり，また中国商人であった。かつて，長崎貿易の時代に輸出産品であった蝦夷の俵物も箱館から中国商人によって運び出されるようになった。「開港」は日本産品を強く中国市場に引き付けることになったのである。これは，しばしば「アジアからの衝撃」といわれる

［古田，籠谷］。

日本の上海システムへの参加　他方，これによって日本は，長崎貿易で得ていた利益だけでなく，より多くの経済面での利益も西洋・中国商人に奪われることにもなった。このような状況を受け，幕府の長崎奉行や箱館奉行が1860年代に2度，使節を上海に派遣したのである。これが，高杉晋作らが乗っていた千歳丸と健順丸であった。乗船していた人びとは太平天国の乱に揺れる上海，また外国人が商業活動を展開する上海を見て衝撃を受け，それを日本に伝えるのだが，彼らが上海に来た目的は貿易にあった。すなわち，西洋商人などによって上海市場に直接結び付けられた日本の産品を，日本側が直接上海に運んで貿易しようとしたのである。そして，英仏米露の4国のように清との条約締結を求めるのではなく，まずは清と条約を締結していない（無約）通商諸国同様の地位を得ようとしたのである。中国の官僚は，当初日本という国の存在さえ知らないような状態だったが，調査をする中で豊臣秀吉の侵攻などに基づいて警戒心を示し，他方で長崎でおこなわれた銅貿易などを参考にして，貿易を許可しようとした。特に，上海の地方官は日本との貿易に好意的であった。総理衙門の文書には，「日本に限っては，前任者の呉煦道台が上申したように，西洋無約諸国の例に倣い，上海1港における通商と，領事官を設置し，居宅を借りて日本国の事務を管理することを認め，他方で無断で他港に貿易に行くことを明白に禁じ，もって制限を示す方法がよいと考える。これについては敢えて自ら判断できず，ご相談の上，ご指示を乞うものである」などとある。そして，最終的に中国側は日本との貿易や領事館の設置を相当限定的ながら認めようとしていた。しかし，日本国内が明治維新の混乱期にはいり，交渉は途絶えることになる［川島］。

　近世の日中関係は冊封・朝貢関係にはなく，長崎貿易という「互市」関係にあるとされる。その「互市」関係にあった日本は，開港することによって，逆に互市の新たな枠組みとも見られる上海システムに参加することを目指したのである。前述のように，シャムも西洋諸国と接する中で，朝貢を停止したものの，中国沿岸部での貿易をおこなうようになったと考えられる。冊封や朝貢関係を自ら解消し，自ら無約通商国となったのである。しかし，日本やシャムのように新たな関係をもった国は，東アジア，東南アジアには決して多くなかったのである。

3. 東アジアにおける主権国家関係の形成

主権国家と国境の画定 主権国家を中心とする近代的な国際関係は，基本的に1648年のウェストファリア条約に始まるとされている。主権国家は，領土・領海・領空からなり，主権の及ぶ範囲が国家の領域とされる。また内政不干渉の原則を有していて他国から干渉されず，また他の主権国家と対等であるとされる（主権国家間の不平等条約については第2章参照）。中国では1861年に設けられた総理衙門のマーティン（William Alexander Parsons Martin）が，ホィートン（Henry Wheaton）の *Elements of International Law* を翻訳し，中央・地方に頒布した（『万国公法』）。この万国公法について，中国では自然法的な理解がなされたと考えるのが通常であるが，交渉相手である欧米諸国が依拠する規範として受容された側面もある。日本でも，幕府の開成所で翻刻されている［佐藤，坂野1973］。こうした欧米への対応では日中に共通性が見られる。

総理各国事務衙門の成立など，対外関係において冊封・朝貢以外の対外関係が中国に生まれ，朝貢国が欧米諸国と条約を結び，あるいは藩屏であった周辺諸国もまた欧米諸国と条約を結ぶ中で，日中双方で冊封・朝貢関係は維持されたものの，他方で中国や日本もまた国境を画定し，国土全域への直接的な統治を目指す政策が採られるようになった。日本の場合は，1875年に樺太・千島交換条約によって北方の領土を画定し，1876年に小笠原諸島領有を宣言し，そして1872年に琉球藩を置き，79年に沖縄県を設置するなどして，国境を画定していった（⇒コラム「脱清人」）。日本は比較的疆域を拡大させて近代国家を形成しようとした。また，廃藩置県を実施，中央集権を成し遂げるとともに，徴兵制を施行して，軍事権を中央が把握した。他方，中国においては状況が複雑であった。それは，中国では「行省」地区＝直轄地（科挙官僚が巡回しながら統治）と，藩部（モンゴル，チベットなど王侯が封じられる），満洲（王朝の故郷，旗地），そのほか（土司地区＝少数民族地区，首長に官爵を与え，封じる）などといった多様な地域的政治空間が同心円的に存在していたからである［茂木］。中国は，特に1880年代にはいってから新疆，台湾などを省とし，また1900年代には満洲に東三省を建てた（「建省」）。「建省」実施は，藩部などが中国の領域であるか，それとも朝貢国と同様であるかという問題と深くかかわっていた。イギリスなどが特に後

Column 1-3

脱清人——宗主国中国への琉球復国運動の展開

　明治初年における近代国家の形成過程で，日本政府は領土確定の重要課題として北方領土・小笠原問題と共に，幕藩体制下で薩摩藩の附庸国として位置付けられていた琉球の帰属問題の解決を政治日程にのせ，領土の確定を目的とした一連の「琉球処分」を強行していく。千島・樺太，小笠原に関しては近代国際法（万国公法）による解決が可能であった。しかし，琉球に関しては中国の進貢体制下における属国という東アジアの伝統的な国際秩序原理があり，その対応を迫られていた。日本政府は「万国公法」を背景に，琉球の「日中両属」を否定し，中国との関係を清算する内国化政策を展開していく。
　まず，1872年9月に琉球王国を「琉球藩」に，国王を「藩王」に改め，版籍奉還・廃藩置県といった国内措置にもちこめる藩政を導入した。そして米・蘭・仏各国と琉球が締結した条約文書を回収して，王国の外交事務を外務省の管轄下におき，日本の条約体制の中に琉球を組み入れた。74年7月に琉球藩の管理を外務省から内務省に移管すると，翌年中国への進貢を禁じ，福州琉球館の廃止や中国の冊封といった対中国関係の一切を排除し，79年4月に廃藩置県を強行して，内政処分として日本の一元的・排他的な領有主権を確立した。
　こうした日本の一方的な領土編入は，当然宗主権を主張する中国の激しい抗議を招いた。日中間の琉球帰属問題に関する外交的対立は，進貢体制と万国公法に基づく近代国際法体制とのまさに相克の様相を呈していた。組織的な抵抗運動を政府側警察権力の弾圧で封じ込まれ，自力による復国が絶望的な状態に追い込まれていた王府中枢は，宗主国中国に属国の保護を訴え，その軍事介入により復国を実現しようとする歎願運動を，福州・天津・北京を拠点に展開するようになる。中国に密航してこうした復国運動に従事した人びとを「脱清人」と呼んでいる。中国が東アジアの宗属支配の原理に基づいた伝統的な国際秩序（進貢体制）を維持しうる限り，王国復旧の可能性はあると確信した脱清人らの歎願運動は，宗主国中国が日清戦争で敗北するまで続けられた。（赤嶺　守）

【参考文献】赤嶺守「清朝の対日琉球帰属問題交渉と脱清人」（『清代中国の諸問題』山川出版社，1995年）
　　　　　赤嶺守『琉球王国——東アジアのコーナーストーン』（講談社，2004年）

者として認知する傾向があったため，直轄地を広げる必要があったことに起因している。国境についても，アイグン条約や北京条約で東北方面のロシアとの境界を定め，イギリスの植民地となったビルマと雲南省の国境画定交渉をおこなうなど，しだいに明確にしていった。

　外交権と民族問題　このような境界の明確化と辺境地域の内地化は2つの結果

をもたらした。第1は，外交権の問題である。もともと，自らを「華」とし，他を「夷」とする国々の集合体であった東アジアには，たとえば対馬などの国と国の間に緩衝体ともいえる場があったのだが，それらは国境が確定され，外交権の首都への一元化が進む中で，媒介者としての役割を失った。ここに，松前，長崎，対馬，鹿児島，琉球などの外交権は否定され，東京に一元化されることになった。中国では状況は複雑で，総理衙門という対外関係を担う機関が中央政府に設けられたが，これは新たに条約を締結した4国との関係を主たる業務とし，また既存の六部では対応できない夷務，洋務を臨時に担当した。しかし，外交権という面から見れば，北洋大臣，南洋大臣，あるいは総督・巡撫などが交渉をおこなうことがあり，外交権は依然多元的であった。中国が外交権を統一するのは1901年の外務部設立後だともいえるが，それでも地方大官の対外交渉権は否定されてはいなかった［川島］。

他方，新疆などに省が設けられ，国境が意識されたことは，チベットやモンゴル，満洲の帰属問題を惹起しただけでなく，近代国家としての中国の周辺への支配の強化をもうながした。それにより民族問題が生じ，外交問題にも結びつくようになった（⇒第10章コラム「チベット問題」）。

このように，主権国家としての体裁を整える動きが東アジアにあらわれる中で，東アジアの域内関係にも，従来の冊封・朝貢では説明しきれない関係が生まれるようになる。そのひとつが，日本の登場に伴う，琉球王国の吸収，条約（条規）に基づく日清，日朝の諸関係であり，また清と朝鮮の関係における冊封・朝貢関係の調整であった。冊封・朝貢体制に直接的に変容を迫ったのは，前述の皇帝との謁見や公使館設置とともに，朝貢国そのものの減少だった。その点，日本は英仏が東南アジアの朝貢国を植民地化して朝貢を停止させるのにやや先んじて琉球を内地化して朝貢を停止させることになった。

2つの「条規」　1870年代，日本は清，朝鮮と相次いで条約を締結した。すなわち，1871年に締結された日清修好条規，また1876年に締結された日朝修好条規であった。前者は平等条約，後者は日本側にのみ領事裁判権，最恵国待遇を認め，朝鮮の関税自主権を認めない不平等条約であった。また朝鮮は釜山など3港（のちに元山，仁川と決定）を開港した。日清修好条規をめぐる交渉で，日本側は，清との交渉で内地通商権や最恵国条項を求めたが認められなかった。清側は，幕末使節（千歳丸・健順丸）との交渉の延長上に日本を捉え，欧米諸国とは異な

る，特権を与えない関係を想定していた。他方，「若シ他国ヨリ不公及ヒ軽蔑スル事有ル時」には「互ニ相助」けるとされる規定が攻守同盟ではないかと諸外国から疑われるという面があった。

この2つの条規（西洋諸国との条約でも国内や朝貢国との間で用いられる章程でもない，条規という新たな呼称が用いられたのが特徴である）によって，東アジアにも冊封・朝貢と異なる国際関係が形成されはじめた。そこには万国公法に示された公使の相互派遣，領事裁判権などが規定されていた。1870年代に日清間で公使や（制限的な領事裁判権を有する）領事が相互に派遣され，日本から朝鮮にも公使や領事が派遣された。清も東京に公使館を設け，開港場に領事館を設けた。日本国内の華人社会も，のちに設置される商会などの公的機能を有する民間組織を通じて領事館と結びつくようになった。

東アジアの内的論理の継承　しかし，万国公法によりつつも，西洋諸国との関係の相違を示唆する「条規」に基づいた関係の形成が，既存の東アジアにおける国際関係を一気に転換したわけではないであろう。日本の対東アジア政策も，たとえば1874年の台湾出兵のときのように，万国公法に基づき，自らが万国公法を身にまとう近代国家（文明国）で，清は非文明国だと強調していたものの，一面では東アジアの内的論理を利用する面があった。たとえば，日本の天皇は「皇帝」称号を外交文書で使用しようとし，また1871年の日清修好条規によって清と対等な関係となったことを背景に，清から冊封を受けている琉球や朝鮮の国王よりも優位に立とうとした面があった。

また，日本が「帝国」を自称したことの背景にも，国王を戴く通常の国家では清朝よりも下に位置づけられる可能性があったのかもしれない。東アジアでは「皇帝の治める帝国」と主張して始めて独立自主となると意識されたのではなかろうか。1897年の大韓帝国という呼称もこの面から理解できるかもしれない。

他方，東京の芝増上寺に設けられた清の公使館でも科挙出身の官僚と日本の漢学者などとの文人交流がなされ，また科挙官僚らはすでに中国では見られなくなっていた古い漢籍を日本で発見し，大量に購入して中国に持ち帰った（ブックロード）。このような東アジアの内的な連続性に基づく，文化を媒介にした交流もなされたのであった。

4. 冊封・朝貢の再調整

宗主国と外交権，藩屏としての周縁　冊封・朝貢に際しては，「三跪九叩頭の礼」などの清朝内部の儀礼を外国にも拡大して求める面があった。中国はあくまでも上位にある華であり，外国は夷と認識された。しかし，冊封を求めてきた対象に国王としての称号を授け，朝貢使節に貿易許可を与えても，それが相手国の外交権を握ることや，相手国の内政に干渉することができることを意味するわけではなかった。1国が複数国に朝貢をおこなっても，中国がそれを止めるわけではなかった。また，実際に漢文文書に残されているように相手国が中国を敬っているのかどうかは，漢文が朝貢国の持参した原文をどの程度反映しているかわからないため，未知数であった。対馬の宗氏がそうであったように，媒介者となる政治主体や担当の地方の役人が双方の文書を書き直しながら調整する可能性もあったし，東南アジアなどの華人が朝貢貿易を請け負ったに過ぎず，政治的な意味よりも経済的な要因が優先されていた可能性もあるからである。だが，中国から見れば，朝廷の儀式において，ある世界観に基づいた儀礼的行為がなされていれば，それで国家としての体面は守られたということになった。

しかし，19世紀半ばから後半にかけて東南アジアや東アジアの国々と外交交渉をもとうとした欧米諸国は，その国が中国から冊封を受けていたり，朝貢していたりする場合，その国の外交権が宗主国である清に属しているとみなすことがあった。これは，従来の清の考え方とは異なるものであった。しかし，欧米との交渉を通じて，ヴェトナム，朝鮮などについて，清は外交権をもつ宗主国として振る舞うようになったのである。これは，冊封・朝貢面における大きな変容のひとつとなった。日本の朝鮮や琉球に対する政策も，朝鮮や琉球が清から冊封を受けていることを強く意識したものであった。

他方，前述のように清は，もともと版図は有していたものの，その内側に省制が施行されている地域，藩部，土司地域など，多様な支配形態を有していた（藩部が地域として版図の内側にあると認識されるのも，18世紀半ばの清による新疆征服以後の現象と考えられる）。ロシアが西方から，また日本が東方から迫る中で，1870年代から80年代にかけて，その版図を維持し，守る必要性が提唱され，塞防論や海防論が盛んに議論される。そうした中で版図に接する周縁地域（朝貢

国）は，藩屏などとして，版図の防衛にとって重要な地域として意識されるようになった。また，主権国家の領域概念では，藩部や土司もまた省制施行地域と同様の領土とみなされることもあり，新疆省や台湾省を設置して，直接支配領域を辺境地域に築くことも見られるようになった。

冊封・朝貢の対象の減少　冊封・朝貢は，天津・北京条約以後に欧米諸国が皇帝への謁見を含めて政治外交的な関係を中国と築くようになったこと，また中国から冊封を受けている諸国との交渉において，欧米諸国が宗主国である中国を当該国の外交権を有する主体と見ることなどにより，従前とは異なる調整を求められるようになっていた。

このほか，冊封・朝貢に関する根本的な問題として，冊封や朝貢をおこなう国それじたいが植民地などとなり，朝貢などが停止されるという問題があった。特に東南アジア諸国については，ビルマやヴェトナムがそれぞれイギリス，フランスとの戦争に敗北して，その植民地となった。このほかの東南アジアもシャムを除いて欧米諸国の植民地となった。他方，中央アジアでも，清との間で交易をおこなっていた国々がロシアの領土の一部となっていた（ただし中央アジアの国々が「朝貢」していたかどうかについては疑問が残る）。北東方向でも，1858年のアイグン条約，1860年の北京条約によってアムール河流域，沿海州の国境が明確化され，当該地方のツングース系諸民族との既存の交易ルートは，ロシアとの貿易ということになった。東方では，琉球について1879年に日本の直轄地であることを示す県が設置された。こうした中で1880年代には，朝貢国がほとんど見られなくなった。唯一，朝鮮だけが主要朝貢国の中で残されていたのである。

朝貢と条約のダブルスタンダード　朝鮮は1876年に日本と日朝修好条規を締結，1882年にはアメリカとシューフェルト条約を締結した。この間，1880年に中国の駐日公使館の参賛官・黄遵憲が朝鮮側に『朝鮮策略』という意見書を提出した。そこでは，ロシアの脅威が説かれ，それに対抗するために「親中・聯美〔米〕・結日」が唱えられていた。このような経緯を見れば，中国にとっての主要な朝貢国である朝鮮もまた，諸外国と条約を締結することが，中国によって容認されていることがうかがえる。中国自身，冊封・朝貢を調整し，冊封・朝貢国である朝鮮の対外関係に意見書を手交するなどして関与しようとしていたのである。その際，冊封・朝貢を維持することは前提としつつも，それがために朝鮮と欧米諸国の関係を断絶させようとしたわけではなかった。

朝鮮が中国を宗主国としつつ，他国と条約を締結することについて，中国は朝鮮が「属国であるが自主である」と表現した［岡本2004］。これはいわばダブルスタンダードを朝鮮に適用することに他ならなかった。朝鮮は中国の属国であるものの，対外条約を締結する自主の国であるという点は，冊封・朝貢という旧来のシステムを維持し，その国の対外関係については自主であるということを前提としていた（⇒コラム「属国と自主」）。だが，前述のように，条約関係の締結がただちに朝貢関係を否定するものではなかったので，清の側から見れば，このダブルスタンダードは有効であった。そして，同時に朝鮮の在外公使が同じ任地の中国の在外公使よりも上位に立つことがないようにするなど，中国の国家の体面は維持された。このような調整は，中国と朝鮮の双方が欧米と条約関係をもったために必要とされた措置であった。さらに，朝鮮に対する宗主国としての関与も強化され，1882年，清韓水陸貿易章程という実質的な不平等条約を締結した。中国は，既存の冊封・朝貢を維持しつつ，同時にダブルスタンダードともいえる，新たな調整を加えたのである。

　朝鮮では，日本との日朝修好条規の締結後も，国王（高宗〈コジョン〉）の父である大院君〈テウォングン〉との政争が続き，ここに日本の明治維新をモデルに近代化を図ろうとする独立党が閔妃〈ミンビ〉を支持するなど，情勢が複雑化していた。そうした中で，1882年，大院君が閔妃，独立党，日本人排斥を企図して反乱をおこし，花房義質公使らも軍艦で朝鮮半島から逃れたが，袁世凱ら中国側の迅速な対応で鎮圧され，大院君は中国の保定に連行された（壬午事変）。この2年後，1884年に日本寄りとされる金玉均〈キム・オッキュン〉，朴泳孝〈パク・ヨンヒョ〉らがクーデターをおこし，事大党（中国との関係を重視）寄りの閔氏政権の転覆を企図，日本軍が王宮を占領したものの，中国軍によって鎮圧された（甲申政変）。翌1885年，伊藤博文と李鴻章の間で日清天津条約が締結され，朝鮮からの両国軍の撤退，軍事教官派遣停止，朝鮮出兵の際の相互事前通告などが約された。

　朝鮮は，清が考えていた「属国と自主」というダブルスタンダードをそのまま受け容れていたわけではなかった。あくまでも「自主」に重きを置いていたのである。その朝鮮が朝貢国でなくなるのは，日清戦争後の下関条約において中国が朝鮮を自主の国と認め，自らの宗主権を否定してからである。1897年，朝鮮は大韓帝国となり，1899年に清韓修好通商条約が締結される。この条約は文面の上では平等だったが，1880年代以来，仁川，釜山，元山などに設けられた清の

Column 1-4

属国と自主

　これまで，近代東アジアの「伝統的」国際秩序を説明するのに，しばしば「属国自主」という図式が用いられてきた。中国を囲繞する諸国は，その「属国」となりながら政体は「自主」であった事態，西洋近代の国際秩序とは異質なありようを概念化したものである。

　しかし忘れてはならないのは，「属国」にせよ「自主」にせよ，西洋との交渉が始まってから，清朝がほかならぬその西洋諸国に，その周辺国との関係を主張するため，新たに用いた術語概念だということである。それぞれ「伝統的」な措辞と重なり合い，しかも時期，局面によって異なる，当事者の利害に応じた意味づけも可能であった。

　こうした問題が表面化するのは，琉球処分以降のことである。清朝は日本との交渉では，琉球の分割か復国かで動揺したのに対し，ヴェトナムではその「保護」をめぐって，フランスと争った。そのさいヴェトナムの「自主」を争点にしていない。1874年のサイゴン条約が謳った「自主」は，フランスの保護と一体になっていたからである。

　これに対し，同じ「属国」でも朝鮮の場合は，当初より清朝の「属国」でありしかも内政外交が「自主」だと言明されていた。清朝は1880年代に入ると，ヴェトナムの反省もあって，そうした「属国自主」を明文化して日本と西洋諸国にみとめさせようとする。ところが日本も西洋諸国も，その内容をはかりかねたし，のみならず，清朝の考える「属国」を前提とする「自主」と，朝鮮の考える「自主」を前提とする「属国」とは，必ずしも一致しなかった。そこには，朝鮮に対する「保護」はいったいどこに帰属するかの問題が，つきまとっていたからである。清仏のいわば二者択一となったヴェトナムとはちがって，その確たる解答がなかなか出なかったことが，かえって一種の勢力均衡をもたらした。90年代に入ってその帰趨がはっきりしてくると，逆にそれを争点に戦争を惹起するにいたる。

　そうした意味で，「属国自主」はア・プリオリに，東アジア国際政治史上の史実すべてに一律にあてはまる図式ではない。中国とその周辺国との関係を逐一，丹念にみてゆくことが，「伝統的」国際秩序の精確な理解には不可欠であり，またけっきょくは捷径になるであろう。

（岡本　隆司）

【参考文献】岡本隆司『属国と自主のあいだ——近代清韓関係と東アジアの命運』（名古屋大学出版会，2004年）

租界やそこでの特権は維持されることとなった。

　記憶としての宗主国・属国　朝鮮との冊封・朝貢関係が実質的になくなったことは，中国にとって冊封・朝貢関係を結ぶ主要国をすべて喪失したことを意味した（ただし20世紀になってからもグルカなどの朝貢の例がある）。こののち，中国

が従来から有していた世界観，冊封・朝貢という関係の持ち方が，いかにその後の中国外交に影響を与えたのかは未知数である。中国の対周辺外交には，歴史的な要因が色濃く反映していると分析されることもあれば，冊封・朝貢などの要素は19世紀後半に朝貢国を喪失する過程で消えさったとする観点もある。この点は今後の検討課題である。

だが，20世紀中国の『清史稿』などの歴史書や歴史教科書において，冊封・朝貢やかつての世界観がどのように整理，叙述されたかという問題が別に存在する。中国は，20世紀のナショナリズムの中，かつて朝貢したことがある国を「属国」として整理しようとした面がある。ここで示された関係は，内政不干渉や複数朝貢容認を原則とする関係ではなく，1880年代以後の中国と朝鮮の関係のような，（中国から見て）一元的な宗主国・属国の関係として示された。清末の冊封・朝貢の調整の結果が残像として明文化されたのである。孫文も帝国主義を批判する一方で，冊封や朝貢関係を，諸外国が「自発的」に中国を敬慕したものとして高く評価した。また，知識人の中には，かつての属国はみな中国の領土の一部分になるべきとする者もいた。しかし，孫文の死後に形成された三民主義の公的な解釈では，冊封や朝貢肯定論は強調されず，帝国主義に侵略されたという共通の体験をもち，それに抵抗し，独立を勝ちとるために連帯するアジア論が強調されるようになった。そうした連帯における中国の優位性がいかに認識されたかは判然としないが，20世紀前半の日本に対抗しながら国家建設をおこなう過程で，日本の圧力に対するイメージとして，「大中国」が構想された側面も否めない。

◆研究課題

（1）日本，朝鮮における「華夷・海禁」体制について，「鎖国」「長崎貿易」「朝鮮通信使」などの用語を用いて記してみよう。
（2）冊封・朝貢関係と互市の関係について，中国，日本，朝鮮三者の共通点と相違点をまとめてみよう。
（3）19世紀後半の歴史を，朝鮮や琉球，また台湾から見るとどのように見えるだろうか。日本や中国とは違った観点が出るだろうか。

第 2 章　開国と不平等条約改正
―― 日本による国際標準への適応過程

五百旗頭　薫

はじめに

　19 世紀における西欧諸国の進出がアジアに対して持った意味は，さまざまな角度から論ずることができる。第 1 章においては，地域的秩序を軸とした変容過程として論じた。これに対して，アジアの個々の国の運命に着目すれば，植民地か不平等条約か，という選択肢の問題として論ずることができる。植民地にとっては独立を達成すること，不平等条約を結んだ国にとっては欧米的な近代国家となって条約を克服することが，政治的な課題となっていく。本章では，不平等条約の改正という課題にいち早く取り組んだ日本の足跡を描く。日本の姿は，サクセスストーリーとして日本自身が誇りにしただけでなく，不平等条約を締結した他のアジア諸国にとって，それを克服するひとつのモデルケースを提供するとともに，またそれを克服しようとした日本が，逆に近隣諸国に「植民地か不平等条約か」という選択を強いていったことからも東アジア国際政治史を考える上で重要なテーマである。

　幕末に結ばれた不平等条約の改正は，明治政府最大の外交課題であった。しかも条約を改正するためには，欧米向けに日本の近代化を証明しなければならなかったため，内政にも大きな影響を与えた。したがって条約改正史は日本政治外交史の屋台骨である。しかし条約改正交渉は 20 年以上にわたって断続的に続けられ，多岐にわたる改正要求をめぐって駆け引きが展開されたので，この経緯を忠実に記述した通史は膨大・複雑になってしまう［山本，川島］。そこで本章では，改正交渉の主たる争点がどう変遷したかに着目して，条約改正史の現時点での見

取り図を示したい。条約改正を外交交渉や法典整備の面だけからえがくのではなく，主権回復の舞台を「行政・司法・立法」の3つの局面に分類した上で，特に行政面が重要であったという観点から解説をおこなう。行政権をめぐる交渉過程を見ることで，近代において，「ステイト」として独立国家であることの意味を考えることも可能となろう。

　東アジアに限らずどの国の近代史においても，行政・司法・立法は一定の時差を伴って発達する。明治政府は，この国家形成のプロセスの早い段階から条約改正を要求した。統治の必要に迫られて行政が早くから発達し，行政における主権回復が初期の改正交渉の主戦場となった。司法については民法・商法の編纂が遅れ，法律の不備を補うべき慣習も変動期を迎えていたため，未整備な状態が続いたが，1880年代に入ると司法における近代化と主権回復が条約改正プロジェクトの焦点となっていく。さらに1890年に議会の開設という形で立法府が整備されると，その存在は条約改正要求の強力な発信源にもかく乱要因にもなった。条約改正のためには，衆議院を政治体制の中に位置付け直す必要があったといえる。

　このように，日本という近代国家は，それぞれのパーツにおいて条約改正史の爪痕を残しつつ，成立したといえよう。条約改正の足跡をたどることで，日本が対外関係と国内体制の双方において，どのように国際標準に対応したかを理解することができるのである。そして，その対応が東アジアからの引証基準ともなり，また周辺諸国との摩擦と軋轢を生む原因も伴っていくのである。

1．開国と維新

日本の不平等条約体制　1850年代，日本が開国に際して欧米と締結した不平等条約は，交戦を経ない「交渉条約」であった。したがって，アヘン戦争・アロー号事件で軍事的敗北を喫した清朝中国の「敗戦条約」と比べると，より平等的であった［加藤］。とはいえ日本の開国（⇒コラム「明治維新をめぐる国際政治」）は，敗戦を伴わなかったために国内的な正当化がいっそう困難になったともいえる。1860年代以降，国内で攘夷事件が頻発し，これを受けて幕府は開港開市の一部延期を要請する等，外交的な苦境に陥った。一方で日本と条約を結んだ国々の在日居留民は，既存の条約に盛り込めなかった特権を事後的に集積しようとした。条約国の外交代表の中には，こうした動きを自制しようという考え方もあっ

Column 2-1

明治維新をめぐる国際政治

19世紀半ばの日本は、朝鮮・中国と疎遠になる一方、西洋の動向には深い関心を払い、それがペリー来航後の外交の基軸となった。

西洋諸国の東アジア・太平洋へのプレゼンスは、18世紀の前半にポルトガル・スペイン・オランダのそれが縮小・固定化した後、その後半にはイギリスとフランスが世界的な覇権競争の中で姿を現した。クック（James Cook）とラ・ペルーズ（J. F. G. de La Pêrouse）の太平洋探検と海図作成がそれを示す。ナポレオン戦争の結果、イギリスが勝者となって、マレー海峡を押さえて中国と太平洋への道を確保し、その条件下にアヘン戦争が発生した。イギリスの戦勝は、東アジアに香港・上海など西洋列国の軍事的・商業的拠点を生み、西洋の通商網が在来のそれと連結して当該地域の経済発展を誘発する一方、西洋の軍事的・政治的介入の素地も成立させた。

しかし、日本に開国を最初に要求したのは新興国家のアメリカと隣国のロシアであった。イギリスとフランスが中国や東南アジアを優先視する一方、アメリカは中国への太平洋横断航路を開設したり捕鯨船に食糧や避泊港を与えるため、ロシアは太平洋岸と北米に領土を確保し、これに食糧等を供給するため、日本に関心を注いだのである。いわゆる産業革命は、工業製品の売込みでなく、蒸気船に代表される交通技術および軍事力の遠距離投入力の面で日本の開国に関係した。西洋列国は実力ある国家の存在した東アジアでは新たに見出した領域を一国で独占せず、他国の模倣と参入を容認した。日本が間もなく英仏その他の諸国とも通信通商条約を結んだのはそのためである。

西洋への開国は、国内の反対運動をきっかけに、日本の政治体制の大転換をもたらした。その終盤でフランスが徳川幕府に肩入れし、イギリスが薩摩を支持したが、国内の両勢力は内戦にあたって両国の介入を回避した。それは国内勢力がいずれも西洋からの日本防衛というナショナリズムを共有する一方、西洋側も日本への領土的野心よりは安定した秩序下での通商拡大に優先的な関心を持っていたためと思われる。

末期の幕府は朝鮮に対仏戦争の抑制を勧める使節を送ろうとしたが、実現しなかった。幕末には、同盟は無論、低レヴェルでも隣国との外交はなく、日本は単独で西洋列国に対処した。これが変化するのは、新政府成立後の朝鮮への国交更新申込みからであった。

（三谷 博）

【参考文献】三谷博『ペリー来航』（吉川弘文館，2003年）

たが、次第に居留民の要求が優勢になっていく［森田］。立場の弱い幕府は、しばしばこうした要求を黙認し、あるいは強要された。その最たるものは、1866年に成立したいわゆる改税約書であった。それまで、日本の協定税率は決して低いものではなかった（原則20％）が、この改税約書によってより低い水準（原則

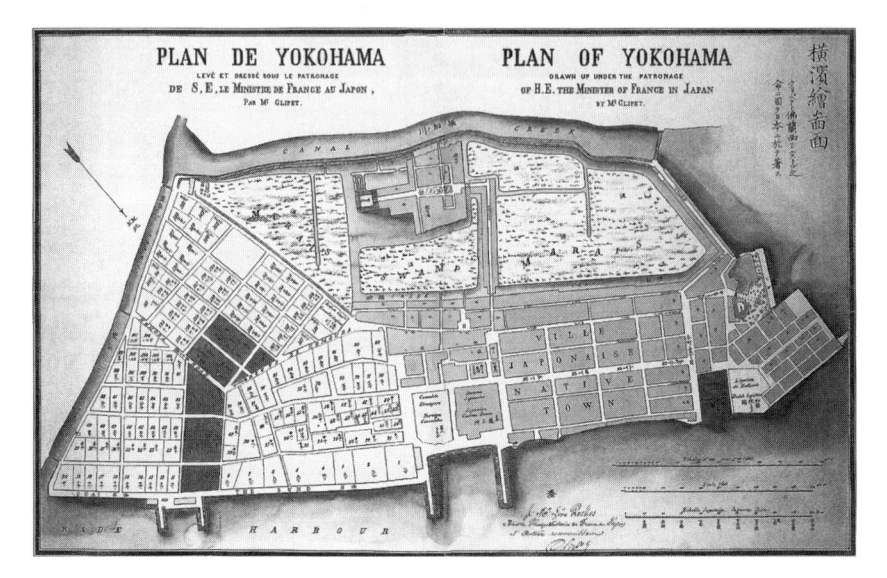

図 2-1 「横浜絵図面」フランス人技師クリペ（Clipet）画，1865 年
出典）横浜開港資料館編『図説横浜外国人居留地』（有隣堂，1998 年）30 頁。

5%）に抑えられたのである。

　しかし，改税約書のような協定の形をとらずとも，外国側の既得権益は幕末維新期を通じて領事裁判の拡大適用によって獲得された［下村 1948, 1962］。条約において領事裁判は，条約国人が民刑事訴訟の被告になり，あるいは条約や条約に付随する貿易関連規則に違反した場合に行われることになっていたが，条約の運用の中では一般的な行政規則違反事件についても，条約国人は領事裁判の保護を受けるようになっていく。日本政府は領事裁判によってでなければ，行政規則を外国人に適用することができなくなったのである。

　しかもこうした行政規則にかかわる裁判権・処分権の制限は，そもそも行政規則を制定する権利の制限をももたらした。自国が認めていない行政規則を領事裁判において適用することを，列国が拒否したためである。日本が事前協議を余儀なくされた規則や，協議が合意にいたらなかった規則は，銃猟規則・港規則・検疫規則・税関に関する規則等，枚挙に暇がない。そこでは，一番重要なイギリスのパークス（Sir Harry Parkes）駐日公使が特に強硬であった。ヨーロッパの一部の国は協議に協力的に応じたが，協議を受ける権利は手放さなかった。アメリカ

は（ときにオランダも）明治初年には，日本の規則を原則として自動的に居留民にも適用すべきだと考えていたが，それでも罰則はアメリカ法に依るとしていた［下村1948，森田］。

したがって日本の不平等条約体制は，司法権・関税自主権への（比較的穏和な）明示的制限と，行政権への事実上の制限からなっていたといえよう。日本の改正交渉は，一見地味だが幅広い裾野を持つ後者を標的にして，本格化していく。

維新当初の改正要求　攘夷運動は幕府の正統性を失墜させ，1867年末の王政復古にいたった。倒幕派の基本方針はすでに攘夷論を脱しており，新政府は開国を国是とすることと，幕府が締結した諸条約を引き継ぐことを宣言した。しかし同時に，条約改正の意思も表明することで，条約に対する国内的不満に応えなければならなかった。このときから条約改正は，明治政府最大の政治的債務となった。

ところが維新当初の政府にあっては改正要求の内容を特定する準備すらなく，列国はこれをとらえて交渉の着手を拒否し，あるいは内地旅行制限の撤廃等の要求を持ち出すことによって，条約を日本に不利な方向で改正することさえ試みた。

1871年に廃藩置県を断行し，国内改革が一段落すると，新政府はこうした列国の外交的攻勢に対応することを迫られた。その結果実現したのが，同年末からの岩倉使節団による欧米諸国の歴訪であった。岩倉使節団の使命は，条約改正を性急に求めるのではなく，改正の前提として必要な「文明化」のために列国の先進的な諸制度を学習し，かつ助言を求めるというところにあった。

しかし改正交渉の延期は，その断念を意味しなかった［森谷，稲生］。謙虚な態度によって日本に好意的な国際的雰囲気を醸成し，相手国の反応次第では改正内容についての基礎的な合意を形勢する，という野心もそこに込められていたのである。渡米して熱い歓迎を受けた使節団が，この野心に駆られて対米交渉に乗り出したのは無理もなかった。

2．行政権回復の試み

岩倉使節団の条約改正交渉　1871年末から派遣された岩倉使節団の要求内容は，行政規則の制定権の回復に主眼を置いたものであった。領事裁判の撤廃にも言及するが，日本の法律・裁判の未成熟に鑑みて時期尚早であることは使節団も認めていた。使節団が力を入れたのは，関税率・港規則・居留地規則などといった行

政規則を，列国と協議することなく自らの裁量で制定する権利を，開港場の増設や居留地範囲の拡大と引き換えに回復することであった，関税率の制定権，すなわち関税自主権については，アメリカは日本における市場獲得よりも日本商品（茶，1880年代からは生糸）の購入に経済的利益を見出していたため，日本の輸出税廃止を条件に輸入税率の制定権を認めるかのようなそぶりを交渉の席上では示す。だが，難題であったのはむしろ他の規則であった。港規則制定権の問題は，港規則を運用する港長の選任に外国が関与すべきかどうかという対立が絡まって決着を見ず，居留地規則についても居留民の借地権への圧迫をアメリカが強く警戒したため，交渉は進展しなかった。

　さらに，日米交渉をとりまく状況は険悪であった。留守政府の外務省はこの交渉を使節団の越権であるととらえ批判的であった。また，日米交渉が突出したことはヨーロッパ諸国の猜疑と不快を招いた。特にフォン・ブラント（Max von Brandt）駐日ドイツ公使と，ベルリンへ転任途上のアダムズ（Francis Adams）駐日イギリス代理公使はワシントンで岩倉具視と会見し，圧力をかけた。すなわち，日本の不平等条約は最恵国待遇について無条件主義（日本がある国に認めた譲与を第3国は無条件で享有することができる）を採っていると主張し，アメリカに提供した譲与はヨーロッパ列国に対しても与えなければならないので，日米2国間のみの交渉は日本にとって有害無益であると述べて岩倉に衝撃を与えたのである。こうして，日米交渉は頓挫する。このような最恵国待遇の連鎖によって条約改正が困難になる状況は，後の中国と類似している。

　アメリカを去って渡英した使節団は，グランヴィル（Earl George Granville）外務大臣より内地旅行と沿海貿易の開放を要求される。しかし，ここで寺島宗則大弁務使（駐英公使に当たる）が猛然と反撃に出た。日本において銃猟規則等を外国人が遵守しないことを大臣の面前で暴露し，同席したパークス駐日公使と激論を戦わせた。そして，外国人が日本の行政に服さない状況では内地開放は日本の国内秩序に致命的な打撃を与えると断じ，毅然とした態度で内地開放要求を撃退したのである。行政権回復の要求は，居留外国人の日常的な振る舞いが横暴であると告発することで，外国側の反撃を最小限に抑えるものであって，国力が乏しく，司法制度が未発達な日本がとるべき弱者の戦術として有効であった。

　寺島宗則外務卿時代　行政権回復を強く希望していたのは，外務省におとらず大蔵省であった。大隈重信を中心として開明派が結集していた大蔵省は，本格的

な税関行政を目指して,さまざまな規則や運用の制定・改正を試みていた。しかし列国の領事・公使より,条約ならびに条約付属の貿易規則に違反している,という強い抗議を受け,しばしば撤回を余儀なくされていた。また,低い関税率が日本国内産業の発達を妨げており,関税自主権の回復が急務であるという意見も,大蔵省を中心に高まっていた。

1873年,いわゆる明治6年の政変によって西郷隆盛・板垣退助・後藤象二郎,そして副島種臣外務卿が下野すると,後任外務卿には寺島が就任した。大蔵省の要望を受けて,寺島は本格的な条約改正交渉に着手する。その際に注目すべきは,寺島が税権回復の中に,関税率を決定する権利のみならず,貿易規則を制定する権利の回復をも含意していた点である。その意味で寺島は,税権回復の装いの下で,行政権の回復を進めようとしていたといえる[五百旗頭]。

交渉内容を限定したことで,アメリカとの交渉は大きく前進した。前節で触れたように,アメリカはこの頃から日本の行政規則制定権の回復を支持していた。アメリカ公使ビンハム(John Bingham)は寺島案の作成段階からこれに参与しており[石井],1878年7月25日には吉田清成駐米公使とアメリカ国務長官エヴァーツ(William Evarts)が,日本の関税自主権・貿易規則制定権の回復,沿海貿易権の掌握等を認めた協定に調印した。また,ロシアも寺島案に好意的であった。しかし保護貿易を警戒するイギリス・ドイツの強い反対を受けた。さらに77年の西南戦争によって財政危機が深刻化すると,大蔵省は収入の増加を急ぐようになった。こうした観点からすれば,税権回復とは必ずしも関税自主権の回復を含む必要はなく,協定税率の引き上げの方が不充分ではあっても即効性のある税権回復ということになる[五百旗頭]。

大隈重信・松方正義等大蔵省首脳は,英仏独における駐在公使(それぞれ上野景範・鮫島尚信・青木周蔵)と連携しつつ,寺島から外交上の主導権を奪っていく。他方で日本国内ではイギリスの反対が知られるに従って強硬論が強まり,司法権の回復に比重を置かない寺島外交に対する支持は減退した。

寺島は孤立し,1879年に外務卿を退いた。吉田・エヴァーツ協定には,同様の協定が他の条約国との間で成立しなければ発効しないという条件が付いていたため,実施にいたらなかった。

初期井上馨外務卿時代 後任の井上馨は寺島に対する批判を踏まえて,法権の回復を主眼に置くことを表明した。1880年に改正案を各国に送付する。協定関

税率の引き上げと，領事裁判の一部撤廃を求めたものである。しかし後者の法権回復要求は外国の拒否を予想して段階的な要求緩和を予定しており，最低限の要求として行政規則の制定権を回収するものであった。税権回復から法権回復に転じたように見えても，行政権回復を真の要求内容とする点で，前任者と共通していたのである。

したがって，後の時代のように，全面的な法権回復を至上命題とする発想はこの時期の日本政府にはなかった。たしかに，寺島時代末期よりハートリー事件（イギリス商人ハートリー〔John Hartley〕が貿易規則に違反した際にイギリス領事が不当に寛大な判決を下したとして，外交問題になった）をきっかけに領事裁判制への批判が高まっていた。しかし政府においては，領事の裁判権そのものに挑戦するよりも規則の制定権から回収しようとする発想は強く，その規則のイメージも，寺島時代のように主に税関を念頭に置くこともあれば，井上時代初期のように陸上の取締りに比重を移すこともあった。この時期の日本は，行政権回復という発想の下，不平等条約体制を部分的に克服するためのさまざまな可能性を試みていたといえよう。

だが井上の交渉も順調には進まなかった。イギリスは井上案への反対を明確にし，列国もこれに同調して井上案を交渉の基礎とすることを拒絶した。イギリスの要求を受け，日本は条約改正予備会議を開催し，改正内容の基礎を列国代表と議定することを受諾した。関税引き上げと行政権回復を要求の主眼として，1882年1月より東京にて列国との共同交渉に臨むのである。

国際環境　岩倉使節団の時期の条約改正交渉には，英米対立が色濃く反映された。寺島期にはこれに加えてバルカン半島における英露対立が激化した。そして岩倉・寺島の条約改正交渉は，米露とイギリスの対日態度の違いを先鋭化させ，イギリス（とそれに追随するドイツ）の反発を招くことで失敗に終わった。条約改正のためには，国際環境が有利になる必要があった。

1878年に露土戦争の戦後処理を討議したベルリン会議は，日本外交にとってもひとつの転機であった。日本は英露間の緊張が高まることで，イギリスも日本の要求に配慮するようになると期待していた。ドイツの宰相ビスマルク（Otto von Bismarck）の会議外交によって戦争が回避されたことは日本を失望させ，寺島外交が行き詰まる背景となった。同時に，ドイツの外交的プレゼンスの大きさを日本に印象付けた［広瀬］。一般的にもドイツのイギリスに対する軍事的・経

済的追い上げがヨーロッパにおいて顕著となり，それを東アジアにおいてどう受け止めるかが，井上の条約改正交渉にとっての課題であったといえよう。

そしてドイツは井上の条約改正交渉にかなり協力的であった。ドイツは強力な行政による国家統一のモデルとして自他ともに許していた。他方で青木駐独公使は，「行政は国家の生命活動である」と唱えて，行政権回復にきわめて熱心であった。ビスマルク以下は好意的な応対を青木に示す。とはいえ東アジアにおけるドイツの力はイギリスに比べてはるかに微弱であったので，ドイツはイギリスと対立するのではなく，イギリスに対する説得に貢献することで日本への影響力を拡大しようとした。井上が関税自主権回復を断念したことで，イギリスの反発が弱まることが期待できた。ドイツは日本に予備会議の開催を勧め，日本はドイツの助力に期待しつつこれに応じたのである。

この間，条約改正交渉の大きな障害となったのが，中国の存在であった。イギリスの東アジア政策における最大の目標は，広大な中国市場における権益を維持することであった。日本への譲歩が清に何らかの口実を与えるのではないか，という危惧が，日本に対する強硬論を説得的にしていた。日本としては，東アジアにおいて群を抜いた開明的姿勢を示し，日本と清に対して異なった取り扱いが可能であると欧米諸国に印象付けることが，自らの条約改正のために有益であると思われた。

条約改正要求がまだ熟していない段階では，清に対する差別化の志向は弱く，むしろ日清提携論の影響の下で日清間の国交が樹立された。すなわち1871年の日清修好条規は，お互いに限定的な領事裁判権と協定関税を認めあうという，特異な対等条約であった。これに対し寺島期に入ってからの，西洋国際法を援用しての清・朝鮮への強硬姿勢は（台湾出兵，江華島事件，琉球処分等），日本の先進性を証明しようという焦燥感をひとつの背景としていた。他方，この時期の清では，条約改正のために西洋国際法を援用しながら自らの先進性を示そうとする傾向は，あまり見られなかった。

3．法権回復への跳躍

内地開放宣言への道　行政権の回復は日本政府として自然な要求であったが，実現にあたってはさまざまな困難があった。1880年代には，行政権回復から法

権回復へと，改正要求の比重は移っていった。もっとも，西洋列国から対外的独立を認められるほど，日本の司法が発達していたわけではない。行政権回復に行き詰まることで，迷いつつも法権回復の賭けに打って出たというのが，実相であった。ここでは，行政権回復にかかわる困難の主なものを確認しながら，交渉経緯を見てみよう。

　第1に，行政権回復の代償の問題である。列国にとって領事裁判は，何よりも居留民の日常的な権利を守る簡易な仕組みであった。日本政府の日常的な行政活動に対する牽制機能を手放すことへの抵抗は強かった。予備会議においてイギリス公使パークスは，関税引き上げに対しても内地での通商等を代償として要求し，行政権回復がいっそうの代償を伴うことを暗に示した。そして代償というのは，内地開放を何らかの形で促進するものである。こうした代償を払うことは，将来の法権回復をより困難にするおそれがあった。領事裁判の撤廃は内地開放と引き換えに実現する，と一般的に考えられており，部分的にでも内地開放を進めることは，将来に領事裁判撤廃を要求する際の交渉上のカードを摩滅させることを意味したからである。

　しかも第2の困難として，こうした代償を伴った行政権回復は日本国内の統治を今まで以上に複雑なものにする危険性があった。外国の代償要求を見越して，井上は複数の限定的な内地開放案を政府内で提案したが，内地の外国人に対して日本側の法・規則をどれほどまで適用し，また裁判をどこまで管轄するかについて異論が百出した。部分的な内地開放を伴った部分的な主権の回復は，日本国内の司法・行政の統一性を今まで以上に阻害する危険性があることが浮き彫りとなったのである。

　ならば内地開放と領事裁判撤廃という全体的ヴィジョンを先に示し，外国側の雑多な代償要求もこの大きな取引の中に解消してしまうのが得策となる。

　1882年4月5日，条約改正予備会議において井上は，内地開放の方針を宣言し，列国代表の賞賛を勝ち取った。難航が予想された関税引き上げについても，パークスの協力を得て，三百数十万円の増収となる新税目への国際的合意ができていく。

　法権回復への傾斜　だが，領事裁判そのものを撤廃するという法権回復路線が，この宣言によって直ちに確立したわけではない。内地開放に対する政府内の抵抗は強かった。しかも当時の日本の信用では外国人判事を日本の裁判所に任用する

といった追加の譲与を示さなければならず，有能な法制官僚たる井上毅の強い反対を招き，岩倉・伊藤博文・山県有朋等政府首脳もこれに同調した［津田 1987］。同じ信用不足を理由に，イギリスも法権回復に冷淡であった。こうして，法権回復の道筋を描けないまま予備会議は閉会となる。法権回復のためには，西洋的な近代法典の整備が求められていた。それは，単なる法律整備だけでなく，警察，検察，裁判所，弁護士，監獄などの整備も意味していた。それは，一朝一夕にできるものではなかった。

以後日本政府は，会議で各国代表が合意した関税増収を実現するための新通商条約の草案作成に従事することとなった。とはいえ井上馨の内地開放宣言は，日本の開明的な姿勢を示すことで主権回復への協力を要請するという，宥和的な交渉スタイルへの移行を告げるものであった。現行条約の運用が不当であると告発する行政権回復交渉のスタイルとは決定的に異なる。ゆりもどしを含みつつも，日本の交渉方針は行政権回復を超えた法権回復へと傾斜していく。その経緯は，以下の通りであった。

まずイギリスは，内地開放が遠のいたこともあって，やはり関税増収に対する代償の要求を強めた（外国籍船舶による沿海貿易の公認や外国人内地旅行制限の緩和等）。これに応ずるとすれば，日本としてはやはり条約国の船舶・旅行者への取締りの権利を一定程度獲得しなければならない。そもそも予備会議終了後も，青木駐独公使をはじめとして，行政権の回復を求める声は根強かった。こうして，当面の条約改正を関税問題に限定するという方針は早くも崩れていく。

しかし行政権回復交渉に回帰するとすれば，その第3の障害として，日本の経済的自立にとって最も重要な貿易規則が条約によって束縛されているという問題に直面しなければならなかった。幕末の修好通商条約成立の際，各国は貿易の自由化に最大の関心を払い，貿易については相当詳細な規定が条約や付属の貿易章程，そして改税約書のような追加協定に盛り込まれていた。税関・貿易行政においては，列国の介入を条約違反と言い切るのは難しかったのである。

これに対し，前述のように，前任の寺島外務卿は関税自主権の回復を要求した。関税率は，貿易規則の根幹であるといえる。したがって，付随して貿易規則一般の制定権を要求するのは自然であった。ところが井上は関税増収を求めているのみであるため，貿易規則制定権を要求する根拠は薄弱であった。予備会議，そして後の本会議においても，貿易関連の規則は列国代表の中から選出された委員に

よって審議されたのであって，日本の主権によって制定されるものとはみなされていなかった。それにもかかわらず，行政上の主権回復への希望は政府内に根強かった。したがって，井上は新通商条約に有効期限を設定することでこの希望に答えようとした。新条約の満期に際してこの条約を廃棄することによって，関税率や貿易上の諸規則に対する条約上の拘束が消滅するからである。しかし英仏は，10年以上先のこととはいえ，これらの権利を返還することに強い難色を示した。井上は廃棄権を獲得できなければ交渉を中止する覚悟であった。

　ここで井上を救ったのがドイツであった。1883年春，ドイツは内地開放と引き換えに新通商条約の廃棄権行使を認める，という方向で仲介に乗り出した。もちろん日本側としては，領事裁判が存続する限りは安易に内地開放を進めるわけにはいかない。その結果，どの程度の内地開放と引き換えに，どの程度の権利が回復されるか，という問いが井上の交渉戦略を規定することになる。そしてこのように問題が設定されると，次第に大きな取引が選好される傾向があることは，1882年に内地開放宣言が発せられた経緯においてすでに見た通りである。パークスの後任であるプランケット（Sir Francis Plunkett）イギリス公使，ホルレーベン（Theodor von Holleben）ドイツ公使と交渉を続けた結果，複雑な合意の枠組みが日英独の間で採用される見通しとなった。簡略化して述べるならば，まず限定的な内地開放と引き換えに，日本は関税引き上げと限定的な司法・行政権の回復を認められる。そして，日本は一応，条約廃棄権を有している。さらに司法権については日本の法律・裁判の発展を踏まえて再交渉を行い，完全な内地開放と引き換えに領事裁判を撤廃する合意を目指す。そして再交渉が成功し内地開放が実現した後，一定の試験期間が経過すると，はじめて日本は上記の条約廃棄権を行使できる，というものである。それが，日本が有する「一応」の条約廃棄権ということであった。

　1886年5月，条約改正の本会議が開催され，上記の枠組みに沿った日本案が提出された。

　英独案の成立　しかし日本案は日英双方にとって不満足なものであった。まず，内地開放と領事裁判撤廃に向けた再交渉というのが，不確定要因であった。それはプランケットにとっては，待望の内地開放がいつまでも遅延する可能性を意味した。日本にとっては，内地を一部開放しているにもかかわらず，新条約の廃棄権が行使できない可能性を意味した。さらに，すでに指摘したように，行政権の

回復は国内統治を極端に複雑にするという弊害があった。日本案において条約国居留民の行政規則違反事件の処理は，①日本が制定した規則が日本の裁判所によって適用される，②日本が制定した規則が領事裁判によって適用される，③日本の制定した規則が適用されない，という3つのケースに分類され，複雑をきわめた。民事・刑事の司法権の部分的回復も，同じような場合分けの下に規定された。成長途上の日本の司法・行政がこの複雑さに耐えられるかについて，国内外は懐疑的であった。

　しかも日本の行政の実態が主権回復にふさわしいか否かも，若干疑問であった。行政権回復にかかわる第4の障害として，日本の行政は早くから発達しただけに，後進性を色濃く残していた。行政権回復の展望が開ける中，日本政府は既存の行政規則の整理・検討作業を行った。その結果，行政規則は未整備で互いに矛盾をはらんでおり，不合理な罰則も多く，1882年に施行された刑法の方が西洋基準からみて妥当であった。そうであるならば，列国に行政規則の遵守を要請するよりは，刑法，そして当時編纂を進めていた民法・商法［中村］を加えた新鋭の法典を背景に法権全体を回復する，という路線の方が混乱は少ないはずであった。

　1886年6月，イギリス・ドイツは合同で対案を提示した。新条約批准の2年後に内地開放と関税引き上げを実施し，その3年後に領事裁判を撤廃するというものであった。この案は内地開放も領事裁判撤廃も条約の有効期限も明確に規定されており，日英を満足させた。さらに内地開放と領事裁判撤廃の間の移行期間が3年という短期であるため，この間の限定的な司法・行政権の回復については厳密に規定しなくてもよいという発想に立っており，これによって複雑さの問題を回避していた。

　日本政府は英独案に事前に内諾を与えており，直ちに日本側の新しい原案として採用する旨を宣言した。ここでついに，短期間での全般的な法権の回復が採用されたのである。

　法権回復路線の定着　法権回復は明治日本の悲願であったが，ここまで見たように，法権回復に向けて日本側が着々と交渉してきたわけではなかった。むしろ，行政権回復という限定的な交渉が行き詰まる中で，浮上してきたものであった。5年後に領事裁判を撤廃するには日本の国際的なステイタスや裁判への信頼は充分ではなく，法典も整備されていなかった。背伸びをした法権回復は，当然に犠牲を伴った。

そのひとつは，日本の裁判所が外国人の被告を裁く代償として，そこに外国人判事・検事を任用することであった。もうひとつは，法典を編纂し，かつ実施前にこれを翻訳した内容を列国に通知するということを約束しなければならなかった。それは条約国側の意図としては，日本の新しい法典が西洋的な基準に適っているかどうかを確認するためであった。

上の2つと比べると目立たない犠牲として，行政権回復要求が切迫性を持たなくなったことがあった。1886年末，外務次官であった青木は執念深く修正案を条約改正本会議に提出し，移行期間中から日本が制定権を回復する行政規則の種類をなるべく広く確定しようとした（保安警察，農林水産業・鉱業・運輸・港湾警察上の規則，税額算定及び徴税のための規則，流通・交換・信用に関する規則，違警罪，地方規則等）。だが領事裁判撤廃と内地開放という大きな交換の中で，行政規則はすでに矮小な問題となっていること，移行期間の短さからして議論する実益に乏しいことなどを理由に反対を受け，適用される規則の範囲は狭くされた（出版条例を除く保安警察規則，衛生規則，税額算定及び徴税のための規則）。のみならず，これは追加的な合意と位置付けられ，列国は批准の義務を負わないこととされた。

青木修正案が処理されることで，議論は法権回復の詳細へと絞られていく。それは列国の文明国・法治国としての体面をかけた激しくかつしばしば感情的な論争であり，近年大きな前進を見た研究領域でもある［藤原］。例えば，日本語と英語のみを日本の裁判所の公用語とする原案に対して委員であるシェンキェウィッツ（Joseph Sienkiewicz）駐日フランス公使が猛烈に反対した。また，移行期間中の日本と外国領事との間の裁判管轄の区分については，ドイツ法の原則に立つ日本側と，フランス法の原則を尊重させようとするフランス委員との間で論争が戦わされた。さらに，日本の上訴制度については，フランス委員はドイツ的であると反発し，ドイツ委員ホルレーベンはドイツ法に忠実ではないと批評した。日本の裁判所における外国人判事の出身国比率をめぐっては，日独の接近に嫉妬する駐日アメリカ公使ハッバード（Richard Hubbard）が自国枠の拡大を強硬に主張した。とはいえ日本が法権を回復することはすでに既定路線となっており，どの国の代表も交渉を中断させてまで争う意思はなかった。1887年4月に会議参加者の間で条約改正案が合意され，各国政府へ送付された。

　井上案・大隈案の挫折　しかし，外国人法律家の任用と法典編纂の予約は，か

えって日本の司法・立法の独立を阻害するものとして政府内で井上毅や法律顧問のボアソナード（Gustave Emile Boissonade），農商務大臣谷干城等の強い反対を招いた。その結果，井上馨は1887年案に関する議事の無期延期を宣言せざるを得なくなった。井上案の内容とその挫折が民間に伝わると，活発な政府批判の運動が起こった。この運動は新条約の内容への批判であると同時に，寺島や初期井上の法律家的な異議申し立てのスタイルから，後期井上の協調的な外交という，交渉スタイルの変貌にも反発したものであった。それだけではなく，自由民権運動を弾圧し，秘密外交を展開する政府の姿勢を弾劾する意味があった。このような政府の外交・内政のあり方を象徴すると目されたのが，外国要人を応接するために1883年に建設された鹿鳴館であった。藩閥政府を「外柔内硬」と指弾する運動は国権派から自由党系，そして立憲改進党の一部にいたる幅広い民間勢力の動員を実現し，これらを糾合した大同団結運動が政界を風靡した。井上は外務大臣を辞任し，伊藤内閣もほどなく総辞職した。交渉の当事者には，民族的悲願である法権回復のためにはある程度の譲歩はやむを得ないという判断があったであろう。しかし法権回復が目前だからこそ，政府内外の吟味はいっそう厳しくなった。こうした意識のギャップは，後任の大隈外相の時代にも続く。

　井上の後任となる外相には，改進党を指導していた大隈重信が就任した（1888年2月）。大隈はドイツ公使ホルレーベン，そして特にアメリカ公使ハッバードと井上馨の意見を取り入れつつ，改正案を作成した［大石2002］。内容的には井上案の多くを受け継いでいるが，一定の改善も試みた。裁判所への外国人法律家の採用は，大審院（今日の最高裁判所）判事に限定することとした。また，外国人判事の任用と法典編纂の約束への国内的批判に対しては，これらの規定を条約本文から外し宣言書に移すことで対応した。さらに最恵国待遇について有条件主義（日本がある国に条件を付けて認めた譲与については，第3国は同じ条件を許容しなければ最恵国待遇による同じ譲与の獲得を主張できない）の解釈を強力に打ち出し，列国との個別交渉による各個撃破を図った。

　しかし内容的には大きな変化がない大隈案に対しても，イギリスは反発した。アメリカ・ドイツ・ロシアの調印（それぞれ2月・6月・8月）にもかかわらず，イギリスは外国人判事が参加する大審院に法律の解釈・適用のみならず事件に関する事実認定の権能をも付加することを執拗に要求した。背伸びをした法権回復への代償を縮小するのは，容易ではなかった。

Column 2-2

移　民

　19世紀中期には，世界が"一体化"するとともに，膨大な人びとが国境を越え，海を越えて移動するようになった。東アジアにおけるその代表的存在は中国人移民，いわゆる華僑だが，日本人も，鎖国下で厳禁されていた海外渡航が1866年に解禁されて以後，この世界的な移住活動のなかに参入することとなった。

　さて今述べたように，移民といえば「海外」を想起するが，まず確認したいのは，明治日本の最大の移民先は旧「蝦夷地」＝北海道だったことである。近世にはわずかな「和人地」があったに過ぎないこの地には，維新以後，ロシア南進への警戒もあって，政府の大規模な投資とともに入植が開始された。原住者のアイヌは，次第に生活の場を奪われた。

　国外への移住で最初に増加したのは，1880年頃からの，朝鮮への商業・漁業目的の渡航であった。朝鮮では各地に，日本人の居留民団や商業会議所が設立された。なお，特に日清戦争以後は渡航者が急増しており，これが結果的に朝鮮植民地化の尖兵としての意味を持ったことは否定しがたい。

　1880年代後半には，ハワイ，アメリカ，そしてカナダへと太平洋方面への移民が始まった。これらに共通するのは，中国人移民が制限または禁止された後に，日本人が代替労働力として受け容れられたことである。

　ハワイ王国では1887年，クーデターによる憲法改正で，欧米人在留民が帰化することなく参政権を獲得した。これに対して，日本政府は日本人にも同じ特権を与えよと要求し，日本人在留民も日本政府にその実現を求めて請願を行った。これは欧米人による政権転覆という特異な条件下で起こったことではあるが，移民したからといって，人びとがただちに「日系人」になったわけではないことをよく示している。

　20世紀初頭から，アメリカやカナダでは移民の激増や黄禍論により，日本人移民排斥の動きが表面化する。日米紳士協約（1907-08年）でアメリカ（1898年に併合されたハワイを含む）への移民数は大幅に制限され，1920年代に北米への移民は事実上禁止された（⇒第5章コラム「排日移民法」）。日本人移民は南米，そして満洲へと向かうことになる。

（塩出 浩之）

【参考文献】岡部牧夫『海を渡った日本人』（山川出版社，2002年）
　　　　　塩出浩之「明治期ハワイ在留日本人の参政権獲得問題」（『日本歴史』663号，2003年）

　しかも行政権の問題を完全に封印することもできなかった。一方で大蔵省は経済政策にかかわる規則の制定権が明確に回収されていないことに不満を抱き，新条約実施に伴う国内的問題を洗い出すための関係省による委員会を作らせ，外務

省を牽制したようである。他方でイギリスは，日本の警察規則を居留民に周知するために，あらかじめ翻訳・公布するよう大隈に迫った。

イギリスが抵抗している間に，1889年5月には大隈案の内容が国内に知られており，再び政府内外の反対運動が高揚しつつあった。外国人判事任用と法典編纂の約束に対する反対に加えて，同年2月の憲法発布によって，大隈案は憲法違反という致命的な疑義をもつきつけられることになった（外国人判事任用が日本臣民の公務に就く権利を定めた憲法第19条に反するというもの）。年末，大隈は玄洋社社員の来島恒喜に爆弾を投じられて片足を失い，政府は大隈案による交渉を打ち切った（大隈が米独露と締結した新条約は批准しなかった）。

国際環境　イギリスとドイツは，公然と衝突することを回避しつつ，日本への影響力を競っていた。そのことが，日本の法権回復への跳躍を可能にした。フランスは安南（ヴェトナム）領有をめぐって清，そしてイギリスと緊張関係にあり，日本に時折好意を示した［広瀬］。それは英独を刺激して対日協力をうながす意味はあったが，日仏間に協力関係を根付かせるほどのコミットメントとはならなかった。英独のイニシアティヴに不満を持つフランス・アメリカを中心に感情的な衝突が頻発したが，交渉全体を破綻させる危険性には乏しかった。

大隈の個別交渉方式も，列国の間にゆるやかなコンセンサスがあったからこそ機能したといえよう。それでもイギリスとの交渉を後回しにしたことはその強い反発を招いた。アメリカとの密接な関係の復活も，イギリスを説得するには有効ではないことが再確認された。しかもアメリカ公使の交代や，米上院における批准承認の難航によって，日米関係そのものも大隈外相期の後半には円滑さを欠いた。ドイツが調印したことはたしかにイギリスに衝撃を与えたが，それでもイギリスは条件闘争を続け，交渉妥結の前に大隈襲撃事件にいたった。イギリスが最強かつ最重要な交渉相手であることがあらためて明らかとなった。

中国における不平等条約維持の必要性は，イギリスが日本に譲歩する際の障害であり続けた。とはいえ，日本が自発的に国内を開放するという姿勢を示したことは，イギリスが日本への譲歩を自らに納得させる助けとはなった。その意味で，井上の内地開放宣言は徐々に大きな効果を発揮しはじめていたといえる。しかしながら，より技術的だが困難な問題が浮上してきた。すでに述べたように1871年の日清修好条規では，日清双方が相手国において領事裁判権と低関税を享受していた。これに対して欧米が最恵国待遇を援用すれば，条約改正の効用は失われ

てしまう。日本としては，日清修好条規をも改正する必要があった。しかし台湾出兵（1874年）や，特に琉球処分（1879年）による対日不信もあって，清は日本との条約改正に消極的であった［津田 1993］。中国の問題は，一歩扱いを誤ると条約改正交渉全体を危機に陥れかねない隘路を構成していたのである。

4．法権・行政権の回復と立憲制

立法府の意味 ここにいたるまでの藩閥政府の一貫した目標は，国会開設よりも前に，自らの手で条約改正を成就することであった。衆議院を通じて民権派が，政府の内政外交を制約する力を増大させることが予想されたからである。政府の宿願が明らかに挫折する中で，政府はイギリスに対して優先的に交渉する方針に転じた。そして，井上案・大隈案にあった譲与を伴わない，より完全な法権回復を目指すこととした。外交的に最もハードルが高く，時間がかかるとしても，内政上の波乱要因を最大限回避しようとしたのである。皮肉にも，日本政府がそのように決意してからは，対英交渉は順調に進展した。

それは日本の地位が対外的に向上したからというよりは，日本の国内体制の変化によるものが大きかった。日本の議会を恐れるのはイギリス政府も同様であった。1890年の第1回衆議院総選挙の結果，衆議院議員の過半は，井上・大隈の条約改正案に反対した前歴を有していた。したがって当時のイギリスの関心事は，新設された立法府において起こり得る条約廃棄論や，敵対的な立法活動から，居留自国民を守るところにあった。そこでイギリスは，井上・大隈案の中にあった，立法府の敵意を喚起するような規定——外国人判事の任用・法典編纂の約束——は，放棄したのである（法典の施行が領事裁判撤廃に先行することは議定書に記したが）［大石 2004］。他方でイギリスは日本の立法による居留民への影響を最小限に留めようとした。通商・航海上の既得権は新条約で廃棄されない限り継続させるよう求め，かつ貿易・倉庫・港・（船に課す）トン税の規則を条約本文ないし付属規則として固定しようとした。

しかしここにいたって日本政府が重視したのも行政規則の制定権であった。政府内の圧力もあり，後任外相の青木はこれらの規則について，条約による拘束からの解放を勝ち取っていく（貿易規則についてだけは最後までイギリスの抵抗にあった）。通商・航海上の既得権も，新条約で承認されない限り，領事裁判撤廃と

共に廃棄されることとした。

これらの交渉において青木は，フレーザー（Hugh Fraser）駐日公使に対して立憲制を熱烈に謳歌した。従来，外国公使・領事は日本政府による規則制定に際して事前交渉をなし得たが，議会という合議体との間ではそのような交渉は困難になる。その意味で議会の創設は，法律と規則を制定する権利の回復を不可避とするというのである。

このように日本政府は明治憲法をイギリスに対して強くアピールした。しかしそれは後の大きな問題につながっていく。イギリスの譲歩にも限度がある。日本の要求を受け容れて新条約に調印するに際しては，居留民が新条約以上に不利な立法にさらされない保証を，日本側に求めざるを得ない。それは，かくも強力な立法府を日本政府が責任をもって制御する，ということである。こうしたイギリスの要求を尖鋭化させたのが，陸奥宗光外相時代に衆議院内外で展開された，対外硬運動であった。

国際環境　1891年にロシアがシベリア鉄道に着工すると，東アジア国際政治の基調は再び英露対立となっていった。イギリスは植民地獲得をめぐってフランスとも競合関係にあり，フランスはロシアに接近していた。こうした状況は，日本の条約改正要求への宥和的な姿勢をイギリス政府内が共有するのには役立った。しかしロシアの進出は日本にとっても脅威であった。パワーバランスの観点からのみでは，日本の立場が強まったことは理解できない［大石2004］。さらに上述のように日本は条約改正の方針として対英交渉を先行させた。したがって，改正交渉においては，条約改正問題に対するイギリスの利害が比較的忠実に投影されたと考えて良い。

清との条約改正交渉は停滞したままであった。日清戦争は朝鮮半島をめぐる日清対立の産物であったが，結果としてこの戦争は，清の国際的立場を一挙に低下させることによって，日本の条約改正にかかわる厄介な問題をも解消したのである。

最後の危機①――条約励行論と理由なき解散　青木は，青木以上に強硬な政府内部において充分な支持を得られず，大津事件をきっかけに1891年5月に辞任を余儀なくされた［大石2004］。この大津事件とは，来日したロシアの皇太子が大津市で警戒中の巡査に切りつけられたものであった。後任の榎本武揚外相は92年春，寺島宗則枢密院顧問官や井上毅といった強硬派を含む「条約改正調査

委員会」を政府内に開催して，政府内の意見調整を図ったが，成功を見ないまま内閣総辞職に伴って辞任した。立憲制は不平等条約体制とは両立しないという議論は，対外交渉においては有用な武器であったが，国内においては寺島のような即時に完全な対等条約を実施せよといった強硬論への反論を難しくしていたのである。後に通商局長として条約改正交渉に関わることになる原敬（後の政友会総裁・内閣総理大臣）は，当時執筆した水準の高い条約解説の中で，領事裁判や行政規則の問題は立憲制の有無といった国内事情とは無関係であると強調していたが（『現行条約論』として1893年に公刊），この時期の政府内の混乱が背景にあったのであろう。

議会では予算査定と地租減税をめぐって政府と民党連合（自由党・改進党他）が激しく衝突し，藩閥政府はしばしば苦境に追い込まれた。ついに藩閥政府の第一人者たる伊藤博文が第2次内閣を組織し（1892年8月），元勲を網羅して議会と対峙した。陸奥宗光が外務大臣に就任した。条約改正ならば議会の支持を得られると判断した内閣は，駐独公使であった青木に対英交渉をも委ね，命運を賭けて条約改正交渉に臨むことになった。

陸奥の条約改正案は青木のそれを多分に継承していた。名目上は関税自主権を回復したが，英米独仏の主要産品の輸入税率を協定するため実益は乏しかった（アメリカとは後の交渉において税率を協定しないこととなった）。むしろここでついに貿易規則を条約付属から外したことの方が重要であろう。陸奥案の新規軸は，批准の5年後までは条約を実施せず，それまでは主権の回復を一切行わないという点にあった。一時的であれ現状以外で立憲制と両立しない状態を積極的に受け容れたという批判を，このようにして回避したのである。しかし，5年後のことを今から交渉する理由を説明するのは難しく，イギリスに対しては日本の国内情勢への理解を求めなければならなかった。条約改正交渉は，それまで以上に国内政局と連動することになった。

その意味で，陸奥案の最も恵まれていた点は，陸奥の要求と伊藤の政治力によって事前に内閣と枢密院の了解を得ていたところにある。残された問題は議会の動向であった。

衆議院における歳出削減はすでに限界に近づいており，民党連合は，条約改正を支援することによって与党化を図る自由党と，条約改正を阻止することで政府に致命傷を与えようとする改進党他へと分裂する。後者がスローガンに選んだの

が条約励行であった。その主張は，不平等条約体制は不平等条約そのものよりもさらに不当な運用がなされており，こうした既得権益を回収することで列国を追い詰め，より有利に改正交渉を行うべきである，というものであった。この主張には領事裁判が不公平であるという不満と並んで，外国人への微温的な取締り（例えば居留地外における商業・居住・旅行や居留地新聞の言論，密猟等について）や外国との協議に伴う行政上の不統一（日本政府の銃猟規則や検疫規則等が外国居留民に適用されない）への批判が含まれていた。内地開放に反対していた勢力（⇒コラム「居留地廃止」）も条約改正を阻止するために条約励行論に合流したので，対外硬派は衆議院の過半数を掌握した。初期の地味な条約改正交渉を規定していた行政権回復要求は，今や在野勢力結集の理念としても機能していたといえよう。

　伊藤内閣が衆議院において対外硬派に対抗する必要上，自由党と接近・和解した経緯はよく知られている［小宮］。政権から政党が排除されている政治社会において，政党が与党の地位を獲得するためには，2つの契機が必要であろう。第1に政府と政党の主張や利害が事実として接近することであり，第2に政府がこの接近を大なり小なり政府・与党関係として公に認知することである。内政史研究においては第1の契機の解明が中心となるが，イギリスとの交渉を円滑に進める上では第2の契機が重要であった。この第2の契機に照明をあてることで，外交と内政の連関を見ておこう。

　1893年末に開会された第5議会において，対外硬派は条約励行建議案を上程した。しかし提案者が提案理由を述べようとした瞬間，10日間の停会が命じられる。

　衆議院における対外硬派の台頭は，イギリスが議会開設に対して抱いていた悪夢を裏付けるかのようであった。しかも条約励行論の過熱化を背景に，外国人に対する嫌がらせや暴力事件が頻発した。イギリスは強く反発し，ロンドンにおける青木とフレーザー駐日公使（帰国中）との間の交渉も一時中断を余儀なくされた程であった。

　伊藤の立場は苦しかった。内閣の命運をかけた条約改正交渉が，条約励行論によって危機にさらされている。このまま議会が再開されると，条約励行建議案は可決される。イギリスの反発は大きいであろう。解散すれば政府の断固たる姿勢をイギリスは評価するであろう。しかし，もし臨時総選挙でまた対外硬派が過半

Column 2-3

居留地廃止

　1899年7月17日，陸奥宗光外相が1894年に締結した日英通商航海条約をはじめとする欧米各国との改正条約が発効し，居留地制度の廃止，関税自主権の一部回復などの条約改正が実現した。さらに，8月4日には，フランス・オーストリアとの通商航海条約が発効し，これにより領事裁判権も完全に撤去された。また，当日は，かつての居留地横浜・大阪などで居留地廃止を記念する祝典が開かれた。

　さて，居留地とは，開港場・開市場に設置された条約国の国民（外国人）の居住や商業活動が認められた特別区域である。そこでは，領事裁判権が認められ，自国の主権は大きく制約された。日本では，日米修好通商条約に代表される1858年の安政5カ国条約に基づき，横浜などに居留地が設けられた。条約を締結した幕府は，欧米人の自由な活動の制限を目的として居留地を認めたのであり，この制度が条約の不平等性を具現するという認識は弱かった。

　この問題が領事裁判権とともに独立国家の体面を汚すゆゆしき問題として強く意識されはじめるのは，国民の間でナショナリズムが勃興する1880年代以降である。それらの存廃の是非は，井上馨・大隈重信・陸奥宗光外相等による条約改正交渉の際，主要争点のひとつとなった。居留地廃止にともなう欧米人の内地雑居に反対した保守勢力（非内地雑居派，のちに雑居尚早派）は，〈国民の競争力が脆弱な現状下で国内を全面開放すれば，競争力の強い欧米の実業家たちに日本経済を乗っ取られる〉という議論を展開し，国民の不安を煽った。見方を変えると，彼らは，「弱者」である一般国民の「声なき声」の代弁者の役割を担ったのである。

　結局，陸奥外相は，政府との提携をもくろむ自由党の条約改正に対する強い支持を利用しつつ，雑居尚早派である対外硬派の熾烈な反対運動を跳ね除け，条約改正交渉を成功させた。そして，1899年の居留地廃止後，中国よりも市場的魅力の薄い日本に，欧米資本が大量に流入することはなかった。居留地廃止・内地雑居に反対した保守勢力による事前のきわめて悲観的な予想は杞憂に終わったのである。

（小宮　一夫）

【参考文献】小宮一夫『条約改正と国内政治』（吉川弘文館，2001年）
五百旗頭薫「居留地周辺研究会の紹介」（『日本歴史』第691号，2006年）

数を得た場合は苦境に陥る。もう一度同じ理由で解散をすれば非立憲的であるという激しい世論の非難を浴びるであろう。一方で解散しなければ内閣総辞職に追い込まれる可能性が高い。結局伊藤は，理由を説明しない解散を行った。すなわち，停会明けの12月29日に陸奥外相が条約励行に反対する大演説を行った直後に14日間の再停会が命ぜられ，しかも翌日に衆議院は解散されたのである。

国内向けには解散理由は明示されなかった。条約励行が争点であることは誰の目にも明らかであったが，条約励行に反対する陸奥演説と解散の間に停会を挟んだため，形式的な言い逃れはできた。他方でイギリス政府は日本政府の断固たる処断を評価し，日英交渉は再び軌道に乗った。

　しかしイギリスとしては，日本政府が協力的であるだけでは不安であり，政府と立法府の調和が実現するまでは条約改正に慎重たらざるを得ないと日本側に伝えていた。フレーザーを東京に帰任させることでロンドンでの交渉に冷却期間を置き，その間に日本における事態の推移を静観する構えをとった。イギリスの不安に対して，陸奥は条約改正に協力的な勢力が衆議院の過半を占めるまでは何度でも解散する覚悟であると述べていた。内政において陸奥は，自由党の政権参加によって藩閥政府の一定の自由化を実現しようとしていた。陸奥は条約改正をめぐる政治対立を鮮明にすることで，自由党との提携を既定事実にしようとしていたのであろう。これに対して藩閥政府の筆頭を自任する伊藤は，自由党にあからさまに依存することを好まず，条約改正が唯一の争点であると認めたがらなかった。

　伊藤の戦術は，貴族院有力者によって危機に晒された。対外硬派の条約励行論は国権回復の手段として唱えられていたので，貴族院にも同調する動きが出はじめたのである。1894年1月24日，近衛篤麿・谷干城等数十名の貴族院議員は伊藤に忠告書を送り，かつ公表した。条約励行論を支持し，かつ理由を示さない解散を批判する内容であった。それでも伊藤は条約励行論が唯一の解散理由であるとは認めなかった。条約励行論だけではなく，議場の混乱や自由党主導の歳出削減等，理由を多数列挙した返答を与えた。近衛たちが伊藤の挙げた解散理由それぞれに対して再反論したので，解散理由をめぐる議論は拡散してしまった。

　3月1日，第3回総選挙が実施された。自由党は躍進した。対外硬派の中で，かつて政府よりだった議員は野党化に適応できず苦戦し，内地開放に反対していた勢力は凋落した。その結果，政府支持勢力と，対外硬派は拮抗した。伊藤の立場は好転したはずであった。

　最後の危機②──日英交渉の妥結と自由党の与党化　ところが第6議会開会が近づくにつれ，伊藤は解散理由を明らかにする必要に迫られていった。まず，伊藤の貴族院有志への回答が，再びロンドンでの交渉を難航させていた。伊藤は条約励行論との対立を相対化するため，日本政府は長く現行条約に甘んじているも

のではない，という対外的にやや強硬な文言を挿入した。これが，条約廃棄を示唆したものとイギリス本国政府に受け取られたのである。日本政府としては，条約改正をあくまで友好的な交渉によって追求するという立場を明らかにしなければならなかった。

　また，イギリスは選挙結果には安堵したが，それはあくまで自由党の議席を政府側にカウントすることを前提にしていた。ところが自由党は少なくとも表面的には伊藤内閣に対する批判を強めていた。というのも，対外硬派の中心である改進党は，選挙において解散前の議席数を維持した。このことは，改進党が掲げる民党の理念が，なお根強く支持されていることを示していた。自由党はすでに対外硬派中の非民党系の議席は奪っているので，仮に衆議院が再度解散されるとすれば，改進党の民党路線と正面から対決しなければならない。自由党も民党的なスタンスを示しておくのが賢明であった。そして自由党がこうしたリスクを負いつつ条約改正を支援しているにもかかわらず，伊藤は自由党との提携を充分に明らかにしようとはしなかった。このことは，民党路線に復帰すべきであるという声を党内において強める効果を持った。

　このような状況の中で，陸奥としては，内閣と自由党が条約励行反対で一致している，という図式を明確に示さなければならなかった。内務大臣として閣内で重きをなしていた井上馨も，陸奥に協力的であった。これに対し，山県有朋を中心とする，より保守的な人びとは，政党に接近することには警戒的であった。しかし彼らは議会に対して毅然とした態度を取るべきだと考えていたため，条約励行論に対する伊藤のあいまいな態度を喜ばなかった。結果として，彼らの立場は井上・陸奥と接近することになった。

　以上のような状況の中で，伊藤はやむなく自由党の与党化を認める。1894年5月15日，第6議会の冒頭で，解散理由が条約励行論であったことを言明するのである。自由党は条約励行に反対していたのだから，自由党が議会における政府の支持基盤であることを間接的には公表したといえよう。そして，対外硬派が政府の外交を非難した決議案・上奏案は自由党その他の反対により否決された。ところが自由党も民党路線に配慮して，政府の内政を批判する建議案を提出していた。対外硬派は自由党の建議案に賛成の姿勢を示し，両派合同の修文作業の中で強引に外交批判の文言を盛り込み，自由党側の混乱に乗じて衆議院での可決を実現した。こうして，衆議院は再び解散された。この選挙で自由党が苦戦すれば，

藩閥政府が深刻な危機に陥った可能性もある。しかし，このとき起きたのが，日清戦争であった。日本政府は解散を決定した6月2日の閣議で，朝鮮への出兵を決めた。8月1日，日清戦争が始まった。

この間，ロンドンでは青木とバーティ（Bertie）外務次官との間で交渉が進展していた。内地を開放し，日本人と同様の待遇を居留外国人に与えることを原則としつつも，必要に応じて外国人の権利を制限する法律・規則を制定する権利を確保しようと日本側は精力的に交渉した。イギリス政府内には強い抵抗があった。しかし，日本との交渉経験に富むフレーザー公使等は，これが日本の長年の切実な要求であることを理解していた。文言の修正はあったが，日本の要求は基本的に認められていく。

より深刻な争点となったのは，関税についてであった。特に，香港の精糖業を保護するためにイギリス側は，精糖を協定関税に含めることを強硬に主張した。清との戦争を控えて調印を急ぐ日本は，最後にこれを認めた。しかし国内での課税引き上げの際には同じく輸入税の引き上げも認める，という条件が付いており，日本の租税政策を制約することがないように配意されていた。

このように，内地開放・法権回復という大枠が定まっていたにもかかわらず，国内統治の細かい個別領域への外国の干渉を排除するための交渉が行われた。その執念深さには背景があった。岩倉・寺島時代と井上時代の初期には，行政における主権回復が主眼におかれていた（本章第2節）。領事裁判の全面的な廃止が難しいことを踏まえた現実的な方針であると同時に，領事裁判が行政領域に拡張されることに対する異議申し立ての側面もあった。行政権回復が困難に直面すると，井上時代の後期以降，日本は全面的な法権回復に転換した（本章第3節）。この方針は領事裁判を廃止するという点で野心的であったが，交渉のスタイルや代償の提供，あるいは外国居留民に対する行政活動の次元では協調的な姿勢が強まり，国内の不満を招いた。以上の経緯を受けた青木・陸奥時代は法権と行政権の両方に配意した交渉を行い，成功したのである。7月16日，ロンドンにおいて日英通商航海条約が調印された。

内政に再び眼を向けるならば，第4回総選挙は9月1日に実施され，対外硬派が議席を維持し，自由党はわずかに議席を減らしたが，大きな政治的意味は持たなかった。日清戦争によって対外硬派は攻撃の糸口を失っていたのである。戦時下の挙国一致体制，戦勝による戦後経営ブームの中で，伊藤は自由党を与党と指

名することなく政権運営を行い得た。

　しかし第6議会における伊藤の告白はやはり重要であった。1895年4月の三国干渉（独仏露の要求により日本が遼東半島を清に返還した）により窮地に立たされると，伊藤内閣は11月に自由党との提携を公表し，翌96年4月には自由党の事実上の総理である板垣退助を内務大臣に迎えた。藩閥から一定の自立性を持つ政党勢力を，与党と認めたのである。与党が定まることで，野党も結集の時を迎えた。改進党は対外硬派を糾合して3月に進歩党を結成し，自由党に匹敵する勢力となった。

　日英通商航海条約に続いて，他の条約国とも同様の条約が締結され，1899年に実施された。以後，深刻な政治争点となる外交問題としては，条約改正は大陸政策に席を譲った。関税自主権の完全な回復はまだであったが，通商航海条約の満期に伴い，小村寿太郎外務大臣の下で1911年に実現した。

おわりに

　不平等条約体制下における領事―居留地制度とは，先進国が後発国に植えつけた自らの分身であるといえる。領事はその意味で，国家外の国家という機能を果たす。国家の職務が司法とそれに付随する警察を中心としていた時代には，領事と領事館員は国家のミニチュアとしての機能を果たしえた。しかし国家が行政という広大な領域に活動し始めると，領事裁判権は肥大化し，機能不全に陥る。

　この機能不全への対応如何で，後発国の運命は大きく分かれる。一方には，上海に代表されるような租界や，東清鉄道（ロシア）や南満州鉄道（日本）のような膨大な国策会社，あるいは端的に植民地総督府が，貧弱な領事館に取って代わるという（半）植民地化への選択肢がある。他方で，領事制度の矛盾をとらえて，後発国が条約改正交渉を始動するという独立への選択肢がある。

　この点，朝鮮は前者の道を歩まされた。中国は当初前者であったが，次第に後者へと移行したといってよい。それに対して，日本は当初より後者であって，その条約改正交渉は，領事裁判の存在を前提としつつ，行政から解放することでその機能不全を是正するという趣旨で，初めて軌道に乗ろうとした。その意味で条約改正の初期の原動力となったのは，ナショナリズムであるよりも，近代における国家機能の変化に求めるべきであろう。それに対応して自由民権運動も自らの

政治的要求を議会開設におおむね自己限定し，攘夷運動の伝統から一応の離別を遂げたのである。

　この時期，行政権回復を目指す交渉が暫定的な協定として実現していれば，民族独立といった興奮を誘う問題を，部分的な合意に分解・咀嚼していく外交上のリアリズムを早期に習得し得たかもしれない。しかし行政権回復の構想は，明治日本の国家形成にかかわるさまざまな性質に規制されて，成就しなかった。第1に，行政の身近さ・切実さは日本政府のみならず外国居留民にとっても同様であり，既得権の回収は強い抵抗に直面した。第2に，司法と行政の関係は密接であり，そのうちの一部だけを回復することは混乱を招くことが予想された。第3に，行政の中でも貿易にかかわる領域は，後発国として開国を強いられる際に条約によって強く拘束されていた。貿易を含む行政諸領域における主権回復に拘った結果，条約改正交渉は次第に大がかりな取引にならざるを得なかった。第4に，そもそもこの行政は必要に迫られて雑多に発展していただけに，必ずしも整備されていなかった。逡巡の末に日本は法権回復への困難な跳躍を試みるようになる。

　国力を超えた外交に対して国内のさまざまな政治主体も国力を超えた要求水準を突きつけ，政府内外を横断する反対によって条約改正交渉は失敗する。困難な実務にあたる政府首脳と，勇ましいが実現困難な主張で政府を苦しめる反対派との間の相互不信が，政治の主旋律のひとつとして定着することとなった。こうした中，議会からの雑音がない間に条約改正を実現したいという，明治政府の悲願は破れたのである。

　皮肉にも，その直後から交渉は進捗した。国内体制との関連で理由を述べるならば，不平等条約体制に，議会を組み込むことは困難であったためである。議会の権限を制限すれば可能であったかもしれないが，イギリスは日本に対してそのような力を持ってはいない。議会制度は独立国と植民地には存立可能であるが，不平等条約体制とは両立困難であったといえよう。

　しかし議会制度を理由とする説得の代償を，日本政府は支払うことになった。議会における強硬外交論を制御することをイギリスは期待し，この期待は伊藤内閣に与党という存在を受け容れさせるための圧力となったからである。紆余曲折の末，自由党は与党としての地位を獲得した。対抗して，進歩党という野党も成立する。

　とはいえ，独立の回復と政党政治の発展には，弊害も伴った。第1に，先に述

べた実務的な政府と強硬な民間との相互不信は，政府と民間との間で深まっただけではなく，与野党の間にも転移した。外交政策を争いつつ外交課題を共有する，という意味での国民共同体は，脆弱であった。このことは，日清戦争の開戦と共に，一転して政策論の次元においてすら「挙国一致」への圧力が作動したことと，むしろ整合する。第2に，条約改正交渉に対する国内の反対運動が強まる中で，条約改正要求の対外的理由付けは，不平等条約体制の欠陥から，政党・衆議院を中心とする国内圧力の存在へと比重を移していった。国内的な困難を理由に外国の譲歩を要望するということは，外交が内政から自立し得ないということを意味する。条約改正は日本外交の偉大な達成であったにもかかわらず，対内的かつ対外的な外交の確立が，課題として残されたのである。

◆研究課題
（1）明治期の国家形成と条約改正交渉は，いかなる関係にあるのか。
（2）井上馨の条約改正方針は，どのように変遷したか。
（3）陸奥宗光外務大臣時代の議会と日英交渉とはどのように関連したか。

第3章　列強への道をたどる日本と東アジア情勢
―― 日清・日露戦争

千葉 功

はじめに

　日清・日露戦争は，たんに日本が中国（清朝）やロシアと砲火を交えた戦争ということにつきない。

　日清戦争以前の日本は西欧列強との不平等条約に苦しみ，条約改正を実現すべく，西欧の事物や思想・制度の導入において試行錯誤を重ねていた。すなわち，日本は，憲法などの法制度のみならず，近代外交のテクニックや国際法までをも取り入れようとしていた（第2章参照）。また，1880年代には朝鮮半島の覇権をめぐって中国と対立を繰り広げ，それが日清戦争の原因となったが，その際，日本はいまだ帝国主義国家どころか，中国よりも劣勢の軍事力しか持たない国家であった。

　にもかかわらず，日本は1894-95年に日清戦争，さらにその10年後には日露戦争を遂行した。特に後者においては，ヨーロッパ列強の一角と初めて戦争を行い，勝利したことになる。そして，日清戦争で台湾を獲得し，また日露戦争によって韓国（大韓帝国）の保護国化を実現したのみならず，「満洲」と呼ばれる中国東北部の南半分を日本の勢力範囲下に置くこととなった。すなわち，韓国併合の年である1910年を迎える頃には，日本は台湾と朝鮮（日本は大韓帝国を改称して「朝鮮」と称した）という植民地を有し，かつ半植民地状態の南満洲において一定程度の，しかし無視しえないほどの権益を有する国家へと変貌していた。他方で，日清戦争で敗北した中国は半植民地状態にあえぎ，日露戦争で敗北したロシアは革命状況へさらに一歩近づくことになる。

しかし、その中国が「伝統」の中に埋没し、列強に蚕食・分割されていくというイメージをもつとしたら、それもまたやや偏った見方である。このようなイメージは、日本が自らの文明国性を強調するために内外に誇張して伝えた中国像で、それが現在にまで残ってしまった可能性がある。たしかに、日本は第2章で扱った条約改正や、国際法に依拠した外交行動を採ることに、中国以上に意欲を見せた。そして、日本は植民地化の危機と隣り合わせの国家から、帝国主義国家へと急激な変貌を遂げていった。それに対して中国は列強に勢力範囲を設定され、財政的にも破綻し、中国保全論の下にかろうじて独立国家としての体面を維持したように見える。しかし、19世紀後半の中国は朝鮮と関係を調整しながら、冊封・朝貢体制を維持しつつ近代的な国際体系の中にも朝鮮との関係を位置づけようとしたし、また決して対外交渉において国際法を用いなかったわけでもない。中国もまた、新たな歴史の流れの中に自らを位置づけようとしていたと考えてよい。この19世紀後半の段階では、東アジア国際政治にはさまざまな可能性が残されていたのである。

しかしながら、日清・日露戦争に日本が勝利し、中国は敗北の後、義和団事件でも巨額の賠償負担を負う中で、その可能性の幅は次第に狭まっていったように見える。清は、最後の10年間、強力な近代化を推進し、外交面でも国際社会における対立を利用しつつ条約改正を行おうとし始める。だが、その前面には台湾を領土化し、朝鮮半島を勢力下に置く日本が出現する。さらに1915年の対華21カ条要求では、従来列強とともに中国に関与してきた日本が中国に単独で関与するようになり、東アジア国際政治史は新たな局面を迎えることになる。

1．日清戦争への道程

植民地になるか／帝国主義国家になるか　戦前期の日本は、近代化に成功した唯一のアジア国家だと自負しつつ、同時にアジアへの侵略を行った唯一のアジア国家でもあった。この近代化＝自立の達成と、大陸への侵略という二面性の関係について、戦後の歴史学界は不可分なものと考えてきた。とりわけ、明治政府がいつ頃から大陸への政治的膨張を基本方針としたかについては、諸説に分かれた。すなわち、①明治初年以来、②琉球分島交渉（1880-81年）以後、③壬午事変（1882年）以後、などである。このように近代化と大陸国家化の2側面を不可分

とみる背景には，西洋列強の圧力が加わってきた19世紀中後期の東アジア情勢は，近代化に努め欧米のような帝国主義国家となるか，植民地に転落するかの二者択一を迫られる厳しい情勢であったという発想がある。

ただし，最近になって，日清戦争までの日本には帝国主義国家か植民地かの二者択一以外のさまざまな選択がありえたとの見解が出されている。例えば，高橋秀直は，松方デフレ期より初期議会期にかけての明治政府の基本路線は「小さな政府」であって，確固たる対朝鮮政策は欠如していたという［高橋］。財政史研究の成果から明らかなように，明治期の政策当事者に「小さな政府」への志向はなかったと思われるが，松方財政の桎梏と対清軍備の未整備，さらには中国の介入可能性からして，1880年代においてやみくもな対中強硬論が抑制されていたのは事実であろう。最近の諸説を踏まえた，日本の日清戦争への道程については次節で検討する。

他方，中国近代史の観点では，従来，植民地か帝国主義かという二分法はあまり意識されなかった。あるとすれば，侵略されて植民地になるか独立国でいられるか，という問いである。中国では，一般的に，独立は維持できたものの，結局は外国に領土を奪われ，さまざまな利権を与えることになったので，「半植民地」状態にあったと考えられてきた。したがって，19世紀後半から20世紀初頭の政府は列強からの侵略を招き，また他方で外国と癒着した政府として批判的に述べられてきた。しかし，昨今，中国もたんに独立維持を目指していただけでなく，列強のひとつになろうとしていた面があったことなどが次第に明らかになってきている。中国にもまた，多様な選択肢が残されていたのである。

朝鮮半島をめぐる日中間の対立——壬午事変　日本は1876年，朝鮮との間で日朝修好条規を締結したが，朝鮮や宗主国の中国（清朝）は日朝修好条規が伝統的な華夷秩序を損なうものとはみなさなかった。こうした条約の存在と華夷秩序に基づく冊封や朝貢については両立が可能だと考えていたのである。しかしながら，ついで日本が行った琉球処分（1879年）は，中国と琉球王国の間の冊封・朝貢関係の断絶と，「藩属」の滅亡を意味したので，中国に強い危機感をもたらした。そうした中で中国は，既存の体制を維持するため，朝鮮との朝貢（宗属）関係を実質的な支配―被支配関係へと再編しようと考えるにいたる［茂木］。これは華夷秩序そのものを強化したというよりも，その華夷秩序を維持しつつ，その宗主国としての地位を利用して，朝鮮の内政や外政に関与するかたちでおこなわれた。

それにはロシアの脅威への対応という面もあった（⇒コラム「ロシアから見た日清戦争」）のだが，朝鮮に西洋諸国に対する開国を迫るなど，外国から見れば，宗主・属国関係を維持しながら，欧米諸国には独立国としての近代的外交をおこなうように求めるという点でダブルスタンダード的な国際関係が形成されたのである。

朝鮮は，黄遵憲の『朝鮮策略』に見られるような中国の説得もあって西洋諸国との条約締結＝開国を受け容れ，壬午事変の直前，李鴻章の仲介のもと，アメリカのシューフェルト（Robert W. Shufeldt）提督との間に，米朝修好通商条約を締結した。ちなみに，この条約には，朝鮮が中国に対しては属国だが，内治外交に関しては自主であるとの「属国自主」の思想がもりこまれたが，中国側は「属国」の部分を，朝鮮側は「自主」の部分を優先していた［岡本］（⇒第Ⅰ章コラム「属国と自主」）。そして，朝鮮は米朝条約をきっかけに，他の欧米諸国とも条約を締結していったが，欧米列強が公使館や領事館を朝鮮に置いたことは，日本の朝鮮進出を強く牽制することになった。

他方，日本も1880年代に入ると，朝鮮の独立国としての側面に期待しつつ，親日政権養成による朝鮮の勢力範囲化を意図する政策（銃器・軍艦の提供や軍制改革）を開始した。その際，朝鮮の開化政策を後押しすることで親日化＝勢力範囲化をなしうると日本政府は考えていた。もちろん，従来からの軍事的威圧政策も並用される。その結果，日本は仁川開港・公使駐京要求を貫徹したほか，日本人を軍事教官とする近代的軍隊（別技軍）の創設に成功した。さらに，閔氏（朝鮮国王高宗の妻閔妃とその一族）の主導により朝鮮政府が開化政策に転換したことも看取することができた。

しかしながら，旧式軍隊の兵士は日本式の軍制改革および待遇に不満を抱いた。また開港後の日本商品の流入と日本商人による朝鮮米の投機的買い付けは，壬辰倭乱（豊臣秀吉の朝鮮侵略）の記憶をよみがえらせた［森山1992］。1882年7月，給米の不正支給がきっかけで旧軍兵士が反日・反閔氏政権の暴動を起こし，日本人の軍事教官が殺害された。さらに，旧軍兵士に一般民衆も加わった群衆に日本公使館が取り囲まれた（壬午事変・壬午軍乱）。暴動の背景には，対日開国以後の日本の政治的・経済的圧迫に対する不満の蓄積と，閔氏政権の開化政策への反発があった。閔氏政権は暴動を抑えることができず瓦解，大院君（高宗の父）が再び政権を握った［海野1995］。

こうして，朝鮮の事態をめぐって日中間で緊張が高まったが，中国の朝鮮派遣軍は大院君を逮捕，保定に連行したために，衝突は回避された。結局，日朝間で済物浦条約が締結され，日本は賠償金のみならず，公使館警備のための日本軍駐留権をも獲得した。しかし，中国も日本に対抗して派遣軍を朝鮮に駐留させるとともに，李鴻章主導で中国朝鮮商民水陸貿易章程を締結した。これにより，宗属関係の確認とともに，中国商人の内地旅行通商権・領事裁判権などが規定され，仁川，釜山，元山などには中国の租界が形成されはじめる。また，壬午事変に際しては東京駐在の公使からの電報で事態を把握するしかなかった中国は，朝鮮と中国を直接結ぶ電信の建設をおこない，情報の迅速な伝達を可能ならしめた。ここに宗属関係は実質的な支配―被支配関係へと再編，強化されたのである［茂木，森山1992］。

　中国の支持によって政権に返り咲いた国王高宗と閔氏戚族の間では，今や日本は頼むに足りない国であるとの認識が定着し，過去，中国との宗属関係を維持することに努めてきた朝鮮の立場を改めて痛感した。彼らは以後，中国式の「近代化政策」を推進し，内外政策について中国に依存することとなった［森山1992］。

　朝鮮半島をめぐる日中間の対立――甲申政変　清仏戦争（1884年）に備えるため中国が朝鮮に駐屯していた軍隊のほぼ半数を撤退させたことは，朝鮮における中国の勢力排除の機会をうかがっていた日本に絶好の機会を与えた。日本政府は朝鮮通の井上角五郎に資金を与えて朝鮮に送り，さらに帰国していた竹添進一郎公使をも帰任させた。当時，金玉均ら急進開化派は，壬午事変に際して中国の介入を要請した穏健開化派や閔氏戚族との対立を深めており，そのためクーデターを計画していた。そこで竹添公使は，甲案（中国との衝突も覚悟して，朝鮮の親日派を支持し内乱を起こす）と乙案（中国と事を構えるのを避け，成り行きに任せる）の2案を政府に具申し，訓令を仰いだ。井上馨外務卿は乙案によることを訓令したが，ちょうどそのとき金玉均ら急進開化派によるクーデターが勃発した。これが甲申政変である。そして，竹添公使と日本軍もこれに加わった。しかし，クーデターは直ちに，袁世凱らの指揮する中国駐留軍に鎮圧されて終わった［森山1992，高橋］。

　中国が日中両国の共同撤兵に同意するかどうかははなはだ疑問であったが，日本政府は，幕末・明治初期に駐日公使を務め，このときは駐中イギリス公使であったパークス（Harry S. Parkes）に仲介を依頼して，中国から共同撤兵に同意する

との内諾を取り付けることに成功した。ついで参議兼宮内卿の伊藤博文が全権大使となり，1885年4月から李鴻章と会議を始め，天津条約に調印した。この条約により，朝鮮からの日中両軍の撤退，朝鮮への軍事教官派遣の禁止，朝鮮出兵の際の相互事前通告が合意された。しかし，条約の条文では日中両国の権利は対等であったが，朝鮮に対する中国の支配はますます強化されることになる。すなわち，中国政府が任命した袁世凱（駐箚朝鮮総理交渉事宜）が，中国政府の訓令を受けつつ，朝鮮外交権を実質的に掌握するようになったのである［海野1995］。すなわち，清朝中国による華夷秩序の「近代」的改編である。

　ただし，日本側の進出意図の挫折は，直ちに日清開戦にはつながらなかった。中国自体がそもそも朝鮮を「属国」であるとともに「自主ノ邦」とも見ており，朝鮮の独立と中国・朝鮮間の宗属関係否定には差があったのである。中国は，朝鮮との冊封・朝貢などの宗藩関係は維持しながらも，同時に朝鮮が諸外国と条約を締結し，外交関係をもつことを認めていた。朝鮮は，「属国であり，自主である」／「属国であるが，自主でもある」というスタンスを中国は採っていた（⇒第1章コラム「属国と自主」）。これはいわばダブルスタンダードであったが，中国はそのようにして当時の国際情勢に適応しながら朝鮮への影響力を維持・強化しようとしていた。他方，日本側では，1880年代において，朝鮮を独立国として遇することについてはほとんどの主体間で合意が見られた。日本としては，「属国」という部分よりも，「自主」という部分に注目していたといえる。だが，その「属国」部分を戦争によって排除する，すなわち中国と開戦することについては日本国内で立場が分かれていた。すなわち，戦争を辞さない立場（黒田清隆）と，回避しようとする立場（伊藤博文・井上馨）であった。1880年代では後者がほぼ主導権を握っていたのである［高橋］。

　この外交政策における2つの立場とパラレルな関係にあったのが，日本海軍内における，海軍拡張のあり方をめぐる2つの路線であった。すなわち，砲力中心の攻勢戦略と，水雷中心の防御戦略であった。海軍内多数意見は前者，すなわち巨大甲鉄艦の導入を希望していた。これは，中国との開戦も辞さない立場と通じるものだった。だが，海軍総体としての政治的発言力の弱さのため，1880年代の井上外交ないし松方財政に整合的な後者の路線が，内閣によって強いられていたのである［大澤］。

　以上のような日本の外交路線を象徴するものが，山県有朋首相の朝鮮永世中立

化構想であった（これは山県の意見書「外交政略論」において後に展開されている）。山県は「曾て聞く，李鴻章は久しく朝鮮の為めに，恒久中立・共同保護の策を抱く。而して，英独の策士亦往々此説を持する者あり」と述べつつ，「朝鮮の中立は，独（り）清国の冀望する所たるのみならず，英独の二国亦間接の利害を有する者」と断じた。中立化とは，この当時，西欧においてスイス・ベルギー・ルクセンブルクがそうであったように，他国と軍事同盟を結ばないことを前提として，その国の独立・永世中立化を永世中立条約によって列国が保障するというものであった。軍事力を含めた外交資源が相対的に乏しかった明治国家は，朝鮮永世中立化を行うことによって，帝政ロシアなどの欧米帝国主義国家の朝鮮半島への膨張を未然に防ぎながら，同時に中国との対立も解決できると考えたのであった［大澤］。

　山県はさらに，1890年12月，第1議会で施政方針演説を行った。その中で彼は，「方今列国の間に介立して一国の独立を維持するには，独（り）主権線を守禦するのみにては，決して十分とは申されませぬ，必ず亦利益線を保護致さなくてはならぬことゝ存じます」と強調した。主権線（legal boundary）とは「国の疆域」を，利益線（生命線〔critical boundary〕）とは「主権線の安危に，密着の関係ある区域」をそれぞれ意味し，利益線は具体的には朝鮮半島を指していた。もし朝鮮半島が日本に敵対的な大国の影響下に入れば，日本の安全は危機に瀕すると山県は述べたのである。これは，イギリスが多年，ヨーロッパの低地地帯（現在のベネルックス3国の地域）を利益線としていたのに匹敵するであろう［北岡1989］。

日清戦争　たしかに山県有朋の意見書「外交政略論」（1890年）では，朝鮮永世中立化構想が提唱されていたが，同時に海軍の拡張も強く唱えられていた。陸海軍においては対清戦争準備を進めており，ようやく1894年頃になると戦いを開始できる状況にいたっていた。すなわち，陸軍では戦時の動員システムや鉄道網の整備が一応完成し，また海軍においても，装備上に多くの欠点を抱え，かつ自給体制を確立できないながら，軍艦現有量からいえば清国海軍に拮抗ないし多少優勢な状態にたどり着いていた［斎藤］。このような軍事力の整備を背景に，日本の対朝鮮政策においても山県や伊藤博文・井上馨は，天津条約の堅持から廃棄へと，すなわち朝鮮「独立」政策の全面的否定の方向へと向かっていく［崔］。

　このような状態の中，1894年春，朝鮮半島で東学道接主の全琫準（チョン・ボンジュン）に率いら

れた東学農民軍が全羅道の全州府を占領する（甲午農民戦争）と，中国は朝鮮政府の要請に応じて出兵に着手するとともに，天津条約に基づいて日本に出兵の通告を行った。劣勢挽回の機会をうかがっていた日本陸軍は，これを機に日本も朝鮮半島に出兵して，一挙に中国の勢力を朝鮮半島から駆逐する考えを持つにいたった。これに対して陸奥宗光外相は，日中間の「権力平均の維持」を重視して出兵に同調したが，まずは朝鮮内政の共同改革を中国に提案した。しかし中国は日本の提案を拒否して日本の撤兵を求めたため，陸奥も日本単独の朝鮮内政改革と，中国との武力衝突を決断した。唯一，日本が考慮しなければならなかったのは列強の動向であった。だが，ロシアはドイツとの対立が深刻化していて朝鮮問題で深入りすることができず，イギリスも日英通商航海条約の調印に応じることで日本の対中開戦を黙認するなど，国際社会からの反発も最小限にとどめられることが予想された［藤村1973］。

　日本は朝鮮政府に中国との宗属関係の清算と中国軍隊の撤退を要求，回答期限が過ぎると朝鮮の宮廷を武力占領（京城事件）し，閔氏政権を倒して大院君を中心とする傀儡政権を樹立した。日朝両国政府は政略的判断から，開戦の事実そのものを否定した「暫定合同条款」を締結した（8月20日）。また，7月25日の豊島沖海戦で日中両国軍の戦闘が始まると，中国政府による対日国交断絶と条約破棄（7月31日），清国皇帝の対日宣戦上諭（8月1日）と，それに対する，日本政府の対清国国交断絶（8月1日）と宣戦詔勅（8月2日）とにより，日中両国は宣戦布告を伴った近代西洋的戦争方法による全面戦争に突入した。以後，日本軍は戦況優勢のまま，鴨緑江から朝鮮半島を越えたため，「満洲」（現在の中国東北部）が戦場となった。

　結局，下関で開かれた講和会議では，日本は，①朝鮮の完全な独立（「属国」の否定），②遼東半島や台湾・澎湖諸島の割譲，③2億両（約3億円）の賠償金支払い，などを中国に認めさせた［藤村1973］。

　これにより，朝鮮における中国の影響力は限定的となり，1897年には大韓帝国（以下，1910年の併合に至るまでの時期においては「韓国」と略記する）が成立するとともに，日清対立に代わって，満洲から朝鮮にかけての日露対立が深刻化していくことになる。また，日本が台湾および澎湖諸島を領有するにあたっては，その是非をめぐって多くの議論があったが，台湾の資源を重視する観点などにより，その領有が決断された。その結果，日本は植民地を有するという意味での帝

国となった。そして，3億円の賠償金は日本の財政基盤を支えることとなり，一方で製鉄業などへの産業投資の資金ともなった。他方，戦争により1871年の日清修好条規は破棄されていたが，下関条約によって日本は中国に対して列強と同等の地位を得ることが約され，日本優位の不平等条約が締結されることになった。

　下関条約で定められた内容のうち，遼東半島の割譲に対しては，これを不満とするロシア（⇒コラム「ロシアから見た日清戦争」）が，中国側の働きかけもあり，同盟国フランスと，露仏同盟による挟撃を嫌ってロシアの極東進出を願うドイツとを誘って，領有権の放棄を日本側に要求した。これが三国干渉である。日本側は御前会議で，問題の処理を列国会議にゆだねる方針をいったん決定したが，陸奥外相が病床から意見を寄せ，列国会議方式は新しい干渉を招く「非計」であるとして，ロシア側の要求を受諾するよう説いた。結局，遼東半島は，賠償金を上乗せする条件で，中国へ返還されることとなった［藤村1973］。これは，朝鮮から満洲にかけての地域における日本とロシアの対立を予告するものでもあった。

　日本の「帝国」化──植民地統治のあり方　台湾は，1880年代後半には中国のひとつの省となり，海からの侵入を防がんとする海防論や日本による沖縄県設置（1879年）の影響もあって，特に注目されていた。また，台湾巡撫劉銘伝による鉄道敷設などの近代化政策が採られていた。

　下関条約の結果，台湾は日本の領土となることになったが，日本の支配の確立はその後10余年を要した。特に山地を中心に1920年代まで，日本の台湾領有のための武力を用いた「鎮圧」が続いたのである（第8章も参照）。日本の領有が決定された当初，台湾を統治していた清の官僚を中心とした抵抗戦争が生じた。その中心は台湾巡撫唐景崧であり，彼らは日本への割譲に反対して，「すべての国務を公民によって選挙せられたる官吏をもって運営」する「台湾民主国独立宣言」を発し，唐景崧を総統に推挙して独立式典を挙行した（1895年5月）。その後，官僚らは本土に戻ったが，台湾中南部の住民の抵抗は継続した。日本が台湾の東北部に上陸して台南にいたるまでの5カ月の間に，台湾側で1万人以上の死者が出た。このような「支配」に対する「抵抗」は，以後の日本の植民地支配，占領統治をめぐる，当地の人びととの主体的表現を示している。だが，そうした抵抗だけが当地の人びとの歴史における主体性を表現するものではない。

　日本は領有にあたって，住民に対し2年間の国籍選択の自由を与えていた。そして，中国の国籍を選択する者は中国大陸に居を移すことが求められた。すなわ

Column 3-1

ロシアから見た日清戦争

　朝鮮問題を契機として起こった日清戦争に際し、朝鮮の隣接国であるロシアはどのように対処したのであろうか。

　1886年ロシアは北洋大臣李鴻章と朝鮮現状維持を口頭で合意した。日清戦争前ロシア政府は、露領沿海州の安全確保という見地から、清国と合意した朝鮮現状維持を極東政策の基軸とし、またこれへの脅威はイギリスの支持を得た清国の側から来ると判断していた。日本の朝鮮進出は想定されず、朝鮮における日露の利害は清国への対抗という点で一致すると考えられていた。

　1894年6月、日清両国の朝鮮出兵後、ロシアは口頭合意を援用した李鴻章の要請に基づき日本に日清同時撤兵を申し入れるが、戦争阻止に向けてこれ以上の行動に出ることはなかった。開戦後の8月21日、外相、陸相、海相、蔵相などが出席した極東問題特別会議は、従来からの政策路線をふまえて、ロシアは日清戦争に干渉せず関係列国と協調して早期停戦を目指す、露朝国境にまで戦火が及ばぬよう日清両国の注意を促す、戦争の望ましい結末は朝鮮現状維持である、といった諸点を決議した。

　ところが日本軍が朝鮮から満洲に進攻し、さらに遼東半島を占領すると、極東問題とは朝鮮問題であるというロシア極東政策の前提は動揺をきたすことになる。1895年2月ロシア政府は、太平洋艦隊の増強に加え、日本が講和交渉で過度の要求を提示する場合に備え英仏との協調を確保しておくことを決定した。その後ドイツがこれに参加する。

　4月初め日本が遼東半島割譲を含む日清講和条約案を開示すると、ロシアは同半島放棄を日本に勧告することを英独仏に提案した。独仏は同意したが、イギリスは対日武力行使はできぬと判断して提案を拒んだ。ロシア政府は11日極東問題特別会議を開き、イギリス不参加の下でも対日勧告を行うか、あるいは日本の遼東半島領有を認めロシアも朝鮮や清国から代償を得るか、を検討した。会議は、今後の清国分割競争で優位を占めるために武力を行使してでも日本の遼東半島領有を阻止せねばならぬと決議した。

　4月23日に実現した三国干渉は二重の意味でロシア極東政策の転機を画した。第1に、朝鮮現状維持という従来の消極的路線は後景へ退き、以後ロシア極東政策は満洲進出を指向するものとなる。第2に、戦前の対清不信・対日友好路線は対清友好・日露対立路線へと一変した。このような変化はロシアにとって予想外の日本の戦勝の結果であったといえよう。

（佐々木 揚）

【参考文献】佐々木揚「露朝関係と日清戦争」（日韓歴史共同研究委員会『日韓歴史共同研究報告書（第3分科篇）』上巻，2005年）

ち，1897年の時点で台湾に居住していた人びとは，日本国籍を選択したとみなされた。もともと，中国の不平等条約の適用範囲であった台湾は，条約改正を成

し遂げつつある日本の領土となった。そして，それまで福建省など大陸と自由に往来していた台湾の人びとの身分は，条約国国民とほぼ同等の特権を有する存在となる。彼らは，しばしば台湾籍民と呼ばれ，日本と中国の狭間でさまざまな政治・経済・文化活動をおこなっていくことになる。この中には，日本の政治工作に加わる者もいれば，自らの経済活動を大陸に展開する者もおり，あるいは日本統治下の台湾での文化活動に限界を感じて活動拠点を大陸に移す者もいた。

　他方，1945年までの51年間，日本の植民地支配を受けた台湾は，日本「帝国」の一部に組み込まれたものの，日本本土とは異なる植民地，外地とされた。台湾の人びとも，日本国臣民とされながら，同時に本土の日本人とは区別された。法的に見ても，下関条約以前に公布されていた大日本帝国憲法は実質的には適用されなかった。この適用の可否は，植民地統治の考え方を如実に示しており，当時は2つの選択肢があるとされた。ひとつは，植民地を「異域」として本国とは異なる制度の下に置こうとする考えであり，これを「特別統治主義」という。この「特別統治主義」は，植民地が本国から遠く離れて存在したイギリスの植民地支配の方式にならったものである。それに対し，台湾にも憲法を適用して内地（本国）と同様の制度下に置こうとする考えもあり，これを「内地延長主義」という。これは，植民地（アルジェリア）が本国と隣接していたフランスの植民地支配の方式にならったものである。実際，1896年1月，原敬外務次官は伊藤博文首相へ意見書を提出，「特別統治主義」に当たる甲案と，「内地延長主義」に当たる乙案を提示したうえで，原敬自身は後者を可とした。しかしながら，現実には，前者が採用されたのであった［春山］。

　新たに設置された台湾総督は，行政権を握っていただけではなく，立法権，すなわち日本国内の帝国議会の事後承認を条件として，法律の効力を持つ命令（律令）を発する権利をもっていた。また，台湾総督は陸海軍の大将・中将から任命され，軍隊統率権をも持っていた。つまり，このような強大な権限を持っていた台湾総督が日本国内よりは相対的に自由な統治を行っていたのであり，大日本帝国憲法は実質的には台湾に適用されていなかったのである［春山］。そして，台湾においては，日本人と外国人に対する法と，台湾の人びとに対する法とは区別されることになったのである。

　東アジアにはすでに香港（イギリス領）などの植民地があったが，日本による台湾領有ののち，各国による中国大陸での租借地獲得，日本の韓国併合を経て，

1930年代には満洲国などが生まれる。これは，東アジアの国際政治が，現在のような主権国家間の関係だけでなく，植民地，租借地，占領地などの多元的な空間や主体により構成されていくことを示していた。

2．義和団事件と東アジア情勢の緊迫化

日清戦後の朝鮮・中国をめぐる情勢　朝鮮半島に対する中国の影響力を大きく後退させることに「成功」した日本であったが，日本の影響力が直ちに拡大したわけではなかった。それは，出先の三浦梧楼公使が閔妃（朝鮮国王高宗の妻）を殺害する事件（1895年）を起こし，朝鮮における日本の立場を決定的に悪化させたからである。そして，日本に代わって朝鮮半島に進出してきたのが，ロシアであった。朝鮮国王高宗は，翌1896年，ロシア公使館に避難（「露館播遷」）し，親日的な金弘集政権は崩壊した。以後，日本は不干渉主義を標榜せざるを得ず，朝鮮内政改革には関与することなく，借款供与や利権獲得（土地買収）による実質的保護国化政策を推し進めていくことになる［森山1987］。

　朝鮮内における日本とロシアの対等の地位を定めた山県・ロバノフ協定（1896年）が締結されたのは，ロシア皇帝ニコライ（Nikolai）2世の戴冠式に際してであった。だが，その裏面では，戴冠式に出席した李鴻章とロシア外相ロバノフ（Aleksei B. Lobanov-Rostovskii）の間で，日本を仮想敵国とした同盟条約である露清密約が締結されていた。また，露清同盟の一環として満洲を横断する東清鉄道（中東鉄道）の敷設権がロシアへ付与された。1896年当初，李鴻章は清朝発祥の地である満洲に外国の鉄道が走ることをはなはだしく嫌悪していたが，露清同盟によって中国の領土保全を行うにはヨーロッパ・ロシアから迅速に軍事力を輸送する必要があるとのロシアの説得を最終的に受け容れたのである。

　この頃，中国では新しい事態が展開していた。それは列強による中国分割の動きである。これは，日清戦争によって中国が弱体化したと認識したヨーロッパ諸列強が，中国での拠点形成や利権獲得を一段と加速化させていたのである。ドイツは山東半島膠州湾の租借権（99年間）や膠済鉄道敷設権および鉱産物採掘権を獲得した。またロシアは，かつて日本から中国に還付させた遼東半島の旅順・大連の租借権（25年間）や南満洲鉄道敷設権を獲得，東清鉄道と接続した。さらに，フランスは中国南部の広州湾の租借権や雲南鉄道敷設権を獲得した。これ

に対抗してイギリスも山東半島の威海衛の租借権（25年間）を獲得するとともに，九龍半島の新界地区を99年間租借することとなった。また，各国は中国政府に対して特定の省の割譲や利権の譲渡をおこなわないよう約束させるという方法で勢力範囲を設定する動きをおこした。租借地獲得では出遅れた日本も，台湾の対岸である福建省の他国への不割譲宣言を中国に承認させている［井口］。

また，当初アメリカは，キューバ事件にかかわってアジア進出の余裕を持たなかったが，ハワイを併合（1898年）し，米西戦争によってフィリピンを領有

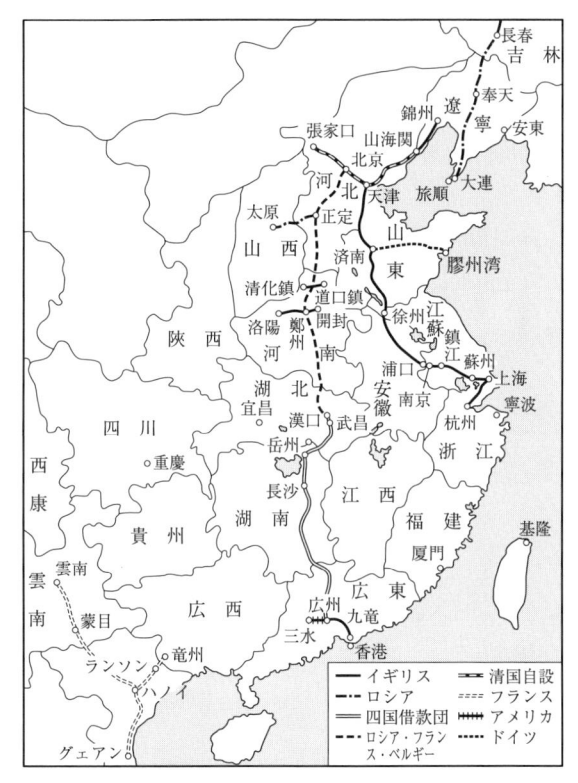

図 3-1　中国における列強の鉄道利権（20世紀初頭）

出典）井口和起『日露戦争の時代』（1998年，吉川弘文館）。
注）この図には，日露戦争当時までに開通していなくとも「利権」として成立していた路線を記載した。清国政府の自設のものは日露戦争後に開通した。漢口―広州間を結ぶ路線（粤漢鉄道）は，1898年にアメリカの利権として成立したが，その後複雑な経過をたどり，最終的には成都―漢口間を結ぶ路線（川漢鉄道）と合わせた川粤漢鉄道として，1911年にイギリス・アメリカ・ドイツ・フランスで組織した4国借款団の利権となった。

（1898年）するに及んで，その立ち遅れをとりもどすべく，1899年，ジョン・ヘイ（John Hay）国務長官が第1次の門戸開放宣言を発して中国への進出競争に参入した。アメリカが東アジア国際政治の舞台に加わったのである。もちろん，アメリカはこのノートを出すにあたり，あらかじめ中国政府の意向を徴することはなかった。また，第1次宣言はたんに通商上の機会均等を求めていたものだが，翌年の第2次宣言では中国の領土的・行政的保全を求めるまでにいたった。しか

し，アメリカのこの方針は，結果として中国保全論の基礎をなしていくことになる。中国側も，中国人の対米移民問題があったものの，租借地や勢力範囲を設定しないアメリカを好意的に見るようになっていく。また，アメリカ自身においても，当初の意図は別にして，徐々にアメリカの大陸政策の基本原則を示すものとして門戸開放宣言を位置づけるようになるのである。

義和団事件と日本の帝国主義化　1898年，中国で起こった戊戌変法は，列強による租借地や勢力範囲設定に危機感を感じた若手官僚がおこした政治改革であり，日本の明治維新をモデルにし，また外交上においても日本との接近を図り，さらに日本の力を借りて改革運動を促進しようとした。しかし，9月に「戊戌政変」が起き，改革運動は失敗した。維新派（康有為・梁啓超など）は日本に援助を求め，戊戌変法自体には傍観的立場をとった大隈重信内閣もこれに応じた（⇒コラム「政治運動の場としての「東京」」）。それは大隈内閣が，清朝政府の維新派に対する弾圧によって中国の政局が混乱し，欧米諸国がそれを口実に出兵，中国分割の端緒を開くことを懸念したからである。ところが，第2次山県有朋内閣が成立すると，日本の対中政策は再転換した。山県は，清朝の改革に悲観的であり，早晩中国分割は免れないので機を見て日本もそれに乗り出すべきだとの発想を抱いていたからである。山県内閣は，中国政府との友好関係を優先して，亡命中の康有為を日本からアメリカへ出国させた［廖］。

さて，列強による中国分割の進展は，中国において排外主義的な義和団による清朝政府への反乱を引き起こし，1899年末から義和団によるイギリス人宣教師の殺害事件などが発生していた。イギリスを始めとして列国は，中国に対し義和団の暴行に対する厳重取締りを要請していたが，キリスト教とあまり関係がなく，「西教」排撃の対象とならなかった日本とロシアの関心は当初低かった。ロシアもギリシア正教会の教会を北京に建設してはいたが，中国において伝道活動は行っていなかったのである。したがって，日本やロシアは当初，イギリス・アメリカを始めとする北京政府への圧力による義和団鎮定の要求を側面から支持するにとどまっていた。

しかしながら，義和団がますますさかんとなり，やがて北京を包囲すると，清朝政府も反乱軍に便乗して列国に宣戦布告を行った（ただし，長江以南の地方大官は宣戦布告に応じなかった＝「東南互保」）。北京で包囲された各国公使館は本国政府に救援を求め，その救出にあたるために，8カ国（英米仏露独伊墺日）が共

Column 3-2

政治運動の場としての「東京」

　日清戦争敗北（1895年）によって触発された中国清末の政治的激動の中で，東京（横浜など周辺地域を含む）は反政府運動の最大の策源地であった。革命派の孫文と改革派の梁啓超に代表される亡命政客にとって，東京は，中国と距離的に近い上にある程度の活動の自由があり，かつ活動の展開に不可欠の人材（主に留学生）と資金（主に華僑の支援）と情報が獲得しやすいという点で，きわめて魅力的な場だったのである。

　東京が反政府活動の舞台となるきっかけは，1898年秋，戊戌変法運動に失敗した梁啓超が日本に亡命したことに求められるが，最大の策源地に成長したのは20世紀初頭のことで，その原動力は急増した中国人日本留学生である。義和団事件（1900年）で衝撃を受けた清朝政府は「新政」とよばれる制度改革を開始し，改革のモデルとなった日本に留学する中国人は次第に増加しつつあったが，決定的に弾みをつけたのは1905年の科挙廃止で，同年の中国人日本留学生は8千人に達し，その大部分が高等教育機関の集中する東京に集まった。立身出世が目的で来日した者が多かったとしても，明治日本に蓄積された西洋学術に触れ，新たな視点で中国の現状を評価し始めた留学生の一部は急速に政治化し，清朝の専制統治を批判しつつ，政治体制の抜本的変革を求めるようになる。

　狭い東京にほぼ中国全土からの留学生が集まり，あたかもミニ中国となった東京では，本国では実現困難な，地域の壁を越えた人間のネットワークを比較的容易に形成することができた。政治化した留学生はまず出身省別に集まって『江蘇』や『浙江潮』などの雑誌を刊行し（共に1903年創刊），次いで光復会（長江下流域）や華興会（長江中流域）のような省を越えた地域的革命団体を組織し，最終的に1905年8月，東京において，既存の革命団体を大同団結して全国的革命組織である中国同盟会を結成した。辛亥革命勃発（1911年）のほぼ6年前のことである。　　　　　　　（佐藤　慎一）

【参考文献】実藤恵秀『中国人日本留学史』（くろしお出版，1960年）
　　　　　　厳安生『日本留学精神史』（岩波書店，1991年）

同で軍隊の派遣に踏みきった。列国の軍隊の力で，義和団は鎮圧された。敗戦国中国と列国との間では1901年に北京議定書が結ばれ，中国側は賠償金として下関条約の2.5倍の4億5,000万両を支払うこととなった。これにより，中国の財政は決定的な打撃を受ける。また，列国は撤兵をすることになるが，北京の各国公使館への守備兵常置，および北京・太沽間の防備撤廃，さらに渤海湾の主要港や北京を連絡する鉄道主要地点に対する列国守備兵の常置が認められた。ロシア軍は中国本部からは撤兵したが，満洲においては撤兵の約束を充分に守らず，駐

兵継続の姿勢を明らかにする。ロシアが満洲で兵を留めたことは，中国における「拒俄運動（反ロシア運動）」へとつながっていく。

日本は出兵数が多かったにもかかわらず，賠償金の獲得は賠償金全体のわずか7.7％（3,480万両）に過ぎなかった。しかしながら，連合国のうちアジアから派兵した唯一の国が日本であり，日本が欧米列強の軍隊とともに武器を持って戦った最初の経験であった。すなわち，それまで植民地化の危機に怯えていた日本が「半植民地」中国における反乱鎮圧の側に列強の一員として加わったことは，日本が「帝国主義クラブ」への仲間入りを許されたことを意味する。よって，通常，このことをもって日本の帝国主義化のメルクマールとされる。また，極東における日本の実力を認めたことが，イギリスをして日英同盟を締結させることになるのである。

この日本の帝国主義化とともに，中国は列強の公使団の強い影響下に置かれていくことになる。だが，北京議定書以後，中国は光緒新政と呼ばれる中央集権的な近代化政策を採用する。ここでは条約改正も政策目標とされ，日本の法政が吸収されて法典の整備も進んでいくことになった。なお，アメリカはこの義和団賠償金をアメリカへの中国人留学生の奨学金とし，その予備学校が北京に設けられた（1911年）。それが後の清華大学となる。

日英同盟と日露協商――「多角的同盟・協商網」構築の試みと挫折　1900年7月，義和団事件の満洲波及を理由に，ロシア軍が満洲に進撃すると，日本の政治指導者たちは危機感を抱いた。従来ロシアとは韓国問題のみを交渉し，韓国問題の枠内で妥協していた。だが日本は，義和団事件を契機として，満洲におけるロシアの優越権を認める代わりに韓国における日本の優越権をロシアに認めさせるという，いわゆる「満韓交換」論へと外交方針を硬化させた。もちろん，満洲占領という既成事実を有していたロシアからは反発が予想されるため，ロシアへの圧力としての日英同盟締結と，ロシアとの日露協商締結が目標とされた。通説的理解では，日露協商論者（伊藤博文・井上馨）と日英同盟論者（桂太郎・小村寿太郎）との対立と，前者に対する後者の勝利として説明されてきた。だが，日露戦争以前では政治指導者間における「国家目標（日本の自主独立と韓国の確保）」の同一性は高かった。満韓交換実現のため日英同盟の圧力によって日露協商の締結を目指す点で政治指導者たちは共通していた。すなわち，政治指導者たちは，日露協商と日英同盟の二者択一ではなく，その両者を同時並行に模索しており，

いわば「多角的同盟・協商網」を構築しようとしたのである［千葉 2008］。

　結局，イギリスとの同盟締結の方は 1902 年 1 月に実現した（第 1 次日英同盟）が，それは敵国が 1 国（ロシアを想定）の場合，同盟国は中立を守り，敵国に他の国（フランスを想定）が加わった場合，同盟国も参戦するといった，中立条約と同盟条約との中間形態であった。そして，この日英同盟の圧力もあって，ロシアは 4 月，中国との間で満洲還付条約を締結，3 期にわけて満洲から軍を撤兵させることを約束した［千葉 2008］。

　しかしながら，1903 年 4 月，ロシアが第 2 期撤兵期限を守らなかったうえ，中国に撤兵条件を提出したことから日露関係は再び緊迫化した。8 月から日露協商締結のための交渉がもたれることとなった。すなわち，日本としては日英同盟の圧力によって日露協商の締結を行うという「多角的同盟・協商網」構築の試みを正式に行うようになったのであった。また，ロシアの撤兵拒否は，中国国内だけでなく，日本国内における中国人の反ロシア運動を激化させることになった（拒俄運動）。

　他方，ロシア側では三頭同盟（ウィッテ蔵相〔Sergei Y. Witte〕・ラムズドルフ外相〔Vladimir N. von Lamzdorf〕・クロパトキン陸相〔Aleksei N. Kuropatkin〕）の宥和路線とベゾブラーゾフ・グループの強硬路線とが対立し，結局，後者が勝利したと通常いわれる。だが，このような解釈では，ロシアのような専制政治下の政策決定はうまく説明できないと考えられる［Nish 1985］。むしろ，満洲問題を基本的にロシアと中国との間の問題と考えるロシアと，満洲問題を韓国問題と連関させて，満韓交換の実現を目指す日本とのスタンスの大きな違いが，交渉の難航をもたらしたといえよう。そして，スタンスの差は徐々に埋まりつつも，最終的には妥協にいたらず，1904 年 2 月，日露両国は交渉断絶，戦争状態に入った。このように日本政府が模索した「多角的同盟・協商網」構築の試みは挫折して日露開戦にいたったのであり，「多角的同盟・協商網」の構築は日露戦後を待たなければならない［千葉 2008］。

3．日露戦争と戦後の東アジア情勢の変化

　日露戦争と中国・韓国　もともと韓国の完全確保が日本の戦争目的であったから，開戦そのものも韓国で始まる。すなわち，仁川港に入った日本艦隊が陸軍部

隊の揚陸を行ったあと，仁川港のロシア軍艦を攻撃した。また，前夜からロシアの旅順艦隊への攻撃も開始されていた［古屋］。仁川に上陸した臨時派遣隊はソウルに進入，続いて第1軍の主力第12師団も仁川に上陸を開始した。このような日本軍によるソウル制圧は事態を転換させ，それまで難航していた日韓議定書を妥結せしめた。この日韓議定書によって日本は，韓国における軍事行動の自由を得た。もちろん，当初，議定書締結の交換条件として日本政府が請け負った亡命者処分（韓国からの亡命者で日本に滞在する者が多く，それを第3国へ追放すること）も，結局は棚上げにされたのである［藤村1995，海野2000］。

　さらに，日本は8月に第1次日韓協約を締結，財政（日本人）・外交（外国人）顧問を雇用することと，外交交渉において日本政府と事前に協議することとを，韓国政府に義務づけた。しかしながら，第1次日韓協約の成立をもってしても，日本の対韓政策を満足させるものではなかった。すなわち，日本が韓国に顧問を送るのは，韓国の保護国化にいたる「過渡の時代」としてのものだというのが日本首脳部の見方だった。最終的には威圧してでも韓国を保護国化する必要があると考える点では，桂太郎首相・小村寿太郎外相だけでなく，元老の伊藤博文や松方正義，さらには林権助（駐韓公使）や原敬（政友会幹部）も共通していたのである。

　他方，中国に対して日本は，中国の地位上昇をもたらすとして中国の参戦を望まず，代わりに好意的中立を期待した。中国も，ロシアの中国東北部からの撤退という点では日本と同一の利害を有していたものの，あくまで利権の回収を企図していたのであり，東北の利権が日本に譲渡されることを望んでいたわけではなかった。だからこそ，日露交渉が満韓交換という結果に終わるのではないか，もしくは戦争で日本が勝利した場合，東北が日本の手中に落ちるのではないかと憂慮していた。よって，中国政府は，中立的立場をとり，ハーグ条約に加盟して国際法に準拠した中立をおこなおうとしたが，総じて日本に対する好意的中立であったといえよう。また，袁世凱らの地方大官や中央の官僚の中には，日露戦争中，内密に日本に協力したり，寄付金を支出する者もあった。

　さて，日露戦争の戦場は基本的に満洲であった。ロシア軍は遼陽の会戦など局所局所で負けつつも，最終的に巻き返す作戦で北方へ退却，日本軍がそれを追撃して北上を続けた。しかしながら，奉天会戦後，日本陸軍は継戦能力を欠如するようになり，かたやロシアも国内に革命的騒乱状態を抱えていた。そこで，アメ

リカ大統領ローズヴェルト（Theodore Roosevelt）の斡旋によって 1905 年 8 月より日露両国は講和交渉に入った。桂内閣が閣議決定していた条件のうち，韓国の自由処分や遼東半島租借，東清鉄道南部支線の譲渡といった，あくまでも貫徹を期すべき「絶対的必要条件」に関しては，ロシアはほぼ承認した。しかし，事情の許す限り貫徹を図るとされた「比較的必要条件」のうち，賠償金支払いと樺太割譲にロシアが頑強に反対したため，結局は南樺太の割譲の線で妥結にいたった。ポーツマス講和条約（⇒コラム「ポーツマス講和会議」）の主たる内容は，①韓国に対する日本の指導・保護・監理措置の承認，②中国の同意を条件とした関東州租借地と長春・旅順間鉄道の日本への譲渡，③南樺太の日本への譲渡，④沿海州沿岸における漁業権の日本への許与，などであった［古屋，井口］。

賠償金がとれなかったこと，また樺太・千島交換条約（1875 年）によってロシア領になったとはいえ，外国の領土という意識の弱かった南樺太を得るにとどまったことから，日本の国内世論はこの交渉に満足せず，日比谷焼き討ち事件が発生した。だが，同時に多くの犠牲を払って得た南満洲の利権を，その後の日本はきわめて重視するようになった。また，日本のロシアに対する勝利は，有色人種の白人に対する勝利として黄禍論を支えた面がある。そして，専制に対する立憲の勝利，アジアのヨーロッパに対する勝利として図式化されることもあり，それがアジアのナショナリズムや立憲運動を支えたとされる。だが，こうした日露戦争評価論は，戦時中，大東亜共栄圏の形成に都合がよいものとして，日本によって強調された面があることを忘れてはならない。

日露戦後処理問題　ポーツマス条約が締結される少し前の 1905 年 7 月には，日米間で，桂・タフト協定が締結されていた。このとき，アメリカ陸軍長官のタフト（William H. Taft）は，フィリピン視察の折に来日し，桂首相と会談，同協定が締結されたのである。これは，アメリカによるフィリピン支配と日本による韓国保護国化を相互承認したものであって，韓国保護国化に対するアメリカの言質を必要とする日本と，日本のフィリピン攻撃を警戒したアメリカの思惑が交差した結果である［長田，寺本］。また，その直後，日本はイギリスとの同盟条約を改定して攻守同盟化（第 2 次日英同盟）するとともに，同盟の適用範囲をインドにまで拡大した［Nish 1966］。これらの了解とポーツマス条約とによって，日本は韓国保護国化についての関係各国の承認を取りつけ，保護権確立の行動を起こした。すなわち，1905 年 11 月，伊藤博文が特派大使として派遣され，韓国政

Column 3-3

ポーツマス講和会議

　1905年8月26日，ロシアと14回にも及んだポーツマス講和会議は，完全に行き詰まった。小村寿太郎とウィッテの両全権は，もはや和平は絶望的であるという結論にいたり，その旨を本国政府に打電した。最大の争点となっていたのが，賠償金と樺太割譲問題であった。小村は最終妥協案として，北樺太をロシアに返還する見返りに，金銭的な補償を要求したのであるが，皇帝のニコライ2世からすれば，それは到底首肯できない条件であった。

　この事態を憂慮したのが，開催国を務めていたローズヴェルト大統領であった。彼は急遽マイヤー（George von Lengerke Meyer）駐露米国大使を皇帝と謁見させ，せめて南樺太だけでも手放すようにと説得したのである。その甲斐あってか，ニコライはその意見を受け容れ，より柔軟な姿勢を示した。しかし，日本政府は，この事実を大統領から知らされなかった。それゆえ，日本政府は8月28日の御前会議にて，賠償金と領土割譲を放棄する形での講和締結を決定した。だが，翌日になって事態は急転回する。駐日英国公使を介して，日本政府はニコライが南樺太の割譲に応じたという情報を入手したため，先の方針を覆し，南樺太の割譲を新たに要求することにした。その訓令は小村に至急打電され，その結果，日本は土壇場でロシア領土の割譲に成功したのである。しかし，なぜ米大統領は，この重大な情報を日本政府に伝えなかったのか。これが長らくポーツマス講和会議をめぐるひとつの謎であった。

　じつは，ニコライは，優柔不断な人であり，一度決めたことを二転三転させることがよくあった。ローズヴェルトもこの悪癖を周知しており，南樺太の割譲にニコライが同意したという知らせがマイヤーから入ってからも，念には念を入れることにした。そのため，彼はニコライの気持ちに揺らぎがないか，もう一度マイヤーに確認させてより信頼度の高い情報を待つことにしたのである。

　会議の最終日が切迫する中，信憑性が定かでないこの情報をどう活かすのか。そのまま日本政府に伝えることもできたが，それが万一事実に反していた場合，大統領は過失を免れない。そこで，敢えて間接的な手段をもって日本に情報を流すことにしたのである。つまり，マイヤーが駐露英国大使にこの事実を漏らし，それが英国外務省を経て駐日英国大使に伝えられ，最終的に日本政府の知るところになった。こうしたルートを用いることによってローズヴェルトは，情報の正確さに責任を負うことなく，講和会議の最終段階にて，友人として日本の立場をより有利な方向へと導くことに成功したのである。

（簑原　俊洋）

【参考文献】外務省編『小村外交史』上・下〔日本外交文書／外務省編，別冊〕（新聞月鑑社，1953年）

府に強要して第2次日韓協約が締結された。この協約によって日本は韓国の外交権をすべて簒奪し、韓国統監府が設置された。ここに、日本は韓国を名実ともに保護国としたのである［森山 1992］。

　ちなみに、日露戦争中の1905年2月の島根県告示により、日本政府は竹島（韓国名：独島）を島根県に編入した。そして、太平洋戦争後の1952年、大韓民国が「李承晩ライン」を設定して以後、同島の帰属が現在にいたるまで両国間の係争問題となっている。すなわち、韓国は日本軍が朝鮮半島を軍事占領している最中の一方的行為であり、日本の朝鮮侵略行為の一環として日本による竹島編入は無効と主張するのに対して、日本政府ないし政府を支持する人は同島が近世初頭以来の日本領、ないし1905年時点で完全な無主地であったと主張している。

　さて、日本は南満洲におけるロシア権益を継承したが、1905年秋の時点では必ずしもそれを独占的に経営することには自信がなく、元老井上馨の主導により桂首相とアメリカの鉄道王ハリマン（Edward H. Harriman）との間で、南満洲鉄道の日米共同出資に関する協定が締結された（桂・ハリマン協定）。このハリマンとの協定を叩き壊したのが、ポーツマスから帰国したばかりの小村外相であったが、それは必ずしも対米協調路線の否定ではなかった。なぜなら、小村にはモルガン系銀行からより有利な条件で外資が導入できる見込みがあったからである。だからこそ、対米英協調論者の伊藤も協定破棄を黙認できたのである［小林］。以後、日本は、南満洲の権益を排他的・独占的に維持する方向へと向かう。

　続いて小村はポーツマス条約で規定された「中国の同意」を得るために交渉を開始した。それは、ロシアの南満洲における利権を日本が継承することを中国に同意させるためのものであった。日本は、交渉にあたり、武力占領の継続を決意しつつ、またアメリカの助力をも期待していた。それは、日本人外交官伊集院彦吉の書簡によると、「ポーツマスの埋合せを清でするやの感」があった。日中交渉の結果、1905年12月に、満洲に関する日清協約（北京条約）が締結され、日本によるロシア権益の継承を中国政府に承諾させるとともに、付属協定や付属取極において南満洲における新たな開市、安奉鉄道経営権の取得、満鉄並行線の敷設禁止などの新たな諸権益を中国に認めさせた［馬場］。中国は、この一連の交渉で満洲に対する中国の主権を、日本を含めて諸列強に認めさせるに留まったのである。

　南満洲権益の排他的・独占的経営を行ううえでいまひとつクリアしなければい

けない条件は，欧米からの支持調達であった。しかし，1906年3月，駐日イギリス大使やアメリカ代理大使からは，満洲において日本の軍事占領が続いているため，現地のイギリス人・アメリカ人の商売が妨害されていると抗議を受けたのである。その結果，日本国内の政治指導者たちの間で満洲問題協議会が開かれ，会議では，満洲における軍政の早期撤廃で一致した。しかし，新たに獲得した南満洲という勢力範囲をどのように把握するかで，伊藤博文と児玉源太郎（参謀総長）との間では微妙な違いがあった。児玉は，租借地・鉄道と一般の中国領土を一体視したうえで，満洲における日本の「主権」を統一するための機関設立を求めた。他方，伊藤は条約に基づく租借地・鉄道と，一般の中国領土を同一視する児玉の発想を厳しく批判し，後者に対しては通常の対外政策通り，外務省を通じた政策の実行を主張したのである。

　中国東北部は，中国の主権下に置かれながらも，東アジア国際政治の焦点となっていた。中国は，1907年に満洲王朝の故地に奉天省（現在の遼寧省）・吉林省・黒龍江省といった3つの「省」を設置して内地化した。「東三省」と呼ばれるものである（第1章も参照）。満洲では華北や山東から多くの移民が行われるとともに，朝鮮半島からの移住者による開墾・森林開発や，ロシアからの移住者によるハルピンなどの都市開発が見られた。だが，日本が朝鮮半島を併合すると，朝鮮半島からの移住者も日本の満洲進出の延長に位置づけられるようになり，新たな国際問題となっていった。

　「多角的同盟・協商網」の構築　ロシアが北満洲を，日本が南満洲をそれぞれ占領する状態でポーツマス講和を迎えたことは，日露戦後，満洲における勢力範囲のすみ分けを可能にした。また，日露戦後，ロシアは極東からバルカン半島へと関心を移しつつある一方で，日本はロシアからの復讐戦を恐れていた。このような状況は，満洲の南北で勢力範囲の分界線を設定する日露協商の締結を可能にするが，日露協商締結の直接的なきっかけとなったのは日仏協商交渉であった。ちなみに，協商（Entente）とは，同盟（Alliance）と異なり何ら一定の場合の共同戦闘・共同講和を約束するものではなく，主に帝国主義時代に植民地支配をめぐる勢力範囲の確定を行う場合に用いられた。さて，日本は日露戦争時の外債借り換えのため，英米以外の金融市場を探しており，パリでの外債発行を希望していた。かたや，フランス領インドシナ（現在のヴェトナム，ラオス，カンボジア）の安全を懸念したフランスとの思惑が一致して，1907年6月，日仏協商が締結

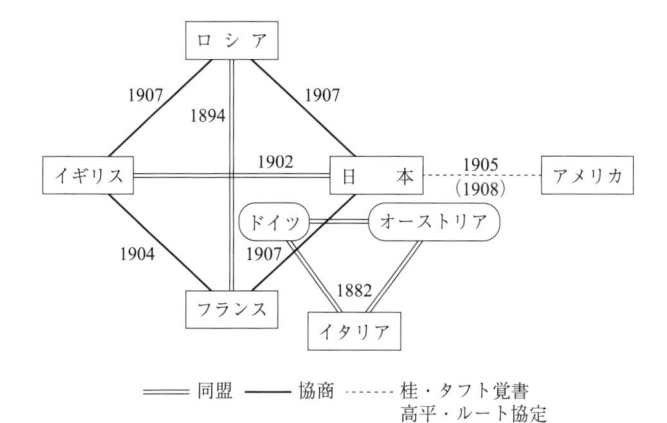

図 3-2 「多角的同盟・協商網」の構築

注 1) 日本政府は，桂・タフト覚書や高平・ルート協定を「日米協商」と把握していた。
　　2) ドイツ・オーストリア・イタリア間の三国同盟は，日露戦後の時期には，イタリアがオーストリアとの対立から三国協商側に接近しており，有名無実化していた。

された。そして，日本とフランスの接近はロシアの疑念を氷解するのに役立ち，満洲の南北で勢力範囲の分界線を設定する日露協商締結にいたったのである。このように，日露・日仏協商の締結は，同年の英露協商締結とあいまって，国際政治における対ドイツ包囲網の形成を意味した［寺本］。

このように，第1次西園寺公望内閣の林董外相のもとで，日本は日英同盟に加えて日露・日仏協商を締結し，日露戦前には失敗した「多角的同盟・協商網」の構築に成功した。残る大国はアメリカである。そのアメリカと東アジアの国々との間では，当時移民問題が発生していた。中国でも，アメリカにおける人種差別を根拠にした中国移民受入停止の継続に強く反発した対米ボイコット運動が1905年に発生していた。1906年にはサンフランシスコで日本人の学童を東洋人学校に隔離する事件が発生するなど，日米間でも移民問題は紛糾した。このため1907年初頭には日米間に戦争騒ぎが巻き起こっており，何らかの了解が必要とされた。駐米大使の青木周蔵は，日米協商の締結をもって解決しようと考えたが，林外相は移民問題抜きでの日米協商締結に反対し，独断で協商締結をローズヴェルト大統領に働きかけた青木を更迭したのであった。

にもかかわらず，第1次西園寺内閣は，満洲に関する諸問題をめぐって日中交

渉が難航する中で1908年7月に倒壊した。続いて第2次桂内閣が成立, 小村寿太郎外相が再登場すると, 日本をして日米協商締結に踏み切らせることになる。それは, 1908年の唐紹儀（奉天巡撫）の訪米が, ヴィルヘルム (Wilhelm) 2世提唱の独米清協商案に関係するものとして, 日本を刺激したからであった。他方, 現実主義外交を推進するローズヴェルト大統領は当初, 日本牽制のため独米清協商案に関心を示したが, 結局は日本との協調を選択した。これが, 1908年11月に締結された高平・ルート協定であり, 太平洋地域における現状維持・通商自由と, 中国の門戸開放・機会均等・領土保全を確認するものであった。そして, この高平・ルート協定（日本側には「日米協商」と認識された）の締結は, 日米間の緊張緩和に貢献したのである［寺本］。

満洲6案件交渉――間島問題と満洲5案件の一括化　難航する日中交渉においては, 小村外相は, 懸案の満洲5案件（新民屯―法庫門間鉄道, 大石橋―営口間鉄道, 撫順・煙台炭鉱, 安奉線・満鉄線鉱山, 京奉鉄道の延長）に加え, 林前外相によって日中間の外交問題に投入されていた間島問題（⇒コラム「間島問題」）とを合わせて, 満洲6案件として一括化して処理しようとした。前者, すなわち満洲5案件は, 1905年の北京条約の実質化にあたるものであろう［北岡1978］。しかしながら, これら5案件を解決する代償として, 日本側が提供しうるものは少なかった。よって, 中国側が主権にかかわる問題として強硬な態度を示していた間島問題を満洲5案件に連関させることで, 間島領有権の放棄の代償として5案件の解決を図ることが可能と考えたのであろう。中国吉林省の間島は, 朝鮮半島に隣接する地域で, 朝鮮からの移住民が数多く暮らし, 領土問題として紛糾する可能性があった。だが, 外交交渉の場では, 間島問題の挿入は, 他問題解決のための絶好のカードであったと思われる。その点で, 後の対華21カ条要求と類似した交渉テクニックであった。

　実際, 日本はすでに, 1909年2月時点で間島領有権の主張を放棄することを決定していた。しかし, 今度は, 間島居住の韓国人に対する領事裁判権を日本側が要求したため, 交渉は難航した。3月, 中国側は, 間島問題で日本が同意すれば他の問題は処理しやすくなると述べるとともに, もし間島問題で引き続き争うのならば, すべての満洲懸案をハーグの常設仲裁裁判所に付託するほかないと通告した。当時, 中国はすでにハーグ平和会議などの国際的な場で日中間の懸案を解決する政策を採用していた。結局, 中国政府はこの提議を撤回したが, 日中交

Column 3-4

間島問題

　間島問題は，間島をめぐる韓国（朝鮮）と中国との間の領有権問題をはじめ，同地で展開された朝鮮独立運動，民族問題などの総称である。間島という地域は，現在の中国の延辺朝鮮族自治州を指しているが，韓国では，豆満江以北の松花江にいたる一帯をいう場合もある。この地は韓国―ロシア―中国と国境を接し，資源が豊富である点で従来国際的に注目されてきた。

　間島の帰属をめぐる韓国と中国の論争は，元来無主地であったこの地に，19世紀後半朝鮮人が大量に移住することで本格化した。両国は，国境会談を開き交渉を重ねたが，決着がつかず，論争は継続されてきた。その後1905年11月，「第2次日韓協約」の締結で日本が韓国の外交権を掌握することになり，間島領有権問題は日中間の交渉案件になった。日本は1907年8月，従来韓国政府が施行していた例を踏襲し「間島派出所」を設置し交渉にあたったが，1909年9月，間島に対する領有権を中国側に譲歩し，いわゆる「間島協約」を締結した。このように日本が間島の領有権を引き渡したのは，その代償として「満洲5案件に関する日清協約」で満洲における権益を得るためであり，また，日韓併合を前にして韓国の国境を確定し，日本の間島占領を非難する中国，ロシアなど列強との関係悪化を回避する必要があったためである。そのため，現在韓国では，日本が勝手に中国と取引した間島協約は無効との議論が根強い。

　同協約では朝鮮人の居住権，国境自由往来権が認められている。その結果，領土権は中国に属し，人的構成は朝鮮人（つねに80％以上を占めていた）であり，彼らに対する支配権（治外法権）は日本が有することになり，間島では民族を単位とした特異な政治―社会構造が生まれた。こうした不安定な構造により，朝―中―日の三者間には対立と提携という錯綜した関係が形成され，近代東アジアの国際関係の原点のような様相を呈していた。これに加え，日韓併合に前後して日本の支配に不満を持つ朝鮮人が大量に間島へ渡って行くことになり，同地は抗日運動の最大の拠点と化し，日本の朝鮮植民地支配を脅かした。日本は警察や軍を動員し，しばしば粛清を計るが成功せず，日本と中国，朝鮮人の間で紛争の種になっていた。

(李 盛煥)

【参考文献】李盛煥『近代東アジアの政治力学——間島をめぐる日中朝関係の史的展開』(錦正社，1991年)

渉は引き続き停滞したままであった。このような状況を前に，日本は7-8月に，間島居住の韓国人に対する領事裁判権の要求を取り下げることを閣議決定した［李］。かたや中国側がそれを重視していたのは，韓国の外交権を日本が奪取したため，台湾人同様に韓国の人びとにも日本の中国における外交上の特権が付与さ

れることを懸念していたからである。それは、間島などの地域では漢族などよりも朝鮮の人びとのほうが多く、また彼らの国籍や帰属が国から見れば未確定であったことに由来する。

　結局，1909年9月，日中間では2つの条約が締結された。第1の「間島に関する日清協約」により，図們江を中国・韓国間の国境とする一方，間島地方に雑居地区を設けてこれを開市地区とし，この地区に居住する韓国人の裁判には日本領事が立ち会うことなどが協定された［李］。同時に，日本は吉長鉄道を韓国の会寧(フェリョン)にまで延長（いわゆる吉会鉄道）することを清に承認させた。また，第2の「満洲5案件に関する日清協約」により，中国政府が新民屯―法庫門鉄道を敷設する際は日本政府と商議すること，大石橋―営口線を満鉄の支線とすること，撫順・煙台の炭鉱採掘権を譲与することなどを，中国政府に認めさせた。以上によって，1905年の北京条約の実質化がほぼ完成するとともに，中国・韓国間の国境が確定した。

　このように，日露戦後における諸懸案を解決したまさにそのときに，日本の満洲権益に挑戦したのが，アメリカであった。1909年11-12月，アメリカの国務長官ノックス（Philander C. Knox）は，国際シンジケートが満洲の諸鉄道を買収して所有権を中国に移す，ないし国際シンジケートが中国に借款を与えて錦愛鉄道など重要な鉄道を建設させることを要求する提議を，英露日独仏清の各国に対して行った。

　このアメリカによる満洲鉄道中立化提議に一致して対抗する過程で，日露両国は1910年7月に第2次協商を締結，第1次協商で定められた分界線をもって両国の特殊利益の範囲とした。日露戦争の直後から1908年頃まで，日本政府が勢力範囲とみなしていたのは，南満洲の中でも遼河以東あるいはせいぜいその右岸までであったが，アメリカの満洲鉄道中立化提議に対する反発を経て，結果的に日本は南満洲全体を勢力範囲とみなすようになったのである［北岡1978］。

4．韓国併合と韓国問題の「消滅」

　韓国併合　日本がなぜ韓国併合を断行したのかについては，相対立する2つの解釈が出されている。ひとつは，伊藤博文ら併合に消極的な「文治派」と，山県有朋・桂太郎・寺内正毅ら併合に積極的な「武断派」とがあり，後者が勝利した

というものである.これに対するもうひとつの解釈は,日本の対韓政策を全面的に批判する立場から,併合を目的とする点では「文治派」と「武断派」との間に差異はありえず,差異があるとすればその方法論にすぎないというものである.しかしながら,文治と武断に分けて論じるにせよ,また併合を一種の必然と見るにせよ,こうした解釈では,日本がなぜ1910年という時点で併合を断行したのかという疑問に対しては充分に答えることができない.併合にいたる国際関係のプロセスを解明しなければならないのである［森山1987］.

韓国統監となった伊藤博文は,第3次日韓協約（1907年）までの統監政治前期において,新たに「文化政策」とよびうるものを推進した.具体的には,多額の資金を韓国に投与して産業基盤整備や教育振興などを実現し,保護政治が韓国の「文明化」に貢献しているという評価を確立しようとした.この前期の時期の伊藤にとっては,もし韓国併合をするとしてもそれはあくまでも将来の,しかも最後の手段であった.しかしながら,伊藤の「文化政策」は,上は外国の干渉を要請する高宗の政策,下は直接に反日武力闘争を行う義兵運動の展開というように,韓国側からさまざまな形での強力な抵抗に直面した.その後,伊藤はロシアの了解を求めつつ韓国併合の実現を目指す方向へ推移していく［森山1992］.

一方,韓国皇帝高宗は,国際紛争平和的処理条約の規定する仲裁裁判や周旋・居中調停を利用して,第2次日韓協約の不法性を国際社会に問おうとした.そのため,1907年,オランダのハーグで開催された第2回万国平和会議に密使を派遣した.これが有名なハーグ密使事件である.そして,この事件は日本政府に大きな衝撃を与えた.たしかに,日本政府は密使の出現をある程度は予想していた［海野2000］.しかしながら,それを阻止することに失敗した点で,政府の大失態だったからである.災い転じて福となすかのように,日本政府はこの事件を口実に,事件の元凶と考えた高宗の退位と第3次日韓協約の締結を強要した.また,秘密覚書で,裁判所改革（大審院院長・検事総長などへの日本人の任命）,韓国軍隊の解散,警察権の事実上の掌握,中央政府・地方庁の要職への日本人官吏の任命などを規定した.

しかし,この時点では,ロシアが併合を承認しないなどのさまざまな制約によって,韓国併合は断行されなかった.その代わり,高宗退位と第3次日韓協約の締結は,伊藤によって実質的な併合の達成と受け取られた.よって,伊藤は当面それ以上の政策,すなわち併合を行う意思を放棄して,保護政治後期において

「自治育成政策」を追求することになる［森山1992］。

　しかしながら、この「自治育成政策」も、韓国政府内においてそれに賛成する李完用（イ・ワニョン）（内閣総理大臣）派と反対する一進会（宋秉畯（ソン・ビョンジュン）内部大臣や内田良平）との対立、反日義兵運動の激化、間島問題をめぐる欧米列強の干渉可能性の高まりなどの前に、実行が困難になっていった。伊藤も保護政治に絶望するようになり、かたや当時難航していた日中交渉に乗り出すべく、1909年6月、韓国統監を辞任した。伊藤は、告別演説で「日韓一家たる実を挙げねばならぬ」という趣旨の演説を行ったように、すでに心情的にも併合の方に傾いていた。実際、7月には司法・監獄事務委託に関する覚書が調印されるなど、「事実上の併合」は完成していた。

　ロシアとの了解を成立させようとしてロシア行に赴いた伊藤が、韓国の独立運動家安重根（アン・ジュングン）によって暗殺されたことは、結果として、日本国内のみならず欧米列国に対しても、日本が韓国を併合するのに有利な環境を作り出した。しかしながら、三国干渉以後、日韓関係を根底において規定したのは、やはり日露関係であって、桂首相も「併合実行ノ時機ハ」「目下、魯国ト交渉ノ事件ノ整理ヲ遂ゲタル最近ノ時機ヲ撰ブヲ以テ適当トス」と考えていた。よって、1910年7月の第2次日露協商の締結が、韓国併合に対する列強の最終的承認を意味しており、その翌月、日本は韓国併合を断行、各国政府に併合条約と宣言書を通告した［森山1987］。この韓国併合により、「外交問題としての韓国問題」は「消滅」した。以後、満洲問題が外交上の焦点として、いっそう重要となる。ただし、朝鮮半島植民地化の代償は、2つの分断国家のまま今日にいたっている朝鮮半島の現状、またそれと日本との関係のみならず、20世紀の北東アジアの国際政治史に大きな影響を及ぼすことになる。

おわりに

　日本が幕末以来、国家の安全保障にかかわるものとしてつねに無視することのできなかった韓国問題は、韓国併合によって、日本の外交問題としては「消滅」した。韓国は日本領土の一地域を表す「朝鮮」と呼称されるようになり、朝鮮を統治する朝鮮総督には、併合を断行した韓国統監寺内正毅がそのまま就任した。朝鮮統治には、台湾統治と同じく「特別統治主義」が適用され、朝鮮総督は行政

権以外に立法権や軍隊統率権をも持っていたため，日本内地とはまったく同一の行政が展開されたわけではなかった。いやむしろ，台湾と同様，大日本帝国憲法は実質的に朝鮮には適用されていなかったのである。そして，たしかに韓国併合以後も，例えば3.1運動のように国際的な関心を引く事件が発生したことはあったし，問題を国際化しようとする亡命政府や，武装レジスタンスの存在も見られた。しかしながら，それらの問題は，あくまでも日本の主権内の内政問題，もしくは植民地統治の問題として位置づけられ，処理されていくことになる（第8章参照）。

　代わって，外交問題の焦点となったのが，満洲問題であった。日露戦後，日本は南満洲における権益をロシアから継承したが，その満洲権益は「10万の将兵・20億の国帑」という日露戦争における多大な犠牲に対する当然の報酬として日本側には認識された。それは，第1次世界大戦後に日本の対中・対米外交の転換を図った原敬においても，例外ではなかった［服部］。

　さらに，1911年，辛亥革命が勃発し，中国が混乱状態に陥ったことは，満洲のみならず中国への日本の進出意欲を掻き立てることになった。こうして日本外交は第1次大戦期に向けて，新たな段階に突入していくのである。

◆研究課題
（1）1880年代の朝鮮半島をめぐる情勢はいかなるもので，なぜ日清戦争は起きたのか。
（2）日露戦争の前後で，東アジア情勢はどのように変化したのか。
（3）韓国併合は，同時代的な国際情勢といかなる関係にあるのか。

第4章　中国をめぐる国際秩序再編と日中対立の形成
―― 義和団事件からパリ講和会議まで

川島　真・千葉　功

はじめに

　19世紀の東アジアでは，それぞれの構成国が有していた冊封・朝貢を軸とする対外関係の重なりによって独自の国際秩序を形成していた。だが，その「伝統的」国際秩序は，欧米諸国との接触，交渉の中で変容していった。中国は，日本を含め，周辺諸国との関係を，列強との外交とは異なるものとして認識し，対日関係のように基本的に対等な関係を築くか，あるいは対朝鮮関係のように，属国とみなして租界を開設したり，領事裁判権などを行使しようとした。こういった中国の周辺との関係はこれまで見落とされがちだったが，最近では，植民地になった地域との関係も含め，関心を集めている。

　日本は，条約ではなく「条規」で形成された東アジアの国際関係の枠組みに加わりつつ，列強と協調しながら，朝鮮半島をめぐって中国やロシアと対立していった。また条約改正が大きな課題となり，外交政策の主眼にすえられ，その条約改正の経験が，20世紀初頭には中国にも参照されていくことになる。

　日清戦争は，日中関係を不平等条約体制の下に置く契機となり，また日本は列強のひとつとして中国をめぐる国際政治に参入することになる。日清戦争によって中国は，琉球，ヴェトナムなどに続き，朝鮮という主要な冊封・朝貢国を喪失したため，1870年代以来の，冊封・朝貢を機軸とした対外関係を調整，再編しながら事態に対応するという外交スタイルを基本的に放棄していくことになった。ダブルスタンダードのひとつのスタンダードが，その機能する領域を大きく狭めたのである。また，清の敗北後，列強は各地に租借地や勢力範囲を設定した。こ

れには中国も新たな危機感をもち，義和団事件で大きな負債を負いつつも，列強の支持のもと，近代化政策をとり続ける。そして，アメリカを主要アクターとして加えた列強は，中国に共同で関与し，日本もその一員となった。だが，ロシアは義和団事件の際に駐兵した満洲から撤兵せず，中国への列強間の共同関与に反したため，それが日露戦争へと発展した。戦後日本はロシアやフランスと協商関係を結びつつ，みずからの東アジアでの利権を保持しようとした。他方，中国は，強力で中央集権的な近代化政策を採用，それが地方との衝突を招いて辛亥革命が起き，1912年に中華民国が成立した。日本は，袁世凱政権への借款団に加わるが，第2革命，第3革命と連続する中で，反中央政府側への支援もおこなった。

だが，1910年代，日中関係には大きな変動があった。それは第1次世界大戦に際しての21カ条要求である。中国では広汎な反日運動が発生し，日中の敵対局面が顕在化する。中国も大戦に参戦して戦勝国としてパリ講和会議に参加し，国際連盟の原加盟国となるが，ドイツの山東利権は日本へと移ってしまう。これにより，中国で5.4運動が発生した。1910年代は，東アジア国際政治に大きな変動が訪れたのである。それは，1930年代以後の日中敵対の序曲だと見ることもできる。

本章で扱う義和団事件からパリ講和会議にかけての時期は，19世紀後半の多元的体系の下にある東アジアの国際政治が，次第に近代国家どうしの関係へと収斂し，対立を深めていく時期であった。

1. 義和団事件と光緒新政

日清戦争と中国外交の変容　第Ⅰ部第1章の「朝貢と条約のダブルスタンダード」の項で述べたように，清朝の既存の対外関係の枠組みが西洋との接触によりなし崩し的に崩壊していったというわけではない。たとえば，列強と不平等条約を結んでも，周辺との冊封・朝貢関係が消滅したわけではないし，他方で万国公法を利用しつつ，朝鮮半島に租界を設け領事裁判権を行使したり，また実現はしていないが，対仏交渉時にヴェトナムでの領事裁判権行使を求めたりした。また，1895年までは日清修好条規に基づき，中国も日本で領事裁判権を行使していた。中国の周辺外交には列強との外交とは異なる傾向が見られたのである。

しかし，日清戦争はこうしたダブルスタンダードにおける解釈の幅を大いに縮

小させることになった。琉球，ヴェトナムとともに，主要な朝貢国であった朝鮮が，下関条約によって朝貢をおこなわなくなったことがその背景にもある。朝鮮は，1897年に大韓帝国となり，国王が皇帝となった。朝鮮が帝国を名のったのは，国内に多元的政治空間をもつ近代帝国となったというよりも，国や国王という呼称が清から冊封されていることを意味するものであったので（第1章参照），清との対等性，自主独立を主張するためであったと考えられる。そして，中韓関係もまた，条約に基づく関係となったのである。他方，日中間では，下関条約が不平等条約であったので，日清修好条規以後の対等な関係が失われ，日本における中国の領事裁判権も撤廃された。日清戦争は，清が冊封・朝貢など既存の対外関係を維持しつつ，他方で万国公法などを利用して「近代的な再編」をおこなうという外交路線に決定的な打撃を与えることになった。それに加えて日清戦争の結果，台湾・澎湖諸島を喪失しただけでなく，租界よりも主権が失われる租借地が旅順・大連（ロシア），膠州湾（ドイツ），広州湾（フランス），香港の新界・威海衛（イギリス）などに設定された¹⁾。加えて指定された省の利権を他国に譲与しないことを約する「勢力範囲」が設けられたことの影響も大きかった。

　1890年代後半の中国では，下関条約により喪失した遼東半島を，外交努力によって三国干渉に結びつけるなど，外交的な成果がなかったわけではないのだが，中国では国土分割への危惧がいっそう強まっていった。それは，「瓜分の危機」と表現された。領土や主権の維持，国権の回収という課題が知識人全体に共有されていくのも，おそらく日清戦争後であろう［佐藤慎一］。

　そうした危機感を背景として，政治改革（「変法」）を目指したのが1898年の「戊戌変法」である。これは，光緒帝の親政の下，康有為らの若手官僚が主導して日本モデルの近代化をおこなおうとしたものと解されるが，その政治過程は相当複雑で，また列強がこの改革に関与したわけではなかった。結局，この政治改革は，地方大官の支持を充分には得られず，また軍事力も掌握できなかったこともあり，わずか3カ月で西太后，袁世凱らによって抑え込まれた。

　アメリカの登場と門戸開放宣言　1890年代後半は中国をめぐる国際政治にも変化が見られた。まず「列強」のひとつとしての日本の登場，次にドイツなどを含

---

1) 香港の新界の租借は99カ年を期限とし，その返還期限が1997年であったため，その年に割譲された香港島，九龍半島ともども中華人民共和国に対する香港返還がおこなわれた。

む列強による租借地，勢力範囲の設定，そして李鴻章の主導による軍事同盟である露清密約の締結などが挙げられる。だが，注目すべきはアメリカが対中政策を積極的に展開し始めたことであろう。1898年の米西戦争に勝利したアメリカはフィリピン・グアムを領有し，それまで多く華人を受け容れてきたハワイを併合，フィリピン・ハワイにも，中国人移民を抑制する「排華法」を適用していく。

1899年9月，アメリカの国務長官ジョン・ヘイは門戸開放宣言を英仏露独伊日の各国に発した。これは，各国が設定した勢力範囲や租借地において，中国の関税率が有効であり，また各国それぞれの経済活動が妨げられないようにするためのものであった。これは遅れてきた帝国としてのアメリカに有利な内容であったばかりでなく，ロシアの大連租借を警戒するイギリスにとっても受け容れ可能な内容であり，各国は原則的にアメリカの宣言に応じた。

ただ，アメリカが租借地や勢力範囲をもたぬ列強として出現したことは，中国にとって，当時においても，将来的にも大きな意味を持った（じつはアメリカは福建省に租界の開設を模索していたが，断念している）。以後，原則的にであれ，アメリカは中国の主権や統一の保持を唱え，義和団賠償金による文化交流などを通じて，中国の知識人の世界や官界に強い影響力をもつようになった。

なお，1899年，清は第1回ハーグ平和会議に代表を派遣した。世界各国が集う国際会議での新しい国際関係がはじまることになった［川島］。

義和団事件と辛丑和約（北京議定書）　1860年の北京条約によって，中国でのキリスト教布教が公認され，布教が活発化した。それにともない，各地で紛争が発生，排外運動も生じた（これを教案という）。1897年には山東省でドイツ人宣教師の殺害事件が発生した。華北では，自然災害が相次いだこともあり，排外活動が活発化していったが，なかでも山東の武装自衛組織である義和団が信者の殺害，教会や鉄道，電線などの破壊などをともなう激しい運動を展開した。列強は再三にわたり清朝に鎮圧要請をおこない，袁世凱が山東で功績を挙げたが，1900年にはいると義和団は北京周辺に移動した。清朝では，西太后が義和団に好意的な姿勢を示し，それへの対応をめぐって激しい議論が交わされたが，6月21日に列強に宣戦の上諭を宣布した。その前日には，北京市内でドイツ公使が殺害されていた。以後，2カ月にわたり，北京の公使館地域（現在の天安門広場の東側）は清朝軍と義和団に包囲されることになった［佐藤公彦］。

他方，清朝中央政府の宣戦を，袁世凱，李鴻章，張之洞などの地方大官は履行

せず，義和団を鎮圧し，外国の既存権益を擁護した（「東南互保」）。義和団戦争は北京周辺に限定されたものであった。8月半ば，日本軍を主力とする8カ国の連合軍（英米仏露＋日独伊墺）が北京に入り，公使館地区を解放した。そして，翌1901年9月，清と11カ国（8カ国＋西・和・白）との間で北京議定書（辛丑和約）が締結された。この議定書により，清は，まず日清戦争の賠償金の2倍以上の4億5千万両の賠償金の支払いを義務付けられた。その担保には，塩税，常関・洋関収入を充てられていた。賠償金の配分は，ロシアとドイツで全体のほぼ半分を占め，仏英米日がそれに続いた。次に，北京に公使館区域を設定し，そこでの各国の駐兵権と，北京から沿岸地区までの交通を維持するための駐兵権を列強は手にした[2]。

　北京議定書の締結によって，中国をめぐる国際政治は新たな枠組みの下に置かれることになった。列強がそれぞれ競争的に利権を設定するのではなく，分割を抑制し，清朝政府を支持しながらその近代化を推進し，財政面でも借款の返済が順調におこなわれるように関与していくことになったのである。また，翌1902年に締結された中英通商条約（マッケイ条約）によって，内地課税の全廃など通商に新たなルールが形成されるとともに，近代的法制整備を促し，それが実現すれば領事裁判権を撤廃するとした。日米は，この中英条約に準じた通商条約を清と締結した（⇒コラム「東アジアにおける公共財」）。これらは清朝に対して，条約改正への努力を促すものであった。

　他方，時間が前後するが，1901年1月29日，清は変法預約の詔書（「新政の詔書」）を宣布した。これは，清が明治維新型の西洋化，近代化政策を採用したことを意味する。また，7月には総理衙門にかわって，中国で最初の本格的な外交機関である外務部が設けられた。このほか，科挙制度改革（1905年に廃止），官位売買の廃止，緑営の廃止，京師大学堂を頂点とする近代的学校制度の整備，留学生派遣などが進められていった。そののち，1907年まで，日本に法律や政治を学ぶ学生が訪れ，多くの人材が養成されるとともに，東京がアジア各地の青年の政治運動の拠点となった（⇒第3章コラム「政治運動の場としての「東京」」）。しかし，義和団賠償金を人材の養成と自国への留学経費に充当したアメリカの影

　2）1937年7月7日の盧溝橋事件の際，日本が北京郊外に駐兵していたのも，義和団の後の議定書における駐兵権に基づくものである。

響力が強まり，次第に欧米留学，内容としては国際法や技術関連の留学生が中心となっていった。

　義和団事件は，中国近現代史にとって決定的に重要な意義をもつ。以後，清は「変法」にまい進していくとともに，ひとつの主権国家「中国」としての国家建設を進めていくことになった。また中国をめぐる国際政治でも，1858年の天津条約と1901年の北京議定書が中国と列強の関係を示す「マグナ・カルタ」としての役割を果たしていくのである。

　ロシアの脅威と日露戦争　義和団事件に際して，ロシアは満洲を占領し，そこでの特権を維持しようとしたが日英や清の地方大官の反対で失敗した。1901年11月に，露清密約を進めた李鴻章が病没したことも，露清関係に変化をもたらしたと見られる。中国内部では，日清戦争後，対露協調か対英（あるいは米）協調かで議論があり，対露協調派も影響力があったが，光緒新政後，李鴻章の死もあり，対露協調路線は大きく後退することになった。

　しかし，ロシアは北京議定書締結後も撤兵しようとはしなかった。1902年1月の日英同盟は，対露関係の側面から中国で好意的に受け止められ，日英中同盟を締結すべきだとの議論があったほどである。1902年4月，中露間に満洲還付条約が締結され，ロシア軍は3期に分け18カ月で漸次撤退していくことになった。しかし，ロシアは第2次撤兵を実施せず，1903年には新たな撤兵条件7項目を清に提示した［坂野］。ロシアは北京議定書で形成された列強による対清共同関与の緩やかな枠組みに対する最初の挑戦者であったということもできよう。

　このような情勢の中で，京師大学堂や日本の中国人留学生の間で「拒俄運動（反露運動）」が発生した。これは，1905年の（中国人移民を抑制する排華法の延長に対する）反米運動とともに，中国ナショナリズム運動の嚆矢として重要なものである［吉澤］。

　ロシアの未撤兵や朝鮮半島での対立を直接の原因として，1904年2月に日露戦争が勃発した。中国は，開戦5日後に局外中立を宣言したが，ロシアの撤兵や在満利権の撤廃を望んでいたので，日本に比較的友好的な中立であったともされる。他方，朝鮮半島では日本の支配が強化された。この戦争は，戦場が（陸地では）南満洲に限定された限定戦争であったが，1905年3月に日本が奉天を占領，日本海海戦を経て戦局はこう着状態となり，アメリカの斡旋で1905年9月にポーツマス条約が締結された。中国はポーツマス会議への参加も模索したが，それ

Column 4-1

東アジアにおける公共財

　19世紀の東アジア史についてこれまで議論されてきたことは，自由貿易原則の強制というヨーロッパの近代的帝国主義がもたらした「衝撃」と，それに対応する旧「帝国」の清朝中国と「鎖国」後期の徳川日本のあり方であった。その政治過程に注目するならば，清朝のアヘン戦争，アジア諸国の開港といった近代への移行の断絶面が強調されてきたといえよう。しかしヨーロッパで規範となった公共財としての自由貿易原則が，アジアに浸透する過程そのものはいまだ充分に明らかにされていない。日本近代史に即して考えれば，自由貿易原則は関税自主権の侵害そのものであり，議論の対象はその主権の回復過程と，そうした制度に依拠して登場する経済主体に焦点が絞られたからである。いかにして自由貿易原則は東アジアで根付いたのであろうか。自由貿易原則が，その主張の対象としたものを考察することからはじめたい。

　西欧の近代資本主義が東漸しはじめたときは「重商主義」的な商業独占を基調にしていた。国内産業を保護し，国家財政を増やすことに目的をおく独占であった。しかし，こうした西欧の経済勢力が東アジアで直面したのは，重商主義とは無縁の清朝帝国の「管理貿易（広東システム）」であった。この貿易体制は国内産業を保護するという経済面よりも，日本の鎖国と同様に陸の政権が海上の安全を保障する政治的システムであった。東アジアでは市場経済の発展から地域での物産の自給が可能であり，対外的にも物産が流れ出るような売り手市場であった。西欧のような，多国間の経済的競争が問題なのではなく，東アジアの商人が交易を通して海外に移住し，反抗勢力に成長することを未然に防ぐことが問題であった。

　西欧の経済主体が，中国で直面したのは，市場経済の発展とは裏腹な，多様な市場↗

を果たせず，満洲に対する中国の主権が確認されるだけにとどまった。勢力範囲としては，北満がロシア，南満が日本となり，1905年12月の日中間の北京条約によって，日本はロシアの南満利権を引き継ぐことになった。そこには，旅順・大連の租借権，長春・旅順間の鉄道ならびに鉱山採掘権が含まれていた（⇒コラム「満鉄」）。

　以後，日本は膨大な犠牲を払って得た利権の維持ないし伸張を，対中政策上，重視することになる。また，日露戦争における日本の勝利は，「立憲の専制に対する勝利」として中国でも話題になった。だが，日本側の優越意識，先導意識は逆に中国からの反発を生んだ。日露戦争における勝利がアジアの民族運動や立憲運動を加速させたといった日本で信じられている言説は，必ずしも当時の東アジ

〜圏での商慣習の残存であった。それゆえ，容易に市場に浸透できない西欧の列強は，決済の中心があいまいな中国の市場経済に対して自由貿易を主張し，インド産アヘンの対中国輸出にのりだした。密貿易を基調にしたアヘン取引の増加は着実に管理貿易体制を崩した。条約体制への移行は多くの開港を清朝に余儀なくさせた。インドから中国へのアヘン取引は，中国からイギリスへの茶葉取引とイギリスからインドへの綿糸布取引とあわせて三角貿易の一環として捉えられた。しかし，アヘン取引そのものはロンドン・シティの多角的決済機構の形成に深くかかわっていた。棉花を輸入したイギリスに対してアメリカ合衆国（1776年独立）は，ロンドン宛の手形（アメリカ手形）を振り出したが，アメリカ商人はそれを直接ロンドンへ送付するのではなく，中国からの茶葉輸入に使い，さらにインドから中国へのアヘン取引に活用した。最終的にアメリカ手形はイギリスからインドへの綿製品取引を通して，ロンドンで決済される。ロンドンを決済点とする多角的な貿易網が形成されており，いわばアヘン戦争の勃発はこの貿易網の維持とロンドン・シティの金融的利害を背景にしたものであったといえる。

アメリカ商人がインド・中国間のアヘン取引に参画したことは，イギリス人の地方商人（カントリー・トレーダー）みずからの東インド会社の独占批判へと駆り立てた。アヘン取引は本来，清朝の禁制品であったために，東インド会社はカントリー・トレーダーをつかってアヘンと茶葉の取引を組み合わせていた。しかし，このアヘン取引にアメリカ人，インド人，そして中国人が参画するなかで，取引の競争激化は東インド会社の独占を解体させる方向に働いた。密輸取引の延長に自由貿易原則の創生があったともいえる。アヘン取引を通して，清朝の管理貿易と東インド会社の独占が大きく後退するなかで，東アジアには公共財としての自由貿易原則が浸透したのであった。（籠谷 直人）

【参考文献】籠谷直人『アジア国際通商秩序と近代日本』（名古屋大学出版会，2000年）
上田信『海の帝国』（講談社，2005年）

ア側では共有されたものではなかった（第3章も参照）。

そして，日露戦争は朝鮮半島の日本による植民地化という結果をもたらした。日露戦争中の1904年に日韓議定書を締結して半島内での日本軍の自由行動を認めさせ，第1次，第2次日韓協約を締結，日本人の財政顧問・外国人の外交顧問を送っただけでなく，外交権を接収，ソウルに統監府を置いた（初代統監＝伊藤博文）。

中国の利権回収とナショナリズム　清朝最後の10年は強力な中央集権政策が進められるとともに，都市部を中心に「中国」，「中国人」としての表象が明確に立ち現れた時期でもあった。1905年には前述の反米運動が発生し，アメリカ製品が排斥された。このようなボイコット運動は，1908年の第二辰丸の兵器密輸事

Column 4-2

満　鉄

　1907年に営業を開始した満鉄は，当初から東北やロシア極東の産業経済事情を調査している。さらに1909年5月1日には奉天公所を設置し，東北官憲との交渉や情報収集を開始した。陸軍在籍のまま満鉄職員となっていた参謀本部付陸軍少佐佐藤安之助が初代所長嘱託となり1918年まで在任している。満鉄は中国東北に存在したため，中国政治経済の動向に常に注意を払わざるをえなかった。とくに1911年の辛亥革命前後から中国中央の政治動向情報を精力的に収集している。北京の袁世凱や奉天を根拠とする張作霖らの動向についてきわめて具体的な情報を収集し，報告を作成した。東北は清朝発祥の地であり，満鉄は辛亥革命の東北への波及を注視していたはずである。辛亥革命に関する満鉄作成の文書や情報は中国・遼寧省档案館が所蔵していると思われるが，未公開である。

　満鉄奉天附属地には「革命党」が潜伏し武器弾薬を貯えているとする趙爾巽東三省総督の情報が領事館に届いており，また外務省は有事の際の満鉄の利用，「官軍革命軍両者ニ対シ軍事ニ関連スル輸送ヲ拒絶スルコト」，また「北京朝廷ニシテ南満洲方面ニ蒙塵シ来ルトキハ極力之ヲ保護スルコト」とする方針をとった。他方，中村是公満鉄総裁は趙爾巽東三省総督を奉天から大連に連れ去るように動いたとされ，それに対して総理大臣が中村総裁に極秘電で注意を促している。中村総裁が何をねらっていたかは明らかではないが，辛亥革命に対する満鉄の対応をうかがわせる動きであった。

　満鉄奉天公所がまとめた中国政治動向情報は具体的な生の情報であり，それらがいかなる意味を持つのかを分析しているわけではない。収集した情報を本格的に分析し，満鉄経営や日本の大陸政策に役立たせるようになるのは，満鉄経営が比較的安定する一方，中国ナショナリズムが強まる1920年代になってからである。1920年代の中国情報は『現代史資料　満鉄』1-3（みすず書房）に詳しい。

（井村　哲郎）

【参考文献】1910年代に満鉄が中国の政治経済をどのように見ていたのかを検討した研究はない。資料としては，『南満洲鉄道株式会社十年史』（大正8年）が奉天公所の活動に触れ，井村哲郎「辛亥革命と満鉄――奉天公所の活動を中心に（『東アジア――歴史と文化』第15号，2006年3月）がある。また「奉天満鉄公所開申……」で始まる奉天公所の情報が「公文雑纂・大正五年・第三十九巻・建議・建議」にあり，アジア歴史資料センターのウェブサイトで閲覧できる。

件においても見られる。

　他方，日清戦争以後に特に進行した国権の喪失を取り戻すべく，鉄道や鉱山などの利権回収運動が発生した。建設が予定されていた粤漢鉄道，蘇杭甬鉄道などが郷紳らによる回収運動に遭い，中国側によって建設されることになった。鉱山

利権は，過半が中国側に復した。このような利権回収運動は，後に広がる国権回収運動の嚆矢ともなった。しかし，財政難の清朝中央政府主導で進められた，外国からの借款とそれによるインフラ建設については，地方の郷紳からの強烈な反対があり，それが辛亥革命の一大要因になっていった。また強力な中央集権的近代化政策は，国家と社会，中央・地方間の均衡に衝撃を与え，逆に秩序を混乱させ，政局は流動化していくことになったのである。

この間，清は1907年に開催された第2回ハーグ平和会議に参加した［川島］。前章でも見たように，この会議には，大韓帝国が皇帝の密使を派遣して，大韓帝国全権としての会議参加を求めたが，日本に外交権が属していると諸国に認められていたため容認されなかった。これを契機として第3次日韓協約が結ばれ，内政権も統監が掌握した。1909年，前統監の伊藤博文が満洲視察中にハルピンで安重根により射殺された。日本は翌1910年に韓国を併合する。他方，1907年のハーグ平和会議に参加した中国全権は，日本全権が中国を非文明国，野蛮国だと主張，南米諸国よりも低い3等国にランクするように諸国にはたらきかける姿を目の当たりにし，ロシアにかわる脅威としての日本を知ることになる。他方，日露戦争中にロシアの帝制が革命により動揺したが，同じユーラシアに残るもうひとつの帝国である清の体制も動揺することになった。

2．辛亥革命と日本の対応

辛亥革命の勃発――日本の対応と第3次日露協商　義和団事件に際して中国に派兵し，日露戦争に勝利した日本も，中国を中心にした国際政治の場では，あくまでも列強との協調を重視し，他方で朝鮮半島においてはロシアの動向を注視しつつその保護国化を進めていった。そうした政策は，日英同盟とともに，ロシアなどとの2国間協商によって支えられていた。この時期の日本外交は「安定」的だったのである（第3章参照）。

しかし，1911年の秋頃，日本の中国政策はひとつの転機を迎えていた。ポーツマス講和条約や北京条約で認められた権益はほぼすべて現実化されていた。ドル外交（ノックス国務長官による満洲鉄道中立化提議）の失敗によって，南満洲の勢力範囲化にはほぼめどがついていた。そのため，それ以後の目標はかえってあいまいとなっていた。満洲権益をさらに強化すべきか，満洲だけにとらわれず

に南方へ進出すべきか、あるいは中国政府に対する影響力の強化を目指すべきか、いくつかの方向が考えられた。ちょうどそのようなところに起きたのが辛亥革命であった［北岡 1978］。

　第 2 次西園寺内閣成立直後の 1911 年 10 月 10 日，武昌起義が勃発し，辛亥革命が始まった。これは鉄道国有化に反対する長江以南の地方側による中央への自立要求であった。駐米大使から外相に就任したばかりの内田康哉は，現地の伊集院彦吉公使の情報を通じて袁世凱の意向が立憲君主政体による収拾にあると判断した。また，元老の山県有朋などは，前年の大逆事件もあって，隣国に共和国が誕生することを懸念していた。そのため，11 月の閣議でイギリスとの意思統一のもと，共和制ないし満洲朝廷の専制という両極端を排した立憲君主制の実現を中国に促し，それを実現するため南北の調停を斡旋することに決定した。しかしながら，当時，イギリスはすでに南北の調停を開始しており，日本からの調停打診に対して調停斡旋を秘匿しつつ，対中不干渉方針と告げた。そして，袁世凱の依頼を受けた英国公使ジョーダン（Sir John N. Jordan）の指示の下におこなわれた，漢口の英国領事の仲介工作により，北の官軍と南の革命軍は停戦，12 月より上海で南北の講和交渉が開始された。南北の交渉では国民議会の議決により政体を決定する方向にまとまっていったが，これは清朝に見切りをつけていたイギリスの意向に沿うものであった［臼井］。いわば日本はイギリスに出し抜かれた形となったのである。

　さらに，年が明けた 1912 年 1 月 1 日に中華民国が成立した（⇒コラム「『支那』という呼称」）。アジア最初の共和制国家であった。領域としては，清の版図を基本的に継承し，チベット，モンゴルなどを内包した多民族国家として，五族共和を唱えた。この中華民国の臨時政府が南京で成立し，イギリス経由でアメリカから帰国した孫文が，南京でおこなわれた 17 省代表による選挙で 16 票を獲得して臨時大総統に就任した。このような事態を前に，立憲君主制による中国動乱収拾の可能性はますます低下した。他方，前年 12 月，外蒙古が独立宣言を行った。ロシアは 1912 年 1 月に独立宣言を支持する声明を発表したが，その声明では蒙古に対するロシアの特殊関係を述べるにあたり，第 1・2 次日露協商で外蒙古に限定されたはずの特殊権益の適用範囲が再びあいまいにされていた。よって，危機感をつのらせた日本の陸軍首脳部はその関心を中国全土よりも満洲権益の擁護に集中するようになる。他方で，南北交渉の決裂，革命軍の北上，清朝の満洲

Column 4-3

「支那」という呼称――日本の対中認識の象徴

　なぜ，かつて日本では「支那」が使われたのか。もともと，「中国」や「中華」は，漢字文化圏での自尊称で，どの国も「中国」と自称できた。だから清は，「中国」ではなく，「聖朝」「天朝」と自称した。江戸時代の日本では，中国を「支那」と呼ぶ国学者もいたが，「清国」が多く使われた。19世紀中頃，開国した清は次第に英国，米国などに対応する国名として「中国」を使い始めた。だが，日本はそれには連動せず「清国」を使用し続けた。そして，近代国家建設を進め，日清戦争後に勝利した日本は自らの優越性を強く意識し，大きいが伝統的で，文明国ではないという価値を「清」にもたせるようになった。だが，中国では戊戌変法以後，近代国家建設へと方向付けがなされ，王朝的な「天朝」「清」ではなく，満族王朝ではない近代国家の自称として「中国」を用いる風潮が強まった。日本はそれに同調せず「支那」を使用し始める。呼称は日中両国の国家建設と相互意識に深く関わっていたのである。

　辛亥革命以後，「支那」が日本における公式の場で使われ始めた。日本の駐華公使・伊集院彦吉が，交代がある王朝名ではなく，欧米のChinaに相当する呼称が必要として「支那」の使用を外務省に求め，認められたのである。中華民国を「支那共和国」，略称を「支那国」，地理的にも「支那」と呼ぶことにしたのである。こののち，「支那」という呼称は日中間でしばしば問題になり，1930年，浜口雄幸内閣は対中宥和のため「支那」を改める決意をし，翌年1月の第59議会で幣原臨時総理代理兼外相は「中国」を使う画期的演説をした。だが，議場の松岡洋右から軟弱だと野次られ，しどろもどろになってしまった。こののち，1932年の満洲国建国にともない，既存の条約の適応範囲の問題から外務省は特に支那共和国，支那国を使用禁止としたが，軍部も含め日本社会一般では「支那」呼称が浸透しており，流れはかわらなかった。戦争中，「支那」は戦争対象である中国への侮蔑的意味や侵略対象としての語義を強くもつようになり，他方，抗日ナショナリズムの強化された中国では，「支那」こそ日本の対中蔑視の象徴として敵視され，戦後を迎えた。

　戦後，中華民国からの要請でGHQが「支那」使用禁止を日本政府に求め，また「中国」使用を求める社会運動があり，「支那」呼称の使用は次第に減少した。だが，昨今，中国があらたな近代国家建設を進める中で，日中の相互意識に変化が生じ，呼称問題があらためて発生している。

(川島　真)

【参考文献】齋藤希史『漢文脈の近代――清末＝明治の文学圏』(名古屋大学出版会，2005年)
　　　　　　川島真「『支那』『支那国』『支那共和国』――日本外務省の対中呼称政策」(『中国研究月報』571号，1995年9月)

蒙塵といった可能性が浮上するとともに，満洲への出兵の意見が陸軍から沸き起こる。しかしながら，西園寺公望首相や内田外相は，満洲出兵が外国ないし中国

から疑惑を招き，また戦費の議会提出が困難であるとして，出兵に消極的であった［北岡 1978］。

　結局，中国の動乱はひとまず終息の方向に向かった。1912 年 2 月 12 日に清朝皇帝が退位の上諭を発すると，袁世凱が共和制に賛成である旨を宣言した。孫文は 14 日，臨時大総統の辞表を提出し，翌 15 日，南京の参議院は満場一致で袁を臨時大総統に選出した。北京に迎袁使節が派遣されたが，北京における暴動勃発を理由に袁は南下せず，3 月 10 日，北京で臨時大総統に就任，3 月 11 日に臨時約法が制定された。この臨時約法は，共和政体による政治の基礎を定めたもので，この後の軍閥混戦期にも正当性の淵源とされた。また，これが大総統権限を相当程度制限していることが，袁世凱総統が後に皇帝になろうとしたことの背景にあると理解されている。

　このように，日本政府が期待した立憲君主制による中国動乱の収拾，ないし日本陸軍が主張した満洲出兵はともに失敗に終わったが，ロシアとの交渉のみは進展した。すなわち，第 1・2 次日露協商における満洲の分界線を内蒙古にまで延長する必要性を両国は痛感し，1912 年 7 月，第 3 次協商が締結された［吉村］。この結果，内蒙古を東西に分けてそれぞれを日露の勢力範囲としたため，以後，日本では東部内蒙古も日本の勢力範囲下にあると認識されるようになった。すなわち，「満洲問題」は「満蒙問題」へと発展したのである［三谷］。

　中国第 2 革命と列国の新政府承認　袁世凱政権の成立により中国の分裂は回避され，中国情勢もいったんは収拾した。日本の中国への介入可能性も低下したうえ，2 個師団増設問題と第 2 次西園寺内閣の倒壊，大正政変といった国内問題による政治の流動化もあって，その間の日本の対中外交は小康状態を保った。

　中国では 1913 年 2 月に国会議員選挙が完了，中国同盟会を中心に結集した国民党が第 1 党になっていた。しかしながら，3 月，上海で前農林総長宋教仁が袁世凱の放った刺客により暗殺されるなど，中国情勢は再び悪化する。これらは強い権限をもつ議会を袁世凱総統が警戒してのことであった。

　新たに成立した中華民国は，清朝の締結した諸条約を継承して，政府承認を獲得し，財政基盤を確立することを目指した。政府承認については，共和制であったことからアメリカがほかの列強に比べて好意的な態度を示した。他方，財政については英米仏独露日の 6 国借款団からの借款獲得を目指した。

　アメリカでは，共和党のタフト政権から民主党のウィルソン（Woodrow Wil-

Column 4-4

ウィルソン政権の東アジア政策

　1913年3月に成立したウィルソン政権は，その直後に中華民国政府を承認し，中国の主権を侵害しかねない6国借款団から脱退することで，親中的姿勢を明確にした。ただ，この時点では，東アジアで唯一近代化を遂げた日本に対する期待こそあれ，不信感はなかった。しかし，1915年に日本が発した対華21カ条要求は，中国の主権を擁護することをアメリカの使命と捉えたウィルソンの反発を惹起した。対華21カ条問題をめぐる日米対立は，ウィルソンによる対日不信の原点となる。1917年4月に第1次世界大戦に参戦すると，ウィルソン政権は，対独戦を優先させる観点から，日米間の懸案であった中国問題を棚上げするために石井・ランシング協定を締結した。ウィルソンは，この協定をあくまでも戦時中の暫定的取り決めとみなしているに過ぎなかったのである。翌年実施されたシベリア出兵において，寺内内閣は出兵数に関する日米合意を破ったため，両国間の摩擦は再燃した。アメリカによる度重なる抗議を受けて，次の原敬内閣は出兵政策でいっそう明確な対米協調路線を打ち出す。こうして原内閣は対米関係を重視したものの，結果的にウィルソンの対日不信を払拭するにはいたらなかったのである。

　第1次世界大戦終結後，ウィルソン政権は，パリ講和会議に臨み，東アジアに関する諸懸案の抜本的解決にも取り組んだ。とりわけ山東問題について，ウィルソンは，鉄道など旧ドイツ利権の直接返還を求めた中国の主張を支持した。これに対し，日本は旧ドイツ利権の自由処分権を講和会議で得たのちにこれを中国に返還する間接返還を要求し，それが容れられなければ講和会議を離脱することを明言した。結局ウィルソンは，国際連盟の設立を優先する立場から，日本の要求を受諾するにいたった。一方，日本の人種平等案に関して，当初ウィルソンは好意的であった。だが，日系移民の流入を恐れるオーストラリアが人種平等案に反対し，これに英国が同調した。さらにウィルソンは，米国の国内世論に配慮し，日本の人種平等案を否決させる。このように，ここでのウィルソン政権は，人種平等案に反対する英連邦の立場を尊重し，あくまで国際連盟の設立を優先させたのである。

（高原　秀介）

【参考文献】高原秀介『ウィルソン外交と日本——理想と現実の間 1913-1921』（創文社，2006年）

son）政権に交代し，そのことはいっそう早期承認の声を高め，ウィルソン大統領は中国に対する単独行動を決意した（⇒コラム「ウィルソン政権の東アジア政策」）。すなわちウィルソン政権は，6国借款団（英米仏独露日）が袁世凱政府を相手に交渉を進めている改革借款の条件が中国の行政的独立を脅かすと考えて，3月に6国借款団から脱退するとともに，中国で国会が成立したのを受けて，5

月には正式に中華民国の承認を行った。他方，アメリカが脱退したあとの5国借款団は袁に対する借款供与交渉を進めた。大総統は国会に諮らなければ宣戦・講和，条約締結ができないことになっていたが（臨時約法35条），実際，袁は国会に諮ることなく，4月，2,500万ポンドの改革借款（善後借款）協定に調印したのであった。これは軍事費や政治工作のために使用された。

　このような事態に対して，日本は6（5）国借款団に加わることで中国への影響力を確保しようとしたが，日本は金融的には英米に対して従属的地位にあるため，中国に対する影響力は限定的なものであった。また，日本の在野勢力や大陸浪人，さらには一般世論の間では，次第に孫文ら南方の革命派に対する同情心が強くなり，袁政権の安定化を阻止すべく，革命派支援の動きが日本陸軍，特に参謀本部の間で見られた。

　6月，袁が国民党系の都督を罷免・左遷したことから南北間で一触即発の危機が到来し，翌7月，華中・華南で第2革命が勃発した。日本国内では，陸軍の発言力が前年の2個師団増設問題によって大幅に低下しており，結局，日本は武力介入を行わなかった。だが，南北の紛争の過程で生じた3事件（兗州・漢口・南京事件）で日本人や軍人に危害が加えられると，世論が沸騰した（このようななか政務局長の阿部守太郎が暗殺される）。牧野伸顕外相も国内世論に押されて，事件の責任者である張勲の革職ないし満洲権益の期限延長（関東州租借期限の99年延長）を交渉するよう，北京の山座円次郎公使に訓令したが，山座や原敬内相の反対もあり，張勲の陳謝で一応の決着をみたのである［波多野］。

　10月4日，袁世凱は国会で審議中の約法草案から大総統選挙法だけを先に通過させ，6日にはさっそく施行するとともに，私服警察を議場内外に配置して議員の退場を許さぬ強圧のもと，投票を重ねること3回にして，「正式に」大総統に選出された。そして，これを契機に日本など15カ国が前後して中国新政府の承認手続きを集団で行った。もちろん，中国承認は無償ではなく，例えば日本は承認前日の5日に，いわゆる満蒙5鉄道の敷設権を獲得していた。

　憲法草案が完成すると，袁は国民党の解散を命じ（11月4日），12月には実質的には諮問機関に過ぎない政治会議を組織して立法機関と称するようになり，翌1914年1月，国会議員の職務を停止した。このように袁世凱は強力な権限を持つ議会を抑制しつつ，4国借款で得た財政基盤と，清末以来の軍事的基盤，そして清朝から継承した北京の官僚組織を地盤として，光緒新政以来の中央集権型の

近代化政策を展開したのである。むろん，中央政府に反発する勢力はあったが，それは地域主導の近代化を望むものであった。地方政府は，中央政府に反発はしたが，「中国」を否定せず，中央と同様に，中国としての主権の維持や国権喪失を防ごうとしていた。

3. 袁世凱体制と対華21カ条要求

第1次大戦と東アジア　1914年にヨーロッパで第1次世界大戦が勃発すると中国をめぐる国際政治は大きく変容することになる。欧州諸国の中国への関与が減少し，特に敗戦諸国の利権は回収され，ロシア革命によってロシアの影響力も低下した。これは，1901年の北京議定書以来の中国をめぐる国際的な枠組みに再調整を迫るものとなった。この時期の変化としては以下の点が重要だろう［川島］。第1に，日本の中国への関与がほかの列強と同調してのものではなく，突出したものになったこと，それを抑えるべく1920年にアメリカが新借款団を組織したこと。第2に中国もまた大戦に参戦して，シベリア出兵をおこなうとともに，後方支援のために労働者を欧州に送ったこと。第3に，戦勝国となった中国が国際社会での地歩を固め，国権回収を進めようとし，パリ講和会議に参加したが，山東利権は日本にそのまま譲られたこと。そこではウィルソンの14カ条への期待と信奉があり，5.4運動などの政治運動が発生した。朝鮮半島における3.1運動も，ウィルソン主義に基づく公正さ，公平さが実現するのではないかという希望に依拠する面があった。第4に，戦勝国となった中国は，敗戦国となったドイツ，オーストリアの利権を回収したこと。これは中国の外交上の成果であった。また，新たに成立したソヴィエト（共和国）は中国に対して，ロシアの締結した不平等条約の撤廃を宣言して関心を集めたが，この点については1920年代を通じて交渉がおこなわれた。第5に，第1次世界大戦後，国際連盟が成立し，日本はもちろんのこと，中国やシャムが原加盟国となったことも重要である。

日本の参戦と対華21カ条要求　1914年4月，第2次大隈重信内閣が成立して，新たに外相に就任した加藤高明は，その直後にヨーロッパで発生した第1次世界大戦に対して，「日英同盟の情誼」を口実に，積極的に日本の参戦をはかった。それではなぜ，加藤は，第1次世界大戦への参戦を決意したのだろうか。それはドイツの有していた山東利権の獲得そのものをねらってのことだったのだろうか。

じつは，加藤外相にとって，第1次世界大戦の勃発は，関東州租借地・南満洲鉄道の期限延長を中国政府に提議すべき絶好の機会の到来を意味した。加藤いわく「外務省に行つて見ると，謂はゞ日支間の諸懸案が棚一ぱいに列んで居る。塵埃が其上に積つて居る。何うしても一掃除せねばならない」のである。それは，日本が連合国側で参戦し，ドイツの租借地である膠州湾を占領したうえで中国に還付することは，対中交渉におけるギヴ・アンド・テイクのギヴになりうるからであった。加藤は日中交渉を機に，満蒙の利権を，ちょうど台湾と同じように条約によって確定し，既成事実化しようと考えたのである。そのため，ドイツの戦闘能力への高い評価から，日本の対独参戦に慎重かつ消極的であった元老の山県有朋の反対を押し切って，加藤は参戦に持ち込んだのである［波多野］。

結局，8月15日に日本政府はドイツに回答期限が1週間という異例の最後通牒を発し，山東省の青島に近い膠州湾租借地すべてを中国に還付するという目的をもって日本に無償・無条件で交付するよう要求した。ドイツがこれに応じなかったために，日本は23日，宣戦布告を行った。日本陸軍は9月2日には山東省龍口に上陸を開始し，山東鉄道を押収するとともに，11月7日，青島を陥落させた。また，日本海軍は9月，サイパンやパラオなどドイツ領南洋諸島の赤道以北部分を占領した。

そして，翌1915年1月，日本は突然，5項目21ヵ条の要求を，日置益公使から中国外交部を通さず，袁世凱総統に直接突きつけた。これに対しては強硬な反日ボイコット運動が発生し，日中が決定的な敵対局面にはいる契機となった。日本が最後通牒を発して中国に要求受諾を認めさせた5月9日は，中国の「国恥記念日」となった。列強でも，特にアメリカが日本の要求に強く反発したが，最終的に中国における日本の特殊的地位を容認していくことになった。それでは，そもそも何故，それまで列強との協調の下に中国に関与してきた日本が，このような要求をしたのであろうか。

その第1の理由は，前述のとおり，加藤外相が日本の満蒙既得権益を確実なものにしようとしていたということがある。第2は，陸軍の認識と関係がある。陸軍はドイツが半年ぐらいで勝利を収めるに違いないと判断して，ヨーロッパでの戦争が終結しないうちに中国における既成事実を作ることが肝要であると考えていた。そのため，外務省に種々の意見書を提出していた。政府はこの意見書を採用し，外務省がそれをとりまとめ，青島陥落後の臨時閣議で決定，加藤外相は日

置益（駐華公使）に訓令したのである。

　対中要求のうち，第1号は山東問題，第2号は南満洲・東部内蒙古問題，第3号は漢冶萍公司問題を扱ったもので，これらは「何等格段ニ新規ノ事態ヲ現出セントスルモノ」とは考えられていなかった。日本にとっては既得権益の確認に過ぎないものであった。また，第4号（沿岸島嶼の不割譲）も，日本が従来声明してきた中国領土保全の原則の延長として把握された。このように加藤は，「有ラユル手段ヲ尽シテ是非共之ガ貫徹ヲ図ルベキ」ものを第1-4号に整理し，それ以外を第5号の「希望条項」にまとめた。この希望条項には，中央政府の日本人顧問（政治・財政・軍事）の招聘，警察の日中合同化，日本からの武器供給上の特権などが含まれていた。

　この交渉では，中国側に対する「ギヴ」として想定できるのは，膠州湾還付だけであった。日本にとっては，これが中国への唯一の代償であり，交渉全体の難航が予測されたので，交換的に撤回ないし大幅に譲歩するための取引材料として第5号を要したという面があった。これはイギリスを手本にした典型的な帝国主義外交のテクニックであり［北岡 1985］，小村寿太郎の満洲6案件交渉と類似していた。しかしながら，第5号の挿入は，この部分が列強への内示の際に伏せられたこともあり，結果として欧米列強の猜疑を招くことになった。

　さて，交渉は逐条審議で行われ，中国側の粘り強い交渉にもかかわらず，徐々に合意されていった。しかしながら，第2号の諸要求を満洲のみならず東部内蒙古にまで適用するか否かで，交渉は行き詰まった。加藤外相は3月上旬，満洲駐屯軍と山東守備隊の師団交代期を利用して，後任師団の出発を早め，前任師団の帰還を延期することで，武力的威圧を加えるとともに，アメリカの当初の好意的反応を過信して，取引材料としての第5号を最終段階まで温存することにした。アメリカの好意的反応はブライアン（William J. Bryan）国務長官にちなんで第1次ブライアン・ノートと呼ばれる［北岡 1985］。

　しかしながら，日本による武力示威の開始以後，第5号こそが日本の野心の中心であると説き続けたラインシュ（Paul S. Reinsch）駐華公使の電報が，ウィルソン大統領を徐々に動かすようになった。そして，4月中旬にウィルソンが直接，外交指導に乗り出した結果，アメリカの方針が一変，居中調停による和解から中国支持へと明白に転換することとなった［高原］。そして，アメリカの態度変化を背景に中国側の態度も一転して強硬となり，4月中旬，中国側は，第2号と第

5号との取引の可能性を示唆した前回の発言を撤回，交渉は暗礁に乗り上げた［北岡 1978，1985，細谷 1988］。21 カ条要求は，日本がこれまで西欧から学んできた古典的帝国主義外交の秘術を尽くした外交であったが，それゆえに，古典外交の常識から逸脱したアメリカ外交によく対処しえなかったのである［北岡 1985］。このように，1915 年段階では中国とアメリカは緊密な連絡をとりながら外交をおこなっており，この緊密な中米関係は，パリ講和会議，そしてワシントン会議前後まで続くことになる。

　さて，日本政府は 5 月 5 日の閣議で，第 5 号を削除したうえで最後通牒を発することに決定した。しかしながら，日本が最後通牒を発するやウィルソン大統領の態度はさらに硬化し，アメリカ単独のステートメントとして第 2 次ブライアン・ノートを発した。これはアメリカの条約上の権利や中国の政治的・領土的統一，門戸開放の原則を侵害するいかなる取り決めもアメリカは承認できないという内容であり，満洲事変後のスティムソン・ドクトリンの原型となった［細谷 1988］。

　結局，中国は（第 5 号の大部分を除いたかたちで）要求を受け容れ，5 月 25 日に 2 条約，13 の交換公文が日中間で締結された。すなわち 2 条約とは，山東省に関する条約と，南満東蒙に関する条約である。

大隈内閣の反袁政策と帝制問題　加藤高明は外交一元化に固執し，元老たちの強い反発を招いたこともあって，1915 年 8 月，外相を辞任，石井菊次郎と交替した。石井外交は加藤外交の延長に位置しつつも，石井には加藤のような強い個性も，権力基盤となる政党の背景もなかったため，外務省外の勢力（元老や陸軍，尾崎行雄法相ら党人派閣僚）に対してより妥協的であった。その石井が外相に就任して真っ先に直面したのが，袁世凱の帝制運動であった。袁は，前述のように臨時約法に拘束された大総統では不便が多いと考えており，新王朝をたてて皇帝となることを企図し，12 月 12 日に帝位に就くこととした。

　石井は，袁の帝制計画はたんに中国の内政問題にとどまらず，国際政局に直接関係を及ぼす外交問題だとして，参謀本部や海軍軍令部と提携して，袁の帝制運動に介入していく。日本政府はすでに 1915 年 10 月，イギリス・ロシア両国とともに帝制延期を勧告していた。さらに，12 月，袁世凱が帝位に就き，翌年から洪憲元年とすることを宣言すると，日本はそれを自らに対する挑戦と受け取った。大隈内閣は，1916 年 3 月の閣議で「袁氏カ支那ノ権力圏内ヨリ脱退スルニ至ル

ヲ便トス。何人カ袁氏ニ代ハルトモ之ヲ袁氏ニ比スルトキハ帝国ニ取リテ遥ニ有利ナルヘキコト疑ヲ容レサル所ナリ」として，「民間有志者」による反袁運動の支援を「黙認」することを決定した。すなわち，袁の打倒までを閣議決定するにいたったのである［北岡 1978，波多野］。

中国において，袁世凱打倒の主役は政党でもなければ孫文でもなく，軍事力を有する地域実力者であった。前雲南都督の蔡鍔は唐継堯や李烈鈞とともに護国軍政府を組織，1915年12月，雲南省の中央政府に対する独立を宣言した（「第3革命」）。さらに，1916年1月には貴州都督の劉顕世が，3月には広西都督の陸栄廷が独立を宣言した。第2革命のように政府軍が反乱軍を討伐することはできず，ついに袁世凱は3月22日，帝制取り消しを宣言し，翌23日，洪憲年号も廃止した。そして，直後の6月，袁は死去した［横山］。

この間，日本の対中政策が一枚岩だったわけではない。日本の対中政策は，外交ルートや軍だけでなく，さまざまな政治家や実業家，または大陸浪人と呼ばれた活動家，ひいては朝鮮総督府や台湾総督府など多様なアクターによって担われていた。袁の帝制運動，およびそれに対する第3革命に際しても，外務省小池張造政務局長が，陸海軍の省部関係者と協議して，川島浪速らの宗社党および蒙古軍を中心とする満蒙独立計画を積極的に援助した。参謀本部および関東都督府が大倉らの援助を得てこの計画の事実上の推進力となったことはいうまでもない。この計画は後に満蒙独立の主体をどこに求めるか（当初の計画通りに川島らの擁立する宗社党および蒙古軍に求めるか，それとも現地勢力の中心たる張作霖に求めるか）をめぐって計画の推進者間に対立が生じ，しかもその間に袁世凱の急逝があって中止された。これはまさに21カ条要求に表れた対満蒙政策の延長であり，それによってもたらされた成果をさらに拡充しようとしたものであった［三谷］。

また，山県有朋ら元老や陸軍が強く求めた日露協商の同盟化に対して，当初，石井は消極的であった。しかしながら，日露同盟問題においても，石井は結局妥協せざるを得ず，1916年7月，日露両国は第4次日露協商を締結して協商を同盟化させた。この日露同盟は，翌年のロシア10月革命によって1年の短命に終わってしまう［吉村］。

中国の参戦問題　1917年1月末，ドイツが無制限潜水艦攻撃を宣言，それを受けてアメリカは2月3日に対独国交断絶を決めた。アメリカは中国にも同様に国交を断絶するように希望した。中国では，3月に国交を断絶し，さまざまな議論

を経て8月に対独墺宣戦布告をおこなった。アメリカは4月半ばにすでに宣戦布告していた。

中国にとって，連合国となるのかそれとも枢軸国となるのか，またあるいは中立の立場をとるのかという問題は必ずしも自明なことではなかった。たとえば，孫文も，その著書『中国存亡問題』に見られるように，参戦反対派であった。中国におけるドイツ利権が小さいこと，イギリスが中国に参戦を促していたことなどを考慮し，中立を提唱していたのである。また，孫文自身，ドイツから資金援助を受けていた。他方，フランスは天津租界を一方的に拡張し，また日本も大戦当初は中国の連合国としての参戦に強く反対していた（1917年には段祺瑞政権主導の参戦に賛成していた）。南方諸省から見ても，北京政府が宣戦布告し，連合国から支持されることには否定的であった。

しかし，1917年8月に中国はドイツとオーストリアに宣戦布告し，シベリア出兵までおこなうにいたる。その背景には，アメリカの誘いもさることながら，大戦の戦勝国となって講和会議に参加し，国権回収をおこなうことへの期待などがあった［川島］。

寺内内閣と援段政策　時間はさかのぼるが，1916年の袁世凱の死去により，日本の対中国政策は変化した。日本に対抗的であった袁世凱政権から，相対的に日本の影響力の強い段祺瑞政権へと移行したことは，大隈内閣の対中政策の変更を可能にした。すなわち，その数カ月後に，大隈の後に内閣を組閣した寺内正毅（前朝鮮総督）はもともと大隈内閣による反袁運動に対してきわめて否定的であって，内閣成立とともに北方派政権への敵視政策を放棄した。さらに，1917年7月，寺内内閣は成立当初の中国に対する内政不干渉方針をも放棄し，段祺瑞を中心とする北京政府への単独援助に踏み切ったのである（援段政策）［北岡1978，斎藤］。

その援段政策の表れが，1917年から18年にかけておこなわれた1億4,500万円もの西原借款であった（森川，⇒コラム「西原借款」）。西原借款交渉は，国際借款団の規制外で中国に借款を供給すべく，寺内正毅（首相）―勝田主計（蔵相）―西原亀三のラインで行われ，外務省や，それまで対中借款を担っていた横浜正金銀行は交渉ルートから疎外された。そして，西原借款によって供給された資金は主として段政府の行政費や革命派鎮圧のための軍事費として使用され，本来の目的である日中経済提携は実現しなかった。さらに，ロシア革命後，ドイツ勢力

Column 4-5

西原借款

　1900年代末から1910年代にかけて，中国政府に対する借款は東アジア国際政治における争点のひとつであった。第1次世界大戦で欧米諸国の東アジアへのかかわりが後退する中，日本は大戦景気による経済発展を背景に対中国借款政策を積極的に進めた。西原借款とは，寺内正毅内閣（1916年10月-1918年9月）が中国北方派の段祺瑞政権との間で結んだ8つの契約，総額1億4千500万円の借款である。借款の呼び名として付されている西原とは，借款交渉に携わった西原亀三のことを指している。

　西原は共益社という会社を作り，日露戦争後に朝鮮・満州で貿易事業を営んだ人物である。貿易事業を通じて西原は大陸への関心を深め，当時の寺内正毅朝鮮総督や勝田主計朝鮮銀行総裁（寺内内閣蔵相）との人脈を培っていく。寺内内閣が成立すると西原は大陸での実業経験を踏まえ，首相の「知恵袋」として対中国借款政策に深くかかわることになった。

　借款にあたって西原は，大戦後における欧米諸国との通商貿易競争をにらんで，中国における「開発」の推進と「日中経済提携」を主張していた。西原がいう「開発」では，たんに資源の獲得だけでなく，経済・貿易の活性化を促すための制度やインフラの整備（通貨制度・税制の改革，鉄道網整備）が重視されていた。西原借款は，「開発」の担い手および「経済提携」の相手として段政権を強化し，日中間での経済力強化と通商貿易拡大を目指すものとして構想されたのである。

　しかし，西原借款とその政策構想は，欧米諸国との協調関係を著しく損なうものであった。それゆえ，日本国内では国際協調を重視する政治家や外交官（たとえば，立憲政友会総裁の原敬や外務次官の幣原喜重郎）たちから批判の声が高まった。また，段政権に肩入れする借款は，辛亥革命後の中国における南北対立を増幅させるものであり，西原の政策構想には中国側の意向や自主性をかえりみない面もあった。結局，西原が考えていた対中国借款による「開発」の推進と「経済提携」は挫折し，供与された借款も段政権の強化につながることはなかった。1920年代にかけて中国の政治統一・経済建設の担い手として成長するのは南方派（国民党）であり，北方派に供与された借款は焦げつくことになったのである。

（森川 正則）

【参考文献】鈴木武雄監修『西原借款資料研究』（東京大学出版会，1972年）
　　　　　森川正則「寺内内閣期における西原亀三の対中国『援助』政策構想」（『阪大法学』第50巻第5号，2001年）

のロシアならびに中国への拡大をおそれた日本政府は，ロシアへの共同軍事干渉に参加（シベリア出兵）する［原，細谷1955］とともに1918年5月に段政府との間で日華軍事協定を締結した［関，笠原］。日本の北京政府支持はいっそう明

確になり，北京政府首脳の対日依存度は高まった。

　もちろん，このような中国への露骨な内政干渉政策はアメリカの嫌うところであった。だが，その日米関係を劇的に改善する事態が生じた。それはアメリカの対独参戦（1917年4月）である。その結果，日本の連合国からの離脱，さらにはドイツとの同盟が懸念されるなか，アメリカとしても日本と取引を行う必要が生じた。日本からの特派大使石井菊次郎と国務長官のランシング（Robert Lansing）との間で交渉が開始された。日本側は勢力範囲撤廃問題に触れることなく（石井個人は勢力範囲撤廃に前向きであったが），中国における日本の特殊地位をアメリカに承認させる交渉方針を取ったため，一時，日米交渉は暗礁に乗り上げかねないかと思われた。しかしながら，ランシングが苦肉の策を編み出した。それは，政治的でない，地理的近接性に基づく日本の在中特殊利益の存在に理解を示すことで，あいまいな表現のうちに交渉成立の鍵を見出すものであった［高原，明石］。結局，1917年11月に石井・ランシング協定が締結された。これは，あいまいかつ矛盾を孕んだ内容であるにもかかわらず，中国における日本の特殊利益をアメリカが認めた点で，大きな意味を持つものだったのである［池田］。

4．パリ講和会議と国際連盟の成立

　パリ講和会議と東アジア　4年あまり続いた第1次世界大戦も，ドイツと連合国との間の休戦条約が1918年11月11日に調印され，やっと終結した。続いて1919年1-6月，パリで講和会議が開かれた。会議は，米英仏伊日の「5大国」，その中でもアメリカのウィルソン大統領，イギリスのロイド・ジョージ（David Lloyd George）首相，フランスのクレマンソー（George E. B. Clemenceau）が主導した。また，パリ講和会議は第1次世界大戦を終結させるための講和会議としての性格だけでなく，国際連盟設立のための会議でもあった。講和会議では，対ドイツのヴェルサイユ条約，対オーストリアのサン・ジェルマン条約，対トルコのセーブル条約などが締結される。「自由主義的・民主主義的国際主義」を標榜しつつ，アメリカこそが正義であると自認し，国内外の政治体制の変革を追求することがアメリカの使命であるとの態度がウィルソン主義だと呼ばれるが，この「主義」がそのまま外交に反映されていったというわけではない。この点は留意が必要であり，アジアではウィルソン主義がそのままパリ講和会議で実現される

と思われていた面があった。そして，中国や朝鮮半島では，ウィルソンの14カ条が「公理・公道」として位置づけられ，それが実現されねば不条理だと感じる「公憤」が広がり，民族運動へと結びついていった［川島］。5.4運動，3.1運動などがそれにあたろう。他方，ロシア革命の衝撃も看過できない。ロシアは中国などに対してパリ講和会議において問題が解決する可能性は薄いとして，労働者階級の団結をとなえていた。中国で，国民党と共産党がともにパリ講和会議後に結成されているのは偶然ではない。他方，ロシア革命の混乱の中，シベリア東部に極東共和国ができ，中央アジアに隣接する新疆などでは紛争が飛び火する可能性に直面した。また多くの白系ロシア人が満洲や上海に移民してきた。中国の北や西の地域でも新たな秩序形成が求められていた。

　日本はもとより，中国やシャムもまた戦勝国としてパリ講和会議に参加した。日本はすでに英米仏に次ぐ大国のひとつとして位置づけられ，ドイツの山東利権を獲得するなどした。中国は山東利権のドイツからの直接還付が認められなかったので，ヴェルサイユ条約に調印せず，対オーストリア，サン・ジェルマン条約に調印して国際連盟の原加盟国となった。

　パリ講和会議は，列強間の利益調整としての性格を色濃く有していたが，戦後処理において重要だったのは，経済力を有するアメリカの存在であった。アメリカが敗戦国ドイツに援助を与えつつ，ドイツが連合国に賠償を支払い，アメリカが連合国に発行した戦債を回収するという構造があり，また日本もアメリカとの経済的な結びつきをより深めていた。中国においてアメリカ主導で新4国借款団が形成されたのも，こうした流れの中に位置づけられる。この後，東アジアにおいても，アメリカの存在が際立つようになり，イギリスもまたアメリカを含めつつ，日本の軍備増強を抑制し，中国をめぐる国際政治に関する新たな枠組みを形成する方向に向かうことになった。

　山東問題と5.4運動　第1次大戦中，1917年8月に中華民国北京政府がドイツ・オーストリアに宣戦布告をした後，孫文などの政治家と国会議員，そして海軍が南下し，広東において軍政府を開き，中央政府であることを主張した。以後，中国は南北両政府と長江流域で省連合としての連邦主義を唱える聯省自治の3派が争う状況になった。

　だが，第1次世界大戦が終結に向かう中，1918年11月，北京政府は南北停戦を布告，1919年2月に上海で南北の和議がなった。南北の抗争を止めて対外的

な一致を図った上で，中華民国は全権代表団への支持を明確にした。この全権代表団は，袁世凱政権時期に開催が予想されていた第3回ハーグ平和会議のために組織された準備委員会のメンバーを中心とし，そこに広東側の代表を加えたものであった[3]。中華民国は50名を超える代表団をパリに送り，以下の諸問題の克服を目指した。第1に，不平等条約全般を改善するための原則の提出，確認である。これは，主権，領土などの保全を列強全体に約させることにあった。第2に，山東問題や21カ条問題など，第1次大戦中に発生した問題を解決することがあり，第3に国際連盟の原加盟国となり，国際的な地位を高めること，があった。こうした中国の外交方針にはアメリカのウィルソン大統領が好意的であった。

　しかし，実際には，英仏米の首脳の間で調整がなされ，アジアの問題については既存の体制を維持し，日本も含め，それぞれの特権を相互確認するにとどまったのである。その結果，ドイツと連合国のヴェルサイユ条約では，ドイツの山東利権が直接中国に返還されずにいったん日本に譲渡されることとなった。中華民国代表団は，山東利権部分だけを留保して調印しようとしたが，留保が認められなかったため，調印を拒否し，対墺サン・ジェルマン条約に調印することで，その第1条に基づいて国際連盟の原加盟国となる方針を採った。この間，山東利権の回復ができないことなどを理由に5月4日に北京の学生を中心として5.4運動が発生し，日本に好意的な官僚宅が襲われたが，北京政府はこれを弾圧し，さらにパリの代表団に条約調印の訓令を発した。しかし，全権代表団はこれを拒否したのであった。

　21カ条要求からパリ講和会議の過程で，日中関係は敵対局面にはいった。当時はまだ日中関係に多様な可能性が残されており，不可逆的な敵対であったわけではないが，たとえば「親日的であること」が否定的に捉えられたり，日本製品をボイコットするなど，中国から見れば日本は明らかに突出した侵略国として認識されるようになった。なお，排日運動に直面した日本は，中国の「排日教育」にひとつの根源があると考え，以後，しばしば中国の歴史教科書などについて，その「排日的要素」の改定を求めるようになった。東アジアの歴史教科書問題の起源は1910年代後半に求められる。

　3）ただし，南方代表と見なされた全権代表（たとえば王正廷）は，広東政府が選出して会議に派遣され，同政府の訓令を受けながら行動しているわけではなかった。

ヴェルサイユ講和条約に調印しなかった中国は1921年6月にドイツと2国間条約を締結して戦争を終結させるとともに，ドイツの在華利権を回収した。山東問題については，国際連盟への提出を企図したが，それがかなわないとわかると，中国での日本の突出した状態を嫌う英米と協調しつつその解決を目指し，ワシントン会議で利権回収をおこなったのであった。

パリ講和会議と日本外交　講和会議では，ウィルソンの平和原則14カ条に基づいて，対独墺講和条約の中に国際連盟規約を含める方向で議論が進んでいた。しかしながら，第1次世界大戦ではヨーロッパほどの惨禍を経験していない日本では，例えば臨時外交調査委員会での伊東巳代治の発言に見られるように，国際連盟を一種の政治同盟として捉え，その成立に消極的な意見も根強かった。日本政府は全権に議事引き延ばしを訓令，それでも国際連盟の成立が避けられなくなると，連盟規約に人種差別撤廃条項を要求するようになった。これは，日露戦後，アメリカやカナダで見られるようになった日本人移民排斥の動きに対する保証措置を意味していた。アメリカ側も，例えばウィルソンの側近ハウス（Edward M. House）などは日本の提案に賛成したが，イギリスは「白豪主義」のオーストラリアを自治領として抱えていることもあって冷淡であり，結局アメリカもそれに追随した。連盟規約に人種差別撤廃条項を挿入するという日本提案は，途中中国との連携の可能性が見られながらも，結局，否決されて終わったのである［島津］。

かたや，日本にとって山東問題，すなわち山東省におけるドイツ権益の継承問題は，人種差別撤廃問題とは違って，絶対獲得すべき条件であった。そのため，大戦中に日本は，日本海軍の地中海派遣の代償としてイギリスやフランスと密約を結び，講和会議時における日本の要求への支持の密約を取りつけていた。山東問題に関する要求が拒否された場合，連盟規約への署名を拒否しそうな日本全権団の態度を前に，国際連盟成立を最優先視するウィルソンも妥協したのである［NHK"ドキュメント昭和"取材班］。

ちなみに，当時，大隈・寺内内閣期の対中外交の失敗に対する反省から，外務省を中心として，ウィルソンの唱える「新外交」に積極的に呼応しようとする議論が力を増していた。その結果，パリ講和会議で山東問題が話し合われるなか，全権の牧野伸顕は，日本には中国における勢力範囲撤廃や治外法権廃止に応じる用意があると示唆さえしたのである［中谷］。このような「新外交」呼応論は，

1920年代における幣原外交を予告するものといえよう。

さて，パリ講和会議時の日本の内閣は，立憲政友会総裁原敬を首相とする内閣であった。そして，この原内閣が対米外交を転換すべく対中外交をも転換したか否かをめぐって，相異なる2説が提示されている。

通説的な説明によると，次のようになる。すなわち，原敬内閣は成立1カ月後の1918年10月の閣議で対中単独借款停止と西原借款の整理を決定した。これは，北方派への援助の停止を意味するとともに，他方で外務省のもとに外交政策を一元化するという要請に応えたものであった。このように，中国本部に対しては日本の優越的地位の追求を断念するとともに，貿易などを通じた経済的利益の促進を追求する方向に転換した。そういう意味で，原内閣の対中政策を構成した基本的諸契機，すなわち対米協調による中国の政治的統一の促進，日本資本主義の成長に支えられた経済主義的アプローチ，それらの根底にある国際協調主義的思考様式は，いずれもワシントン会議を媒介としてワシントン体制下の対中政策を構成する基本的諸契機となった。すなわち，原内閣の対中外交は，ワシントン会議の諸決定を受け容れるべき条件を整えることによって事実上ワシントン体制を先取りし，幣原外交の原型をなした，とされる［三谷］。

ただし，近年の研究では，このような戦後外交転換説に対して，いわば「勢力圏外交連続説」というべき説が唱えられている。すなわち，原内閣も新4国借款団をめぐる米英仏各国との合意を軽視して，中国の南北で秘密裡に権益の拡張を図っていた（江西・福建省の南潯鉄道延長線や満蒙地域の四洮鉄道の借款契約）。また，ときとして原内閣はウィルソン的新外交に強い違和感を示し，権益拡充のためには対英協調を指針とすることがあった。すなわち，日本は勢力圏外交を転換しなかったのであり，日米関係も結果的に改善されなかったどころか，むしろ短期的には悪化した側面もあったのである［服部］。

この2説の対立は，中国をめぐる国際政治において，第1次世界大戦の時期に日本が突出したにしても，そのあとウィルソン外交に同調しつつ，中国への列強との共同関与へとソフトランディングしていったと見るのか，それともそのまま日本は勢力圏拡大を目指したと見るのかという，重要な論点を提示している。中国から見れば，基本的に日本の対中政策を後者と認識しつつも，国際連盟やワシントン会議などでイギリスやアメリカと協調しつつ日本を抑え込もうとしたという点からは，前者が望まれていた，ともいえるであろう。

第4章　中国をめぐる国際秩序再編と日中対立の形成　109

国際連盟の成立と中国　1920年に，42カ国を原加盟国として発足した国際連盟については，アメリカなどが参加せず，また第2次世界大戦の発生を抑えられなかったように，軍事紛争などに対する軍事的介入が困難であったことなどから，その機能の限界が指摘されることが多い。しかし，それは国際連合と比べてのことであり，また列強から見た場合のことであろう。中国などから見れば，たしかに山東問題を解決できないなど，国際連盟への失望は大きかったが，連盟には肯定的に捉えられる側面もあった。第1に，国際連盟は不平等条約下にある国であれ，一国家として行動できる空間であり，また国際的地位が可視的に表現される場であること。第2に，これまで条約関係になかった諸国との関係が発生し，世界全体と外交をおこなう必要性が生じたこと。特に列強の自国における利権獲得への対応に追われていた中国のような国にとっては，新たな外交空間を提供するものとなった。また，日本などとの2国間交渉を避け，国際的な空間で日本の対中侵略を抑えようとしていた中国にとっては，連盟は正義と公理・公道を主張することができ，日本を封じ込めることが可能に感じられる空間でもあった。第3に，国際連盟の衛生建設，麻薬禁絶（⇒第5章コラム「アヘン問題と国際連盟」）などの国際公共政策がシンガポールや中国などにおいて実施されたことである。1920年代には日本もこれに積極的に関わった。

　中国は，国際連盟の前身となったハーグ平和会議に参加し（第1回1899年，第2回1907年），そうした国際会議の場で，象徴的とはいえ国際的地位があらわされることを痛感した。その平和会議を受け継ぐかたちで成立した国際連盟に参加することは，中国にとっては国際的地位上昇に結びつく重要な契機として認識されていた。それだけに，パリ講和会議の際におこなわれた国際連盟規約に関する会議にも積極的に参加し，非常任理事国選出に際して，アジアの国に一席の非常任理事国枠を与えるという「アジア枠」設定を求め続けた。また経費を多く負担して，それを連盟内部での地位向上に結び付けようとした。そして中国は，1930年代にいたるまで断続的に非常任理事国となった。ただ，1926年のドイツ加盟に際して，常任理事国増加が議論されると，常任理事国になるべく活動し，日本も消極的賛成という姿勢であったが，それはかなわなかった［川島］。

おわりに

　19世紀後半に存在した東アジア国際政治の多様な可能性に比べると，1910年代には日中2国間の競合，敵対局面が強まっていった。日本は，台湾を領有，朝鮮半島を併合するなどして，植民地をもつ帝国となり，列強のひとつとして中国をめぐる国際政治にかかわることになった。しかし，1910年代になると，特に21カ条要求に見られるように，日本が中国に単独で関与する局面が生まれ始め，日中対立の構図が明確に形成される。この対立局面がそのまま連続するか，1920年代には，緩和されるのかについては今後の議論を待ちたい。だが，中国から見れば，対立が次第に深まっていくように見えるだろう。他方，列強は，日本の在華特殊権益を認め，日本の軍備増強を抑え，中国における新たな秩序形成を目指した。それが1921年のワシントン会議に結びつく。

　中国は，義和団事件以後，中央集権的近代化政策を採用する。これが多くの混乱を招き，北京の中央政府の統治能力，条約履行能力に限界が生じるものの，国際的な地位の向上と条約改正の推進においては一定の成果があった。そして，日本との関係が深い段祺瑞政権が倒れると，急速に対米関係を重視するようになる。

　また，パリ講和会議ののち，中国で中国国民党と共産党が結成されたように，1920年代にはナショナリズムと社会主義が新たな潮流として東アジア全体を包み込むようになっていく。

◆研究課題

（1）辛亥革命以後，中国情勢の変化につれて，日本外交はどのように展開したのか。
（2）21カ条要求をはさんで，日中関係はどのように変化したのか。
（3）1910年代の中国をめぐる国際政治において，日本が突出していく過程と列強の対応をまとめなさい。
（4）パリ講和会議や国際連盟の成立は，東アジア国際政治にどのような影響を与えたと考えられるか。

第II部

変動する東アジア国際政治

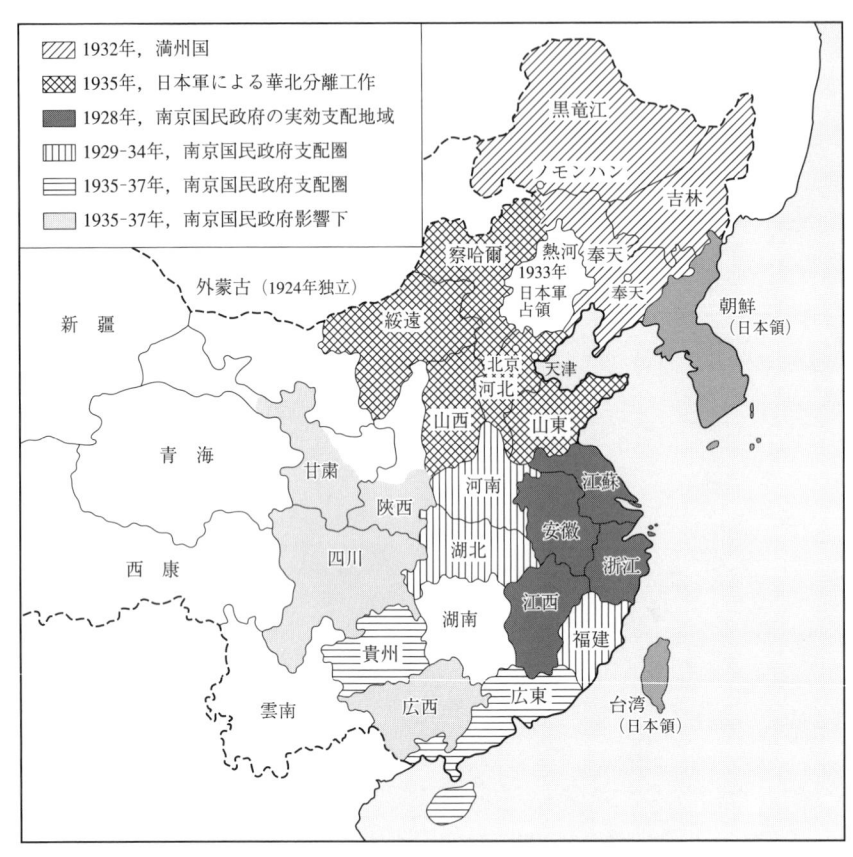

参考地図 2　国民党支配下の中国，1928-37（第 6 章）

出典）「国民党支配下の中国，1928〜37」『朝日＝タイムズ コンパクト版世界歴史地図』（朝日新聞社，1984，p. 123）をもとに家永真幸が作成。

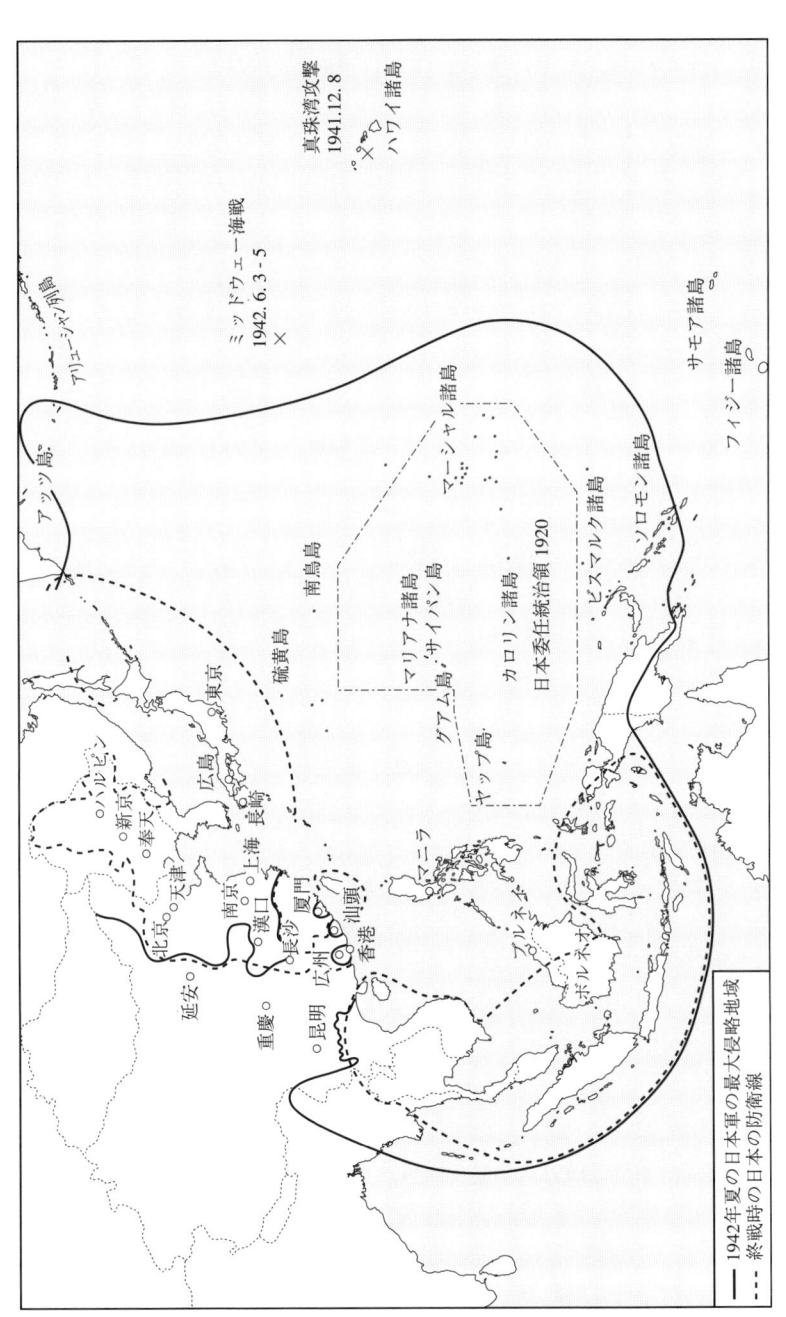

参考地図3　帝国日本の拡大（第5章、第8章）

出典）「太平洋戦争（1941〜45）」『増補　最新図説　世界史』（浜島書店、1988、p.144）をもとに家永真幸が作成。

― 1942年夏の日本軍の最大侵略地域
--- 終戦時の日本の防衛線

真珠湾攻撃　1941.12.8
ハワイ諸島
ミッドウェー海戦　1942.6.3-5
アリューシャン列島
アッツ島
サモア諸島
フィジー諸島
ソロモン諸島
ビスマルク諸島
マーシャル諸島
カロリン諸島　日本委任統治1920
マリアナ諸島
サイパン島
グアム島
ヤップ島
南鳥島
硫黄島
東京
広島
長崎
新京
奉天
ハルビン
北京
天津
南京
上海
漢口
長沙　廈門
広州　汕頭
香港
延安
重慶
昆明
マニラ
ボルネオ
ブルネイ

第5章　ワシントン体制下の国際政治
―― 1920年代

服部　龍二

はじめに

　1920年代の東アジア国際政治は，一般にワシントン体制という概念で論じられる。すなわち，ワシントン体制とは日米英3国による協調外交の体系であり，そのもとでは中国が従属的な地位に位置づけられており，ソヴィエトは体制から排除されていた。ワシントン体制の起点となるのが，1921年から翌年に開催されたワシントン会議であった。ワシントン会議では，中国をめぐる9カ国条約，海軍軍縮についての5カ国条約，太平洋に関する4カ国条約などが締結された。

　こうして成立したワシントン体制は，多角的な条約システムに依拠するアメリカ主導の新秩序と解されてきた。これに対して，ワシントン会議における核心的合意とは中国をめぐる現状維持であり，不本意ながらアメリカがこれを容認したことでワシントン体制は成立したという見解もある。いずれにせよ，中国に関する9カ国条約に即していうなら，ワシントン体制下では中国やソ連の動向が不安定要因となっていた。北京関税特別会議や北伐，さらには中ソ紛争や中国「革命外交」などへの対応が試金石となり，ワシントン体制は1931年の満洲事変で崩壊した［入江，細谷・斎藤，服部2001］。

　9カ国条約と並ぶワシントン体制のもうひとつの支柱は，5カ国条約に象徴される海軍軍縮であった。1930年の第1次ロンドン海軍軍縮会議では，補助艦などについても軍備制限がなされた。だが日本では，ワシントン会議の当初から軍備制限に対する批判も根強かった。とりわけ日本海軍ではロンドン海軍軍縮会議を契機として，強硬な「艦隊派」が穏健な「条約派」よりも優位に立っていく

第5章　ワシントン体制下の国際政治　115

［伊藤，麻田］。さらに日本は1936年1月に，第2次ロンドン海軍軍縮会議に脱退を通告した。このため日本は翌年，海軍軍縮について無条約となる。1920年代を主な対象とする本章では，ワシントン体制の成立と変容を跡づけてみたい。

1. ワシントン体制の成立

パリ講和会議後の国際政治　ワシントン会議の前史としては，1919年のパリ講和会議に触れておかねばならない。パリ講和会議に際して原敬内閣は，元首相の西園寺公望を首席全権とした。その西園寺は，ようやく会議の半ばにパリへ到着した。事実上の首席全権は，元外相で枢密顧問官の牧野伸顕である。パリ講和会議の開催前から会議の準則になると予想されていたのが，ウィルソンの14カ条であった。この14カ条とは，アメリカ大統領のウィルソンが1918年1月にアメリカ議会で演説して，自由主義的な秩序構想を提示したものである。ウィルソンの14カ条には，秘密外交の廃止や国際連盟の創設が含まれていた。これに対して日本の臨時外交調査委員会は，猜疑心をあらわにした。

　このため原内閣は，パリ講和会議でイギリスとの協調による旧ドイツ権益の継承を主眼とし，そのほかの問題では大勢に順応した。もっとも，すべての懸案がパリ講和会議で最終的に解決されたのではない。未解決となった案件のなかには，日中間の山東問題があった。というのも，対華21カ条要求後の1915年5月には，日中間で山東権益に関する条約が締結されていた。これによって中国政府は，ドイツの保有する山東権益の処分を日独間協定にゆだねると規定された。1918年9月にも日中間では，山東鉄道を日本の借款によって建設するという交換公文が成立した。英仏露伊の各国は，日本の参戦に対する代償として，山東半島や南洋諸島での権益獲得を支持すると日本に伝えていた。

　パリ講和会議では日本の要求が，ヴェルサイユ条約の第156条から第158条に山東条項として盛り込まれた。これを不服とする中国代表団は，調印式に欠席した。その後も山東問題をめぐる日中交渉が頓挫したため，山東問題の解決にはワシントン会議を待たねばならなかった。それでも中国は，対オーストリア講和のサン・ジェルマン条約に調印していた。その批准によって国際連盟に加盟した中国は，アジア枠を利用することで国際連盟の非常任理事国に何度か当選していく［唐，川島］（第4章参照）。ただし，国内において北京政府は，国際連盟の要請

Column 5-1

アヘン問題と国際連盟

　アヘンは有害な麻薬である。しかし，この認識が，いつの時代，どの場所においても一定であったわけではない。古くは，その解熱・鎮痛作用に注目し，薬として用いる者もいたし，イギリスなどではアルコールの害の方が大きいと考えられていた。アヘンの中毒性についての認識が広まり，規制を求める運動が始まったのは1870年代であった。そして，このような認識の変化は，イギリスなどだけでなく中国でも起こった。

　1907年には中英間で協定が結ばれ，インドからの公式の対中アヘン輸出は1913年に終了した。一方，フィリピンを領有したアメリカ合衆国は，1909年には上海，1911-12年にはハーグでの国際会議開催を主導した。ハーグでは万国アヘン条約が作成・調印されたが，第1次世界大戦勃発までにこの条約を批准した国はわずかであった。

　パリ講和会議を経て発足した国際連盟には社会・経済・人道面でも多くの任務が与えられ，アヘンその他の麻薬取締りはそのひとつであった。そして，この面において連盟はかなりの成果を収めていった。なかでも重要だったのは，1924-25年に国際アヘン会議をジュネーヴで主催したことであろう。この会議にはアメリカ合衆国も参加した。最終的にアメリカと中国は新条約に調印することなく会議から離脱する。それでも，ここでの議論がきっかけとなって，イギリス帝国は，医学科学以外の目的によるインドからのアヘン輸出を1930年代半ばで完全に終結させることを決断した。

　1920年代後半以降，アヘンその他の麻薬問題では，中国や日本が矢面に立たされていく。というのも，中国は国際連盟アヘン諮問委員会に委員を出してはいたが，欠席することもあり，連盟の要求する年報などを提出しないこともあったからである。連盟が派遣した東・東南アジアのアヘン吸煙実情調査団も中国国内までは調査できなかった。一方，日本側の問題は，帝国として支配した領域に，アヘンから精製されるモルヒネなどの麻薬取引ネットワークが存在したことと，その取締りや関与した者への刑罰がまったく不充分なことであった。

　1933年に日本が連盟を脱退すると，アヘンなどの麻薬問題でも，日本と中国の国際社会における地位は逆転していく。中国は，連盟が作り上げた規則を遅ればせながら遵守しようとする姿勢を見せ，国際社会の支持を受けた。一方，国際世論の非難は，アヘンに手を染めつつある日本と「満洲国」に集中していったのである。　　　（後藤　春美）

【参考文献】後藤春美『アヘンとイギリス帝国——国際規制の高まり1906-43年』（山川出版社，2005年）

するアヘン取締りを果たせずにいた（⇒コラム「アヘン問題と国際連盟」）。

　他方，パリ講和会議を経て，赤道以北の旧ドイツ領南洋諸島が日本に委任された。C式の委任統治となる西太平洋のカロリン諸島西端に，ヤップ島という小さな島がある（⇒第8章コラム「委任統治」）。アメリカはヤップ島が日本の委任統

治になることを快く思わなかった。それでも，ようやく 1922 年 2 月に日米間で条約が調印された。すなわち，アメリカが日本のヤップ島委任統治を承認する代わり，日本はアメリカに，現存のヤップ―グアム線と将来ヤップ島に接続される海底電線の陸揚げと運用を許可したのである。さらに日本は，南洋諸島での軍政を廃止して南洋庁を設置した（⇒コラム「通信ネットワークをめぐる外交交渉」）。

日米間の懸案としては，このほかに新 4 国借款団があった。新 4 国借款団とはウィルソン政権が提起したものであり，アメリカの提案では，日米英仏が共同して中国に借款を行うこととされた。交渉の過程で原内閣は，条約的根拠のある既得権益に限って満蒙除外を行うという「列記主義」を受け容れた。米英側は，満蒙を地域として除外する「概括主義」を日本に許さなかったのである［三谷］。

もっとも，新 4 国借款団を提起したウィルソン政権は，対日政策を確定できずにいた。一時的にせよウィルソン政権は，日本を除いた米英仏 3 国による借款団成立を模索した。原内閣という日米協調の構築に最適な本格的政党内閣が成立したにもかかわらず，アメリカが対日協調に徹したわけではない。ウィルソン政権の対日政策は揺らぎがちであり，封じ込めによる抑制も有力な選択肢と考えられていた。その意味では，日米協調体制の形成にはいたっていなかった。

これに対してイギリスは，カーゾン（George N. Curzon）外相のグレイ（Edward Grey）駐米特使宛電文にみられるように，日本の南満特殊権益に比較的理解を示していた。一方の北京政府は，新 4 国借款団そのものに懐疑的であった。その間にも原内閣は，江西・福建両省や満蒙において鉄道を中心として独自に在華権益の拡張策を行っていた。これらの権益拡張政策は，いずれも新 4 国借款団との合意内容に抵触している（⇒図 5-1）。

つまり原内閣は，新 4 国借款団との関係において米英との協調に終始したわけではない。中国の南北で南潯鉄道，四洮鉄道，および東支鉄道を通じ，独自に鉄道政策を遂行していたのである。そもそも新 4 国借款団は，一度の借款をも成し得ていない。新 4 国借款団は，日本に「列記主義」を遵守せしめて大陸進出を抑制するに充分な力とはならなかった［服部 2001］。

ワシントン会議 アメリカで 1921 年 3 月に共和党のハーディング（Warren G. Harding）政権が誕生すると，同年 11 月から翌年 2 月にはワシントン会議が開催された。そこでの主な成果は，中国をめぐる 9 カ国条約，海軍軍備制限に関する 5 カ国条約，太平洋についての 4 カ国条約であった。このうちの 9 カ国条約とは，

Column 5-2

通信ネットワークをめぐる外交交渉

　19世紀末，東アジアの通信ネットワークは，デンマーク系大北電信会社やイギリス系大東電信会社が独占していた。両社の地位が初めて揺らぎを見せたのは，1912年12月末，日本が両社に付与した海底線敷設独占免許，およびその特許延期許可状などの特許権(コンセッション)が満期になったときである。日本は，この機を捉えて，初の自前の対外海底電線として長崎・上海間に帝国線を敷設し，東アジアの通信事業に参入できた。この帝国線の敷設にあたっては，日本，中華民国北京政府，デンマーク，イギリスがそれぞれ2国間交渉を進めるなかで矛盾や問題点が噴出し紛糾した。しかし，結局大北電信会社の通信特許権を追認することで，その敷設は認められ，1915年1月から日本と中華民国の間で初めて和文電報が往来することになった。同じく1915年5月に敷設した佐世保・青島線も和文電報を取り扱ったが，同じ4カ国の間で10年近くも外交交渉がおこなわれ，1924年12月末ようやく「青島佐世保間海底電信協定」が締結され，その運用が承認された。日本にとって，長崎・上海線，佐世保・青島線の敷設は，通信事業においても，外交上においても，大陸への進出という点では大きな成果といえた。

　次に大北，大東両電信会社の独占的地位が揺らぎを見せたのは，1930年12月末，中華民国が大北電信会社に与えた海底線および中華民国側の陸揚線の運用に関する特許権が満期になったときだった。中華民国国民政府は，この機を捉えて通信自主権の確立をはかろうとし，帝国線，佐世保・青島線，台湾・川石山線，大連・芝罘線など日系海底線を含め，すべての外資系海底電線の取り扱いを見直すことになった。しかし，通信協定をめぐる改正交渉は，順調には進まなかった。例えば，1931年2月に妥結した佐世保・青島線をめぐる新協定，同年5月に承認された長崎・上海線の新協定は，それぞれいったんは相互に了解を得ながらも，中華民国が正式調印を放置したまま，日中戦争が起こり，太平洋戦争の勃発を迎えることになった。こうして，戦争の激化とともに中華民国は通信権をめぐる外交交渉の場を失ってしまい，結局は北京政府時代に締結された通信協定を追認するほかなかった。こうした状況の理解は，帝国主義論に一元化するだけでなく，中華民国の通信政策に対する低い認識，縦割り行政の弊害，国家的な財政問題，低い技術水準，人材の不足などの理由から，通信借款と引き換えに外国企業や外国政府に対して電線の敷設や運営の面で特許権を付与せざるを得なかった国内要因が起因していたことを看過してはならない。日華間の通信ネットワーク問題の解決は，第2次大戦後の戦後交渉の場に持ち越されたのである。

(貴志　俊彦)

【参考文献】貴志俊彦「長崎上海間『帝国線』をめぐる多国間交渉と企業特許権の意義」(『国際政治』第146号，2006年)

貴志俊彦「日中通信問題の一断面——青島佐世保海底電線交渉をめぐる多国間交渉」(『東洋学報』第83巻第4号，2002年)

第 5 章　ワシントン体制下の国際政治　119

図 5-1　1919 年頃の中国鉄道

出典）服部龍二『東アジア国際環境の変動と日本外交 1918-1931』（有斐閣，2001 年）25 頁。

1922年2月に可決された中国関係の条約を指す。会議に際して北京政府は，国内から意見を求めるとともに，代表団に各派を含めることで統一の体裁を整えようとした。中国首席全権の施肇基駐米公使は，1921年11月に門戸開放や機会均等など10原則を主張した。これに対してアメリカ全権のルート（Elihu Root）が，現状維持的な「ルート4原則」を提起した［麻田，川島］。

　そのため，9カ国条約の第3条は門戸開放と機会均等を規定しているものの，第1条には「ルート4原則」が盛り込まれた。これと関連してヒューズ（Charles Evans Hughes）国務長官は，門戸開放原則について決議案を提示した。門戸開放原則に関する調査機関として，「諮議会」の設立を盛り込もうとしたのである。ヒューズ案によると「諮議会」は，諸外国の既得権益をも門戸開放原則の観点から審議できるとされた。したがって，既得権益への門戸開放原則の適用という問題を再燃しかねなかった。だが，全権で駐米大使の幣原喜重郎は，既得権益までもが「諮議会」の審査対象となることに異論を唱えた。このため，既得権益については審議の対象外とされた。それゆえに，門戸開放原則についての決議案は採択されたものの，具体的な成果には乏しい。さらに中国の関税については，増徴を認める内容の条約が成立した［服部 2001］。

　その一方で，海軍軍備制限条約が1922年2月に締結された。これに調印したのは米英日仏伊であり，5カ国条約と呼ばれる。ワシントン会議の冒頭でヒューズは，10年間の建艦禁止を含む「爆弾提案」を行っていた。結局のところ5カ国条約ではアメリカ案のとおり，米英日の比率は10：10：6と規定された。これに対して日本には，海軍首席随員の加藤寛治のような強硬論もあった。しかし，首席全権で海相の加藤友三郎は，財政上の負担と対米協調の観点からアメリカの要求を受諾した。その代わりに加藤友三郎は，5カ国条約の第19条において太平洋島嶼に要塞や海軍根拠地を建設しないことを了承させた。会議後の列国は，軍備制限のない補助艦をめぐって建艦競争を始めた。

　そのほか，4カ国条約もワシントン会議で締結された主要な条約のひとつであった。4カ国条約の内容は，太平洋の現状維持と日英同盟の破棄である。会議での日英同盟廃棄は，イギリス首席全権のバルフォア（Arthur James Balfour）案，幣原案，ヒューズ案という3段階で進んだ。幣原から修正案を得たヒューズは，中国を適用外としたうえで，フランスを加えた4カ国条約としたのである。こうして4カ国条約は1921年12月に調印された。その第4条には，日英同盟の廃棄

が明文化された。なお，幣原は4カ国条約の適用範囲について，日本本土を除外することに成功している［麻田］。

また，山東懸案に関する条約では，15年賦の国庫証券によって鉄道財産を日本に償却し，国庫証券の償還期間中は運輸主任と会計主任に日本人各1名を任用して，鉱山経営は日中合弁とすることとされた。この問題の解決にアメリカ側から尽力したのがマクマリー（John Van A. MacMurray）国務省極東部長であり，マクマリーはヒューズやルートと異なる路線を実践していた。すなわちマクマリーは，日本側の意向を重視しつつも日中間の公正なる仲介者として振る舞い，妥協点を示したのである。これにイギリスの支持が加わったとき，第1次大戦期以来の難問はようやく解決した。

加えてワシントン会議では中国関税条約も締結されており，さらに21カ条要求関連条約の改廃問題，シベリア撤兵問題，東支鉄道問題なども議論された。なお，アメリカは日本の外交電報を解読していた［服部 2001，2006b］。

2．ソ連の登場と北京政府「修約外交」

中ソ国交樹立と日本　ワシントン会議を経て成立したワシントン体制には，ソヴィエトという外部勢力が存在した。そのソヴィエトは，中国との関係を緊密化させることで国際政治に登場していく。まずは1919年と1920年に，外務人民委員代理のカラハン（Lev M. Karakhan）が不平等条約の撤廃を宣言した。すなわち，カラハン宣言と呼ばれるものである。カラハンは王正廷らとの交渉を進めた末に，1924年5月には外交総長の顧維鈞と国交樹立協定を北京で締結した。この北京協定によると，「ソ連政府は外蒙古が完全に中華民国の一部であることを承認し」たという。

他方でロシア政府は，1921年5月にモンゴル政府とも国交を樹立していた。両国の協定では，モンゴル政府がモンゴルにおける「唯一の合法的政府」と記されており，これと先の北京協定は明らかに矛盾するものである。また，東支鉄道を実効的な支配下に治めていたのは，張作霖の東三省政権であった。このためソ連政府は，東三省政権とも協定を成立させねばならなかった。そこでカラハンは東三省政権との交渉を進め，1924年9月には奉天協定を成立させた。これによってソ連は，東支鉄道に対する共同経営権を回復したのである。さらにソ連は，

中国共産党や中国国民党にも顧問を派遣するなどして影響力を高めつつあった。ワシントン体制の枠外にあるソ連は，北京政府，東三省政権，中国共産党，中国国民党との間で四重の対中国政策を行ったといえよう。

このようなソ連の動向を日本はどう見ていたであろうか。1923年の帝国国防方針において日本は，ソ連に対日戦を遂行する国力はないと判断していた。しかし，ソ連が中国と接近し始めたころから，ソ連に対する脅威論が日本陸軍の出先から広まっていった。そこで日本陸軍の出先や満鉄は，張作霖との関係強化を打ち出した。もともと日米英は，ワシントン体制の成立期にソ連や東支鉄道に対する政策的な合意を形成できずにいた。それだけに，対米英協調という原内閣以来の外交基軸は，ソ連の登場によって説得力を欠きつつあったのである［小林，服部 2001］。

日本陸軍の意向は，清浦奎吾内閣期の1924年5月に外務・陸軍・海軍・大蔵4省協定の「対支政策綱領」に採り入れられた。とりわけ，その第8項の満蒙条項には，北満洲進出や張作霖への「指導」が盛り込まれた。この北満進出策は，洮南─昂々渓鉄道の敷設に結実していった。その際に日本は，東三省政権への交換条件として，自己資本による奉天─海龍鉄道の建設を容認した。日本の対ソ北満進出策は，やがて「満鉄包囲鉄道網」と呼ばれるものにつながる大きな代償をもたらしたのである［金子，酒井］。

北京政府「修約外交」　1924年5月になると，アメリカの連邦議会が排日移民法を可決し，日本人は深く自尊心を傷つけられた（⇒コラム「排日移民法」）。それにもまして日中関係は，重大な局面に差しかかっていた。とりわけ満洲では，日本に対する国権回収運動が高まっていた。すなわち，日本の租借地であった旅順・大連をはじめ，教育権や商租権，鉄道権益などに対する回収運動である。このうちの商租権とは南満洲における土地貸借権であり，1915年に日中間で締結された南満東蒙条約に基づいていた。

なかでも，中国の旅順・大連回収運動は重大であった。北京政府は対華21カ条要求の関連条約を無効とみなして，関東州租借地の期限が1923年3月で満期になると主張したのである。日本政府がこれを否認すると，中国各地で示威行動や日貨排斥が行われた。さらに，関東大震災に際しては，朝鮮人のみならず中国人も殺害され日中間の外交懸案となった［川島］。

当時の上海や青島には，在華紡と呼ばれる日系の紡織工場が存在していた。日

Column 5-3

排日移民法

　1924年のアメリカ連邦議会では，失効目前の移民制限法に代わる恒久的な移民法が審議されていた。論点のひとつは，黄色人種で唯一排斥を免れていた日本人移民の扱いであった。人種主義の気運が支配する中で，下院は排斥条項を含む移民法案をすでに可決していた。しかし，伝統的に国際関係を重んじる上院では，日米関係を損なう排日移民法への支持は低く，日米の世論も上院の良識ある行動を確信していた。事実，上院において日本人移民の排斥を強く求めた勢力は，カリフォルニア州を中心とする西部諸州の議員のみであった。予想に反し，自ら「黒人問題」を抱えていた南部諸州の議員は，西部諸州の説く「日本人問題」には耳をまったく傾けようとはせず，排日移民法の成立はほぼ絶望視されていた。

　事態が急変したのは，4月14日であった。ヒューズ国務長官に宛てた埴原正直駐米日本大使の書簡が数日前に両院に回付されていたのであるが，それがこの日になって上院を大きく揺るがした。国務省と連携を取りながら起草された「埴原書簡」のそもそもの目的は，議員の間に誤った情報が錯綜していた1908年の日米紳士協定の内容を正確に示すことにあった。全体的に穏やかな表現で綴られた書簡は，日米友好の重要性を強調して締め括られていた。しかし，書簡の切実な願いをよそに，ロッジ外交委員長が「埴原書簡」の結びにあった「重大なる結果」という字句の言葉尻を捉え，それを米国に対する「覆面の威嚇」だと糾弾した。そして，米国はいかなる脅迫にも屈しないとして，他の議員に対して排日移民法の必要性を訴えたのである。この言葉に説得されたかのように，今まで消極的な立場を取っていた議員も立場を翻し，雪崩を打って排日移民法支持に回った。排日移民法の成立が決定的となった瞬間である。

　しかし，排日移民法が成立した理由には，従来から言われてきた「覆面の威嚇」という語句ではなく，じつは当時の国内政治情勢が深く関係していた。まず，1924年は大統領選挙の年であったにもかかわらず，与党共和党は，いくつかの政治スキャンダルをめぐって大いに揺らいでいた。加えて，同党は保守派と革新派の線に沿って半ば分裂状態にあった。肝心な選挙の年に，この危機を乗り越えるためには，西部諸州議員の協力が不可欠となったのである。その結果，最も政治的なコストが少ない日本人移民の排斥を支持することで党の結束を図ることが合意され，日米関係を犠牲にして排日移民法は可決された。その際，議員たちは自らの態度の豹変を正当化するために，「埴原書簡」を口実として用いたのであり，その代償として，アメリカのモラル・リーダーシップは大いに傷つくことになった。

（簑原　俊洋）

【参考文献】簑原俊洋『排日移民法と日米関係』（岩波書店，2002年）

本の対中投資において，在華紡は満鉄に次いで重要なものであった。しかし，上海の在華紡では1925年の2月頃からストライキが行われ，ストは青島の在華紡

にも波及した。そこで日本は，北京政府の沈瑞麟外交総長に取締りを要請した。その北京政府は，すでにドイツやソ連と対等な条約を締結しており，中国史上初の賠償をドイツから獲得してもいた。さらに北京政府は，列国との間でも不平等条約の改廃を目標とする「修約外交」の機会をうかがっていた。

「修約外交」への契機は，5.30事件という意外な形でもたらされた。すなわち，イギリス中心の租界警察が1925年5月に上海の排外運動に発砲して，多数の死傷者を出したのである。外交総長の沈瑞麟は列国に抗議し，領事裁判権や租借地についても改善を提起した。このため5.30事件は，不平等条約改正問題へと発展していく。5.30事件に際して中国の世論は，排外運動の弾圧を主導したイギリスに最も批判的であった。イギリスも，中国に対して強硬な姿勢を示した。他方のアメリカでは，日本との協調外交を支えてきたマクマリー国務次官補が駐華公使に転出しており，新任のケロッグ（Frank B. Kellogg）国務長官とジョンソン（Nelson T. Johnson）国務省極東部長はむしろ中国側の要求に好意的であった。

こうしたなかで北京政府外交部は，関税会議の開催を各国に呼びかけた。政権基盤の脆弱な北京政府は，会議の成功によって財政を確保して，正統性を高めようとしたのである。北京関税特別会議は1925年10月に始まった。会議の経緯で特筆すべきは，イギリスの対米接近と日本の孤立であろう。最大の焦点は，中国が関税自主権を獲得するまでの暫定措置であった。米英両国は高率関税の容認で一致する方向にあったが，幣原外相はこれを認めなかった［入江，臼井1972］。

このため北京関税特別会議は，これといった成果のないまま1926年7月に無期延期となった。ここでの幣原は，経済的利益に固執するあまり柔軟な協調政策を見失っていた。その背後には，加藤高明首相の後押しがあったと推定される。北京に派遣された日本代表団は，幣原の方針ではワシントン条約で認められた2.5％の付加税すら阻止することになってしまうと東京に伝えた。それでも幣原は，増徴と債務整理とを切り離すことにあくまで反対した。幣原の秩序構想とは，概してワシントン会議における決議の枠内にとどまろうとするものであった。

北京関税特別会議が不毛な結果に終わったためもあり，北京政府の外交に対する一般的な評価は高くない。しかしながら，北京政府が後の条約改正に向けて重要な礎石を築いたところもある。また，パリ講和会議やワシントン会議で調整役を果たしていたイギリス外交は，北京関税特別会議では機能しなかった。このことも，ある程度まで北京政府の意図した結果であった。つまり中国側は，当初最

も厳しい姿勢を示していたイギリスへの態度を対日，対米外交とは差別化していたのである。

そこでイギリス外相のチェンバレン（J. Austen Chamberlain）は，政策転換を図るべく対米接近を方針とした。このため，幣原の硬直した経済主義が取り残される形で露呈した。その意味で幣原外交の孤立には，北京政府が推進した対米英外交の帰結という面もある。日米英の3国は，ワシントン体制の枠内ながらも相異なる秩序構想を思い描いていた。

加えて，北京政府の「修約外交」に具体的な成果がなかったわけではない。国務総理兼外交総長の顧維鈞は1926年11月に，臨時弁法と呼ばれる暫定協定を導入することで，中比和好通商行船条約を強引に失効せしめている。後の国民政府外交には，このような方策を継承したところがある。そのほか北京政府は，1920年代前半までに独墺露各国の天津租界を回収していた。さらに1927年に北京政府は，ベルギーとの新条約交渉において天津租界を回収する合意を取り付けた。このため天津租界の保有国は，日英仏伊のみとなった［服部2001］。

3．北伐と国民政府「革命外交」

北伐と山東出兵──幣原外交から田中外交へ　中国南方では孫文没後の1926年6月に，蔣介石が広州の国民政府で国民革命軍の総司令に就任していた。その国民革命軍は，北方の軍閥に対して軍事行動を展開した。すなわち，北伐と呼ばれるものである。1927年1月には国民政府が武漢に移され，3月に国民革命軍は上海や南京を占領した。蔣介石は4月12日に反共クーデターを起こし，南京に国民政府を成立させている。汪兆銘の率いる武漢国民政府も，9月に南京の国民政府と合流した［栃木・坂野］。

このころ日本の外相は幣原喜重郎であり，その方策は幣原外交と呼ばれる。幣原は，憲政会系の加藤高明内閣や若槻礼次郎内閣で外相を務めた。一般に幣原外交の特徴は，中国における不干渉政策や秩序形成，経済主義，対米英協調とされる。北伐の過程で1927年3月に南京事件が発生すると，幣原は「軟弱外交」と非難された。この南京事件とは，国民革命軍の南京入城に際して，日英の領事館などが襲撃されたものである。このとき英米は砲撃で報復したものの，幣原は不干渉を守った［入江，臼井1971，Fung, Goto-Shibata］。

そのほか幣原は、外務省から佐分利貞男通商局長らを仏領インドシナに派遣し、通商関係の発展を試みている。加えて幣原は、初代の駐トルコ大使に小幡酉吉を任命した。その小幡を議長として、1926 年 4 月から 5 月には近東貿易会議がコンスタンチノープルで開催された。この会議には駐ルーマニア公使なども出席し、近東との直通航路開設などを議決した。同年 9 月には東京で南洋貿易会議も開催されており、このころの日本外交は貿易の多角化を模索していた。幣原の外交には、内政的な意義もある。幣原の穏健な方針が元老西園寺公望の信頼を得たことによって、加藤らの率いる憲政会は体制内化し、ひいては政党政治が定着したのである [村井、服部 2006b]。

　1927 年 4 月に政友会の田中義一内閣が成立すると、田中は外相を兼任した。幣原外交と対比して、しばしば田中外交と称される。その田中外交は、中国への強硬策で知られている。北伐に際して田中内閣は、5 月に第 1 次の山東出兵を行った。その名目は居留民保護であった。田中内閣は、6 月から 7 月にかけて駐華公使や関東軍司令官らを招集し、東方会議という大規模な会議を開催した。ここで田中は、包括的な方針として「対支政策綱領」を訓示した。田中は、蔣介石による統一を承認しつつ、張作霖を東三省に帰還させ地方政権としての安定を図ろうとしたのである [佐藤]。

　済南事件と張作霖爆殺事件　山東出兵を行ったにもかかわらず、田中の主観としては北伐を阻止するつもりはなかった。田中は北伐の席巻を見通して、摩擦を回避しようと努めた。つまり、張作霖の北京陥落を予期しつつも、その地位を関内で維持しようとは考えていなかったのである。それでも、第 2 次の北伐が 1928 年 4 月に開始されると、田中内閣は 2 度目の山東出兵を行った。すると翌 5 月には、済南で国民革命軍と日本軍が衝突した。

　この済南事件は、3 つの意味で国際政治の転機となった。第 1 に、それまでイギリスを正面の敵としてきた中国の排外運動が、日本を標的とするようになった。第 2 に、済南事件は蔣介石らの対日観を悪化させた。第 3 に、第 1 次山東出兵には同調的であった米英両国が、国民党に接近する立場から日本に批判的となった [関、佐藤、Goto-Shibata、臼井 1998、服部 2001]。

　1928 年 6 月には、奉天軍閥の張作霖が関東軍によって列車ごと爆殺された。この張作霖爆殺事件を主導したのが、関東軍の河本大作であった。河本の供述書によれば、村岡長太郎司令官らの関東軍上層部も事件に強く関与したという。ま

た河本は，奉天軍との衝突を回避して，治安を維持しようとする村岡に従ったにすぎないと述べている。さらに，爆殺後の構想としては，河本や関東軍参謀部が楊宇霆擁立論であったのに対して，荒木五郎や秦真次奉天特務機関長が張学良擁立論であり，村岡は後者を採用したとも河本はいう。

とするなら，張作霖爆殺を主導したのが河本であったにせよ，斎藤恒参謀長を除く関東軍各参謀や村岡司令官も，かなり事件に関与したことになる。関東軍は奉天軍の指揮系統を混乱せしめることで，東三省の治安維持を保持しようとしたのであろう。張作霖の爆殺は，満蒙の領有を意図した満洲事変と本質的に異なるものである。張作霖亡き後に臧式毅参謀長が不抵抗策を採ったことは，治安維持のみを意図した関東軍の意向に反するものではなかった［服部 2001］。

易幟と国民政府「革命外交」　張作霖が爆殺されると，息子の張学良が中国東北の実権を掌握した。張学良政権が 1928 年 12 月に南京の国民政府と合流したことで，中国は曲がりなりにも再統一を成し遂げた。中国史上に易幟（えきし）と呼ばれるものである。これに伴い，張学良政権が満洲問題の外交権を国民政府に移管すると，田中内閣の重視する満洲での鉄道政策は閉塞的な状況に追い込まれていった［佐藤］。

一方の国民政府は，すでに積極的な対外政策を展開していた。その手法は実力行使をも視野に入れた国権回収策であり，しばしば「革命外交」と称された。国民政府「革命外交」の典型は，1927 年 1 月の漢口・九江イギリス租界回収であろう。最初に「革命外交」を唱えたのは陳友仁であった。陳友仁は広州国民政府の外交部長代理を経て，武漢国民政府の外交部長となった［横山，李］。1928 年になると南京国民政府外交部長の黄郛や王正廷が，中国の関税自主権を欧米列国に承認させた。王正廷らの対日政策と田中内閣の対応については，表を参照されたい（⇒表 5-1）。

表にも示されるように，国民政府は通商政策でも成果を収め始めていた。もっとも，そうした外交的な成果は，王正廷外交部長らの指導だけに還元されるべきではない。アメリカの親中的な対応は，すでに北京政府の末期にかなりの程度まで準備されていた。国民政府の通商政策には，北京政府の「修約外交」を継承したところがある。

このような中国「革命外交」は，日本に経済面からも対応を迫るものであった。そのため田中内閣は，いわば強いられた経済外交とも呼ぶべきものを実践させら

表 5-1　国民政府「革命外交」と田中内閣の対応（1928-1929 年）

「革命外交」の 3 類型	細　目	田中内閣の対応
不平等条約改正策	関税自主権の回復	次期内閣に持ち越し
通商政策	新通商条約締結	交渉には合意
	差等税率暫定導入	差等税率導入を承認したうえで外債整理への充当を追求して失敗
	外資系輸出に対する付加税	徴収阻止に失敗
	陸境特恵関税廃止	抗議によって延期せしめた
重要産業接収策	漢冶萍公司接収	抗議して接収を放棄させた
	南潯鉄道国有化	債権保持に成功

出典）服部龍二『東アジア国際環境の変動と日本外交 1918-1931』（有斐閣, 2001 年）222 頁。

れた。すなわち，関税自主権承認で遅れをとった田中内閣は，差等税率や輸出付加税への対応において，イギリスとの共同歩調を模索したのである。だが，このころイギリスのボールドウィン（Stanley Baldwin）内閣は，すでに田中内閣との協調に見切りをつけていた。その意味で田中外交の孤立には，中国「革命外交」の副産物としての一面がある。その後に登場する第 2 次幣原外交の対中経済政策には，田中内閣から引き継いだ課題が多い。

こうしてイギリスとアメリカは，多少の時差を伴いながらも日本と離反する傾向にあった。もっとも，英米の対日離反は質的には微妙に異なっていた。アメリカの場合，北京政府期以来の友好的な対中感情が根底にあり，済南事件では日本に批判的であった。一方のイギリスが日英協調に冷淡となったのは，実利主義的な観点から対中国政策で利害が背離したことにある。そのことを象徴していたのが，中国の関税自主権や差等税率，輸出付加税，外債整理交渉をめぐる日英間の温度差である。ここにイギリスは，対日協調に固執して米中との摩擦を高める愚行を避け，帝国主義時代の遺産を部分的に放棄する道を歩み始めていた。

田中内閣は，国民政府による漢冶萍公司や南潯鉄道の接収を阻止したものの，そうした日本の南進策が守勢に立たされていることは明らかだった。さらに，田中内閣後期の対中国政策では，北進策としての満蒙鉄道交渉までもが頓挫した。張学良の政権が，易幟に際して中国東北をめぐる外交権を国民政府に移管したためである。こうして田中外交は，手詰まりの状態に陥った［Fung, Goto-Shibata, 久保，服部 2001，小池］。

「田中上奏文」 怪文書の「田中上奏文」にも触れておこう。この「田中上奏文」とは、田中首相が昭和天皇に上奏したとされるものである。その内容は、先に述べた東方会議に依拠した中国への侵略計画であった。だが「田中上奏文」の趣旨は、実際の東方会議と大きく離反していた。「田中上奏文」は1929年の上半期に中国東北の主導で偽造された可能性が高い。このような中国側の動向については、関東庁警務局が丹念に調査していた。

日本外務省の亜細亜局と情報部は、1929年秋に京都で開催された太平洋問題調査会において、中国側代表による「田中上奏文」の朗読を封じ込めた。この太平洋問題調査会とは、相互理解を目的とした民間の国際学術団体である。また中国でも重光葵駐華臨時代理公使らが、取締りを中国側に要請していた。重光らは、「田中上奏文」の根本的な誤りについても充分に主張した。このため国民政府外交部は、「田中上奏文」を偽書と知っていたはずである。

とはいえ、外交部によって中国の外交が一元化されていたわけではない。複雑な中央―地方関係に加えて、地方の内部は政策的に分裂していた。遼寧省政府が「田中上奏文」の取締りを訓令したにもかかわらず、遼寧省国民外交協会や地方紙はこれを利用したのである［服部 2005, 2006a］。

日本とソ連 日ソ間の国交は、1925年1月に樹立された。にもかかわらず、北満洲での鉄道問題や対日プロパガンダをめぐって、日ソ間には緊張関係が残存していた。それでもソ連政府は、日本に対して日ソ不可侵条約の締結を重ねて提起した。だが幣原外相は、これを退けた。幣原の方針は政経分離であり、日ソ関係では漁業協定や通商条約の締結を優先したのである。

その後の田中首相兼外相は、対日プロパガンダにもまして、中国に対するソ連の影響を警戒した。このことは、幣原が中国の共産化をそれほど危惧しなかったことと著しい対比をなしている。かつて幣原は、駐日イギリス大使のティリー(John A. C. Tilley)と1927年4月に会談していた。このとき幣原は、中国全土が共産化するとは思えないものの、ソ連の事例に示されるように、中国が万一に共産化しても居住や貿易は充分可能だと論じた。中国が共産化しようとも経済的利益が得られる限り、幣原にとって国益は守られるのである。

田中内閣期における対ソ外交の主要な成果は、日ソ漁業条約に象徴される経済関係や後藤新平の訪ソといった人的交流であった。もっとも、漁業条約の締結によって、漁業問題をめぐる日ソ間の係争が払拭されたわけではない。漁区の決定

で生じた補償問題について，両国の主張は異なっていた。また，田中内閣は対日プロパガンダの禁止をソ連に求めていた。このため日本は，不可侵条約を提起するソ連と終始すれ違いに終わった。ソ連からは不可侵条約の提起も途絶えるようになり，やがて満洲事変を迎えてしまう。日本を翻弄したのは，日ソ不可侵条約を提起しながらもプロパガンダを辞さないというソ連外交の二律背反性であった［小林，服部 2001］。

4．ロンドン海軍軍縮会議の前後

中ソ紛争　1929 年の下半期には，奉天の張学良政権とソ連の間で軍事紛争が発生した。中国側が強引に東支鉄道を回収しようとしたのである。この中ソ紛争は，一般に奉ソ戦争と呼ばれる。紛争の結果は，ソ連側の一方的な勝利であった。奉ソ戦争に対しては，日本とアメリカが対照的な方針を進めた。そのころ日本では民政党の浜口雄幸内閣が成立し，外相には幣原が復帰していた。次の第 2 次若槻内閣にも幣原は留任する。その幣原は，奉ソ戦争に際して中ソ間の直接交渉を促進しようとした。日本としては，ソ連の地位を早期に回復することで，満洲に関与できる国家を日中ソに留めたかったのである。

その一方で，アメリカのスティムソン（Henry L. Stimson）国務長官は，日米英仏など不戦条約の批准国で委員会を構成し，中ソ紛争を仲裁しようとした。当時のアメリカは，ソ連を未承認であった。スティムソンは，それまで日中ソで構成されていた満洲の秩序に対して，米英仏など不戦条約の締結国を加えた多国間の新秩序を思い描いたのである。しかし，スティムソンの試みは，アメリカに好意的な王正廷外交部長にすら有効策とはみなされなかった。そのため中国は，ソ連との直接交渉を経て妥協した。欧米諸国の関与が排除されることによって，幣原の方針は結果的にほぼ達成されていったのである。

イギリス外相のヘンダーソン（Arthur Henderson）は，この中ソ紛争を概して静観していた。そのことは，スティムソンではなく幣原を利することになった。ランプソン（Miles W. Lampson）駐華イギリス公使の日記にも，奉ソ戦争の記述がほとんどない。イギリスの主たる関心は，治外法権の撤廃問題であった。

このような経緯は，幣原外交の二面性をうかがわせるものでもあった。すなわち幣原は，後のロンドン海軍軍縮会議や中国外債整理交渉では，対米英協調を基

本とした。その半面で幣原は，奉ソ戦争において満蒙に対する欧米諸国の介入を忌避しようとしたのである。また，日本陸軍にとって，奉ソ戦争の結末はたんなる原状回復以上のものを意味した。この紛争にソ連が勝利して影響力を高めると，日本陸軍はソ連に対する認識を新たにしたのである。

奉ソ戦争において中国では，瀋陽の張学良がソ連に妥協し始めたときに，南京から蔣介石や王正廷が対ソ強硬論の立場で介入を強化した。とりわけ，ソ連通を自負する王正廷外交部長は，国権回収策が成果を収め出していたこともあり，勢いづいていたのではなかろうか。とはいえ，張学良，蔣介石，王正廷の3者は，ソ連の実力を過小評価しつつも，ともに戦闘回避を意図していた。中国外交の悲劇は，東北問題をめぐる対外政策の主導権が定まらないままに，ソ連との軍事的な衝突に発展したところにある。また，中ソ間の国交回復が遅れたことは，満洲事変期の国際環境として重要となる。総じていうなら奉ソ戦争は，日米中英ソの各国間において，東アジア構想の相克を浮き彫りにした［入江，土田，臼井1998，服部2001］。

ロンドン海軍軍縮会議　このころの日米関係には，新たな兆しもみえていた。阻害要因となっていた排日移民法について，修正を求める動きがアメリカに出ていたのである（⇒コラム「排日移民法改正運動」）。日英関係においても，イギリスの紡績業関係者が1930年11月に来日した。中国市場をめぐって日本と競合的な関係にあったイギリスは，紡績業関係者を経済使節団として訪日させることで，相互理解に努めたといえよう。

日米英関係の改善を象徴するのが，1930年1月からのロンドン海軍軍縮会議であった。1927年夏のジュネーヴ海軍軍縮会議が頓挫した経緯から，英米両国は綿密に事前協議していた。他方で日本海軍は，伝統的にアメリカを仮想敵とした。このためロンドン会議の論争は，主として日米間に展開されていく。またイギリス側は，日本外務省の主要電報を解読していた。

ロンドン会議には，首席全権で元首相の若槻礼次郎をはじめ，財部彪海相，松平恒雄駐英大使，永井松三駐ベルギー大使が全権として派遣された。若槻らは，マクドナルド（James Ramsay MacDonald）英首相やスティムソン米国務長官と粘り強く交渉した。4月に調印されたロンドン海軍条約では補助艦の減量が定められ，主力艦の建造休止期限は1936年まで延長された。また，ワシントン会議で成立していた海軍軍備制限条約の主力艦数を実現するために，日米英はそれぞ

Column 5-4

排日移民法改正運動

　1924年に成立した排日移民法は，日本人を激昂させたのみならず，日本との友好関係を重視するアメリカ人をも憂慮させた。だが，移民法は立法府の管轄であるため，米国務省は公式にはこの問題にかかわれずにいた。こうしたなかで，日本人の間に鬱屈した反米感情が残ることを危惧したアメリカ民間人もいた。なかでもアメリカ北東部のキリスト教会関係者や平和運動家たちが，移民枠を日本人に与えるというかたちでの排日移民法改正を目指す運動を開始した。その中心は元宣教師のシドニー・ギューリック（Sidney L. Gulick）であった。彼は，移民法成立直後から，全米キリスト教会評議会などを足場に活動した。しかし，その活動は，カリフォルニアの排日活動家の中心人物，V. S. マクラッチー（V. S. McClatchy）一派を刺激してしまった。このため，彼らは排日運動を再燃させていく。排日活動家たちとも話せば理解し合えるというギューリックの考え方も，かえって事態を悪化させた。
　1920年代末になると，対日貿易の落ち込みを憂慮したカリフォルニアの実業家やアメリカ北西部の木材輸出業者も，移民法改正運動を開始した。ギューリックらのナイーブな活動が成功しなかったため，彼らは，秘密裡の根回しによる活動を中心に進めた。排日派への支持がへる中，改正運動は徐々に支持を集め，1930年には，西海岸の主要都市の商業会議所で，改正を支持する決議が次々と通過した。このような盛り上がりを受け，1931年9月17日にスティムソン（Henry L. Stimson）国務長官は，出淵勝次駐米大使に対し，移民法改正への意欲を語った。だが，その翌日には，満洲事変が勃発してしまう。さらに，翌年1月には上海事変も起こり，米国の対日世論は悪化していく。また，大恐慌によって失業者が溢れる中，わずかではあっても新たな移民の入国を認める移民法改正は，困難な状況となっていった。その後も，実利的な動機から移民法改正を目指す西海岸の実業家たちは，活動を継続した。しかし，長引く不況のなか，法律改正までにはいたらず，日中戦争の勃発と真珠湾攻撃により，目標達成は絶望的となる。結局，排日移民法が改正されたのは1952年のことであった。ただ，改正運動の展開は，日本で大きく報道され，排日に反対する勢力がアメリカに存在することを日本人に示したこともまた事実である。

（廣部　泉）

【参考文献】Izumi Hirobe, *Japanese Pride, American Prejudice : Modifying the Exclusion Clause of the 1924 Immigration Act* (Stanford: Stanford University Press, 2001)

れ1, 3, 5隻を廃棄することになった。

　浜口内閣は，幣原の主導する対米英協調と井上準之助蔵相の緊縮財政を両輪とした。そのためロンドン海軍軍縮会議は，二重の意味で重要視された。ロンドン会議は，政党主導による協調外交の頂点であると同時に，政党政治の基盤を掘り

崩しかねない統帥権干犯問題を惹起するものであった。統帥権とは軍隊の最高指揮権であり，明治憲法によって天皇の大権と定められていた。ロンドン海軍条約の締結をめぐって，野党の政友会は統帥権の干犯だとして浜口内閣を批判したのである［伊藤，麻田］。

ロンドン海軍軍縮会議に際してアメリカのフーヴァー（Herbert C. Hoover）政権は，国務次官補のキャッスル（William R. Castle, Jr.）を駐日大使に派遣していた。キャッスルは，国務省における親日派の代表格であり，海軍軍縮が中国問題と無関係ではないと早期に見抜いた。このためキャッスルは，ロンドン会議を成功に導くためにも，中国問題で日本に主導性を認めようとしたのである。実際，軍令部長の加藤寛治など日本海軍の軍令部は，対中国政策でアメリカの圧力を受けないためにも，海軍軍縮では譲歩できないと主張していた。

アメリカ国務省内に親日派が形成されつつあったことは，戦間期の日米関係に光明をもたらした。キャッスルの登場は，かつてのマクマリーの路線を発展させたものといえよう。帰国後にキャッスルは，国務次官に上り詰めている。外務次官の吉田茂も，ロンドン海軍軍縮会議時には幣原の意向を体現して調整に奔走した［服部 2006b］。

日中経済外交　経済不況の克服を図る浜口内閣にとって，中国への経済進出は重要課題のひとつであった。幣原外相は，中国との相互不可侵協定という構想を温めてもいた。その幣原は，1930 年 1 月から重光駐華臨時代理公使を関税自主権の交渉にあたらせた。重光は，治外法権交渉重視の王正廷外交部長を忌避しつつ，宋子文財政部長と関税自主権交渉を進めた。5 月に調印された日中関税協定では，綿製品や海産物の現行税率を 3 年間据え置きとして，関税協定実施の 4 ヵ月後に特恵関税を廃止すると規定された。このとき日本は，大幅な譲歩による妥協を急がされていた。すでに欧米諸国が国民政府に関税自主権を承認しているなかで，日本は強い姿勢を打ち出せなかったのである。

一方，中国側で日中関税協定の推進に積極的なのは，財政の安定化を図る宋子文財政部長であった。これに対して王正廷外交部長は，むしろ治外法権の撤廃に関心を寄せていた。そこで重光は，宋子文―蔣介石のラインを捉えつつ，幣原に大幅な妥協を提供するよう請訓した。その後の中国関係では，外債整理問題や治外法権撤廃問題が中心的な課題となり，幣原と重光の間における立場の相違は顕在化した［久保，服部 2001，小池］。

王正廷外交部長が治外法権の即時撤廃を強く求めたのに対して，列国の足並みはそろわなかった。中国の治外法権について日本側では，漸進的な撤廃に意欲的な重光，英米との協調を重視し撤廃に消極的な幣原，朝鮮統治への波及を危惧する朝鮮総督府の3者間に違いが生じた。そのなかで在華邦人は，民事訴訟を中国の法廷に提訴するようになっていた。満洲事変前の時期に，実態としての治外法権は撤廃に向かいつつあったのである［小池］。

治外法権撤廃と並んで焦点となったのは，中国の外債をいかに償還せしめるかという問題であった。日本は西原借款などの不確実債権を保有しており，以前から外債整理交渉を行っていた。中国外債整理問題をめぐる交渉が進むにつれて，国民政府内での路線対立や関係各国間の政策的乖離は表面化した。国民政府内では，宋子文が対外的信頼を回復して中国への投資を活性化させようとしたのに対して，王正廷は西原借款償還の否認を公言していた。「王正廷は外交官というより政治家であった」とは，好敵手たる顧維鈞の王正廷評である。

このころのアメリカには，産銀業者を中心として対中借款構想があった。中国側には，これに呼応しようとする胡漢民，王寵恵，孫科らの勢力が存在していた。中国の治外法権撤廃をめぐる交渉にも示されるように，アメリカの国務省内ではキャッスル国務次官補とホーンベック（Stanley K. Hornbeck）極東部長の間に亀裂が生じていた。キャッスルは，ホーンベックと伍朝枢駐米公使の治外法権交渉に批判的であり，交渉を中国で行うべきだと主張した。他方でイギリスのマクドナルド内閣は，日本主導の外債整理交渉に消極的であり，独自の構想を示していた。

そのなかで幣原は，大蔵省や枢密院に配慮しつつも，欧米諸国との協調に努めた。幣原は，かつての硬直した経済主義を克服し，より成熟した対米英協調策を形成していた。一方の重光は，国権回収を推進しようとする王正廷や，急進的な「胡漢民ヲ中心トスル理想派」を忌避した。重光は，穏健な「現実派」の宋子文や蒋介石と提携するように努めたのである。つまり重光の方針は，経済面から中国の国家建設を援助するとともに，率先して「現実派」に大幅な譲歩を提供し，その主導権の確立を支えることにあった。

重光構想の核心は，政治と経済の両面から日中間に提携関係を樹立し，日中両国の衝突を未然に防ぎつつ，中枢的な在華権益を保全することである。独特な観察で対中提携を推進した姿勢は，いわば重光イニシアティヴと呼び得るものであ

り，健全なるアジア主義として評価に値するであろう．重光は，たんに中国外債整理交渉において幣原と方針を異にしただけでなく，対米英協調という外交基軸を転換すべく外務省中央に働きかけた点でも異色な存在であった．重光と幣原の立場が接近するのは，皮肉にも満洲事変後の日中直接交渉論においてである［服部 2001，小池］．

おわりに

　本章では，1920年代におけるワシントン体制の成立と変容をたどってきた．総じていうなら，この時代は現代国際政治の幕開けともいうべき様相を示していた．つまり，アメリカの大国化，西欧諸国の疲弊，共産主義国ソヴィエトの登場，中国における急進的ナショナリズム，朝鮮内外における独立運動など，その後の国際政治を規定するような諸要因が表出していったのである．のみならず，そこでは従来の常識を越えた新方式による対外政策が繰り広げられていた．すなわち，アメリカの理念外交，ソヴィエトのイデオロギー外交，中国の「革命外交」などである．こうした新外交が錯綜するなかで，大正デモクラシー状況下の日本は懸命に対応を試みていた．にもかかわらず，ワシントン体制は満洲事変で瓦解してしまう［服部 2001］．

　なかでも慎重に検討すべきは，中国の「革命外交」であろう．国民政府による「革命外交」は，概して満洲事変の一因と評されてきた．この「革命外交」は，しばしば王正廷の代名詞のようにもいわれる．実際のところ王正廷は，国内的な観点からも，日本に妥協的とみなされないよう努めたであろう．だが留意すべきことに，「革命外交」を最初に唱道したのは，王正廷ではなく陳友仁であった．また，「革命外交」と称されていても，少なからず北京政府の「修約外交」を継承したものであった．にもかかわらず，王正廷の「革命外交」はいささか誇大視されてきた感がある．それはおそらく，重光駐華公使らの認識を多分に投影したものであろう．重光の真意は，宋子文や蔣介石との関係構築にあった．

　だが，治外法権の即時撤廃論を除くと，現実の王正廷外交はそれほど過激ではなかったようにも思える．また，治外法権の撤廃論といっても，日本だけを標的としたわけではなく，英米をも対象とした．王正廷のいう租借地の返還や外国軍の段階的撤退についても，すでにワシントン会議で施肇基や顧維鈞が論及してい

た。王正廷が積極策に訴えたのは，むしろ中ソ紛争においてであった。そこでの王正廷は，ソ連通を自負していたことが裏目となった。いずれにしても王正廷の「革命外交」は，多少なりとも過大視されてきた傾向にあるといえよう。

　中国の「革命外交」に限らず，国際政治で現実と認識が乖離することは珍しくない。とりわけ田中首相は，充分にその真意が中国に伝わらないままに，済南事件にいたってしまった。つまり，田中の意図としては，むしろ反共の観点から蔣介石を評価していたのである。その後の満洲事変で日本外務省の描いた解決策は，第三者の介入を排した日中直接交渉であった。だが幣原や重光は，これを果たせずに終わった。とりわけ重光は，国際連盟の対日批判に応じるために報告書を準備してもいた。重光の報告書は，「支那ノ対外政策関係雑纂『革命外交』（重光駐支公使報告書）」と題された。

　この重光報告書は，中国を強く非難することで満洲事変を正当化していた。重光報告書によると，国民政府の「革命外交」によって日本は条約的根拠のある権益を蹂躙されており，列国も頼むに足りないために，日本の行為は正当化されるという。そうした重光の論法は独善的であり，共鳴し難いものがある。だが，その報告書の作成は，重光自身にとっても不本意だったに違いない。重光こそが，中国との衝突を未然に防ごうとした中心人物だからである。その重光が満洲事変を正当化せざるを得なくなっていくのは，歴史の皮肉といえようか。戦後の手記でも重光は，この報告書について語ろうとはしていない［服部 2002］。

◆研究課題
（1）ワシントン体制はいかに形成され，どのように変容していったのか。
（2）中国の「修約外交」と「革命外交」は，いかなる関係にあるのか。
（3）満洲事変前の国際情勢は，どのように特徴づけられるのか。

第 6 章　満洲事変と日中紛争

鹿　錫俊

はじめに

　本章では，1931 年から 1937 年までの期間の東アジア国際政治史を対象とし，日中が対立を深めていく様子を描く。この 6 年間は 3 つの段階に分けられる。第 1 段階は 1931 年 9 月 18 日の柳条湖事件に始まる。この時期は，日本軍の中国侵略にともなう軍事紛争と世界を舞台とした外交論争が中心であった。第 2 段階は 1933 年 5 月の塘沽停戦協定を契機とする。この時期は，2 年にわたる平静期だといえるが，それと同時に，さらなる波乱につながる要因も孕んでいた時期である。そして，第 3 段階は 1935 年の半ばに始まる。この時期には，中国の華北地方を南京の中央政府から分離して日本の支配下に置くという日本現地軍の華北分離工作が活発になった。これによって日中間の対立がいっそう深まり，ついに 1937 年の日中全面戦争にいたったのであった。

　こうした 3 つの段階を通じて，日中紛争は東アジア国際政治の焦点となったが，この時期の両国をめぐる論点は多岐にわたっている。たとえば，満洲事変の背景，中国の内外政策の性格，紛争解決方針をめぐる日中間の対立，華北分離工作の影響，ソ連の政策転換と防共問題，日中全面戦争をもたらした要因など，重要な論点が少なくない。そして，この時期の一連のできごとを連続的なものとしてとらえるべきか，それとも断絶があったと見るべきか，論争はまだ続いている。一般的に中国では，1910 年代の 21 ヵ条要求以後の日本の対中政策を連続性のあるものとして描く傾向があるが，日本の学界では，大正デモクラシー，中国ナショナリズムなどの背景や，中央と現地軍の対立などからの紛争の偶発性や非連続性が

指摘される傾向にある。本章は，これらの問題点に光をあててこの時期の東アジア国際政治を見ていきたい。

1. 満洲事変

柳条湖事件と「満洲国」 1930年代初頭，日中関係は危機的な状況に陥った。「満洲」と呼ばれた中国の東北地域では，日本は日露戦争の結果として獲得した，旅順，大連などの「関東州」租借地，満鉄とその沿線の既得権益を有していた。1923年に中華民国北京政府は21カ条要求関連の諸条約が無効だと日本に通告したものの，日本はこれを直ちに否認していた。しかし，関東州の租借期限（25年）であった1923年に「旅大回収運動」が起きたように，反帝民族主義（反帝国主義的民族主義）が高揚する中国では，不平等条約の撤廃と国権回収の実現が大きな目標になっており，日本を含む列強の在華権益を取り戻すことが目指されていた。特に，易幟後も東北地域を実質的に支配していた張学良は，父の張作霖が関東軍に爆殺されたこともあって，満鉄に並行する鉄道を建設するなど，日本に対抗的であった。

他方日本では，中国への「内政不干渉」方針を主張する幣原外交でさえも，条約的根拠のある既得権益を手放す見通しはもたなかった。関東軍には既得権益の維持のほか，中国の東北地域を対ソ戦争の戦略的拠点，また資源供給地として排他的に支配しようというねらいがあった。そして，1929年に始まる世界恐慌のなか，ブロック経済化が進み，日本を取り巻く国際経済環境は悪化し，国内でも金融恐慌をはじめ，不況はさらに深刻化していった。そのため，中国の満洲地域を支配して国内の窮境を打開せよという主張が次第に有力となり，世論の共感を呼んだ［小池］。

このような状況の中で，関東軍では板垣征四郎や石原莞爾といった高級参謀らが中心となって，武力による満洲占領の計画を企て，軍部中央の中堅幹部もそれに同意した。1931年6月，陸軍参謀本部の中村震太郎大尉一行が対ソ戦略に必要な兵要地誌調査のため，満洲をスパイ旅行中に，中国兵に射殺された。7月，長春近郊の万宝山で，同地に移住した朝鮮人農民が水路工事を強行したことに対し，中国人農民が日本帝国主義の手先の行動として反発し，双方は衝突した（万宝山事件）。日本の世論が激昂するなか，8月17日に日本側は6月の中村大尉事

件を中国側の不法行為として公表し，国内世論をいっそう満蒙問題を武力により解決させる方向にみちびこうとした。こうした国内世論を背景に，9月18日，関東軍は板垣らの計画を実行に移した。この計画は，瀋陽（奉天）北郊の柳条湖にある満鉄の鉄道を自ら爆破し，それを中国側の仕業として，「自衛」という名目のもとに武力を発動するという謀略であった。後に日中全面戦争につながっていく「満洲事変」（中国では「9.18事変」という）はこの柳条湖事件によって始まったと見ることもできよう。9月21日，朝鮮軍（朝鮮半島に駐屯する日本軍）も独断で満洲に越境して関東軍を支援した。

軍部中央の中堅幹部に同意者がいたとはいえ，現地軍の独走に対して，第2次若槻礼次郎内閣は最初「不拡大方針」をとった。だが，民政党と政友会の対立によって軍部統制が乱れ，結局，次々と現地軍の侵略行為の拡大を追認していく。そして翌1932年1月，東北の全域を制圧した日本軍は満洲の情勢に対する国際的注目をそらすため，上海においても謀略によって日本人僧侶に対する襲撃事件を起こさせた。これを口実に，日本の海軍陸戦隊が上海の中国軍を攻撃し，その後，増援に来た陸軍3個師団とともに，上海地域で中国軍と3カ月におよぶ激しい戦闘を繰り広げたのである（第1次上海事変）。

この混乱を利用して，3月1日に関東軍は，中華民国成立にともなって退位させられた清朝最後の皇帝である溥儀を「執政」とし，「満洲国（以下，括弧を省略する）」という傀儡国家を樹立した［山室］。もっとも，関東軍は最初，満洲を直接領有・統治することも計画したが，国際的反発を緩和するために，「独立」国家樹立の方針に転換したのである。他方，日本国内においては，中国における軍部の行動に対する支持が高まるなか，5月15日に，海軍青年将校と陸軍士官学校生徒らを中心とするグループがクーデターを起こし，1931年12月から首相となっていた犬養毅を射殺した。軍部はこれを利用して政党内閣に終止符を打ち，斎藤実を首相とする「挙国一致」内閣を成立させ，軍部支配への一歩を踏み出した（5.15事件）。6月，衆議院では民政，政友両党共同提案の満洲国承認決議案が全会一致で可決された。8月，内田康哉外相は議会で国を焦土にしても満洲国承認の主張を貫くと表明し，9月15日，日本政府は満洲国と日満議定書を結んで，これを正式に承認した（⇒コラム「満洲国は『国家』であったのか」）。

中国側の「無抵抗政策」 関東軍が広大な東北地域を短期間に占領できた要因に，「無抵抗政策」と呼ばれた中国側の対応がある。これを説明するには当時の

Column 6-1

満洲国は「国家」であったのか

　満洲国の特徴としてよく指摘されるのは，「日本の傀儡国家であった」という点である。それゆえ，日本国内で満洲国を表記する場合，「満洲国」と括弧をつけ，「『満洲国』は国家としての正統性を持たなかったので，『　』を付けて表記した」などと注記されることが多い。中華人民共和国では「偽満洲国」と表記し，にせものの国家であったことを強調している。

　満洲国が傀儡国家であったという主張の論拠は，以下のようにまとめられよう。①関東軍による軍事占領を受け，一方的に日本が作り上げた国家である。②関東軍という外国軍が保護・防衛の任務を果たしただけでなく，政治的にも強い影響力を持っていた。③政治機構上では最高権力者であった溥儀は無力であり，日本人官吏が政府機関の主要ポストを占め，強い影響力を持っていた。④国籍法のなかった満洲国で，はたして誰が「満洲国国民」か，という問題はあるにしても，その「満洲国国民」の民意をくみ取る制度は存在せず，「満洲国国民」は投票などを通じて政治に参画することはできなかった。細かく指摘すれば他にもまだあるかもしれないが，一部の日本人が権力を掌握していたにもかかわらず，外見上は「満洲国国民」の意向を代表する国家を装っていた点に，その傀儡性があったと概括できよう。

　「正統性を持つ国家とはどのような国家なのか」といった神学論争的な内容を，このコラムで述べたいわけではない。国家の内容は多様であり，一律に定義できないことは誰もが認めることであろう。満洲国にはたしかに傀儡性が存在した。だが，「満洲国は傀儡国家であった」という指摘で思考停止してしまい，満洲国が持っていた国家性を軽視する議論には賛同しかねる。「満洲国は傀儡国家だから，その存在を認めない」という意見を主張するのはかまわないが，その統治機構が13年5カ月間存在した事実まで滅却することはできない。満洲国が実施した統治政策を「満洲国国民」がいかに受け止めていたのかという，国家統治の具体的様相に関する研究は，じつのところまだ始まったばかりである。

　他方，たとえば地方統治であれば，住民の意向を無視して保甲制が実施されたとか，過酷な徴税が行われた事例などが指摘されてきた。しかしながら，保甲制実施により住民生活がどのように変わったのか，徴税を行う官吏はどのような人物だったのかといった事柄については，ほとんど判っていないのが満洲国史研究の現状である。

　傀儡性の指摘で止まるのではなく，満洲国はどのような構造を持っていったのかを解明することこそ，日本の侵略行為の実態を明らかにすることにつながると筆者は考える。

（塚瀬　進）

中国の国情を見る必要がある。

　アヘン戦争以来の不平等条約体制の下，中国は半植民地的地位の束縛を受け，

それに加え，当時の軍事的脆弱と経済的貧困のうえ，多重の政治的分裂に陥っていた。まず，1927 年の国共分裂に始まる中国共産党の反政府武装革命は，満洲事変の時点ではすでに多くの地域に波及し，国民政府にとっての最大の脅威のひとつとなっていた。次に，政権党である中国国民党の内部においても蔣介石勢力と反蔣介石勢力の対立が根強く，ことに「広東派」と呼ばれるグループは広州に別個の政府を樹立し，共産党に次ぐ脅威となっていた。さらに，東北の張学良政権も含めて，旧軍閥勢力と地方勢力は，形式的には国民政府に帰順したとはいえ，自らの本拠地においては依然として自立（autonomy）的または半自立的な地位を維持していた。

このように各地に権力が分散している状況の中，国民政府であれ，各反政府勢力や地方勢力であれ，日本の侵略には反対しながらも，単独の局地的抵抗によって自らを消耗させたくはなかった。それは勝ち目がないうえ，自らの存在基盤も失い，「無駄な犠牲」になると判断したからである。したがって，挙国一致の抗日戦争は行われなかった。

そのため，蔣介石をはじめとする国民政府は，安内（国内の諸問題を解決し，国の統一と繁栄を実現すること）を先に成功させてから，攘外（日本の侵略を解消すること）を行うのが現実的だと考えた（「安内攘外」政策）。このような発想から，彼らは対日国交断絶や宣戦布告による軍事対決を自殺行為と見て回避した。ただ，日本軍の侵攻に対する当面の対応に関して，蔣介石ら指導部は当初，張学良東北地方政権の「無抵抗」論を黙認したものの，その後上海事件を転換点に上海周辺で抵抗戦を行う。しかし，前述の国内の分裂状態の制約によって，結局，1932 年 5 月 5 日に日本との「上海停戦協定」に調印したのであった［鹿 2001a］。

紛争解決方針をめぐる対立　中国が満洲事変に対して採った政策，特に軍事政策については，抵抗の度合いが不徹底であったとみなされることがあり，「妥協一辺倒」だったとされがちである。しかし，外交面についていうなら，国民政府は日本の武力による満洲占領の既成事実化を承認せず，非妥協的姿勢を堅持していた。こうした軍事面と外交面における一見矛盾した対応の背後には，日中紛争に対する国民政府の「国際的解決」という方針があった。この方針が採られたのには，大別して 2 つの考え方が存在していた。

第 1 には「公理」への期待である。すなわち，満洲事変における日本の行為が 1920 年に発効した国際連盟規約，1922 年に成立した 9 カ国条約および 1928 年に

成立した不戦条約などの既存の国際条約に違反しており，国際社会が日本のこうした行動に制裁を課すに違いない，というものである。その背景には，こうした3つの条約に伴う戦争違法化体制への期待があった。

第2に「利害関係の連鎖」という発想である。不平等条約体制下の，半植民地的ともいうべき中国では，列強の利益が錯綜していた。したがって，中国権益の独占と既成秩序の打破を目指す日本の侵略は，第3国の中国権益を損なうことになるので，列国は自らの利益を守るためにも，対中援助と対日制裁（以下，援中制日と略称）に動くものとみなされた。

このような認識に基づいて，国民政府は，日中2国間での解決は中国にとって不利であり，国際連盟や第3国の介入による「国際的解決」が最も有利であると判断し，それを外交の基本路線とした。すなわち，日本の国際条約違反と，日本の戦争行為に伴う国際的影響を世界に訴え，日中問題の国際化をはかり，列国の援中制日の実現によって問題を国際的に解決する，というものである。

他方，日本政府は，日中間の紛争は両国の直接交渉によって解決すべきであり，第3者の介入を受け容れないと主張し，2国間解決の方針をとっていた。紛争解決方針をめぐる双方のこうした対立は，1910年代から見られた傾向だったが，満洲事変後の日中関係の展開にも大きな影響を与えていくことになった［鹿 2001a］。

日本の国際連盟脱退　国際的解決を実現するために，中国は国際連盟を舞台に，活発な提訴外交を展開した。ただ，当初は満洲事変以前の革命外交の影響もあり，中国に積極的に支持を与えたのはほとんど小国であり，大国の態度は消極的であった。特に，中国に大きな既得権益を持つイギリスは，中国の国権回復運動に日本と同様の危機意識を抱いたため，中国に対してむしろ冷淡であった。

他方，国際連盟の非加盟国であるアメリカは，当初，幣原外交への信頼を背景に，事変の不拡大を約束した日本政府に期待していた。しかし，日本軍の1931年10月8日の錦州爆撃と1932年1月3日の錦州占領が，その期待を裏切ることになった。1月7日，スティムソン国務長官は，アメリカは不戦条約等に違反するかたちで引き起こされた事態を承認できないと表明した。これは不承認主義（スティムソン・ドクトリン）と呼ばれた。中国は「行動による対日制裁」をアメリカに強く求めていた。しかし，アメリカは自国の世界恐慌対策に専念したいという事情もあって，それに応じなかった。

ソ連もこの時点では連盟に未加盟だったが，満洲事変および連盟への対応は複雑であった。すなわち，ソ連は満洲事変を日本の反ソ戦争への準備と見て，かなりの危機感を抱いていたが，対日軍備を増強する時間を稼ぐため，「厳格に不干渉の方針をとる」ことを直ちに表明し，実際においても日本に妥協的な姿勢を保っていた。他方，ソ連の中国への対応は矛盾を孕むものであった。それは，「中国に同情する」と表明しながらも，一方では，「国民党政権を打倒することは反帝国主義民族革命戦争勝利の先決条件である」として，コミンテルンを通して，国民政府を転覆するための武装闘争を加速せよと中国共産党に指示するものであった。これは共産党と国民政府の内戦を促進し，中国の国内の混乱をいっそう増幅させた［鹿 2006］。

ところが，日本に対する国際社会の批判は，日本現地軍の侵略行為がエスカレートするにつれて厳しくなっていく。まず，国際連盟の理事会では，1931 年 10 月 24 日に，日本軍に対する期限付撤兵案が日本以外の理事国の支持を得た。年末，国際連盟は事実調査のための委員会の設置を決議し，翌 32 年 2 月にイギリスのリットン卿（Victor A. G. B. Lytton）を団長とする調査団を日本や中国に派遣した。リットン調査団は満洲事変のみならず，日中両国の対立の背景をなすナショナリズムや近代史などの広汎な内容をもつ報告書を作成した。

同年 10 月 2 日に公表されたリットン報告書は，関東軍の武力発動は正当な自衛行動ではなく，満洲国は中国人の自発的独立要求に基づくものではないと断定した。これと同時に，リットン報告書は中国の東北部における日本の特殊権益の存在を認め，この地域に中国の主権のもとに自治政府を設け，日本をはじめとする列強による共同管理を行うよう求めた。このように，リットン報告書は日本の自衛説を退ける一方で，帝国主義国の利害に沿った妥協も中国に要請しており，いわばバランスをとったものであった。そのため，国民政府はこれを受け容れる姿勢を示しながらも，自治政府樹立と共同管理には不満であった。他方，日本側は報告書を一方的に日本に不利だとみなして拒否した。

1933 年 2 月 24 日に，連盟総会はリットン報告書を土台にした 19 人委員会の報告書を採決に付した。この際，反対したのは日本 1 国，棄権したのもシャム 1 国だけで，あとの 42 カ国すべてがこれに賛成した。日本の満洲政策に対する国際社会からの否定が明白になった。しかし，これに反発して，日本代表団は連盟総会会場から引き揚げ，3 月，日本政府は国際連盟から脱退することを宣言した

(1935年3月27日発効)。日本としては協調のための脱退を意図したものであったとの見解もあるが、連盟脱退を契機に日本が国際的孤立への歩みを加速したことも事実である。他方、この日本に対する連盟の措置と日本の脱退について、一見存在意義をもたなかったように見える戦争違法化体制の役割があったという指摘もある［井上1994；伊香］。なお、満洲事変後の国際連盟での非常任理事国であった中国の積極的な活動があったことは注目に値する。

2．塘沽停戦協定から華北分離工作へ

塘沽停戦協定 1933年2月、リットン報告書をめぐって日中双方が国際連盟で攻防を繰り広げるなか、関東軍は中国の熱河省に対する侵攻を開始し、3月はじめに長城線に進出、熱河省全域と河北省の一部を陥落させた。この間、中国では、徹底抗戦を主張する勢力が、19人委員会報告書の国際連盟での採択を好機に、対日国交断絶による国際的対日制裁計画を推進しようとした。「安内」優先を主張する蔣介石ら指導部も、日本の新しい侵攻と徹底抗戦を求める国内の世論の内外両面の圧力のもとで、「攘外」を優先せざるを得なくなった。このため、国民政府軍は共産党軍に対する掃共戦を中止する代わりに日本との間で長城戦役を展開し、関東軍の侵攻に激しい抵抗戦を行った（長城抗戦）。しかし関東軍は、4月に中国軍の戦線を突破して関内まで進み、5月には関内作戦を敢行し、華北の要所である北平（北京）、天津を脅かすようになった。

他方、外交の面では、米・英・仏などが中国の対日制裁要請を拒否するとともに、熱河侵攻に始まる日本軍の新しい軍事行動を傍観していた。また、ソ連は東支鉄道[1]を満洲国に売却することを提言し、対日宥和の姿勢をより明らかにしていた。

軍事と外交におけるこうした一連の危機的な事態は、中国において、「抵抗の決心」と「抵抗の能力」を区別する現実論を台頭させた。これとあいまって、国

---

[1] もともとロシアが中国東北部で管理・運営していた鉄道の満洲里―ハルピン・綏芬河間とハルピン―長春間の部分。現在の中国長春鉄路。日本では東清鉄道、東支鉄道または北満洲鉄道と呼び、中国では中東鉄路と呼んだ。1924年から中ソ共同経営となったが、満洲事変後、ソ連の対日妥協政策により1935年に全鉄道が満洲国に売却された。1945年8月の日本降服後、この鉄道は中ソ両国の共同所有となったが、1952年12月に中華人民共和国に無償返還された。

民政府内部の路線対立も様相が変わり，抵抗の能力を重視する蒋介石をはじめとする慎重派の「安内優先」の方針が再び浮上し，政府指導部の主流となった。

　このような情勢のもとで，1933年5月31日，華北の中国軍は関東軍と塘沽停戦協定を成立させた。この軍事協定によって，関東軍は長城以南の広大な非武装地帯の設定に成功し，事実上満洲国地域を国民政府の統治から分離させた。満洲事変による軍事的衝突はこれによって一段落した。

　中国の動向　塘沽停戦協定を転換点に，国民政府は，満洲国の解消と原状の回復という従来の要求を棚上げにし，現状の維持，すなわち日本のそれ以上の侵略を回避することを当面の目標にした。これと合わせて，日本に対しては敵対的と見られる行動をとらないこととした。この意味から，塘沽停戦協定以後，国民政府は軍事面だけでなく，外交面においても対日妥協に転じたといえる。

　しかし，この妥協は満洲国の存在を既成事実として受け容れたことを意味するのではない。国民政府にとって，日本との緊張緩和をもって「安内」を優先しうる国外的条件を確保し，「安内」成功という国内的条件をもって，対日問題をより有利に解決しようという戦略に他ならない。

　ところで，塘沽停戦協定後，満洲事変以来の「国際的解決路線」をめぐって，中国の指導部では意見が分かれるようになった。日本の侵略に対する連盟や列国の無作為に失望した汪兆銘国民政府行政院長らは，中国が連盟と列国の力を利用できず，「連外」活動が援中制日をもたらすどころか，中国の「ソヴィエト化」または「国際分割や国際管理」を招くと見るようになった。つまり，日本という敵に向き合うために採用した，列強との連合政策が，逆に共産化や新たな侵略を招くというのであった。このような認識に基づいて，汪兆銘らは国際的解決方針に見切りをつけ，対日関係の改善に専念することを主張し始めていた。

　親日派と呼ばれた汪兆銘らとは逆に，孫科ら国民政府要人は「公理」を根拠とした国際的解決路線を後退させたものの，諸国間の「利害関係の連鎖」を根拠とした打開策には依然として確信をもっていた。日本と列国との衝突は日本の対外政策の性格に規定されたものであり，これまでの列国の無作為はただ日本に対する準備が整っていなかったからだ，と彼らは考えていた。したがって多くの指導者は，国際的な時機が成熟したら，中国の国際的解決路線は必ず成功すると，判断していたのである。これに基づいて，彼らは汪兆銘の外交政策を対日妥協一辺倒と非難し，日本を制するための対外連合活動の継続を唱えたのだった［鹿

2001b〕。

　この政府内の意見対立に対して，国民政府の中核を担う蔣介石軍事委員長の対応は両論併記的であった。したがって，彼は全般において汪兆銘が進めた対日妥協・改善政策を支持しながら，それが失敗した場合に備えて，抗戦の準備も秘密裏に行っていた〔鹿 2001b, 2003〕。

　塘沽停戦協定以後，中国指導部では，汪兆銘が行政院長兼外交部長として行政の実務を統括する一方で，蔣介石は軍事委員長として軍事をはじめ国政全般の実権を掌握していた。すなわち，「蔣・汪合作体制」と呼ばれるものである。しかし，こうした内部の意見対立および蔣介石の両論併記的な対応に見られるように，国民政府の対日方針と外交政策全般において，矛盾を含む多様な側面が存在していたのである。また国民政府は，日本問題が中国外交の焦点になったという新しい国際情勢を踏まえ，友好国を増やし，国際的支持を拡大することを目標に，満洲事変以前には盛んに推進されていた不平等条約撤廃運動を中止し，国際条約の遵守と国際秩序の維持を外交の旗印とし始めたのであった〔入江〕。

　広田外交と天羽声明　1933 年 10 月，斎藤実内閣は首相，外相，陸相，海相および蔵相による五相会議を開いた。会議が決定した外交方針は，満洲国の「発達」完成と日本指導下の「日満支 3 国の提携」をはかること，米，英と相互的諒解を遂げ，親善関係を確立すること，ソ連とは衝突を避けること，であった。この方針は同月 21 日の閣議で承認された。

　それから 1935 年半ばまでの間，日本側では関東軍が満洲国の国内建設に専念しており，斎藤内閣の後期と岡田啓介内閣（1934 年 7 月成立）で外相を担当した広田弘毅はいわゆる和協外交を進めていた。この和協外交とは，満洲国の存在を前提としながらも万里の長城以南には手を出さずに，経済協力を通して中国との関係修復をはかろうというものである。これをうけて，中国側も汪兆銘の主導下で対日改善が政策の主体となり，1934 年には内部の反対を押し切って満洲国地域との列車相互乗り入れと郵便往来も受け容れた。したがって，この 2 年間，日中関係は基本的に平静が保たれ，1935 年 5 月には外交関係を公使級から大使級に昇格させ，相互に大使館を設けたのであった〔井上 1994〕。

　しかし，同じ時期に，この平静を破ることにつながる動きが日本で顕在化しつつあった。ひとつは，中国における国際連盟や列強の経済面での共同支援が進むのを受けて，1934 年 4 月 13 日に広田外相が指示し，17 日に天羽英二情報部長に

よって公にされた「天羽声明」である。この声明は，東亜の平和秩序維持は日本の使命であり，日本は「以夷制夷」をはかる中国の他国利用策を阻止し，中国に対する列国共同の関与に反対する，というものだった。これに対して中国は，「公然と中国を日本の保護国とみなす」ものだと反発した。また，欧米諸国も「天羽声明」を日本の中国に対する単独管理の野心を示した「アジアモンロー主義」だとみなして非難した。

　いまひとつはこの時期の日本側の対中認識にあった。すなわち，多様な側面を有する中国の対日政策に対して，日本側は一側面しか見ていなかったのであった。とりわけ，中国の対日接近と改善の努力に対して，日本側はそれを中国側の屈服とみるか，あるいは，抗日を準備するための偽装と見るかという2つの視点の間で揺れていた。そして，現地軍をはじめ軍部は次第に後者の「偽装親日」論に傾いていく。これと関連して，中国のあり方についても，日本の指導部では，中国の統一と発展が結果として日本に対する失地回復（日本が得た領土，租借地，租界や諸権益の回収）や仇に報いるという感情につながり，日本の禍になると見るのが多数意見であった。したがって，満洲国を守るためには，中国を混乱と分裂の状態にとどめおき，さらには満洲国と隣接する地域をも日本のコントロール下に置かなければならないという主張が日本の対中観の主流となっていったのであった。こうした認識はいずれも中国に対するさらなる侵略への衝動を孕むものであった。

　日本の華北分離工作　1935年半ば，中国における日本現地軍（関東軍と支那駐屯軍）は前述の衝動を行動に移した。すなわち，満洲国に隣接する察哈爾省，綏遠省，山東省，山西省，河北省および北平市，天津市といった華北地域を国民政府から切り離すという華北分離工作であった。華北に親日政権を樹立し，国民政府による中国統一を阻止し，満洲国の安定を強固にすること，対ソ戦に備えて華北で軍事基地を確保し，あわせてソ連，外蒙古と中国共産党の連携を分断すること，華北の豊富な資源を日本の支配下に置くこと，などが華北分離の主なねらいであった。

　これを実現するために，1935年6月，日本軍は，排日運動を口実に梅津・何応欽協定，土肥原・秦徳純協定を中国側に強制し，国民政府の中央軍[2]と国民

2）軍閥や地方実力者の軍を改造した傍系の軍に対して，国民政府の直系の軍を指す。

党の機関を河北省や察哈爾省から撤退させた。その後，いわゆる「華北自治」工作に着手し，その一環として同年11月に，塘沽停戦協定の非武装地帯において，殷汝耕を首班とする「冀東防共自治委員会」[3]という傀儡政権を樹立させた。

　この政権は翌月に「冀東防共自治政府」と改称されたが，1936年2月から関東軍の指導の下で，「特殊貿易」の名目で密貿易を公認し始めた。この結果，日本の商品は中国政府の定める関税率の4分の1にあたる低い査検料を払うだけで冀東を通し，そこから中国各地に送り出された。この冀東密貿易は国民政府の関税収入に大打撃を与えるとともに，中国の経済に大きな影響を及ぼした。また，英米も市場を奪われたうえ，国民政府への借款の担保とした海関収入の大幅な減少に見舞われた。さらに，冀東は日本軍による暗黙の保護の下で日本人による麻薬の密造，密輸と密売の舞台ともなったのである［江口］。

3．華北分離工作後の攻防

　国民政府の反発　日本軍によるこの華北分離工作は中国に大きな衝撃を与えた。中国では，次第に「日本が止まるところを知らず，全中国の満洲国化を目指している」という判断が政府内外での共通認識となった。11月，対日妥協・改善政策を主導してきた汪兆銘が「売国奴」として狙撃され，重傷を負って職を辞し，政府を去った。これに伴って，「親日派」とみなされた勢力は衰えた。また，民間では，北平の学生が華北分離反対，内戦停止・抗日救国を求める請願デモを起こし，全国の都市に波及していった。

　こうした内外の圧力による作用を受けて，対日妥協と対日抗戦という2つの方針の間で揺れてきた国民政府は抗戦へと傾いていく。11月中旬，蒋介石は国民党第5回大会で平和を維持するための忍耐を呼びかける一方，日本の侵攻が中国の忍耐の限度を越えたら，中国は犠牲を惜しまないと表明した。同月下旬，国民政府は殷汝耕を国賊として逮捕令を発布し，12月には河北省と察哈爾省を管轄する冀察政務委員会を設置し，日本の分離工作に対抗した。また，11月3日から，国民政府は，日本の反対と妨害の中，英米の支援を受けながら幣制改革を実

3）「冀」は河北省の略称である。この傀儡政権は河北省の北東部にあったので「冀東」という言葉が使われた。

施した。この結果，中国の通貨は政府系銀行が発行する「法幣」に統一され，中国経済の景気回復がみられるようになる。これは後の抗日戦を支える財政的基盤を強めた［久保］。

　こうした一連の行動が，前述の対日認識の変化を背景としていたことはいうまでもないが，塘沽停戦協定以降の緊張緩和の期間に得られた新しい有利な条件にも支えられた。具体的にいえば，1933年後半から1935年半ばまでの2年間の平静期に，国民政府は「安内」に集中することができ，自らに有利な環境を作り出すことができた。最大の「内患」と見られた中国共産党は，すでに政府軍により江西省などの根拠地から追い出されて，その勢力は最盛期の10分の1まで落ちていた。旧地方勢力とその割拠状態は，政府軍の共産党軍追撃の展開により基本的に解消されつつあった。このような政治的統一の進展と相互に補完するかたちで，経済の建設も相当な発展を遂げた。その結果，この時点で，蔣介石と国民政府は，諸勢力により政治的に多元化していた中国の統一と復興の中核として全国的に認められ始めたのである［Coble］。

　ソ連の政策転換　日本が華北分離工作を進め，対中関係を再び悪化させた間，ソ連が中ソ関係の改善に乗り出した。1935年7，8月にモスクワで開催されたコミンテルン第7回大会を契機とした対中政策の転換であった。

　満洲事変直後の段階では，ソ連は中国の抗日戦を促進したいと考えながらも，中国共産党の反国民政府武装革命を指導・支持していた。しかし，1933年1月のヒトラー登場以来増大しつつあるドイツの脅威に対応するために，集団安全保障体制の創設をはかろうとしていたソ連は，1934年9月に国際連盟に加盟し，常任理事国にも選ばれた。1935年夏のコミンテルン第7回大会においては，ソ連は反ファシズム統一戦線とソ連擁護を諸国共産党の新方針として採択させた。この方針の一環として，中国に対しては，従来の国民政府転覆方針を改め，蔣介石を首班とする国民政府を中国の正統政府として認め，その主導のもとで国民党と共産党による抗日統一戦線の結成を促進しようとした。その背後には，国共合作による中国の「一致抗日」の実現によって，日本を中国に食い止めさせ，ソ連に対する独，日の挟撃を回避しようとする戦略があった［スラヴィンスキー］。

　こうしたソ連とコミンテルンの政策転換にしたがって，コミンテルン駐在の中国共産党代表団は8月1日に「抗日救国のために全同胞に告げる書」を発表し，中国人は意見の対立を乗り越えて抗日に立ち上がろう，と呼びかけた。これが

8.1宣言である。

　このとき，中国国内の共産党指導部は，国民政府の掃共戦によってコミンテルンとの連絡を断絶されていたため，ソ連側の政策変化を把握しておらず，依然として従来の「反蔣抗日（蔣介石国民政府に反対しつつ抗日を行う）」方針を継続していた。しかし，モスクワからの情報でソ連の変化と中国共産党代表団の 8.1 宣言を知った蔣介石は，日本の華北分離工作への対応の一環として，モスクワに密使を派遣し，抗日協力の実現を目標に，ソ連との連合および共産党との内戦停止をはかった［鹿 2001c］。

　満洲事変以降，対日関係と対ソ関係をいかに総合的に処置するかということが国民政府にとっての難問であった。1932 年 12 月に国民政府は 1929 年より断絶してきた中ソ国交を回復したが，着眼点は「連ソ制日（ソ連との連合によって日本を制する）」という積極的な発想よりも，「日ソ結託の阻止」という消極的な目標に置かれたのであった。それに対して，華北分離工作以後の対ソ対中共政策は，国民政府がイデオロギー的拘束から脱出し，日本という「最大の敵」に勝つために，「連ソ制日」へ傾斜していくようになったことを物語る。東アジアの国際政治にとって，日中ソ相互関係に生じたこのような変化は，決定的な転換点であった［鹿 2006］。

4．日中全面戦争の勃発

共同防共をめぐる外交　中ソ両国が互いに接近しあうなか，日本側もソ連と中国共産党の問題を対中関係のカードとして利用しようとした。対中国外交の新しい基本原則として，1935 年 10 月に，広田外相が「排日の停止，満洲国の黙認，共同防共」を骨子とする広田 3 原則を国民政府に提示したのである。

　広田 3 原則のうち，共同防共には複数のねらいが込められていた。第 1 に，国民党と共産党との長年来の対立を利用し，防共（反中国共産党）を共通目標として掲げることで，国民党率いる国民政府を共産党から切り離し日本に引きつけようとしたのである。第 2 に，予想される対ソ戦に備えて，中国の連ソ政策を阻止したうえ，その対日協力を確保することであった[4]。

　このように，1935 年後半から 36 年にかけて，中国に「共同防共」を迫ることが日本の新しい動きとして目立つようになり，東アジア国際政治におけるソ連要

因がクローズアップされた［酒井］。これを逆用して，国民政府は日本の要求をソ連に示すことを通して，中ソ協力の必要を説く。また，日本に対しては，国民政府はソ連への対応を駆け引き材料として，日本の対中政策の改善を図ろうとした。

他方，日本では 1936 年 2 月 26 日に，陸軍の皇道派の青年将校が「昭和維新」を目指してクーデターを起こし，首相官邸などの要所を占拠し，斎藤実内大臣，高橋是清蔵相が殺害されるなど，多くの重要人物に死傷者を出した。この 2.26 事件は天皇の強い決意の下で鎮圧されたが，3 月 9 日に登場した広田弘毅内閣は，国防の強化，外交の刷新といった軍部の諸要求を全面的に受け容れた。また，5 月に統制派が主導した陸軍の要求により，軍部大臣現役武官制が復活し，日本の政府はいっそう軍部の影響力のもとにおかれるようになった。これと同時に，広田内閣は支那駐屯軍の兵力を 1,771 名から 5,774 名に増強し，日中間の緊張をさらに高めた。

また，この間に日本は陸軍を中心にソ連に対抗するという視点からナチス・ドイツとの提携関係を築こうとした（⇒コラム「ナチス・ドイツと東アジア」）。日本の外務省は対英関係への影響を懸念して，日独提携には消極的だったが，防共を原則に掲げたこともあり，反対もできなかった。さらに，1936 年 8 月に策定された日本の国策の基準では，陸海軍間の妥協として，北方のソ連の脅威への対応と南方海洋への発展という南北併進の対外膨張路線が掲げられた。

日本側のこうした動きは，日英関係を悪化させるとともに，ソ連のさらなる対中接近とその一環としての国共合作を加速させた。これを背景に，1936 年半ばからソ連とコミンテルンとの連絡を回復し，その指導を受けた中国共産党の国内指導部は，「反蔣抗日」から「連蔣抗日（蔣介石と連合して抗日を行う）」へと方針変更を行った［田中］。

1936 年 11 月 25 日，日本とドイツは防共協定を締結した。この協定の本文と付属議定書では，コミンテルンに対抗するための相互協力と情報交換，国内の共産主義活動の弾圧を約束した。また，秘密協定では，一方の国がソ連と開戦した

4）「陸軍対策」をもうひとつの目的として指摘した説もある。たとえば［井上 2003］では，「『防共』（＝反ソ）を強調することで，陸軍の目をソ連に釘づけにし，中国からはそらそうとした」と論じた。ただ，こうした趣旨が国民政府に理解されることはなかったと思われる。

Column 6-2

ナチス・ドイツと東アジア

　1933年1月にヒトラー（Adolf Hitler）が権力を握ったドイツは，同年10月，国際連盟を脱退した。日本はすでに同年3月に連盟を脱退していたので，ドイツの行動は日本の行動に歩調を合わせたかのようにみえた。3年後の1936年4月にドイツは日本の傀儡国家「満洲国」との間で貿易協定を締結し，事実上「満洲国」を承認した。さらに同年11月，ドイツは日本との間で防共協定を締結し，反共産主義を誓いあった。翌37年11月にはイタリアが同協定に加入し，日独伊3国の枢軸関係が形成された。
　このような動きだけを追うと，ナチス・ドイツは当初より親日政策を一貫して追求していたかに見える。しかし実情はまったく異なっていた。ヒトラー政権成立後，ドイツ国防軍は元最高司令官ゼークト（Hans von Seeckt）ら「大物」を蔣介石政権に派遣し，以前から活動していた在華ドイツ軍事顧問団を強化した。対共産党作戦（「囲剿戦」）の終了後，軍事顧問団の努力は抗日戦争の準備に向けられた。
　ナチス・ドイツは武器供与の面でも蔣介石政権の軍事的強化に貢献した。1936年の統計によると，ドイツは武器輸出総量のじつに57.5%を中国に集中した（対日輸出は0.5%）。さらにドイツは36年4月に独中条約を締結し，蔣介石政権に1億ライヒスマルクの借款を与えてドイツ製武器の購入を可能にした。同年夏に訪中した元軍務局長ライヒェナウ（Walther von Reichenau）は「日中戦争になれば，ドイツ軍事顧問団は中国軍と共に戦争に赴くべきだ」と語った。
　盧溝橋事件はそのような中で勃発した。上海戦線に投入された中国エリート軍は，ドイツ製の兵器で武装し，ドイツ軍事顧問に助言を受けた。日中戦争は，その初期においては「第2次日独戦争」という性格を色濃く帯びていた。しかし「トラウトマン工作」の挫折と近衛内閣の「国民政府を対手とせず」声明によりナチス・ドイツの「二股政策」は破綻する。1938年6月，ナチス・ドイツは蔣介石政権と事実上の断交を行い，極東政策の枠内での親日政策が一応形成されることになる。

　　　　　　　　　　　　　　　　　　　　　　　　　　　　（田嶋 信雄）

【参考文献】田嶋信雄『ナチズム外交と「満洲国」』（千倉書房，1992年）
　　　　　田嶋信雄『ナチズム極東戦略』（講談社，1997年）

場合，他方の国はソ連に有利となる行動をとらないと定めた［田嶋1997］。日独間のこうした動向に対抗して，ソ連は対中接近をより積極的に推進し始めた。翌12月の西安事件[5]を転機に，ソ連の対中接近によって，「内戦停止・一致抗日」という共同目標の下に国共両党の歩み寄りが加速されたのであった。
　なお，日本と米英との間では，1935年12月に新軍縮条約のための第2次ロンドン海軍軍縮会議が開催されたが，1936年1月に日本は同会議からの脱退を通

告し，同年末にワシントン・ロンドン両軍縮条約は失効した。この結果，無制限の建艦競争が始まり，国際的緊張がさらに高まった。

　佐藤外交の挫折　ソ連と中国共産党の方針転換および国内的条件の改善を背景に，国民政府の対日姿勢は強化されていく。1936年9月から，在中国日本大使川越茂と中国外交部長張群との間で，両国家間の諸問題をめぐって8回にわたって交渉した。国民政府は日本の「共同防共」，「華北の特殊化」などの要求をすべて拒否した上，冀東政府の解消，塘沽停戦協定と上海停戦協定の解消などを日本側に求め，これまでにない強い姿勢を示した。同年12月の綏遠事件において，中国軍は関東軍支援下の「内蒙軍」を破り，勝利を収めた。これは「日本は恐るるに足らず」という自信を国民政府指導部の一部にもたらした。

　こうした中国側の変化に直面して，日本の朝野では「対支新認識」が芽生え始めていた。「支那に対し恫喝に依り我意を押付けんとする時機は已に去った。外圧は却て支那の抗日意識を強めた」という反省のもと，対中関係を改善しようとする主張である。したがって，翌37年2月に登場した林銑十郎内閣は，佐藤尚武外相の下で「平等の立場に立って」日中関係を打開することを唱え，4月16日の外，蔵，陸，海4相会議で華北の分治をはかる政治工作の停止が決定された（佐藤外交）。

　しかし，日本側の反省には，緩和の必要性への認識とともに，「日本が譲歩すれば中国が増長する」，「局地での退却は大局（「満洲国」の存続，対ソ戦の準備など）の総崩れにつながる」といった後退への危惧ともいえるものも含まれていた。そのため，佐藤外交による対中緩和は，従来の政策目標そのものを変更するものではなく，前記の4相決定によれば国民政府をして「実質上北支の特殊的地位を確認し進んで日満支提携共助の諸施策に協力せしむる」ためのものであった。結局のところ，佐藤外交は既定の方針を継承していたが，それでも対中強硬論を主張する側に強く反発された。佐藤外交に見られた対中宥和策は，中国からの同意も得られず，国内からの反動をいっそう惹起し，佐藤外交は早くも挫折した。

　5）1936年，国民政府と中国共産党とは抗日統一戦線の結成を目指して秘密裡に交渉を行いながら，内戦はまだ停止されていなかった。12月12日，西安にいた張学良らが国共交渉の内情を充分に把握せずに視察のため南京から来た蔣介石を監禁し，内戦の停止，一致抗日などを要求した。共産党代表の周恩来はソ連とコミンテルンの指示のもとで事件を調停し，蔣は張学良の要求を原則的に認め，釈放された。これをきっかけに国共間の抗日統一戦線結成の動きは一気に加速された。

全面戦争への突入　1937年6月，日本では林内閣に代わって近衛文麿内閣が誕生した。7月7日に，北京郊外の盧溝橋で夜間演習[6]をしていた日本軍（支那駐屯軍）に数発の銃弾が打ち込まれたため，日本軍は近くの中国軍を攻撃した。現地での局地的戦闘が続けられたのち，11日，中国軍の譲歩により日中両軍で停戦協定が成立し，事件は局地紛争として処理されるかに見えた。しかし，同じ日に日本政府は「不拡大，現地解決」を唱えながら，関東軍，朝鮮軍および日本本土からの派兵を決定した。当時，日本内部では拡大派と不拡大派の対立があったものの，結局，「圧力をかければ中国が直ちに屈服する」という判断と，中国軍に鉄鎚を加え，華北での日本の基盤を固めるといった「膺懲論」，「好機論」が主流となったからであった。そして7月7日の盧溝橋事件が日中戦争の始まりとなったのであった。

日中戦争開始時の日本の中国観は，明らかに，満洲事変期のそれと同じであった。しかし，1937年当時の中国はもはや6年前の満洲事変期の中国ではなくなり，国民政府の対日認識も満洲事変期と異なっていた。実際，日本の華北分離工作に直面して以降，「日本が止まるところを知らず」という判断のもとで，1936年7月に国民政府は「領土主権を侵害するいかなる協定も絶対締結せず，領土主権を侵害したいかなる事実も絶対容認しない」という2カ条をもって対日外交の「最後関頭（最終的に守るべき一線）」とすると明確に設定していた。また，この時期の中国では，日本に対する妥協がそのさらなる侵略を招くのみで，強硬な対応こそ日本の軟化をもたらすという，日本側の「後退への危惧」と似た空気が台頭していた。

したがって，国民政府は，派兵を重ねる日本側の対応を中国の「最後関頭」を越えた「第2の満洲事変」と見て，強硬に対応するしかないと判断したのであった。7月17日，蔣介石は廬山談話で，中国の主権と領土の侵害を認めない，華北の現状に対する不法な変更を認めない，という中国側の守るべき最低の限度を示し，「最後の関頭にいたった場合，我々は犠牲を払うだけであり，抗戦するだけである。しかし，我々の態度は応戦するだけであって，こちらから戦いを求め

---

[6] 日本軍の演習の目的について，日本では「対ソ戦のため」と見るのが通説であった。しかし，当事者である支那駐屯軍歩兵第一聯隊長牟田口廉也の手記「支那事変勃発時ノ真相並ニ其ノ前後の事情」によれば，中国軍に対する奇襲と盧溝橋城の奪取が目標であったとされる［安井2000］。

ていくのではない」と宣言した。その後，華北の事態に対して，中国側はこの宣言通り「応戦」という姿勢を貫いた。8月13日，華北に続いて，上海においても中国は抗日戦を展開し（第2次上海事変），日中両国はついに全面戦争に突入した［王］。日中戦争の開始は，北京での小ぜりあいに端を発したが，日本が事態の拡大をはかり，中国が応戦する決意をしたことにより"戦争"となった。だが，両国は互いに宣戦布告をしなかった。これについてはさまざまな理由があるが，アメリカの中立法（戦争当事者国との貿易の停止などを定めている）の適用を避けるためであったとされる（⇒第7章コラム「アメリカ中立法」）。以後，中国は日本と英米が戦争を開始した1941年12月9日に対日宣戦布告をおこない，日本は敗戦にいたるまで宣戦しなかった。

おわりに

　1931年9月の満洲事変の勃発を転機に，日中関係は新しい段階に入った。それ以前，1920年代の日中間の紛争は，既得権益の維持をはかる日本と国権回復を求める中国との，既存の不平等条約への対応をめぐる衝突が主であった。満洲事変が勃発して以降，それは，日本による新たな侵略とそれに対する中国の抵抗を中心とする紛争へ転じた。これに伴って，ワシントン体制とそれがもたらした1920年代の国際秩序が揺らぎはじめ，東アジアは複合的な危機に陥った。

　当時，東アジア全体の経済・文化面での関係は，映画，文学などの各領域で越境が進み，上海が東アジアの中心都市となる。また，この時期には，ラジオという新たなメディアが広まるなど，スピードと効率が重んじられた。このような東アジアの1920-30年代の「モダン」は政治外交面での日中対立の下で新たな様相を見せることになる。

　柳条湖事件に始まる日中両国の軍事的紛争は，1933年5月の塘沽停戦協定をきっかけに，一時的に収拾された。それから1937年の日中全面戦争にいたるまでの4年間に対する捉え方をめぐって，日本では，断絶説と連続説がある。断絶説とは，満洲事変と日中戦争とは連続していた過程ではなく，その間に塘沽停戦協定から盧溝橋事件までの断絶期があったと見る解釈である。それに対して，連続説とは，満洲事変から日中戦争にいたる一連のできごとを連続的なものと認識し，それをひとつの過程として把握しなければならないという見解である。他方，

中国では，満洲事変以降（あるいはそれ以前から）の日本の対中国侵略政策が一貫しており，それが日中戦争を招いたという視点から，ほぼ連続説で一致している。

これと関連して，誰が1937年7月7日の盧溝橋での銃撃の最初の1発を発射したのかをめぐって現在の学界でもなお意見の対立が残っている。しかし，盧溝橋事件は柳条湖事件と違って，日本側または中国側の謀略によって計画的に発動されたものではないという点については賛成者が増えつつある。ただ，これと同時に次の点についても，われわれは充分に留意する必要がある。すなわち，盧溝橋事件そのものは偶発的であっても，満洲事変から盧溝橋事件にいたるまでの経緯と，日中両政府間における認識の乖離などを勘案すれば，日中全面戦争の勃発は偶然ではない，ということである［秦，安井 2003］。

◆研究課題
（1）満洲事変はなぜ起こったか。日中双方はどのように対応したのか。
（2）塘沽停戦協定から盧溝橋事件にいたるまでの4年余りについて，断絶説と連続説がある。双方の論点と根拠を調べたうえで，自分の意見を述べよう。
（3）日中全面戦争はどうして阻止できなかったのか，考えてみよう。

第7章　アジア太平洋戦争と東アジア国際政治の変容

鹿　錫俊

はじめに

　本章では，1937年から1945年までの東アジア国際政治史を扱う。この8年間，東アジアの多くの地域が戦争状態にあった。法的な意味で戦争状態になかったのは中立国ポルトガルの植民地マカオだけであった。さて，この8年間は，1941年12月の日本によるハワイの真珠湾攻撃を境に，さらに2つの時期に分けられる。前半は日中全面戦争の前期にあたり，軍事面の戦争が日中2国間に限定されていたのが特徴である。後半はアジア太平洋戦争の時期であったが，日中戦争がすべての面において第2次世界大戦と一体化した時期であった。すなわち，日中戦争は第2次世界大戦とも連動するようになり，さらには日本と米英蘭豪などによる太平洋戦争の一部ともなったのであった。太平洋戦争末期にはソ連も参戦し，それが戦後の東アジア国際秩序形成に大きな影響を与えた。

　こうした戦争が時代の主題となった8年間を理解するためには，次の3点に注目せねばならない。第1に，当初2国間の戦争であった日中戦争が，いかにして世界規模のアジア太平洋戦争にまで発展していったのか，という点，第2に，アメリカをはじめとする列国は，なぜ満洲事変期とは異なる対応をとったのか，という点，第3に，アジア太平洋戦争は結果として東アジア国際政治をいかに変容させたのか，という点である。これら3点の視角を踏まえ，以下ではまず，日中戦争が長期化するなかで，東アジア情勢がヨーロッパと連動する過程を確認する。次に，いかにしてこうした一連の動きがアジア太平洋戦争にまで発展したのかを解説する。最後に，戦争の結果として東アジアに誕生した新たな見取り図を示し

てみたい。

1. 日中戦争の泥沼化と国際化

軍事戦の泥沼化　日中全面戦争が勃発した後，日本政府はアメリカの中立法の発動を回避し，軍需品の輸入を確保するため，あくまでもそれを「事変」[1]と呼称し，中国に宣戦布告をしなかった。他方，中国も同様の理由から，日本に対する宣戦布告を避けた（⇒コラム「アメリカ中立法」）。

しかし，「支那事変」を3カ月で片付けられると判断した日本の軍部内の楽観論に反して，戦局は長期化してしまう。短期戦を求める日本に対して，中国は持久戦と消耗戦で応えた。広い国土と豊富な人的資源を利用し，国際情勢の変化と列国の援中制日による国際的解決を待つ時間を獲得しようとしたからであった。

1937年10月から，日本と中国の間で「二股政策」を続けていたドイツが，在中国大使トラウトマン（Osker P. Trautmann）を通して，和平の仲介工作を試みた（トラウトマン和平工作）。ドイツは日本だけでなく中国とも友好的な関係を築いており，中国にはドイツ軍から人的，物的な支援が与えられていた。このトラウトマン工作に対し，当初，中国は日本が提示した条件案に乗る気配を示した。それでも12月に，日本が緒戦の勝利に乗じて対中要求を追加し，中国を敗戦国とみなすような条件を突きつけたことにより，結局，中国に拒否され，トラウトマンの和平工作は失敗に終わった（⇒第6章コラム「ナチス・ドイツと東アジア」）。だが，日中戦争開始当初，このような和平交渉が存在し，停戦の可能性が模索されていたことは忘れてはならない。

同月13日，日本軍は首都・南京を占領した。その間，日本軍は戦闘員と非戦闘員の区別もせず，南京大虐殺として国際的に非難される事件（⇒コラム「南京虐殺事件」）を引き起こし，世界でリアルタイムに報道された［吉田1986，笠原］。そして，翌1938年1月，近衛内閣は「爾後国民政府を対手とせず」という，交戦の相手を事態解決の当事者と認めないような声明を発表し，国民政府との交渉の道を自ら閉ざした。軍事戦に伴って，占領地において日本軍の指導の下で蒙疆連合委員会（1937年11月），中華民国臨時政府（1937年12月），中華民国維新

---

[1] 最初は「北支事変」，上海戦を始めた後は「支那事変」と呼んだ。

Column 7-1

アメリカ中立法

　アメリカ中立法は18世紀末以来の歴史をもっていたが，独立を確保するためではなく，また戦時に商業権を確保するためでもない中立法は，1935年8月31日の法律を嚆矢とする。内容は，紛争国双方への兵器類の禁輸，アメリカ船舶による兵器類の輸送禁止であった。本法は，イタリア・エチオピア戦争の折，連盟がイタリアを侵略国と認め経済制裁を採用したのに伴い発動されている。その後，1936年2月29日の改定を経て，時限立法ではない中立法が1937年5月1日に成立し，戦争状態にあるとされた国家には，兵器・弾薬・軍用機材の禁輸，それ以外の物資・原材料の輸出制限，現金・自国船主義が課せられるようになった。

　1937年7月7日の盧溝橋事件後，日本側は，目の前の戦争と中立法のすりあわせを行う必要に迫られた。内閣は，企画院次長と各省次官をメンバーとし，宣戦布告の利害を研究するための第4委員会を極秘裏に設置し，11月，宣戦布告をしない旨を政府方針として決定する。最大の理由は，宣戦布告すれば，アメリカ中立法の発動がなされ，貿易・金融・海運・保険に及ぼす影響が大，と判断されたためである。1936年2月の中立法から導入された条項である金融上の取引制限が，方針決定に大きく影響していたことがわかる。

　アメリカが中立法を制定した意図には2つの流れがあった。ひとつは，アメリカを不本意な戦争に巻き込まれないようにしたいとの孤立主義的な発想であり，いまひとつは，侵略者を思いとどまらせ，戦争を短期に終わらせるため，アメリカの経済力を背景とした禁輸をもちいるという，制裁・抑止の発想であった。だが，アメリカ側の主観的な意図は実現されなかった。中立法は，東アジアの戦争と政治に対して，予想もしなかった波紋を広げ，また影響を及ぼすことになる。

　宣戦布告なき戦争は，戦後の感覚では不道義しか意味しないが，当時にあっては異なる文脈をもっていた。交戦権の発動，すなわち軍事占領，軍政の道が不可能になった日本は，傀儡政権樹立方式を選択する。これは，日中戦争の形態を，根底のところで規定する大きな選択であったが，それを導いたひとつの要因には，中立法の存在があった。

（加藤　陽子）

【参考文献】加藤陽子『模索する1930年代』（山川出版社，1993年）

政府（1938年3月）などが作られた。だが，これらの政府や政権は，いずれも中国の影響力の低下した政治家などを担ぎ出した傀儡政権にすぎなかった。

　他方，南京を失った国民政府はまず長江中流地域の武漢に拠点を移し，武漢が危なくなると，さらに四川省の重慶を戦時首都として抗戦を続けた。日本軍は

Column 7-2

南京虐殺事件

　日本軍は1937年12月に中国の首都・南京を陥落させると，約2カ月の間に，大量虐殺を行った。この南京虐殺には，中国人捕虜（軍人と誤認された民間人を含む）に対する組織的な集団虐殺や，多数の一般市民に対する強姦，殺害，略奪，破壊などの残虐行為が含まれる。

　南京における日本軍の残虐行為を初めて世界に知らしめたのは，第3国のジャーナリストであった。というのも，国際安全区を設立した十数名の欧米人が南京に残っており，日本軍による中国人捕虜や市民に対する処刑，女性への暴行，略奪などの残虐行為を詳細に記録していたのである。中国の国民政府は，世界の同情を得るために，これらの報道や記録を広範な宣伝に活用した。また，諸外国の外交官も，南京における日本軍の財産侵害などを本国に伝えた。この事件については，終戦後の東京裁判と南京のBC級裁判で責任が追及され，数名の日本人将校が死刑となった。

　南京虐殺事件には，いくつかの近因と遠因が考えられる。日本軍は南京にいたる前に，上海で苦戦していた。このため，中国軍への報復心を増幅させており，軍紀も乱れていた。また，現地の日本軍指揮部は，残虐行為に無関心ないし無力であり，とりわけ中国軍捕虜の処刑命令に対する責任はきわめて重い。一方の中国側では，南京守備軍の指揮に失敗したために，多くの中国軍が脱出できずに捕虜となってしまった。また，軍服を脱ぎ捨てて難民区に逃げ込んだ者もいた。これらを南京虐殺の近因とするならば，より根本的な問題として，その遠因を挙げなければならない。すなわち，捕虜虐待，民族差別意識，国際法の無視，補給の軽視などといった日本軍の体質である。このため，南京での暴行は数週間後には下火となったものの，その後の日中戦争や太平洋戦争でも，日本軍の残虐行為が止むことはなかった。

　この事件は1970年代以降，日本国内と日中間において，激しい歴史論争の争点となってきた。とりわけ，中国人被害者の人数をめぐっては，かなり議論されてきたにもかかわらず，いまだに定説が確立していない。もっとも，中国政府と民衆の多数は，南京軍事法廷で出された「30万人以上」という結論を堅持している。そのことは，裁判の正当性と中国の多大なる損害を象徴するものといえよう。中国以外，なかでも日本の歴史研究者の主流は，少なくとも数万名から，多くは10万人以上の中国人が殺害されたと考えている。それでも，現状では史料の保存状況が不充分であり，いわゆる「不法殺害」をめぐる犠牲者の定義などでも一致していないことから，厳密な数字を導くことは不可能に近い。いずれにせよ，南京とその周辺で数週間，日本軍によって万単位の中国人捕虜が組織的に殺害され，その他の被害者を多数生じたのはたしかである。

（楊　大慶）

　1938年10月に武漢を陥れたが，進攻作戦はここで限界に達し，中国との長期戦の泥沼に引き込まれた。国民政府指導下の国民党軍と延安に指導部を置く中国共

産党軍（八路軍と新四軍）による二正面抗戦にさらされたため，日本軍の中国占領は点と線，すなわち一部の都市と鉄道沿線にとどめられた。

　軍事的解決の挫折を受けて，日本はさまざまな和平工作を試み，また，政治謀略による事態収拾もはかった。それに対して，中国側も政府，民間または半官半民のルートを通じて日本との和平交渉に応じた。しかし，いずれの交渉も講和の条件をめぐる対立で失敗に終わった。最終的に，日本は国民党副総裁の汪兆銘を誘い出し，1940 年 3 月に汪を首班とする「中華民国国民政府」を樹立したが，名前が変わった傀儡政権でしかなかった。したがって，汪政権の成立は，和平を実現するどころか，かえって国民政府との交渉をいっそう困難にさせた［戸部，劉］。

「国際化」をめぐる外交戦　日中戦争は軍事戦のみならず，世界を舞台とした外交戦，宣伝戦でもあった。中国は開戦当初から満洲事変以来の「国際的解決」方針を再確認し，国際連盟などに対する提訴活動を再開した。

　中国の提訴を受けた連盟総会は 1937 年 9 月に招集された。衝突の原因を調査するため，連盟理事会は日本にも出席を要請したが，日本は第 3 者の介入を受け容れないという従来の方針を繰り返し，参加を拒否した。10 月 6 日に，連盟は決議を採択し，中国に対する日本の軍事行動を 9 カ国条約と不戦条約に違反したものとして非難するとともに，中国での情勢は全加盟国に関連するとして，第 3 者の介入を拒否した日本の主張を否定した。

　連盟の提案を受けて 11 月に 9 カ国条約締結国による国際会議がベルギーのブリュッセルで開催されるが，日本は同様の理由から参加を拒んだ。結局，このブリュッセル会議は日本を除く条約締結国とソ連の参加を得て行われた。11 月 15 日に採択された決議は，日中間の衝突は 9 カ国条約と不戦条約の全締結国に関連すると確認したうえ，「兵力をもって内政干渉を行うことにはいかなる法律上の根拠もない」と，日本の姿勢を批判した。

　連盟総会とブリュッセル会議は，日本に対してこのような道義上の非難を行ったものの，中国が求めた実際の対日制裁措置をとらなかった。そのため，両会議は「実質的な意義がない」と批判されたこともあったが，中国が期待する「日中問題の国際化」と世界における日本の孤立化へと歩を進めるものであった。事実，1938 年に対日経済制裁（制裁国の自由参加）が連盟で決議され，日本は 1933 年連盟脱退後も継続してきた，政治活動以外の分野での対連盟協力関係を断絶した

［海野］．

　連盟などでの提訴活動と同時に，国民政府はソ連，英，米を中心に列国との連合活動を活発に展開していた．また，1938年以降は，「アメリカが世界で指導的な役割を果たしている」との観察に基づいて，国民政府はアメリカを最重要国として，政府と民間の両面から働きかけていった［鹿 1998，土田］．

　他方，日本側は戦争の初期，国際的介入を拒否したものの，第3国を刺激しないことを方針にしていた．そのため，既存条約の打破というスローガンを掲げずに，第3国の在中権益を損なわないこと，日本の対中行動を国際条約に基づく自衛行為として主張することに努めていた．しかしながら，列国の利益が錯綜する中国で戦争が拡大するにつれて，日本は占領区の統治，関税の処置，列国の租界を利用した中国側の抗日活動の取締り，中国への軍需物資輸入の阻止などにおいて，戦争を遂行する必要から既存条約を遵守できなくなった．これと同時に，日本がアジアの「盟主」としてこの地域から欧米を排除していくべきだという覇権的アジア主義の発想も徐々に強まった［入江 1966］．これは，明治以来のアジア主義の転換とも重なる．すなわち，それまで連帯を強調していたものが，この時期から日本の主導性を主張する大アジア主義が主流になっていったとされる．

　このような背景のもとで，1938年以降，第3国の在中権益に対する日本の侵害が多発し始め，11月になると，日本は9カ国条約をはじめとする既存秩序の有効性を公然と否認し，自国の目的が日満支3国の提携による東亜新秩序の建設にあると公言した．これは1858年の天津条約あるいは義和団事件後の辛丑和約に正面から反するものであり，対華21カ条要求よりもはるかに強く列強の在華権益を侵害するものだった．既存条約による国際秩序の擁護を主張し，列国と国際世論の支持によって日本を制しようとしていた中国は，日本のこうした行動を自らの立場の強化に利用することができたのである．

　列国の態度　こうした一連の事態に接した列強は，日中戦争に対して，満洲事変期と異なる態度で対応した．ソ連は日本を中国に釘付けにすることを目指して，開戦の当初から積極的に関与した．1937年8月21日，ソ連の働きかけで，中ソ両国は不可侵条約を結んだ．これを契機に，ソ連は中国にのべ2億数千万ドルの借款を貸与するとともに，飛行機924機，自動車1,516台，大砲1,140台，機関銃9,720丁など，大量の武器弾薬を供給し続けた．また，2,000名を越えるソ連人パイロットが志願兵の名義で中国に送られ，日本軍との戦いに参加した．1940

年にいたるまで，ソ連は中国に対する最大の援助国としての役割を果たしたのである［陶ほか］。

　他方，日ソ間では，1938年7，8月，ソ連と満洲国の国境に近い張鼓峰で大規模な武力衝突が起こり，日本軍は大打撃を受けた（張鼓峰事件）。日本軍が報復をはかるなか，1939年5月，ソ連の衛星国であるモンゴル人民共和国と満洲国の国境に近いノモンハン付近で，日本軍はモンゴル軍と国境線をめぐって衝突し，ソ連軍の反撃にあった。その後，8月下旬まで戦われた戦闘において，関東軍の1個師団が壊滅し，関東軍司令官らは更迭された。これがノモンハン事件である。このノモンハンでの教訓は，結果的に日本軍には生かされなかったと思われる。

　こうしたソ連の姿勢と較べて，他国の反応には曲折があった。イギリスは，盧溝橋事件の直後，関係改善をめざす日英間の交渉を中止し，日本への警告を示した。同時に，イギリスは，アメリカに対して，英米共同で日中の衝突を調停しようと再三働きかけた。また，この間，世界における戦争違法化体制の進展はイギリスの内部に国際連盟主義という思潮を形成することになり，このことがイギリスの対日宥和論を抑制した［伊香］。しかし，イギリスはヨーロッパ情勢への対応が最優先であったため，東アジアにおいては，日本に対する強硬な行動がとれなかった。したがって，日本占領地における税関の管理問題などをめぐる交渉において，清末以来中国の税関管理を主導してきたイギリスは日本に抵抗したものの，最後は譲歩せざるを得ず，対日抑制をアメリカに依存するようになった。

　アメリカは，外交政策の基本とする孤立主義に強く拘束されていたため，当初こそ中国への道義上の支持を示しながらも，実際には消極的な姿勢を貫き，イギリスによる共同調停の要請も受け容れなかった。また，軍事物資の対日禁輸を求める中国の意向に反して，それらの対日輸出を続けていた。しかし，1937年10月5日，アメリカ大統領のローズヴェルト（Franklin Delano Roosevelt）は，伝染病人を隔離するように無法国家を一時的に隔離すべきだと演説し，名指しこそしなかったが日本を批判した。この「隔離演説」に示されたように，アメリカには，孤立主義とともに，それに反するように思える国際主義の要素も存在していたのであった。それは条約遵守，武力不行使，内政不干渉，門戸開放と機会均等などの基本理念の重視に根を下ろしたものであり，門戸開放宣言やウィルソン主義にその系譜を見出すことができるであろう。また，戦争の違法化をはじめ，不戦条約などの新しい国際法観をめぐっても，アメリカと日本は思想的に対立して

いた。したがって，理念を共有するか拒否するかによってその国へのイメージ形成をおこなう側面があるアメリカにとって，援中制日への傾斜につながるような要因はいくつも存在していたのであった［入江 1991，篠原］。

そのため，1937 年 12 月，長江に浮かぶアメリカの砲艦パナイ号が日本軍の誤爆によって沈没する事件が起きると，アメリカでは海軍力を使って遠距離から日本を封鎖する案が検討された。採用こそされなかったが，日本が経済と資源の面において対米依存度が高く，アメリカからの重要物資の供給が停止されると致命的な打撃を受けるという判断に基づく対日経済制裁論がアメリカで台頭したことを示している［細谷 1995］。

その後，1938 年には 1 年を通じてアメリカは自国の在華権益に被害をもたらしたと日本に抗議し，自国利益の確保について申し入れを繰り返した。そして，1938 年 11 月の日本の「東亜新秩序建設」声明を契機に，日本が 9 カ国条約を柱とする国際秩序に露骨に挑戦したとして，アメリカは従来の道義的な援中制日から実質的な援中制日に転換し始めた。その具体的な措置として，アメリカは 1938 年 12 月に 2,500 万ドルの対中借款を設定し，1939 年 1 月に航空機および部品の対日輸出を禁止した。

アメリカと歩調を合わせて，イギリスも 1938 年 11 月に米，仏とともに，日本が作戦上の理由で外国船舶の通航を禁止した長江の開放を日本に要求し，翌 39 年 1 月には 9 カ国条約の一方的変更に同意しえないことを日本に通告した。また，3 月には法幣安定借款を中国に提供した。

日本はアメリカをはじめとする主要国の変化を認識してはいたものの，自国を中心とする東アジアの新秩序としての東亜新秩序建設を優先したため，辛丑和約や 9 カ国条約に基づく列強の在華権益相互保障体制に正面から挑戦することになり，対外関係を改善し得るような措置をとれなかった。結局，日本軍が天津の英仏租界を封鎖すると，7 月 26 日，アメリカは 6 カ月後に日米通商航海条約を廃棄すると日本に通告した。戦略物資においてアメリカに大きく依存していた日本にとっては，大きな打撃であった。

日本の戦争遂行上，列国による援中物資輸送の阻止は重要な課題であった。この面においても日本は列国と対立した。ソ連が西北ルートを通じて中国への援助物資を送り続け，米，英，仏は華南沿岸を経由して援中物資を輸送していたのであった。これらの援中ルートを遮断するため，日本は広東や海南島などを占領し

たが，列国は新たに仏印ルートとビルマ・ルートを開通させ，援中物資を送り続けた。したがって，日本は中国が抗戦をやめないのは列国のこうした援助があるためだと考えるようになった。日中戦争の長期化につれて，その国際化の度合いも深化しつつあった。

2．ヨーロッパ情勢との連動

ヨーロッパの激動と「南進」への誘惑　日中戦争が膠着し，日本と列国との対立が増幅されるなか，ヨーロッパの国際関係は激動していた。1937年11月，イタリアが日独防共協定に参加し，「現状打破勢力」（日独伊）対「現状維持勢力」（英米仏など）という世界の二分化が加速しているとみなされるようになった。翌38年3月，ドイツはオーストリアを併合し，さらにチェコスロヴァキアを勢力圏に組み入れようとしていた。ヨーロッパで宥和政策をとった英，仏は同年9月に独，伊とミュンヘン協定を締結し，チェコスロヴァキアのズデーテン地方のドイツへの割譲を一方的に決定した。小国を犠牲にしてドイツとの戦争を回避しようとした英仏ではあったが，その願望は裏切られ，1939年3月，ドイツ軍はミュンヘン協定に違反してプラハに進攻し，チェコスロヴァキアを解体させた。

他方，ミュンヘン会談から排除されたソ連は，現実主義的な対応をした。すなわち，ドイツの対ソ接近に応じたのである。1939年8月23日，独ソ両国は相互不可侵条約に調印したうえ，東ヨーロッパにおける勢力圏の分割も取り決めた。これによって，9月1日，ドイツ軍がポーランドに侵入し，第2次世界大戦の火ぶたが切られた。1940年春からドイツの電撃作戦は大きな戦果を上げ，4月にデンマーク，ノルウェー，5月にオランダ，ベルギー，6月にはフランスを降伏させた。同月，ドイツの快進撃に乗じて，イタリアも参戦し，戦火をアフリカに広げていった。他方，ヨーロッパでは，独伊と戦争を続けている国が実質的にイギリス1国だけという状況になってしまったのであった。

ヨーロッパの情勢は日本に重大な影響を及ぼした。まずはドイツの大勝利に誘惑されて，1940年7月に日本が「南進」政策に踏み切ったことであった。フランス，オランダが降伏し，イギリスも存亡の危機に陥ったため，東南アジアにおけるヨーロッパ列強の植民地が真空状態におかれていたのである。日本はバスに乗り遅れることのないように，この千載一遇のチャンスに乗じて東南アジアに進

撃し，従来の「日・満・支」新秩序をさらに広げて，東南アジア地域を含む大東亜共栄圏を築こうと考えたのである。このなかには，対中と対米英という両方の目的が含まれた。第2次大戦といえばアメリカが想起されるが，中国とともにイギリスの重要性を看過してはならない。中国の抗日戦を維持する源泉は東南アジア地域を経由する列国の対中援助にあり，日本が米英に強く対抗できないのは戦略物資面において米英に依存していたからである。したがって，南進は援中ルートを遮断し中国の抗日戦の源泉を塞ぐとともに，日本もまた東南アジアの戦略物資を確保し，米英への依存を脱却できる，という一石二鳥の効果があると考えられたのであった。

日独伊三国軍事同盟と日ソ中立条約　ヨーロッパ情勢による第2の影響は日本の対独伊関係の強化であった。

　ドイツは1938年から中国と日本に対する二股政策をやめ，親日政策に傾いた。それに伴って，同年，ドイツは防共協定を軍事同盟にまで強化しようと日本に働きかけた。日本の内部では，軍事同盟に格上げする点では合意が得られたが，同盟の対象にソ連のみでなく，英仏をも加えることについては対立があった。そのため，1939年夏にいたるまで，近衛内閣期でも平沼騏一郎内閣期でも，日本は最終決定を出しえないままであった。こうした中，8月に独ソ間で不可侵条約が結ばれたことは，ノモンハン事件で打撃を受けたばかりの日本にとっては不意打ちであり，ドイツを利用してソ連を制するという日本のこれまでの戦略を崩壊させるドイツの背信行為でもあった。そのため，平沼首相は「今回締結せられたる独蘇不可侵条約に依り，欧洲の天地は複雑怪奇なる新情勢を生じた」ということを理由に政権を投げ出し，代わって登場した阿部信行内閣はドイツと距離を置き，「中道外交」を唱え始めたのであった。

　しかし，緒戦におけるドイツの大勝利を見て，1940年7月下旬に登場した第2次近衛内閣は，松岡洋右外相のもとで再びドイツとの距離を縮めていく。独伊との同盟関係によって，日本の南進に対するドイツの同意と協力を獲得し，アジアに対するアメリカの軍事的介入を抑制し日米戦争を防ごうとしたからであった。他方，独伊も日本との同盟によって米英を牽制する必要があったため，1940年9月27日，日独伊三国軍事同盟が締結された。

　三国軍事同盟条約は，独伊の「欧州における新秩序建設」と日本の「大東亜における新秩序建設」，およびそれぞれにおけるその「指導的地位」を相互に承認

し協力すること，3締約国中の1国が「現に欧州戦争または日支紛争に参入していない1国によって攻撃されるときは，3国はあらゆる政治的，経済的および軍事的方法により相互に援助すべきこと」を定めた．これはアメリカを想定に含むものであった．

　日本の指導部はドイツによる勧誘の影響もあり，この軍事同盟にソ連を入れて，4国協商を形成するという「大構想」も抱えていた．この4国協商によって，一方では南進に必要な「北方との平静」を確保し，他方ではソ連の対中援助を止めさせ，ソ連からの支援を抗日戦の支柱としてきた中国に打撃を与え，またアメリカを孤立させることでアジアから手を引かせ，日中戦争を早期に終結することができると判断したからである．そのため，1941年3月から4月にかけて松岡外相がヨーロッパを訪問した際に，ドイツに4国協商の可能性を打診した．しかし，かつて4国協商を支持していたかに見えたドイツはすでに対ソ開戦を決定していたため，松岡案は拒否された．にもかかわらず，松岡は4国協商案をイメージしたままで，1941年4月13日にモスクワでソ連と中立条約を締結したのであった［細谷1963，スラヴィンスキー］．

　いずれにせよ，日本は，1940年7月の南進政策の決定から同年9月の日独伊三国軍事同盟，そして翌年4月の日ソ中立条約の締結にいたるまでの一連の過程の中で，日中問題を日中2国間で解決するという従来の方針を実質的に廃棄し，国際政治における列国間の対立を利用して日中問題を解決しようとするようになったのであった．裏を返せば，日本が逆の方向から中国の日中問題に関する「国際的解決」方針に合流したのである［鹿2006］．満洲事変以降の中国の政策目標は達成されたと見てもいいだろう．

3．アジア太平洋戦争への拡散

　日米対立と米中協力　ヨーロッパ情勢の激動とそれに便乗した日本側のこうした一連の動きは，在華米国権益の維持や国際条約の遵守をめぐる日米間の従来の軋轢に，新たな対立要因をもたらした．それは，東南アジアの資源を日本に奪われてイギリスまでもが崩壊した場合，アメリカを脅かす一大包囲網が形成されかねないという新たな危惧であった．アメリカにとって，東南アジアの資源確保とイギリスの存続こそが，自国の国益と安全を守るための前提にほかならなかった．

この新しい対立要因は，東アジアにおけるアメリカの援中制日活動をより積極化させることになった。東南アジアの喪失を防ぎ，イギリスの崩壊を食い止めるためには，日本の南進と日独伊の結託を阻止しなければならなかった。日本の南進と日独伊の結託を阻止するためには，対中援助によって中国の抗日戦を維持し，日本の行動の自由を拘束しなければならないとアメリカはみなしたのであった［入江1966，ソーン］。

そのため，1940年以降のアメリカの東アジア政策は，日本を牽制し中国と協力しようとするものであった。このようなアメリカの極東政策は以下のような形で示された。同年7月，日本が援中物資の輸送ルートの閉鎖を英，仏に求めた際，アメリカは航空機用ガソリンと屑鉄の対日輸出を制限した。また，9月23日，日本軍が北部仏印に進駐したのに対して，9月25日，アメリカは4月の2,000万ドルの対中新借款に続いて，新たに2,500万ドルの対中借款を決定し，26日には翌月16日以降の全等級の屑鉄の対日輸出の禁止を発表した。9月27日，日独伊が軍事同盟を締結したのに対しては，10月5日，アメリカは日独伊三国同盟によるいかなる挑発にも対応すると宣言した。8日には，イギリスもアメリカに同調するかたちでビルマ・ルートの再開を予告した。11月，日本が汪兆銘政権と「基本関係に関する条約」を締結し，同政権を承認すると，その直後にアメリカは1億ドルの対中新借款を決定した。

1941年1月，ローズヴェルト大統領は年頭教書において，言論の自由，神を敬う自由，欠乏からの自由，恐怖からの自由という「4つの自由」を（孤立主義を排してでも対外的に）「戦うに値する事物」と説くとともに，アメリカがデモクラシーの兵器工場となることを宣言した。これは，アメリカが孤立主義を越え，デモクラシーのために戦いに加わる可能性を示唆していた。3月，アメリカは武器貸与法を成立させ，中国にもそれを適用した。そして4月13日に日ソ間で中立条約が成立すると，同月末，アメリカは5,000万ドルの対中借款を新たに決定した［福田］。

こうした中，中国側はアメリカからの支援に後押しされ，対日戦勝への自信を深めた。蔣介石ら当局者は，中国が一方的に列国に救済を求めた過去と違って，列国もヨーロッパ戦争の勃発と日本の南進によって，中国に対日牽制を求めなければならなくなったと判断した。ここに中国が国際政治のアクターとなるひとつの契機があった。この観点に依拠して，国民政府は抗戦の目標を盧溝橋事件前の

状態の回復という点から，日本の大陸侵略政策に全面的な打撃を与え，全軍隊を中国から撤退させる点へと引き上げた［鹿 2007］。

日米交渉の蹉跌　戦争への破局を回避するため，1940 年末，日本とアメリカの民間人が，それぞれの政府高官の了解を得て，関係の打開を目指して折衝を始めた。双方の主な争点は，三国同盟問題，日本の南進問題および日中戦争の処理問題という 3 点であった。翌 41 年 4 月に双方の間で，「日米了解案」がまとめられた。この了解案とは，日本が三国同盟の参戦義務について柔軟に解釈するかわりに，アメリカは重要物資の対日供給を再開し，満洲国の承認を含む諸条件の下に，中国に対日平和を勧告するというものであった。これを契機に日米交渉は民間から政府レヴェルに昇格され，野村吉三郎駐米大使が日本側の主担当者となったが，日本政府は米国務省が間接的にしか関与していない「日米了解案」をアメリカの正式提案と誤解し，これを基礎に対米交渉を進めることを内定した。

他方，日ソ中立条約を締結して帰国した松岡洋右外相は，知らぬ間に対米交渉が行われたこと，日独伊ソの協調によって「毅然たる態度」で米国に臨むという自分の構想が崩れたことに反発し，5 月 12 日に，大幅な修正を加えた日本案をアメリカ側に提示させた。この日本案は三国同盟の義務の確認，和平条件からの中国に有利な項目の削除といった内容を含み，4 月の了解案から大幅に後退していたため，アメリカを失望させた。6 月 21 日，アメリカは逆に満洲国の承認などをはずした対案を日本に示した。

翌 22 日，ドイツが不可侵条約を破って，対ソ戦争に突入した。日独伊ソ 4 国協調に立脚した松岡構想は破綻してしまったが，松岡は一転して日本がドイツ側にたって即時対ソ参戦すべきだと主張した。激しい議論を経て，7 月 2 日の御前会議において「情勢の推移に伴う帝国国策要綱」が決定された。すなわち，当面は対英米戦の準備を整え，南進を加速することにし，他方で「密かに対ソ武力的準備を整え」，独ソ戦争が日本に有利に進展すればソ連に対しても武力を行使するというものであった。同月，対ソ武力行使への準備として，日本は「関東軍特種演習」の名のもとに大規模な動員を発動した（関特演）。

7 月中旬，近衛内閣は対米交渉の障害とされた松岡を排除するため，いったん総辞職し，18 日には豊田貞次郎を外相に入れた第 3 次近衛内閣が成立した。同 7 月下旬，日本は既定方針に基づいて，仏印の北部からさらに南部に進駐し，その全域を占領した。この行動に強く刺激されたアメリカはついに，25 日に日本の

在米資産を凍結し、8月1日にはさらに石油の対日全面禁輸を断行した。石油のほとんどをアメリカに頼っていた日本にとって、大きな打撃であった。

松岡を排除し対外交渉を進めようとしていた近衛は、アメリカの反発に驚き、8月にローズヴェルト大統領との首脳会談を提案したが、米政府内部では、この種の会談は中国の士気を弱め、日本に利用されるだけだとの反対論が強かった。そのため、ローズヴェルト自身は首脳会談に関心を示したものの、アメリカ政府としては近衛の提案を受け容れなかった。

同月14日、大西洋で会談を行ったローズヴェルト大統領とイギリス首相チャーチル（Churchill, W. L. S.）は「大西洋憲章」を発表した。これは、戦後世界構想として、領土不拡大、国境不変更、民族自決、通商の自由、国際経済協力、欠乏と恐怖からの自由、公海の自由航行、一般的安全保障体制の確立、といった8項目を主張するものであった。日独伊の膨張主義に反対する米英の立場はより明確なものとなった。9月15日に、ドイツと戦っているソ連を含む15カ国もこの憲章に賛同する旨を表明し、世界の2大陣営化はいっそう鮮明になった。

真珠湾攻撃へ　他方、日本では、9月6日の御前会議において、「10月上旬頃に至るも尚我が要求を貫徹し得る目途なき場合においては直ちに対米（英蘭）開戦を決意す」と定めた。9月25日に、この御前会議の決定に基づく「日米了解案」がアメリカ側に提出されたが、ハル（Cordell Hull）国務長官は10月2日に、いっさいの国々の領土保全と主権の尊重、内政不干渉、通商上の機会均等、平和的手段による以外の太平洋の現状の変更の不可、という「4原則」を基礎とする対案を日本に提示した。また、このハル覚書は中国における日本の駐兵を不法としたうえ、中国に関する日本側の要求をすべて拒否したのであった。

10月中旬、日本は5相会議や閣議を開き、ハル覚書への対応を検討した。豊田外相は日本が中国などにおける駐兵問題について多少調整すれば対米交渉にまだ成功の余地があると指摘し、近衛首相も対米交渉を継続すべきだと主張した。これに対して、陸軍大臣の東条英機が、中国での駐兵は譲れない問題で、この点でアメリカの主張を受け容れれば、中国で獲得したすべての成果を失うのみならず、満洲国と朝鮮に対する日本の支配も危うくなると強く反発した。他方、海軍大臣の及川古志郎は和戦の決定は首相に一任するとして態度をあいまいにしていた。こうした対立を受けて、16日に近衛が辞任し、18日にハル覚書に反発した東条英機が首相となった。

その後，日本の当局者は9月6日の御前会議決定を白紙に戻して，国策をあらためて検討し直し，11月5日に対米交渉の甲案と乙案を決定した。また，11月中に日米交渉が成果を上げない場合は開戦するという方針も固められた。甲案は包括的解決案であって，アメリカの拒否が予想されたものである。乙案は当面の部分的な解決案で，仏印南部に進駐した日本軍を北部に移駐するかわりに，アメリカが日本資産の凍結を解除し，日本への石油供給を再開して，日中間の和平の成立を妨げないというものであった。

11月7日，日本がアメリカに甲案を提出した。それが拒否された後，20日に乙案が提示された。アメリカは，日本の暗号電報の解読によってこれが日本の最後の提案であることを知っていた。アメリカは，戦争準備の時間を稼ぐため，ひとつの暫定協定案を用意した。日本が仏印南部から撤兵し，北部駐屯兵力を25,000人に減らせば，アメリカが日本に民需用石油を供給する，という3カ月期限案を提示しようとしたのだった。しかし，イギリスと中国がこの案に激しく反対したため，アメリカはこれを日本に示さず，26日，「中国および仏印からの日本軍の完全撤兵」を含む諸原則を明示した対案を日本に提示した。このハル・ノートをアメリカによる最後通牒と拡大解釈した日本は対米交渉を打ち切り，12月8日の真珠湾攻撃によって，米英との戦争に突入した（⇒コラム「日米開戦とインテリジェンス」）［塩崎，須藤，森山］。

4．東アジアの新しい枠組みを求めて

戦局の推移　日本の真珠湾攻撃によって，東アジアの戦争とヨーロッパの戦争が結びつけられた。12月9日，中国（重慶政府）は米英に続いて日独伊に宣戦布告した。11日，日独伊は対米英戦共同遂行と新秩序建設に関する協定を結んだ。これに対して，1942年1月1日，米，英，ソ，中をはじめとする26カ国は，自由と人権の擁護，ファシズム諸国の打倒などを内容とする連合国共同宣言に調印し，反ファッショ連合が正式に結成された。この連合国が，戦後の国際連合の基礎となる。このように，盧溝橋事変に始まった日中2国間の戦争は，日独伊枢軸国と連合国という2大陣営間の世界大戦にまで拡散していったのである。

日中戦争から日米交渉にいたるまで，日本で対内的に強調されたのは，米，英，中，蘭による「A（America）B（Britain）C（China）D（Dutch）包囲陣」で

Column 7-3

日米開戦とインテリジェンス

　日米戦争は，第1に情報戦であった。開戦前に日本の外交電報が英米によって解読され利用されていた（マジック情報）ことは広く知られており，戦争中の海軍暗号の被解読等も含め，日本は情報戦に完敗したというイメージが強い。しかし，日本も開戦前から英米等の外交暗号を解読して利用していたことは，研究者を除く一般にはあまり知られていなかった。加えて，日本の緒戦の勝利への情報収集の寄与は疑い得ない。開戦劈頭の連合国の惨敗は，日本の攻勢を予測できず，かつ日本の軍事力を低く評価していたためで，まさに情報戦の敗北であった。そもそも日本は乾坤一擲の戦争を挑む側であり，欧州を第一義に考えている英米と比較して，アジアにおける情報戦で優位にあっても当然だろう。しかし，開戦後は情報戦に本腰を入れた英米に挽回されていった。
　ところが，情報戦における連合国側の優位性を開戦前まで遡らせ，日本の真珠湾攻撃の成功をローズヴェルト大統領（Roosevelt, F. D.）による陰謀に帰する説を唱えているのが，アメリカの修正主義者である。当時，アメリカでは共和党を中心とする孤立主義者たちが欧州への参戦に反対していた。ローズヴェルトは国論を統一して参戦を容易にするために，真珠湾攻撃の情報を得ていたにもかかわらず，日本に一発目を撃たせたという議論である。これらは，論拠が周辺人物の回想等の不確かな情報に基づいており，一次史料を根拠とする研究はない。近年も，真珠湾攻撃以前に日本の海軍暗号を解読したり方位測定で攻撃部隊の位置を摑んでいたという説が出たが，前者は解読能力としての可能性にとどまり，後者は根拠に乏しい。また，これらの手段で入手したはずの情報が英米の政府内で運用されていた形跡は，いまだ発見されていない。現在の研究段階では，英米はマジック情報で開戦が近いことは理解できたが，「どこで」「何が」起こるかは予測できなかったと理解されている。
　開戦前の日本の情報収集能力は予想よりもはるかに広く，英米中等に加えソ連の情報も入手していたことが明らかとなってきた。それらの情報が日米開戦にとどまらず当時の日本外交にどのような影響を与えていたかが，今後の研究課題となろう。　（森山 優）

【参考文献】森山優『日米開戦の政治過程』（吉川弘文館，1998年）
　　　　　　須藤眞志『真珠湾〈奇襲〉論争』（講談社，2004年）

あったが，太平洋戦争の開始を起点に，この宣伝は現実と化した。
　戦局の推移を見ると，1942年6月にいたる半年間，日本軍は香港，マニラ，シンガポール，ラングーンなど米英蘭の植民地を次々と占領し，華々しい勝利を手にした。しかし，6月のミッドウェー海戦で，日本は主力空母を撃沈され，太平洋戦線における優位を失った。

同年8月，アメリカを主力とする連合国軍がガダルカナル島へ上陸し，以後約半年にわたりソロモン諸島周辺で陸海空の消耗戦が展開され，翌1943年2月，日本軍はガダルカナル島を放棄した。5月，連合国軍がアリューシャン列島のアッツ島に上陸し，日本軍は20数名の捕虜を除いて，全員が戦死した。9月8日，イタリアが連合国に無条件降伏し，三国同盟の一角が崩壊した。日本も戦略方針の根本的な見直しを迫られ，同月30日の御前会議は「千島，小笠原，内南洋（中，西部）及西部ニューギニヤ，スンダ，ビルマを含む圏域」を「絶対確保すべき要域」として指定した（絶対国防圏）。

　しかし，1944年6月のマリアナ沖海戦での惨敗と7月のサイパン島の陥落によって，この絶対国防圏も崩壊した。連合国軍はそれまで中国を拠点としていた対日空襲を11月からサイパンを拠点にするものへと切り替えた。そして45年4月には沖縄本島へ上陸した。5月7日にドイツが降伏したことを受けて，日本は独力で戦争を継続すると宣言したが，空襲もいっそう激しくなり敗色が濃厚となった［家永］。

　この太平洋で展開された戦争は残酷きわまるものであった。その背景には降伏を許されぬ日本軍の玉砕戦法と，優勢な連合軍に圧倒された後の体当たりの「特攻」戦法にその要因があった。また，お互いに相手を害虫や鬼畜とみなすような，双方の人種的偏見による要因を指摘した研究もある［ダワー］。

　他方，中国戦線では，太平洋戦争開戦時に日本陸軍の全兵力の29％にあたる62万人が配置されていた。1941年12月から翌年1月の間，日本軍は長沙に対する作戦を行ったが，結局撤退した。また，1944年4月から，日本軍は大陸打通作戦（1号作戦）を行い，中国側に大きな打撃を与えたが，中国軍は後方に退いて抵抗したり，ゲリラ戦を展開したので，日本軍が中国軍を屈服させることはできなかった。そして1945年5月以降，中国政府軍と中国共産党軍の反撃によって日本軍の後退が続いた。

　「アジア解放」の虚実　真珠湾攻撃の直後，日本はこの戦争を「支那事変をも含め大東亜戦争と呼称」することを決定し，翌年1月の議会で東条首相は，日本の戦争目的は「アジア民族の解放」と「大東亜共栄圏の建設」にあると説明した。しかし，戦争にいたった経緯から明らかなように，中国侵略の成果をあくまでも守ろうと固執したことが最大の動機であり，アジア解放は侵略の実態を隠すスローガンとしての色あいが濃厚であった。

そのことは，日中開戦以降の展開においても示された。まず，日本の植民地であった朝鮮などでは，日本は「皇国臣民化」などのスローガンを掲げ，宮城遥拝，神社参拝，創氏改名，日本語常用などを強制した。また，日本は植民地から20万人以上を日本の戦争のために徴兵したうえ，強制連行や強制労働も大規模に行い，そのうち，多数の女性が日本軍の従軍慰安婦とされた。

中国においては，太平洋戦争の開始とともに連合国資本の企業を接収し，日本の国策会社や民間会社に引き渡した。また，強制連行，強制労働や従軍慰安婦問題の他に，日本軍は中国戦線で国際条約に反して毒ガスと細菌兵器を使用し，アヘンの販売も行った［粟屋，吉見，江口1988］。

他方，東南アジアの占領地では，日本ははじめインドネシア，フィリピン，マレーシア，ビルマなどで軍政をしき，後に現地住民による政権を認めたが，いずれも現地指導者を傀儡とするものであった。また，日本は現地住民の強制連行と連合国軍捕虜の強制労働を実施して鉄道建設をおこなうなど，多くの犠牲を招いたとされる。さらに，1943年5月に御前会議が決定した「大東亜政略指導要綱」は，「マライ，スマトラ，ジャワ，ボルネオ，セレベスは帝国領土と決定し，重要資源の供給地として極力これが開発並に民心の把握に努む」ことなどを決めたのであった。

戦中，日本による「アジアの解放」のスローガンは，戦争を正当化するための口実か，またはアジアの植民地の処置をめぐる米，英など連合国内部の対立に着目したプロパガンダとして機能するものであった。いわゆる「大東亜共栄圏」建設も，総じて日本を盟主とする差別意識のもとで，資源の獲得と日本の支配をねらったものであったといわざるを得ない［後藤1986，1995］。このような，アジア解放という論理と，日本を盟主とする同心円的日本中心論は，最終的には矛盾するものであり，それが随所で顕在化した。

他方，戦局の急速な悪化に伴い，日本は占領地域の民心を引き留め，また米英と正当性を争うため，「アジアの解放」を行動で示す必要に迫られた。その一環として，1943年，日本はビルマとフィリピンを「独立」させるとともに，汪兆銘の「中華民国政府」とは，租界の返還，治外法権の撤廃に関する協定を締結した。そして，同年11月に，日本はこれらの政府首脳を集めて，東京で「大東亜会議」を開催する。全会一致で採択されたこの会議の「大東亜共同宣言」は，自主独立の尊重と互助敦睦，伝統の尊重と民族の創造性の伸暢，互恵的経済発展，

人種差別の撤廃，文化の交流と資源の開放などを掲げた。これは連合国が発表した大西洋憲章を意識して作られたものであった。

したがって，戦局の悪化につれて，日本はアジアの特殊性よりも，普遍的原理における米英との類似性を強調するようになったのであった。本来の意図はともかく，こうした動きにより，「アジアの解放」というスローガンは日本にとっては自縄自縛の役割を果たし始め，逆に，英米にとっては，アジアの民心獲得をめぐって，アジアとの対等性をよりいっそう行動で示す必要を生じさせる圧力として機能した。すなわち，戦争の後期において，口実とプロパガンダとして使われた「アジアの解放」というスローガンは，本来の動機とは別に，「アジアの解放」を促進する一面を持つようになったのであった［入江 1978，波多野］。

新しい枠組みに向けて　日本と枢軸国側の敗北が決定的になった情勢を背景に，連合国側は戦後の枠組み作りを加速していく。1942 年 10 月，アメリカとイギリスは中国における不平等条約の廃止をめぐって国民政府と交渉を始めた。翌 1943 年 1 月，日本と汪兆銘政権との間の条約改正よりも少し遅れて，米中間と英中間でそれぞれ新条約が締結され，アヘン戦争以来百年間も存続してきた不平等条約に終止符が打たれた（ただし，フランス，スイス，ポルトガルなどとの間には不平等条約が残されていた）。

同年 11 月，アメリカ大統領ローズヴェルト，イギリス首相チャーチル，中国国民政府主席蔣介石がカイロで首脳会談を行い，27 日に「カイロ宣言」が作成され，12 月 1 日に公表された。そこで，3 国首脳は日本の侵略を阻止し懲罰するが，自らは領土の拡張を求めないと表明したうえで，第 1 次大戦以降に日本が「奪取した」太平洋のすべての島嶼を取りあげ，また日本が中国より「盗取した」満洲，台湾，澎湖島のような領土は中国に返還させること，「暴力と貪欲によって略取した」その他の一切の地域より日本を駆逐すること，朝鮮を自由かつ独立にさせること，などを対日戦争の目標として掲げた。11 月 28 日から 12 月 1 日にかけて，ローズヴェルトとチャーチルはテヘランでソ連首相のスターリン（I. V. Stalin）と会談を開いた。日ソ中立条約が依然として有効であったにもかかわらず，ソ連はこのテヘラン会談において，対独戦争終了後に対日参戦を行うと米英に確約した。

1945 年 2 月，ローズヴェルト，チャーチル，スターリンの 3 首脳はヤルタであらためて会談をおこなう（ヤルタ会談）。この時点で，ドイツの降伏はもはや

時間の問題となっていたため，このヤルタ会談はドイツ降伏後のヨーロッパの政治的処理に焦点をあてたものであった。しかし，同時に，「ヨーロッパにおける戦争終了2，3カ月後」のソ連の対日参戦を実現させるため，3首脳は次の諸条件を極秘に決定した。まず，外蒙古（モンゴル人民共和国）の現状維持，次いで，1904年の日本の「背信的攻撃」によって侵害されたロシアの権益の回復（南樺太および近接する諸島の返還，大連商港の国際化，それにおけるソ連の優先的権益の擁護，ソ連の海軍基地として旅順口の租借権の回復，東支鉄道および南満洲鉄道の中ソ共同経営），そして，千島列島のソ連への譲渡，であった（ヤルタ協定）。

カイロ宣言とヤルタ協定によるこれらの規定は，後述のポツダム宣言と合わせて，東アジアの新しい枠組みを築く基礎となった。また，アメリカでは第1次世界大戦を教訓に，敵国に「無条件降伏」を求める方針を採り，開戦直後から対日占領政策を担当するチームを設けて，計画を練り続けたのであった［五百旗頭］。

他方，中国国内においても，従来の政治構造を覆すことにつながる潮流が生まれていた。中国共産党の成長である。日中戦争の直前，中国共産党は自らの極左路線と国民党の掃共戦によって勢力が数万人規模に縮小した。しかし，日中戦争の勃発からアジア太平洋戦争の終焉にいたる8年間，中国共産党は国民党と抗日統一戦線を結ぶとともに，独立した抗日戦を展開し，内外の特殊な政治的環境を活用しつつ，勢力の伸長に努めた。抗日戦が終盤に入ろうとする段階では，中国共産党の支配地域は104万平方キロにのぼり，人口規模は1億2千万人に達した。また，中国共産党の軍隊は正規軍120万，民兵220万にまで発展していたのであった。戦後における中国の政権交代と中華人民共和国の成立はこれを土台としたものであった。

戦争の帰結　他方，戦局の悪化に直面した日本では，1944年7月に東条内閣が退陣し，小磯国昭内閣がその後を継いだ。この内閣は，一度アメリカに反撃を加えて，その後できるだけ有利な条件によって戦争を終わらせようとした。そのため，対ソ打診と対中国和平工作を試みたが，いずれも挫折に終わった。戦時中，朝鮮や台湾などにも徴兵制を施行するなど，帝国全体で総動員をおこなった日本だが，戦局はきわめて悪化していた。

1945年4月5日，小磯首相が辞任した。同日に，ソ連は日ソ中立条約を翌年4月の期限満了後に廃棄することを日本に通告した。5月，鈴木貫太郎内閣のもとで，日本は最高戦争指導会議を開き，ソ連の参戦を防止すること，戦争終結につ

いてソ連の仲介を求めることを目的に，対ソ外交交渉の開始を決定し，ソ連に仲介を依頼したが，明確な回答を得られなかった。

こうした中，連合国側は7月17日よりドイツのポツダムで会議を開き，7月26日に，米英中3国首脳の連名で日本に対するポツダム宣言を発表した。この宣言は，日本の軍国主義の除去，連合国軍による日本領域内の諸地点の占領，カイロ宣言に基づく日本領土の縮小，日本軍の武装解除と復員，戦争犯罪人の処罰と民主主義の確立，賠償の支払いと軍需産業の禁止といった諸項目を列挙して，日本に無条件降伏を勧告した。

このポツダム宣言に日本当局が最も重視していた「国体の護持」に関する記述がなかったため，軍部の要求に押された鈴木首相は，「ポツダム宣言を黙殺し戦争完遂に邁進する」と発表した。連合国側はこの発表をポツダム宣言への拒否と解釈した。その後アメリカは8月6日と9日に，それぞれ広島と長崎に原爆を投下した。9日未明には，ソ連も日本に宣戦を布告し，満洲や千島，樺太を攻撃した。ソ連による和平斡旋を期待していた日本の最後の望みを絶つものであった。これにより日本は8月14日の御前会議でポツダム宣言の受諾を決め，15日にいわゆる玉音放送で天皇の終戦詔書（8月14日付）を放送し，9月2日に降伏文書に調印した［荒井］。日本が降伏文書にサインした相手は，連合国最高司令官ダグラス・マッカーサー（Douglas MacArthur）をはじめ，アメリカ合衆国，中華民国，イギリス，ソ連，オーストラリア，カナダ，フランス，オランダ，ニュージーランドの9カ国であった。そして9月9日には中国戦区（中国の国土に台湾と北ヴェトナムを加えたもの。ただし，満洲は暫時ソ連により接収された）の降伏儀式が南京でおこなわれた。

おわりに

日本の降伏によって，カイロ宣言，ヤルタ協定，ポツダム宣言という連合国側の諸文書に描かれた東アジアの新構図が現実のものとなりつつあった。日本は満洲事変以来の戦果を引き渡したのみならず，それ以前に他国から獲得した領土も一切放棄した。これと反対に，中国は台湾，東北地域と，日中戦争によって占領された諸地域に対する主権を回復し，朝鮮半島は日本から独立した。

この領土の変更と構造的変化とともに，東アジアにおける不平等条約体制と植

民地支配が崩壊し，主要国の国際的地位も移り変わった。日本は世界有数の強国から敗戦国，被占領国になり，中国は不平等条約体制に苦しめられてきた半植民地から世界の「4大国」のひとつとして数えられ，戦後まもなく発足した国際連合の常任理事国になったのである。

　しかし，終戦によってもたらされたのは，なにも光明だけではなかった。戦後初期には，戦時中には見えにくかった不安定要因が顕在化していく。とりわけ，中国における国共内戦とそれに伴う中国大陸と台湾の再分裂，朝鮮半島における大韓民国と朝鮮民主主義共和国の並立とそれに伴う朝鮮の分断などである。これらの動きは，敗戦国日本の地位の向上に結びつく可能性を有していた。さらに，戦争責任問題，戦後補償問題および歴史認識問題に象徴される国民間の心の葛藤など，満洲事変以来14年間の歴史がもたらした負の遺産はいまだに清算されておらず，東アジアに影を落としている［吉田1995］。これは，日本と東アジア全体の脱植民地の問題と深く関わっている。

◆研究課題
（1）日中戦争とアジア太平洋戦争にはどのような関連があったのか。
（2）欧米の情勢と東アジアの情勢とはどのように影響しあったのか。
（3）満洲事変以降の対立と戦争は東アジアにどのような結果をもたらしたのか。

第8章　国際政治の中の植民地支配

駒込　武

はじめに

　東アジアにおける国際政治は，帝国日本による植民地支配とどのように連動していたのだろうか。より具体的には，どのような国際的要因が帝国としての日本の膨張を可能にしたのか。また，国際政治上の力関係がどのように植民地支配のあり方を規定し，植民地支配に内在する問題がどのように新たな国際的な対立の要因をつくりだすことになったのだろうか。

　国際政治の一環として植民地支配をとりあげるのは，必ずしも一般的なことではない。日本と中国，そして欧米列強という国家間の外交的関係を仮に水平軸と表現するならば，植民地支配とは水平軸における政治的主体性を奪われた人びととの垂直的な関係を意味するものだからである。ただし，水平軸と垂直軸は相互に独立したものではなく，さまざまな形で連動している。しかも，水平軸の平面で主体として認められる存在は一定しているわけではなく，時代とともに変化する。だとすれば，植民地支配の問題を射程に入れることにより，国際政治の把握も真にダイナミックなものになるといえよう。

　それにしても，植民地とはどこを指すのか？　そのことをまず確認しておかねばならない。戦前期に「外地」や「新領土」と呼称された地域は，「公式の帝国」に属するものと，「非公式の帝国」の一部とみなすべきものに分かれる。前者が狭義の意味での植民地である。

　「公式の帝国」に含まれるのは，台湾，朝鮮，樺太（サハリン）南半部，関東州（中国遼東半島の先端部），南洋群島である。当該地域の潜在的な主権を認め

る度合いによって国際法上の位置づけは異なっており，1905年から10年まで朝鮮（当時の国号は大韓帝国）は「保護国」だったほか，関東州は「租借地」であり，南洋群島は国際連盟による「委任統治領」とされた。しかし，これらの地域には，総じて次のような共通点があった。

①対外戦争の結果として，日本が排他的支配権を行使するようになったこと，②欧米列強中心の帝国主義的な国際的秩序では「正統な支配」として認められていたこと，③日本内地とは異なる法域を形成し，台湾総督府，朝鮮総督府，樺太庁，関東都督府（1919年に関東庁，1933年に関東局），南洋庁のような現地統治機関による裁量の自由が大きかったこと，④独自の議会が設けられず，現地住民の政治参加が極端に制限されていたことである。

他方，日本が中国東北につくりあげた傀儡国家「満洲国」や，1937年以降に日本軍が占領した中国・東南アジアの諸地域は，帝国主義的な国際秩序のもとでの正統性すら認められていなかった点で「非公式の帝国」に属すものとして区別するのが一般的である。

以下，限られた紙数の中でこれらの地域全体について記すのは困難なので，二大植民地とされた台湾・朝鮮を中心として論ずることとする。

1. 日清戦争という分水嶺

中英関係と日英関係　東アジア世界において中華帝国の形成した地域間秩序は，アヘン戦争（1840-42年）を起点として動揺しはじめ，日清戦争（1894-95年）の結果として清国と朝鮮の宗属関係が否定されることにより解体した。この日清戦争を分水嶺として，「極東」の小国日本は新興の帝国として成り上がっていった。もとよりそれは独力で成し遂げられたものではなく，欧米列強の支持があってはじめて可能となったものだった。そのことを象徴的に示す，ひとつの新聞記事がある。1895年3月，下関で日清戦争の講和会議が始められる直前の時期に，英字紙『ウエストミンスター・ガゼット』（*the Westminster Gazette*）に掲載された伊藤博文首相へのインタヴューである。

このインタヴューで，伊藤は，清国官僚の「非文明的」な性格を批判すると同時に，「私はマセソン・ボーイズの1人です」と述べている。ここで「マセソン」とはヒュー・マセソン（Hugh M. Matheson）を指す。ヒューは，アヘン貿易で著

名なジャーディン・マセソン商会（中国名は怡和洋行）のロンドン代理店の経営者であり，ロンドン商業会議所東インド・中国部会議長にも就任した経済界の実力者だった（⇒第1章コラム「不平等条約とイギリス商人」）。

伊藤博文は，幕末に長州藩主の内命を受けて井上馨らとともに英国へ密航，その際に横浜居留地に英一番館を設けていたジャーディン・マセソン商会の船に乗り込み，ヒューの斡旋によりロンドン大学で学んだのだった。4国連合艦隊による下関砲撃の報を聞いて急遽帰国した「マセソン・ボーイズ」たちは，倒幕派の方針を攘夷から開国へと転換させ，明治国家の元老としての地位を築いていった。今や首相となった伊藤は，下関条約の締結を前にしてヒュー・マセソンとの個人的つながりを強調することで英国世論の支持と同情を集めようとしていたわけである［駒込 2001］。

ジャーディン・マセソン商会によるアヘン密貿易は，中国ではアヘン戦争の直接的な引き金を形成した。そのことを考えれば，「マセソン・ボーイズ」という言葉は，中英関係とはおよそ対照的な，日英関係を象徴するものといえる。日本政府が 1894 年の日英通商航海条約締結をまって日清戦争の開戦に踏み切る決断をした事実も，東アジア世界における覇権を獲得していく上で，英国の支持が決定的重要性を持ったことを示している。

日本政府はさらに，1900 年の義和団事件において列強と共同出兵し，1902 年に日英同盟を締結することを通して「極東の憲兵」としての地歩を固めた。日英同盟の締結に先立って伊藤博文や井上馨がむしろ日露協商を志向したように，もとより常に英国一辺倒だったわけではない（第3章参照）。しかし，国家単位の「生存競争」で生き残るためには「文明世界の同情」（日露戦争当時の伊藤の言葉）に頼らねばならないという考えは，一貫していた。こうした考えは，「弱肉強食」的な世界秩序のもとで日本の独立を維持しようという切実さに支えられたのであった。しかし，欧米列強のもたらした「文明」の秩序に必死に適応しようとする態度は，同時に，「非文明的」「未開」とみなした人びとに対する抑圧や差別を当然のこととして許容し正当化するものともなった。植民地支配という局面では，後者の側面が体系化された形で実践されることとなる。

三国干渉と台湾民主国　1895 年 4 月 17 日に調印された下関条約は，朝鮮王朝の独立を謳い，清国に巨額の賠償金を課すとともに，遼東半島，台湾，澎湖島の割譲を定めた。さらに，清国の開市・開港場における製造工場敷設権を規定，こ

れは最恵国条項を通して英国資本の利益となることも考慮しての措置であった。実際，ジャーディン・マセソン商会は，これを契機として怡和綿紡織公司を設立するなど本格的な産業投資に乗り出すことになった［石井］。

条約調印の6日後，露・独・仏の3国が，朝鮮の独立を有名無実とするという理由で，遼東半島の放棄を勧告した。日本政府が頼みとする英国はこのときに干渉の呼びかけには加わらなかったが，対清貿易に対する影響を危惧して干渉に反対もしないという態度を示した。5月5日，日本政府は，やむなく遼東半島を還付する意向を3国に通達し，10日に条約を批准交換した。

遼東半島とは対照的な状況に置かれたのが，台湾である。台湾の西方海上に位置する澎湖島は日清戦争の末期に海軍により占領されたが，台湾は戦場となることを免れた。それだけに，5月19日に清国総理衙門から割譲の報が正式に伝えられると台湾在住の郷紳・富豪は驚愕し，台湾省巡撫（知事）唐景崧を通じて「台民を遺棄」することへの抗議文を清国政府に寄せた。5月23日には「倭奴（日本人）」による支配を拒絶する人びとが「台湾民主国」独立宣言を発し，翌日，各国の領事館に送付した。総統には唐景崧，副総統には台湾在住の郷紳である邱逢甲が就任した［黄］。

台湾民主国は，列強による干渉を誘引するための，清国官僚による外交的策謀としての側面を持っていた。事実，干渉の可能性は存在していた。英国商人の中では香港から上海にかけての海上ルートを脅かすものとして日本による領有への反対論もあがっており，清仏戦争（1884-85年）のさなかに台湾を砲撃した経験のあるフランスも，多大な関心を抱いていた。しかし，列強は三国干渉を経てむしろ慎重な態度をとるようになっており，実際に干渉がなされることはなかった。

台湾民主国は，民衆的基盤を持たなかったために日本軍が上陸するとたちまち瓦解し，主要な関係者は逃亡した。しかし，まがりなりにも台湾の「民意」を問題とする宣言文が起草されたことや，独自の国旗，紙幣，切手などが作製された事実は着目に値する。台湾民主国の試みとその挫折は，清朝の「棄地」「棄民」という意識を漢族住民の有力者に刻み込むとともに，のちに「台湾人」意識が成立した際にはその起源を示すものとして回顧されることになる［呉］。

「日台戦争」の展開　5月29日に日本軍は台湾北東部の海岸に上陸，6月17日には初代台湾総督に就任した海軍大将樺山資紀が台北で始政式を開催した。占領は容易そうに見えたが，南部への侵攻を始めるに及んで，住民と一体となった抗

日義勇軍の頑強な抵抗に直面した。抗日ゲリラの嫌疑をかけられた住民を日本軍が無差別に殺戮する行為が，さらに多くの住民を抵抗勢力の側に押しやるものとなった。

樺山総督は伊藤首相宛の電報で，「義軍」と称する武装勢力の活動に悩まされているために南部進軍を延期したいと申し出たが，伊藤は，英国政府から台南・高雄に居留する外国人の保護を要請されているという理由で直ちに進軍することを要請した。台湾では天津条約（1858年）および北京条約（1860年）により淡水・台南（当時の名称は台湾府）が開港されて以来，欧米人商人が進出しており，ジャーディン・マセソン商会も，アヘンを対価として，樟脳や茶の輸出に携わっていた［河原林］。また，イングランド長老教会の派遣した英国人宣教師が布教活動に従事していた。この教会の宣教本部で30年以上にわたって委員長を務めていたのは，伊藤の恩人ヒュー・マセソンだった。台湾における欧米人の人口は100人に満たなかったが，「文明世界の同情」を頼みとする日本政府にとっては政治的に無視しえない存在だった。

日本軍は，多くの死傷者を出しながら，10月になってようやく台南・高雄を占領した。台湾全島「平定」までの日本軍の死者は，戦死・病死あわせて5,000名近く（大半は病死）にのぼり，日清戦争の戦死・病死者数の過半を越えた。それは，「日台戦争」と呼ぶのがふさわしい出来事だった［檜山 1997］。

「軽蔑された帝国」——英国人宣教師の視線　日本軍の台南城への入城に際しては，英国人宣教師バークレイ（Thomas Barclay）が，住民との仲介役を務めた。城内の住民の流血を防ぐとともに，日本軍による占領を容易にして自らの安全も守る行為だった。それでは，日本による台湾領有を，英国人宣教師はどのように見ていたのだろうか。

バークレイは，住民たちが，自らの意思にかかわりなく誇りある伝統から切り離されて，「軽蔑された帝国」の一部にされてしまったことに同情せざるをえないと述べている。ただし，日本の支配は通信手段などを発達させ，キリスト教布教の障碍である郷紳層を破壊するだろうという期待を記してもおり，両義的な態度を示している。

1896年にはバークレイと思われる宣教師が，匿名で『タイムス』（*the Times*）に文章を寄せ，台湾中部の雲林地方で，キリスト教への改宗者を含めて住民が無差別に殺戮されたことを告発した（雲林事件）。「軽蔑された帝国」としてのイメ

ージを強める記事に接して，加藤高明駐英公使は西園寺公望外相に反論の材料を提供するように要請した。しかし，総督府への照会により「事実無根ニアラサルコト」が判明した。結局，責任者の処罰，天皇の名による救恤金の支給，総督の名でキリスト教徒を保護し，「文明の政治」を行うという記事を『タイムス』に掲載することで事態は一応収拾された［駒込 1997］。

　民間人である宣教師の見解はもとより英国政府を代表するものではなかった。人数的にも少数だった。しかし，日本による植民地支配という状況のもとではこの少数の人びとが国際政治に向けて開かれた窓としての役割を果たしていた。日本人は，こうした視線を強く意識しながら，植民地政策を展開することになるのである。

2．台湾における植民地政策の展開

　台湾総督の委任立法権　台湾占領の過程で軍が決定的な役割を果たした上に，「平定」宣言が出されたのちもゲリラ的な抵抗がやまなかったために，台湾統治において軍の発言権は大きなものとなった。1896年3月には軍政から民政に移行したが，総督は陸海軍の大将・中将から任じ，台湾における陸海軍を統率するものとされた。また，「台湾ニ施行スヘキ法令ニ関スル法律」（六三法）により，帝国議会の立法権の一部を包括的に総督に委任し，法律に等しい効力を持つ命令（「律令」と称された）を制定する権限を与えることとなった［山本］。

　六三法の制定は，臨機応変に「治安」問題に対応するためにとられた措置であった。しかし，行政権の担い手たる総督に立法権を付与し，行政命令に法律と同等の効力を認めることは，立憲政治の原理と明白に背馳するものだった。立憲政治とは，議会の定める法律と，行政権力による命令を峻別した上で，法律が命令に優越する体制を根幹とするものだからである。帝国議会でも六三法は憲法に抵触するものという議論が噴出したので，さしあたって3年の時限立法として制定され，21年まで継続された。

　もっとも六三法体制下においても，緊急律令を除く一般の律令の制定に関しては，総督は，事前に主務省（拓殖務省・内務省・拓務省など時期により変化）を経て勅裁を請う仕組みとなっており，実質的には内閣総理大臣が最終的な決定権を保留していた。本国政府との関係では，総督もフリーハンドの権限を認められ

たわけではなかったのである［檜山 1998］。それでも、「本島人」と呼称された台湾在来の住民との関係では、帝国議会への参政権を認めない一方、台湾独自の議会を設けることもせず、明白に専制的な統治体制を構築したことは確かだった。言葉を換えれば、台湾は、立憲政治の例外であり、日本内地とは異なる法域とされたわけである。

　特別統治主義とも呼ばれるこうした体制は、大筋において司法省顧問である英国人カークード（W. M. H. Kirkwood）の意見書にしたがったものであり、英国の王領植民地（Crown Colonies）のシステムに類似していた［江橋］。「自由と民主主義」の国であるはずの英国も植民地では専制的な統治体制を敷いていたことを日本人植民地官僚は学び、模倣していたのである。

　台湾における領事裁判権撤廃問題　日本による領有当時の台湾では清国が列強と結んだ条約にしたがって、領事裁判権、アヘン貿易権、樟脳搬出権などを欧米人に対して認めていた（第 1 章参照）。日本政府は、当初は清国の結んだ条約をそのまま認める方針をとったが、1896 年 2 月、日本政府が列強と結んだ現行条約を台湾に適用すると宣言した。そこで新たに浮上したのは、台湾における欧米人の領事裁判権をどのように位置づけるかという問題だった。

　いわゆる不平等条約の改正は、明治期の国策の中心的課題だった。1894 年の日英通商航海条約により、1899 年の同条約発効をまって領事裁判権を中核とする治外法権を撤廃、同時に、外国人居留地制度を廃止し、内地旅行の自由などを認めることになった。関税自主権は完全には回復していなかったものの、治外法権については撤廃への道筋がつけられたわけである。ただし、その前提として、「文明国」にふさわしい法典の整備を進めることを求められていた（第 2 章参照）。

　新たに編纂中の法典を台湾にも施行するのか、それとも、台湾には施行せず領事裁判権の存続を認めるのか。この問題に関して台湾総督府のとった対応は、属人的に適用する法を区別するというものだった。すなわち、1898 年 7 月に「民事商事及刑事ニ関スル律令」を制定、もっぱら本島人および清国人にかかわる事項に関しては「現行ノ例ニ依ル」とした上で、内地人や欧米人が関係する事項は、民法、商法、刑法、民事訴訟法、刑事訴訟法に依ることとした。すなわち、本島人・清国人に対しては旧慣による法、内地人・西洋人に対しては内地の法を属人的に適用する二重法制が形成されたわけである［浅野 2004a］。

もとより，すべての法令が属人的に適用されたわけではなかった。内地の法律がそのまま台湾に延長施行される場合もあり，律令に関しては属地的な適用がむしろ原則であった。ただし，民事・商事・刑事に関するかぎり，比喩的には，台湾全体があたかも巨大な「居留地」であるかのように台湾在住の内地人は治外法権と類似の立場を享受することになったといえる。

　児玉―後藤体制下における台湾統治　1898 年 3 月，児玉源太郎が台湾総督，後藤新平が民政局長（のちに民政長官）に就任した。児玉―後藤体制（-1906 年）のもとで，総督府は，「治安」を回復し，鉄道の敷設，築港など社会資本の整備をすすめ，糖業を中心に産業振興に努めた。1901 年には臨時台湾旧慣調査会を設置し，英国のインド統治を模範として，現地住民の法意識と慣習を基礎とした法体系の構築に着手した。

　後藤の序文を添えて英文でも出版された竹越与三郎『台湾統治志』（1905 年）では，総督府の治績を誇ると同時に，「白人」が担ってきた「未開の国土を開拓して文明の徳沢を及ぼす」責務を日本人も担うのだと宣言した。この文章に象徴されるように，後藤は，植民地政策を広義の外交政策の一環とみなしており，日本人が「白人」と同様に「文明的植民政策」の担い手であることを示すことによって日本の国際的地位を高めることを目標としていた［春山 1993］。

　こうした「文明的植民政策」の展開は，住民の政治的主体性を否定し，反抗の意思を少しでも示す者を容赦なく殺戮する体制によってはじめて可能となったものでもあった。具体的には，1898 年 11 月に緊急律令として「匪徒刑罰令」を制定し，「暴行又ハ強迫」という手段で目的を達するために「多衆結合」する者を死刑に処すと定めた。実際に「暴行」に及ばなくても罰せられる点はのちの治安維持法と同様だが，「多衆結合」の具体的な目的を犯罪の要件としない点で恣意的な判断の介在する余地がさらに高い規定だった。1898 年から 1902 年までの 5 年間で「匪徒刑罰令」による死刑執行は 3,000 人を越えた。多くの場合，裁判は臨時法院において略式で行われ，判決後数日の内に，ときには囚人の名前すら確認されないままに死刑が執行された［檜山 1998］。

　対外関係という点では，1900 年に厦門への出兵を計画した。もともと台湾は「南支南洋」進出の足場として獲得されたものであり，義和団事件が「南支」に波及した状況を捉えての計画だった。しかし，列強との紛議を惹起することを恐れた伊藤博文らの要請で，実行直前に中止とされた。後藤は，この経験を通じて

大陸への進出競争における列強との角逐を強く意識することとなった［北岡］。

専売制度と英国資本　1905年に台湾総督府の特別会計は本国からの補充金を不要とする状態になり，財政的独立を果たした。それを可能にしたのは，専売制度であった。総督府は，1896年にアヘン，1898年に樟脳・食塩，1905年にタバコ，1922年にアルコールを専売の対象に指定した。日本内地では1898年に葉タバコ，1904年に塩，1937年にアルコールが専売の対象とされたわけだが，台湾の方が時期的にも早く，品目も多岐にわたることがわかる。財政的独立を果たした1905年の時点で専売収入は財政歳入の半額近くを占めた。砂糖消費税のような間接税と同様，専売も間接的課税として低所得者に重い負担を課すものである以上，一般民衆に対する苛酷な課税によって財政的独立もはじめて可能になったといえる［矢内原，平井］。

アヘンに関しては，英国資本は，1870年代に中国産の安価なアヘンが出回り始めて以降，取引から撤退し始めていた［石井］。総督府は，日本内地と同様の厳禁政策をとれば吸引者を死にいたらしめるという理由で「漸禁政策」をかかげ，官営事業として製造し，免許交付者に販売した。後藤新平は，1896年に内務省衛生局長として起草した意見書ではアヘン専売収入を医療衛生費のための特定財源とすべきだと主張していたが，民政長官としてこの意見を実現することはなかった［平井］。その結果，日露戦争当時には吸引のための免許を濫発するなど「漸禁」という趣旨に反する措置もしばしば見られた。英国資本が台湾にもたらしたアヘンは，総督府の巨大な収入源へと転換されたのである。

樟脳に関しては，清代にも台湾開港直後と，台湾省巡撫劉銘伝が洋務運動を推進した1880年代に専売制度を実施したことがあった。しかし，英国資本を始めとする欧米人商人の強硬な反対に遭って，両度ともに撤回を余儀なくされた［平井］。日本による領有後も，樟脳への課税措置をめぐって英国資本との確執が生じていた。総督府が専売制度を実施すると，香港の英字紙『チャイナ・メイル』(*China Mail*) が後藤新平を槍玉に挙げて批判した。これに対して，台南在住の英国人宣教師キャンベル (William Campbell) は，ヒュー・マセソンの「共存共栄」の精神に言及しながら，専売制度も「戦利品」の処置としては当然であるとして後藤を擁護した。下関条約により大陸での投資の機会が開かれたこともあったのだろう，このときの批判は，専売制度の廃止にいたらしめるほどのものとはならなかった［駒込1997］。かくして清朝が撤回せざるをえなかった樟脳専売を

総督府は実施し、そこから多くの利益を得ることとなるのである。

教育政策と英国人宣教師　台湾総督府は、欧米列強と同様に、「文明の徳沢」を施すものとして植民地支配を正当化していた。しかし、「文明化」の手段であるはずの近代教育の普及に関しては、じつは消極的だった。児玉—後藤体制のもとで現地住民向け初等教育機関として公学校を設置したが、中学校から帝国大学にいたるエリート養成のための普通教育機関の設置は見送った。児玉が「文明流」の教育を施せば「権利義務の論」に走らせて「不測の弊害」をもたらすと語ったように、「本島人」を従属的地位におくためには教育程度を低くとどめた方がよいと考えていたのである。1911年に学務課長に就任した隈本繁吉も、就任当初の極秘メモにおいて、表面上は教育を重要視するようにして実際には奨励せず、「列国ノ視聴上」やむをえない程度に学校を設ければよいと記している〔駒込 1996〕。

　しかし、この方針は変更を余儀なくされた。大陸でも1905年には科挙が廃止される時代の転換の中、郷紳層は中学校設立を求める運動を展開し、総督府はこれに譲歩する形で1915年に公立の中学校を台中に設立した。さらに、これを契機として体系的な教育制度を整備することを本国政府から求められ、1919年に台湾教育令を制定した。中学校設立について総督府が譲歩したのは、次のような「内憂外患」に襲われていたからであった。

　台湾には、大陸から移住した漢族のほかに、中央山間部および東部海岸に先住少数民族（日本統治期には「生蕃」や「高砂族」と呼称された）が居住していた。漢族の抗日ゲリラをほぼ鎮圧した段階で、総督府は林野資源を求めて山地に実効的支配を及ぼそうとしたが、武装した先住民の激しい抵抗に直面した。1910年から1914年にかけては「理蕃五カ年事業」という名称の先住民征服戦争を展開、この戦争で漢族の苦力層を人夫として大量に徴発したことが「民心変調」の要因となっていた。また、1913年には、大陸における辛亥革命に参加した経験のある羅福星が、苛税の徴収、専売制度の理不尽、人夫徴発の過酷など総督府の虐政を批判し、武装蜂起を計画した。この計画は未然に発覚して羅福星らは処刑されたが、共鳴者が広範にわたっていた点でも、辛亥革命の波及という性格を持っていた点でも、統治者を震撼させるのに充分な出来事だった。こうした状況の中で、総督府は漢族有力者の協力をつなぎとめるために彼らの要求を認めたのだった〔若林〕。

公立中学校の設立は，台湾島内において「列国の視聴」を体現する英国人宣教師との関係からも必要とされたことだった。郷紳層は，じつは総督府に中学校設立を求めるのに先立って，バークレイに対して「宣教師の設立した学校（台南長老教中学）を拡張するために寄付金を提供する，キリスト教主義の方針には容喙しない」という申し出を行っていた。総督府は，この申し出が実現するのを阻止するために，台南長老教中学の寄付金募集事業を認可せず，公立中学校の設立を急いだのである。この件について，ロンドンの宣教本部は駐英公使に対して抗議を行った［駒込 2001］。

総督府は，経済の領域では専売制度の樹立を通じて欧米資本をほとんど駆逐したものの，教育の領域では英国人宣教師の影響力を排除できずにいた。しかも，宣教師，漢族の郷紳層，日本人官僚の関係は微妙に変化していた。1900 年代までの状況では，総じて郷紳層は宣教師を在来の秩序の破壊者とみなして敵視する一方，日本人は英国人とときには競合しながらも，全体として「共存共栄」の関係を築いていた。台湾や中国大陸の人びとからすれば，それは「共同の抑圧」の体制にほかならなかった。しかし，1910 年代以降，郷紳層が宣教師との協力関係を模索する一方，日本人と宣教師のあいだに不協和音が生じ始めていた。1920 年代以降，この不協和音はさらに大きなものとなっていく。

3．朝鮮における植民地政策の展開

韓国保護国化と欧米列強　日清戦争の結果，日本は台湾を最初の植民地として領有することになった。しかし，台湾領有は開戦当初から予定されていたものではなかった。むしろ戦争の目的は日本の「利益線」とみなされた朝鮮で排他的影響力を確立することであった。

1894 年 10 月，伊藤博文首相の命を受けて内務大臣井上馨が朝鮮公使として乗り込み，朝鮮の実質的な保護国化を図ることを目的として，日本人顧問官による内政改革（甲午改革）を行わせるとともに，巨額の借款供与を行おうとした。しかし，1895 年 5 月，ちょうど三国干渉への対応策が審議されていた時期に，英仏独露の 4 国が朝鮮政府に対して利権を日本に独占させることへの抗議文を送った。井上馨は改革の継続を断念して帰国，甲午改革は頓挫することになった［森山］。

列強の干渉によりいったんは断念された保護国化政策は，日露戦争後に実現されることになった。すなわち，1905年9月に日露講和条約（ポーツマス条約）を締結したのち，11月に第2次日韓協約により外交権を奪い，韓国統監府を設置して，大韓帝国を保護国とすることになった。これに先立って，日本政府は，米国とは桂・タフト協定，英国とは第2回日英同盟協約を結び，朝鮮半島における日本の排他的支配権について承認をえていた。韓国政府は，1882年締結の米朝条約の周旋条項（一方の政府が他国により抑圧されたときには他方の政府が円満な妥結をもたらすように周旋すると定めた条項）に基づいて米国政府が日韓協約に異議申し立てを行うように働きかけたが，米国政府は韓国に大きな利害関係を持っていないこともあってこの要請をしりぞけ，日本との友好関係を優先させた［長田 1992］。

1907年にはハーグ密使事件を契機として第3次日韓協約を締結，軍隊を解散させ，内政の全権を握った。これ以後，初代統監伊藤博文は「自治育成政策」を推進するが，伊藤の楽観的な予想に反して，国権回復を目指す義兵闘争が全国的に拡大していった。他方で，併合推進派の山県有朋・寺内正毅らが伊藤の「自治育成策」を批判する中で伊藤は統監を辞任，1909年にハルピンで安重根に射殺された。すでに併合の方針を固めていた日本政府は，むしろこれを好機として，1910年8月に「韓国併合」を行った［森山］（第3章も参照）。

韓国における領事裁判権撤廃問題　日本が韓国保護国化にとどまらず併合により名実ともに植民地化するに及んだ要因として見過ごすことのできないのは，領事裁判権撤廃問題である。

第2次日韓協約締結にあたって，日本政府は，韓国と通商条約を結んでいる欧米列強に対して日韓協約に抵触しないかぎり現状を維持することを宣言し，領事裁判権の継続を承認した。しかし，第3次日韓協約締結以後に進められた司法制度改革では，領事裁判権の撤廃を目標として法典整備，裁判の改良が行われることになった。こうした方針転換が行われたひとつの理由は，韓国の抗日勢力が欧米人の活動と結びつくことを恐れたためだった。

象徴的なできごとは，英国人ベッセル（Ernest T. Bethell）をめぐる事件である。英字紙の現地特派員として渡韓したベッセルは，梁起鐸（ヤン・ギテク）とともに『大韓毎日申報』を創刊し，1907年には高宗が第2次日韓協約の無効を宣言した国書を『大韓毎日申報』に掲載するなど抗日的言論活動を展開した。統監府は取締りを意図

したが，ベッセルおよび大韓毎日新報社に対して英国の領事裁判権が認められていたので，ベッセルはもとより大韓毎日新報社内にある韓国人に対しても直接取締りをすることができなかった。伊藤統監が駐韓英国領事に対してベッセルの追放を繰り返し要求したために，英国領事は親善国の「治安」を妨害したという理由でベッセルに対して領事裁判を行うが，追放処分には付さなかった。伊藤は，このできごとを通して領事裁判権撤廃の必要性を痛感することになった［小川原2000］。

第3次協約締結以後，伊藤は，「自治育成政策」の方針にしたがって内外国人に共通に適用される韓国独自の法典を整備することにより，領事裁判権の撤廃を図ろうとしていた。しかし，韓国における商標等の保護にかかわる日米条約を調印するプロセスで「文明国人民」を裁判するのにふさわしい司法制度を形成するのは「前途遼遠」という判断から，韓国の司法権を日本に委託させる方針に転じ，1909年7月に「韓国司法及監獄事務委託ニ関スル覚書」を締結した。さらに，同年10月には勅令により「韓国人ニ係ル司法ニ関スル件」を制定，台湾の場合と同様に，韓国人には韓国法を適用し，日本人および外国人には日本法を適用するという属人的な二重法制が形成された［小川原1999］。

韓国併合により，欧米列強と韓国政府の間で締結された条約は失効したものとされ，その後の列強との交渉を通じて，領事裁判権は順次撤廃されることになった。

朝鮮総督府の「武断統治」と土地調査事業　韓国併合により，韓国統監府に代わって朝鮮総督府が設置された。朝鮮総督は陸海軍大将から任ずると定められたことや，法律に等しい効力を持つ命令（「制令」と称された）が総督に付与された点などは，明らかに台湾の統治体制をプロトタイプとしていた。

朝鮮における「治安」維持の根幹とされたのは憲兵警察制度だった。従来の韓国駐剳軍を再編して組織された朝鮮駐剳憲兵には「暴徒ノ討伐」「犯罪ノ即決」から「墓地ノ取締」「種痘」にいたるまで広範な権限が付与された。「武断統治」と呼ばれるゆえんである。

財政的には朝鮮人参，タバコ，アヘン，アルコールが専売の対象とされたものの，台湾総督府の場合ほど専売収入の占める割合は大きくなく，歳入の大半は地税・関税のほか，鉄道・電信・電話などの官営事業によって占められた。地税収入および官営事業収入の基礎とされたのが，1910年に開始された土地調査事業

である。この事業を通じて，総督府は朝鮮王朝の直営地，私有地たることを証明できない土地などを接収し，自ら広大な土地を所有するとともに，国策会社たる東洋拓殖株式会社，日本人地主などに振り分けた。

　台湾において英国資本が大きな影響力を持っていたのとは異なり，朝鮮では英国資本や米国資本は鉱山経営に携わっていた程度であり，経済的な利害関係はそれほど大きくはなかった。ただし，土地調査事業の過程で，欧米人居留地の存在が総督府による一元的支配に対する障碍として浮上した。しかも，居留地において欧米人は警察権以外の地方行政権を保有していた上に，居留地に隣接する地域での土地所有も進めていたために，この問題はいっそうの重要性を持っていた。各国領事との交渉の結果，土地所有権や永代借地権にかかわる既得権益の存続は認めたものの，1914年になってようやく居留地制度を撤廃することに成功した［小川原 2001］。

　関税自主権に関しては，内地と同一の制度がとられた台湾では1911年に関税自主権を回復したが，朝鮮では併合時に10年間税率を据え置くことが定められた。これは列強の圧力を緩和するための措置であったが，10年間の据置期間終了後も総督府の財政収入を補うために内地からの移入品に関税をかけるなどの例外措置が存続した［山本，平井］。

教育政策と米国人宣教師　朝鮮では1880年代に欧米列強に対して開港して以来，米国系の長老派および監理派（メソジスト教会）を2大勢力として宣教活動が展開されていた。保護国期には「東洋宣教史上の奇跡」と評されるほど信者が増大，その背景には，政治に志を抱く朝鮮人が「亡国」の過程でキリスト教に活路を見出そうとしたという事情が存在した。教勢の拡大を背景としてキリスト教系学校も多数設立された。その中には，普成専門学校，梨花女学堂のように大学レヴェルの専門教育を行っている学校もあった。

　韓国併合に際して米国政府との間の懸案事項とされたのは，領事裁判権，関税，鉱山利権のほか，宣教師による教育事業であり，「帝国の施政を妨害することのない」という但し書きつきながら宣教師の活動を保護することを約束していた［長田 2005］。しかし，総督府からすれば，キリスト教系学校は米国人の庇護のもとで朝鮮人が独立運動を展開するための「陰謀」の「策源地」であるという猜疑心が常につきまとっていた。

　総督府は1911年に朝鮮教育令を制定し，各4年制の普通学校・高等普通学校

を設ける一方，大学に関する規定は設けず，専門学校規則の制定は先送りにした。まがりなりにも体系的な教育制度を構築したのは，甲午改革以来，近代教育制度の形成が進められていたために，台湾のように放置するわけにはいかなかったためである。ただし，当時内地の小学校が6年制，中学校が5年制であったのに比較して修業年限は短く，低水準の教育機関にとどめようとする意向は明確であった。

やはり1911年のこと，総督府は，寺内正毅総督の暗殺を計画したという容疑で多数の朝鮮人キリスト教徒を逮捕し，もっぱら自白のみに依拠して立件した。キリスト教界の代表的存在である尹致昊(ユン・チホ)も首謀者のひとりとされて，1913年には懲役6年の刑が確定した。この事件は宣教師を介して米国でも報道され，上院議員が駐米日本大使に善処を求めるなどの働きかけが行われた。結局，米国の世論を配慮して1915年に尹致昊らを恩赦とすることとなった（⇒コラム「105人事件」）。

他方，キリスト教系学校に対しては厳しい措置がとられた。1915年に専門学校規則を制定するのと同時に私立学校規則を改正し，宗教教育・宗教的儀式を行ってはならないと定めた。日本内地では，1899年の文部省訓令12号により正規の私立中学校・高等女学校における宗教教育・宗教的儀式を禁止していたが，私立各種学校については認めていた。これに対して，朝鮮の改正私立学校規則は各種学校も含めて認めないという破格に厳しい規定であった。既設校については10年間の猶予期間を設けるという過渡的措置もとられたが，この規則は多くのキリスト教系学校を廃校に追い込み，米国人宣教師および朝鮮人キリスト教徒に強い不満を抱かせるものとなった［駒込1996］。

4．台湾・朝鮮における植民地政策の再編

民族自決主義と3.1独立運動　第1次世界大戦のさなか，米国の大統領ウィルソンは，新しい世界秩序の基本理念として民族自決主義を掲げた。この原則は無限定な適用を想定したものではなく，ウィルソンが自治能力を持つとみなす「文明民族」が米国の利益にもかなう形で独立を求める場合にのみ「民族自決」を認めるというものであった。しかし，ウィルソン自身の意図を越えて，欧米列強および日本の植民地支配下にあった諸民族に期待を抱かせるものとなった。朝鮮で

> Column 8-1
>
> ## 105人事件
>
> 1902年から陸相だった寺内正毅は1910年5月，兼任で韓国統監に就き，8月には大韓帝国政府と韓国併合条約を締結して，日本の韓国併合を実現した。また，彼は10月，日本の1地方たる「朝鮮」の統治を行う機関である朝鮮総督府のトップ，朝鮮総督に就き，翌年には陸相を辞任して朝鮮総督専任となり，日本の首相となる1916年までその座にあった。
>
> その寺内が朝鮮で憲兵警察制度の導入・実施に象徴される「武断統治」開始後すぐの1910年12月，朝鮮北西部の平壌(ピョンヤン)，宣川(ソンチョン)，新義州(シニジュ)などを視察，その視察中に朝鮮人が何度か彼の暗殺を試みたが，いずれも失敗したとの噂が1911年，流れた。そこで，朝鮮総督府は，同年9月までに約700人の朝鮮人を逮捕し，証拠不充分で釈放された人たち以外の122人への裁判が翌年に始まった。そして，総督府や報道機関が，逮捕者の多くがキリスト教徒だったことから在朝米国人宣教師（特に長老教）が彼らの背後にいるのではと疑う一方，米国政府，長老教教会は，事件とのかかわりを否定し，逆に朝鮮総督府が自白引出しのために逮捕者を拷問しているのではと疑った。
>
> 1912年には在朝米国人宣教師の寺内との会見，在米長老教教会および3人の上院議員などによる在米日本大使館との折衝（その際，米国留学経験もある「首謀者」尹致昊(エン・チホ)の嘆願がなされた）などによる「事件」解決，日米関係打開のための動きがなされた。そして，当時の京城（現在のソウル）地方法院（裁判所）は9月28日，上記の122人中，17人を無罪とし，一方で105人を懲役刑に処した（「105人事件」の名称は，ここに由来する）。その後，控訴審では1913年10月，105人中，99人が無罪となった一方，尹致昊など6人は懲役刑が確定したが，その6人も1915年2月，大正天皇の即位式による恩赦により釈放された。こうして「事件」は一応決着し，尹致昊は以降，日本の朝鮮統治を容認した。また，実際には寺内への暗殺計画はなかったとされる中，朝鮮総督府は，「事件」により韓国併合後も存続していた秘密結社の新民会(シンミンフェ)（尹致昊が会長）を壊滅させ，自らの威力を朝鮮人にみせつけ，「武断統治」を続けた。しかし，それへの朝鮮人の不満が直接的契機となり，1919年に3.1独立運動が起こる。その意味で，「事件」は，3.1運動を予告し，またその引き金ともなった。 （長田 彰文）
>
> 【参考文献】長田彰文『日本の朝鮮統治と国際関係』（平凡社，2005年）

も，『毎日申報』（『大韓毎日申報』の後継誌。買収により総督府の準機関紙とされていた）がウィルソンの主張を報道した。もとより批判的な論調であり，民族自決主義は世界列強の土台を崩壊させ，フィリピンなどを領有する米国を自己撞着に陥れるものだと論じた。だが，この論評は，その意図とは裏腹に，民族自決と

いう言葉を広める役割を果たすことになった［長田 2005］。

パリ講和会議のさなかの 1919 年 3 月 1 日，ソウルのパゴダ公園で「旧時代ノ異物タル侵略主義強権主義」を排して「正義人道生存尊栄ノ為ニスル民族的要求」を掲げる独立宣言書が読み上げられ，朝鮮半島全域で「独立万歳」を唱える示威運動が展開された。民族自決という理念が，この運動のひとつの誘因となったことは明らかである。しかし，より根本的には，朝鮮人を総体として差別する統治体制が，宗教・性別・階層などの差異を越えて「民族」という理念のもとでの連帯を促進したとみるべきだろう（⇒コラム「3.1 運動」）。

突然の「騒擾」に驚愕した総督府の残虐な鎮圧行動は，英字新聞で大きく報じられた。媒介者となったのは，宣教師である。たとえば，ソウル在住の宣教師アンダーウッド（Horace H. Underwood）は，駐ソウル米国領事や AP 通信ソウル特派員らとともに全滅したとされる村を訪問，提岩里(チェアムリ)では村の男性全員が教会堂に押し込められた上で火をつけられたことを住民から聞いた（提岩里事件）。平壌(ピョンヤン)在住のモーリー（Eli M. Mowry）のように，目撃者となったばかりでなく，自分の学校の生徒である朝鮮人をかくまった罪で逮捕されて有罪判決を受けた者もいた。こうした事態が次々と報道される中，米国上院では朝鮮独立支持案も上程された。韓国の保護国化当時と同様，米国政府が朝鮮問題を日本の「国内問題」と位置づけていたこともあって，この議案は否決された（賛成 34，反対 46）。ただし，朝鮮の独立を支持する議員やジャーナリストが登場したのは注目すべき変化だった［長田 2005］。

ベッセル事件がそうだったように，朝鮮人の抗日運動を徹底的に取り締まろうとすれば関連する欧米人も取り締まらねばならず，欧米人を取り締まろうとすれば英国や米国との外交問題に発展しかねないという連鎖の構造が存在した。領事裁判権が撤廃されて総督府管下の裁判所で欧米人を裁けるようになったとしても，この連鎖構造そのものを脱却できたわけではなかった。

原敬の内地延長主義 1918 年 9 月に首相に就任した原敬は，3.1 運動の勃発に先立って，政党勢力の指導者として植民地統治体制の転換に着手していた。まず試みたのは，総督武官制度の改革だった。桂太郎・寺内正毅など長州閥の軍人が台湾総督・朝鮮総督をほぼ独占しており，政党勢力が容易に介入できない領域を形成していた。そこで人事面から改革を図るために文官総督制を実現しようとしていた矢先に 3.1 運動が生じたのであった。

Column 8-2

3.1 運動

　韓国では，3月1日前後は，8月15日前後と並んで，反日民族主義の世論が高まる時期である。また，ソウルのタプコル公園の周辺は，日本語の使用が最も憚られる場所のひとつである。それは，1919年3月1日，この公園（当時はパゴダ公園）での集会から始まった3.1運動が，今なお韓国の民族精神の原点として位置付けられているからである。1990年代末以降反日世論の鼓吹は沈静化したと言われるが，昨今の日韓関係の悪化に伴い，3.1運動を反日民族主義の象徴とみなす言説は，再び支持を集めている。他方，北朝鮮では，3.1運動は，朝鮮人民の闘争精神を噴出させつつもブルジョア民族主義運動の限界を示した事件として評価されている。公式の歴史叙述では，金亨稷（キム・ヒョンジク）（金日成の父）が1919年7月に開催した寛甸会議こそが，共産主義運動への方向転換を宣言した歴史的な画期であるとして称賛されている。それでも，金日成は，回顧録『世紀とともに』の中で，当時7歳であった自分が，家族とともに平壌のデモに参加したと述べ，3.1運動との関連を強調している。

　3.1運動は，1910年韓国併合以来展開された日本の支配政策（武断統治）に対する不満の蓄積が火種となり，ロシア革命やウィルソンの「14カ条」に象徴される国際情勢の変化への期待に基づき，さらに元皇帝高宗の死去に対する追慕の感情に力を得て発生した大衆蜂起であった。当初，宗教界の指導者（「民族代表」）は独立宣言を朗読し当局に自首するなど非暴力のたたかいに固執したが，運動は全土に拡大し，200万人以上が参加する闘争が夏まで続いた。これにより日本は，弾圧策と懐柔策を併用する「文化政治」へと支配政策の変更を強いられた。一方，独立運動の継続を求める人びとは，上海に民主共和制を掲げる大韓民国臨時政府を樹立した。現在の韓国という国体は，この「法統」を継ぐものとされている。

　このように，3.1運動は，現在の南北朝鮮のあり方を考える上でも重要な意義を有している。他方，昨今の韓国の研究では，崔　麟（チェ・リン）ら「民族代表」のその後の対日協力行為が批判され，運動の「復辟」的性格が指摘されるなど，従来の運動像が再検討されつつある。

(並木 真人)

【参考文献】趙景達『朝鮮民衆運動の展開――士の論理と救済思想』（岩波書店，2002年）

　原は，応急的な対策として，独立運動の徹底した鎮圧を指示すると同時に，対米協調を重視する立場から米国人宣教師やジャーナリストと面会して日本に対する非難の緩和に努めた。その上で，日本内地と同一の制度を及ぼすことを原則とする内地延長主義の立場から植民地政策を再編しようとした。ここで内地延長主義とは，教育により文化的・民族的な「同化」が達成されたならば同一の制度を

及ぼすというものではなく，むしろ制度的同一化を先行させようとする構想であった点に留意すべきである［春山 1980］。

台湾では文官である田健治郎が 1919 年に総督に就任し，陸海軍の統率権は新たに設置された台湾軍司令部が担うこととなった。また，六三法は廃されて，内地の法律の延長施行を原則とする法三号が制定された。民法，刑法，商法も，多くの例外規定を残しながらも，原則として台湾「本島人」に適用されることになった。

朝鮮でも文官の総督任用を可能にする官制改革が行われたが，長州閥の総帥山県有朋の意向もあって実際には文官は任用されず，海軍出身の斎藤実が総督に就任した。斎藤は，「文化政治」を標榜して憲兵政治を警察政治に改め，地方諸問機関を設けて限定的な選挙制度を導入したほか，欧米人宣教師による非難にさらされていた宗教教育禁止規定を撤回した。

こうした改革によって，従来の植民地政策の明白に威圧的で，また差別的な側面はさしあたって緩和された。ただし，内地延長主義の方針は，民族自決の風潮とむしろ敵対・逆行するものであった点に注意を要する。

パリ講和会議から 1920 年の国際連盟設立，さらに 1921 年のワシントン会議にいたるプロセスは，欧米列強と日本による植民地再分割という性格を基本としながらも，他方で国際連盟による「委任統治」のように帝国主義的な植民地支配に一定の歯止めをかけようとする傾向を見せてもいた（⇒コラム「委任統治」）。英国はインド・エジプトなどで段階的に自治を認める方向に転じ，「門戸開放」を唱える米国は領土的支配よりも経済的支配の方向性を追求していた。

内地延長主義は，英国と米国どちらの方向性とも異なっていた。そもそも原敬は，民族自決という理念には懐疑的であり，パリ講和会議でも山東半島や南洋群島における旧ドイツ権益の継承を優先的課題とした。原は，一方で対米英協調路線を重視しながらも，他方で勢力圏外交的発想から「鮮満防衛」体制の構築を志向していたのである［服部］。そうである以上，植民地政策を再編する方向性も自ずと限定されていた。

だが，原の提唱する内地延長主義に対しては，日本人官僚の間にも批判が存在した。たとえば，朝鮮総督府逓信局長だった持地六三郎は，1920 年，総督府を辞した直後に斎藤総督宛に意見書を提出，民族自決を求めるのが世界の大勢である以上，英国の政策を見習って段階的に自治を許容する方針に転じ，朝鮮議会の

Column 8-3

委任統治

　戦間期の植民地問題を考察する上で看過できない国際的制度が委任統治（mandates system）である。第1次世界大戦中，連合軍に占領されたオスマン帝国の中東地域およびアフリカ・太平洋のドイツ植民地は，当初は戦勝国が分割併合する予定であった。しかし1919年パリ講和会議においてウィルソン米国大統領の主張する領土非併合・民族自決原則が一定程度採択された結果，これらの地域は国際連盟から委任を受けた受任国（mandatory）が統治する委任統治地域となった。

　受任国は「適切な先進国」とされ，連盟規約第22条に基づき委任統治地域の秩序の維持，民生の向上，連盟加盟国に対する通商平等待遇の保証（B式），軍事利用の禁止（B・C式）および行政年報を連盟理事会に提出することが義務付けられた。年報は常設委任統治委員会（Permanent Mandates Commission）が審査した。主権国家による領域支配を，初めて国際機構が監視することになった点は画期的であった。

　しかし連盟の設立に先立ち，委任地域の配分を5大連合国（英仏米伊日）が行っていたため「仮装された併合」との批判もされた。事実，中東のA式地域は比較的近い将来の自立が想定されたが，アフリカ・太平洋のBC式地域は事実上，直轄植民地と変わらず，戦間期に委任統治が終了して独立したのはイラク（1932年）のみであった。

　太平洋の旧ドイツ植民地では赤道以北のミクロネシア（南洋群島）を日本が，赤道以南のパプアとビスマルク諸島をオーストラリアが，ナウルをニュージーランドが，サモアを英豪ニュージーランドが共同でC式委任統治下に置いた。

　日本はパラオ諸島のコロール島に南洋庁を置き南洋群島の統治を行った。日本統治は，他地域のような深刻な紛争もなく，着実な経済・社会発展により当初は委任統治の模範例と評価された。しかし，満洲事変後は日本が南洋群島を軍事基地化しているとの疑惑が広まった。また移民の流入により，1935年には島民人口と日本人人口が逆転した。

　1933年，国際連盟脱退の通告後も日本は「連盟との協力関係にある非連盟国」という法解釈で南洋群島の委任統治を継続し，これは国際社会からも黙認された。その後，太平洋戦争中マリアナ諸島を含む南洋群島の要地は米軍に奪取され，戦後の1947年に旧南洋群島は米国を施政国とする国際連合の唯一の戦略信託統治地域となった。

（等松　春夫）

【参考文献】田岡良一『委任統治の本質』（有斐閣，1941年）
R. M. Douglas, M. D. Callahan & E. A. Bishop eds., *Imperialism on Trial : International Oversight of Colonial Rule in Historical Perspective*, Lanham, MD : Lexington Books, 2006.

設置を認めるほかないと主張した。持地の主張は，ヒューマニズムに基づくものではなく，長年にわたる植民地官僚としての経験と観察から割り出されたものだ

ったが，内地延長主義に反するものとして却下された。1930年になって，斎藤総督は，持地の先見の明を認めるかのように朝鮮議会の設置を総督府レヴェルで決定するが，本国政府との折衝過程で廃案とされた［駒込 1996］。

植民地問題へのこうした対応の相違は，中国における民族主義への対応の相違と相乗しながら，次第に日本と英国・米国を離間させる要因となっていく。

間島出兵と朝鮮人の抗日運動　朝鮮における3.1運動は武力によって徹底的に弾圧されたが，国外における独立運動を活発化させる契機ともなった。1919年4月には上海のフランス租界で大韓民国臨時政府の樹立が宣言された。また，朝鮮と国境を接する間島では，臨時政府とも連携しながら，大韓国民会が移住者を抗日武装闘争に向けて組織化し始めていた。

1909年の「間島ニ関スル日清協約」以来，間島の商埠地（開港場と同様に日本の領事裁判権を認められていた地域）では日本の領事館警察が朝鮮人の「保護取締」にあたっていたが，大多数の朝鮮人は商埠地外に居住していたので統制が及びにくい状態にあった。日本政府は，21カ条要求を契機に間島全域に領事裁判権を及ぼそうとしたが，中国政府はこれを認めなかった。こうした日中対立の間隙を利用する形で朝鮮人の抗日運動が活発化し，しばしば国境を越えて朝鮮に進攻，警察署や面事務所を襲った［李盛煥］（⇒第3章コラム「間島問題」）。

日本政府としては，朝鮮の統治を安定させるためにも，間島に実効的な支配を及ぼす必要が生じていた。1920年10月，「馬賊」が間島東部の琿春の日本領事館分館を襲撃する事件が起きると，原敬内閣は，「馬賊」の中に「不逞鮮人」が含まれていたことを理由として，間島への出兵を決定した。当時，間島を含む東三省（奉天省・吉林省・黒竜江省）を支配していた張作霖は，直隷派軍閥との対抗関係の中で日本の支援を必要としていたので，この出兵を承認した。日本軍（朝鮮駐屯軍，シベリア出兵軍，関東軍）は8カ月にわたって滞在し，間島全域で朝鮮人「討伐」作戦を展開した（琿春事件）。

間島を拠点として活動していたカナダ人宣教師が，このときに住民虐殺の場面を目撃して英字新聞で告発した（獐巌洞事件）。宣伝のために派遣された陸軍の水町竹三大佐は，英国のインド支配に言及して英領カナダ出身の宣教師に日本を告発する資格があるのかを問うステートメントを手渡した。だが，これは宣教師の反発を招いた。カナダ自体が大英帝国の自治領植民地（dominion）であるという地位も影響したのだろう，宣教師の中には，英国のインド支配やアイルランド

支配も批判した上で，英国が日本のような国と同盟関係を結んでいるのは恥ずべきことであり，日英同盟を廃棄すべきだと主張する者もいた。英国政府がカナダ人宣教師のこうした見解に耳を傾けることはなかったが，英国の植民地支配を槍玉に挙げた水町ステートメントは議会でも物議をかもし，正式な抗議が行われることになった［Ion］。

1921年11月から開催されたワシントン会議では，日英同盟に代わって，日米英の新たな協調体制が形成された。朝鮮人の独立運動家は会議での発言権を得ようと米国政府に働きかけたが，朝鮮のことは議題にも載せられなかった。3.1運動や琿春事件の例に見られるように，英国や米国の民間世論では日本の植民地支配に疑義を呈する見解が表れてきていたが，外交的次元では帝国主義国家による「共同の抑圧」の枠組みが崩されることはなかった。

ワシントン体制の外部にあって，こうした国際秩序に対する疑問を集約する場を提供したのが，ソヴィエト連邦だった。1922年1月，ワシントン会議の閉会と前後する時期にモスクワで「極東労働者大会」が開催され，朝鮮独立を全面的に支持することが決議された。この時期から，朝鮮人の独立運動に社会主義が深く浸透していくことになる［長田2005］。

国民革命と台湾人の抗日運動　台湾では，1914年から15年にかけて，日本内地との法制上の平等を求める「台湾同化会」の運動が郷紳層を中心として展開された。板垣退助の協力を仰いだこの運動は穏健な要求を掲げていたが，それにもかかわらず総督府により解散を命じられた。同じ1915年には苦力層を中心とした抗日武装蜂起の計画が発覚，800名を越える人びとが死刑に処せられた（西来庵事件）。異なる方向性の運動が分裂したまま行われ，それぞれ弾圧されるという状況にあったわけである。台湾では，朝鮮の場合と異なって独自の王朝が存在しなかった上に，漢族系住民は大陸の人びとと共通の文化的背景を持つこともあって，「台湾人」として連帯して民族自決を求める事態は生じにくかった。

こうした状況の中で，1920年には東京留学中の新世代の知識人を中心として，日本内地との法制的な平等を求めるのではなく，むしろ「台湾大の自治」を実現することを目標として台湾議会設置請願運動を展開する方針を定めた。朝鮮における3.1運動や中国における5.4運動のニュースに接し，民族自決主義という理念を台湾にも適用していくべきだと考えたのである。この時期から，植民地支配による被抑圧の運命を共有するものとして「台湾人」という言葉も用いられ始め

た。1921年に結成された台湾文化協会による文化啓蒙運動は，こうした「民族」意識——それは必ずしも「中国人」意識と排他的なものではなかった——を広く民衆のあいだに広げていく役割を果たした。

　台湾には，朝鮮半島における間島のような陸続きの後背地は存在せず，中国大陸への渡航も厳しく制限されていた。だが，1920年代半ばから多くの青年が留学生として大陸に渡り，広東では国民革命の影響のもとで台湾革命青年団が結成された。しかし，27年の蒋介石による反共クーデターののち，日本の領事館警察ばかりでなく，国民党からも左傾団体として追われるようになった。また，28年には上海大学への留学生を中心して台湾共産党が結成され，「台湾共和国の樹立」を目標として掲げた［若林］。

　台湾島内でも上海グループの影響のもとで社会主義者が文化協会の主導権を握り，1927年には右派が文化協会を離脱して台湾民衆党を結成した。右派とはいうものの，指導者である蒋渭水が孫文の容共路線を奉じていたこともあって，民衆党は工友会のような労働運動組織と結びつきながら地方支部を拡大し，会員数は1万名をこえた［何］。また，国際連盟においてアヘン問題が審議されている状況を捉えて，1930年1月に計画的にアヘン吸引を台湾人に許可していることを「非文明的政策」として告発する声明を国際連盟に打電した（⇒第5章コラム「アヘン問題と国際連盟」）。

　1930年10月には台湾中央山間部の霧社で先住民のタイヤル族が武装蜂起した。強大な権限を付与された警察官による恣意的な支配への憤りが蜂起の前提となっていた。総督府は台湾軍の出動を要請し，飛行機・機関銃・毒ガスなどを用いてこれを鎮圧した（霧社事件）。石塚英蔵総督の引責辞職にもいたったこの事件は，中国大陸の新聞や『プラウダ』でも報じられた［戴］。民衆党も，内地の無産政党に調査団の派遣を要請し，拓務大臣宛に抗議声明を打電した。総督府は，アヘン問題と霧社事件に関する抗議への報復措置として，民衆党に解散を命じた。

　1920年代，原敬の掲げた内地延長主義の方針にしたがって植民地政策は再編された。しかし，民族自決を求める運動は，朝鮮はもとより台湾でも押しとどめがたいものとなっていた。その運動を根絶するためには中国の領土における取締りを強化する必要があったが，中国が日本の植民地ではない以上統制の及ぶ範囲は限られていた。さらに，ソヴィエト連邦の成立と社会主義の普及によって，植民地支配そのものをトータルに批判する思潮が広がりつつあった。帝国日本は明

らかに守勢に追い込まれていた。

　こうした状況の「打開策」として位置づけられたのが,「満洲事変」である。朝鮮軍が事前に関東軍と謀議を進め,本国政府の許可を待たずに出兵したことにも象徴されるように,中国東北の領有は中国における権益を維持するためばかりでなく,朝鮮人の不満をそらすためにも必要と考えられていた［中塚］。実際,朝鮮人の財界人は満洲の領有を歓迎し,台湾人の商人の中にも「満洲国」建国を商売の好機として利用する者がいた［エッカート,河原林］。植民地支配にともなう矛盾の一部が満洲に転嫁されたわけである。しかし,それは,国際連盟脱退から英米との対立にいたる大きな代償を要求する行為だった。

　台湾における皇民化教育と反英運動　内地延長主義の方針にしたがって,台湾議会や朝鮮議会の設置は否定された。しかし,内地延長主義の構成要素であるはずの帝国議会への参政権の付与も進捗しなかった。衆議院議員選挙法は敗戦直前の1945年4月になるまで台湾・朝鮮に施行されず,少数の台湾人・朝鮮人を貴族院議員に選出するに止められていた。地方政治の次元を別とすれば,台湾人や朝鮮人の政治的な主体性は認められなかった。1920年代以降,あたかもこうした政治的疎外の埋め合わせであるかのように,学校教育の普及が重視されることになった。

　1922年に第2次台湾教育令・第2次朝鮮教育令が同時に制定され,台湾では中等学校以上,朝鮮では専門学校以上での民族間の共学を定め,台北帝国大学,京城帝国大学を設置することとなった。現地住民の教育程度を低レヴェルにとどめようとする方針は明確に撤回された。ただし,教育の理念は天皇への忠誠と愛国心の養成に枠づけられたものでなければならなかった。宣教師の設立したキリスト教系学校はこの枠組みに収まらない要素を備えていた点で,総督府の教育政策と衝突する可能性を持っていた。満洲事変以降,神社参拝問題という形でこの衝突が顕在化することになった。

　英国人宣教師の設立した台南長老教中学は,1920年代に抗日運動関係者の支援も受けながら拡張し,「台湾民衆の教育機関」を標榜するようになっていた。台湾総督府は,同校を私立各種学校と位置づけることにより,卒業生が上級学校へ進学する道を閉ざした。学校関係者が正規の私立中学校としての認可を求めたのに対して,総督府が条件として要求したのは神社参拝であった。台湾人キリスト教徒の反対により神社参拝を拒否する状況が続く中,1934年,日本人官民が

一体となって神社参拝をしない同校を廃校にすべきだというキャンペーンを展開した。校長である英国人宣教師は総督府と妥協し，神社参拝をするばかりでなく，参拝に反対した台湾人関係者を追放した。さらに，1935年から36年にかけてカナダ長老教会の設立した淡水中学・女学院に対しても排撃運動が展開され，両校は台北州の経営に移管されることになった［駒込2002］。

このできごとをめぐって注目に値することは，34年当初は台湾人に向けられていた攻撃の矛先が，次第に英国人宣教師に拡大されていったことである。その背景には，軍を震源地として反英的言論が噴出し始める事態が存在した。

日本が国際連盟からの脱退を宣言した1933年には，政治家的軍人松井石根が台湾軍司令官に就任し，大亜細亜協会台湾支部を形成した。松井において汎アジア主義の主張は，大英帝国を中心とした国際秩序への対抗という性格を備えたものであり，通商摩擦という現実に足場をおいたものだった［松浦］。

1935年4月にはオランダ船籍の石油輸送船ジュノー号が海難のために澎湖島の要港に入港すると軍は船舶法違反で船長を起訴，中堂観恵海軍中佐は法廷で被告は「スパイ」であると断定した。軍は総督府に対して厳重な処断を要求したが，総督府はむしろ国際的な協調を優先させようとした。在郷軍人などが「軍機擁護」「国防強化」を掲げたキャンペーンを展開，最終的に総督府が軍に屈服することとなった［近藤］。この事件の過程で，オランダが通商問題で日本に対して強硬な態度に出たのは背後に英国が存在するからであり，反オランダは反英でもあるという議論が広く共有されることになった。

1936年9月には予備役海軍大将小林躋造が台湾総督に就任，武官総督が復活することとなった。小林総督は，台湾人の「皇民化」とあわせて「南進」を政策目標に掲げ，日中全面戦争が勃発すると「南支南洋」への進出を図ることになった。児玉―後藤体制以来の課題であった厦門占領も実現された。しかし，英国との対立はほとんど後戻りできない地点に達していた。

朝鮮における皇民化教育と日米戦争　朝鮮では，斎藤総督はしばしば米国人宣教師を招いて晩餐会を開くなど友好的関係の維持に心を砕いた。しかし，朝鮮でも満洲事変以後にやはりキリスト教系学校をめぐる問題が一触即発の局面を迎えることになる。

1932年11月には平壌在住の在郷軍人が中心となって，満洲事変における戦没兵士の慰霊祭に参列しない米国系のキリスト教学校を廃校にせよというキャンペ

ーンを展開した。しかし，この運動は突然鎮静化，ちょうど満洲国にかかわるリットン調査団報告書が公表された微妙な時期であるだけに，朝鮮総督宇垣一成が外交的な配慮から自制を求めたものと推定できる。

　1935年になると，朝鮮総督府の態度は強硬なものに転じ，米国系のキリスト教系学校に神社参拝を求め，これを拒否した宣教師を校長職から罷免した。1934年末にはワシントン海軍軍備制限条約の廃棄を通告するという状況の推移の中で，もはや米国への配慮よりも，朝鮮人が米国人の庇護のもとに活動する余地を根絶することが重要という判断がなされたものと思われる。総督府の強硬な姿勢を知った宣教師は，キリスト教徒として「偶像崇拝」を拒否するという原則を優先させるために，教育事業からの撤退を決議した。米国務省は，ソウル駐在領事を通じて事態の展開について詳細な情報を得ており，不法に投獄された朝鮮人を救出するために介入を要請されることもあったが，米国の国益にはつながらないという判断から正式な介入は行わなかった［駒込 2006］。

　朝鮮人のキリスト教徒の多くは，神社参拝には反対だったが，学校の廃校にも反対であり，宣教師に教育事業の継続を申し入れた。しかし，宣教師の決定は覆らず，キリスト教系学校は，廃校となるか，朝鮮人教会関係者の設立した財団などに売却された。かくして，総督府は，外交問題に発展することを巧みに避けながら，米国人宣教師と朝鮮人の協力関係に楔を打ち込むことに成功したわけである。もはや皇民化教育の実施に組織的に抵抗しうる空間はほとんど存在しなかった。1937年9月には「皇軍ノ武運長久祈願」のための東方遙拝や神社参拝からなる「愛国日」の行事を定め，以後，毎月すべての学校で行わせることとした。38年には朝鮮に陸軍特別志願兵制度を施行，「兵員資源」として朝鮮人を動員するために，言語・風俗・思考様式から食べ物の嗜好にいたるまで，日本化を強制する皇民化教育が実施された［宮田］。

　台湾では1937年から軍需品の輸送などにあたる軍夫として台湾人を中国大陸での戦争に動員する政策が進められていたが，41年には先住少数民族を対象として「高砂義勇隊」が編成され，42年に陸軍特別志願兵制度を実施した［近藤］。志願兵制度施行が朝鮮よりも4年遅れたのは，台湾の漢民族を中国大陸の漢民族に対する戦争に動員することへの懸念が存在したためと思われる。アジア太平洋戦争における日本の敗色が明確になるにつれて，志願兵としての選択的な動員にとどまらず徴兵制の施行が問題となり，朝鮮については44年度からの徴

兵制実施を42年に閣議決定，台湾については45年度からの実施を43年に閣議決定した。かくして多くの台湾・朝鮮の青年が「日本人」として戦場に駆り出され，戦後にはB・C級戦犯として死刑に処された者もいた［内海］。また，軍の管理の下に朝鮮や台湾の女性や占領地の女性が日本軍の「慰安婦」として動員され，性奴隷として働かされることとなった［VAWW-NET Japan］。

一方，日米戦争さなかの米国では，日系人の強制収容が行われるとともに，宗教界でも日本への批判が高まっていた。かつて日本内地に宣教師として滞在していたホルトム（D. C. Holtom）は，日米戦争さなかの1943年に米国で出版した著書『近代日本と神道ナショナリズム』（*Modern Japan and Shinto Nationalism*）において，朝鮮における神社参拝問題に言及し，政治的軍事的支配のエージェントとして国家神道を厳しく批判した。戦後，連合国占領軍総司令部は，ホルトムの意見書を参考にして，国家神道を解体する指令を起草することになる［駒込 2006］。

おわりに

帝国日本による植民地支配は，欧米列強による承認と支援のもとではじめて可能となった。植民地化にいたる経緯がそうであったばかりでない。植民地統治の体制や，支配を正当化するための「文明化」のイデオロギーも欧米の模倣という性格が強かった。植民地政策の展開過程でときに台湾・朝鮮に在住する欧米人の利害と競合することがありながらも，全体としては「共存共栄」の体制が構築されたといえる。台湾や朝鮮の人びとからみれば，それは「共同の抑圧」にほかならなかった。

1920年代から30年代にかけて，民族自決を求める潮流が台湾でも朝鮮でも明確になるに及んで，この「共存共栄」の体制にはさまざまな亀裂が生じるようになっていった。この時期，米国が門戸開放を唱え，英国が自治を許容する方向で従来の植民地支配を再編しようとしたのに対して，日本は「鮮満防衛」を重視する立場からむしろ原敬の提唱した内地延長主義に基づいて改革を進めた。それは従来の統治体制の明白に差別的で抑圧的な側面を緩和するものだったが，民族自決主義という潮流に敵対・逆行するものでもあった。中国における台湾人・朝鮮人の活動や，ソヴィエト連邦の成立と社会主義の浸透など，総督府には制御しえ

> **Column 8-4**
>
> ## 渋谷事件と 2.28 事件
>
> 　1945 年，日本の敗戦によって，その植民地だった台湾は中華民国の 1 省に編入されることになった。また国民政府の訓令によって，台湾の住民は 1945 年 10 月 25 日から中華民国の国籍を回復することになった。この一連の措置とともに，台湾住民全体が中国の「国民」になるはずであった。しかし実際には，台湾住民の中国へのナショナル・アイデンティティの確立は順調に進まず，むしろ「台湾人」というエスニック・アイデンティティが強化された。そのきっかけとなったのが，渋谷事件と 2.28 事件だった。
>
> 　渋谷事件とは，国籍変更の問題に関連して在日台湾人が被害を受けた事件であった。戦後，在日台湾人は法律上，戦勝国民である中国人として認められず，敗戦国民である日本人でもなく，朝鮮人と同様に「第三国人」と見なされていた。このため，台湾人や朝鮮人の露天商は，日本人警官による厳しい取締りの対象となった。また，日本人の露店商は縄張り争いのため，暴力団を使って，渋谷地区の朝鮮人や台湾人の露店商を襲撃させた。暴行を受けた台湾人は，中国駐日代表団に緊急援助を要請した。1946 年 7 月 19 日，代表団は「東京華僑聯合会」に集合していた台湾人を保護するため，トラックで露店商たちを居住地に送りとどける措置をとった。しかし，帰路に新橋の桜台で警官隊との銃撃戦が起こり，台湾の露店商側に即死 2 名，重軽傷 20 数名という犠牲者を出した。このほかに 40 人が逮捕され，軍事裁判で 12 月 11 日に 35 人に 2 年懲役の有罪判決が下された。この事件の情報は台湾にも伝わり，旧植民地宗主国における台湾人の抑圧に対して激しい抗議運動が起きた。これがいわゆる「渋谷事件」である。
>
> 　渋谷事件の判決には，在日台湾人を戦勝国民として取り扱わないという方針が明確に現れていた。中国側は在日台湾人も戦勝国国民の待遇が受けられると主張していたが，日本側は平和条約を締結するまで台湾人を戦勝国民として認めることはできないと主張した。交渉の結果，1947 年 2 月に GHQ の同意を得て，台湾人（Formosan-Chinese）は基本的に華僑と同等な権利を獲得した。しかし，これによって在日台湾人の国籍問題は解決したわけではなく，その後は国共の対立においてもっと厳しい国籍選択の問題が付きつけられることになった。
>
> 　一方，台湾島内では戦後一年半の間に「光復（祖国復帰）」を歓迎するムードが失 ↗

ない事態が広がるに及んで，植民地支配の矛盾を満洲へと転嫁することに「解決」の方向性が見出された。しかし，それは英国や米国との対立を深めるものともなった。日本と米英両国との対立を深刻化させた契機は，中国の民族主義にどのように対応するかということだけでない。台湾や朝鮮のように植民地化された地域の人びとの民族自決の要求にどのように対応するかということも，中国問題に相乗する形で存在したと考えるべきだろう。

〵望へと変わり，ついに国民党の派遣した陳儀政府と台湾人との衝突事件が起こった。1947年2月27日，ヤミ煙草の取締りで起きた発砲事件をきっかけとして，台湾全島にわたる反政府の政治暴動に広がっていった。衝突発生後の数日間，台湾社会エリートによって組織された事件処理委員会が政治改革案を提出した。なぜ台湾人による政治改革運動まで発展していったのか。その背景には，台湾人への差別や物価の高騰，治安の悪化などの問題があった。半世紀にわたる日本の植民地支配によって，台湾社会に生きる人びとと大陸に生きる人びととの間に大きな社会的文化的亀裂が生じていたということも，事件の重要な要因のひとつであった。しかし，国民党政府はこの騒乱を「共産党の煽動」による台湾住民の「反乱」とみなした。3月8日，大陸から政府側増援部隊が到着すると，台湾人に対する無差別虐殺を含む過酷な弾圧が行われた。犠牲となった人の数は，1万8千から2万8千人の間であろうと見積もられている。

　この事件の犠牲者の中に，日本植民地期に抗日運動を経て台頭しつつあった社会エリートの多くが含まれていた。そのため，社会エリート層は壊滅的な打撃を受け，一般住民にも政治への恐怖が精神の深層に刻み込まれてきた。1950年代以降，「白色テロ」が吹き荒れて国家暴力による抑圧が深刻となったため，2.28事件は戦後台湾において長い間タブー視された。ようやく1980年代になって台湾の民主化が本格化すると同時に，事件の真相解明と，犠牲者の名誉回復を要求する運動も始まった。1990年，政府側は民間の要求に応じてようやく事件の調査に乗り出し，92年2月に研究報告書を公表した。95年，台北において全国レヴェルの記念碑が完成，李登輝総統が除幕式で政府を代表して被害者の家族に謝罪した。これで，この事件の見直しに一定の決着がつけられた。

　現在，2.28事件の傷痕はようやく癒されつつあるともいえる。しかし，台湾における脱植民地化が，渋谷事件と2.28事件によって中断され，未完のままに終わっていることに変わりはない。さらに，事件の衝撃によって強化された台湾人というエスニック・アイデンティティは，その後の冷戦体制下において，さらに「台湾ナショナリズム」へと成長し，台湾を中国の一部とする「中国ナショナリズム」と対立し続けている。現在，台湾主権の帰属は未完の脱植民地化にかかわる課題とみなされ，東アジア国際政治の争点として存在している。
　　　　　　　　　　　　　　　　　　　　　　　　　　　　　　　　　　（何　義麟）

【参考文献】何義麟『二・二八事件――「台湾人」形成のエスノポリティクス』（東京大学出版会，2003年）

　このように国際政治と植民地支配がリンクする状況の中で，いわば接合点の役割を果たしたのが欧米人宣教師だった。台湾の雲林事件，朝鮮の提岩里事件，間島の獐巌洞事件など日本軍による住民虐殺は，宣教師が目撃することでかろうじて国際的に知られる「事件」となったのだった。また，キリスト教系学校の処遇に見られたように，台湾人や朝鮮人の活動を取締まろうとする行為が，宣教師との衝突に波及することもあった。1930年代の神社参拝問題では，総督府は，宣

Column 8-5

東アジアの脱植民地化・脱帝国化

　近代帝国は，近代国民国家が複数の政治空間を統合した形態であり，それは主権国家体系の下にある国民国家である「本国」と異民族の居住する遠隔支配地（自治領，植民地など）により構成されるといわれる（山室信一「『国民帝国』論の射程」下記参考文献に所収）。日本もまた，その近代帝国であったといえよう。しかし，その帝国が解体され，植民地が国家として独立したり，また国家の一部として包含されたりするようになると，そこに脱植民地化が求められていくことになる。それは，かつての帝国性を拒絶し，新たな国民国家的要素を受け容れていくことである。他方，かつて本国（宗主国）であった国も，植民地などが減少するにつれて，次第に政治空間が複合的ではなく単一的な国民国家へと変容する，いわば脱帝国化とでもいうべき過程が見られることになる。この脱植民地化や脱帝国化は，政治外交的な意味での独立の有無や植民地の放棄それじたいと無関係ではないが，より長期的な過程の中で進行していくものだと考えられるのである。

　日本は，1895年から51年間台湾を統治し，また1905年から南樺太を，1910年から朝鮮半島を統治した。また，1919年から南洋諸島を委任統治した。このほか，関東州を1905年から租借地とし，1932年から満洲国を，1937年から華北から華中にかけての広範な地域を実質的に間接統治し，次いで仏領インドシナや香港や東南アジアなどを30年代末，あるいは40年代初頭から数年軍政下に置いた。日本は大東亜共栄圏を建設すべく，アジア諸民族の解放を促進するという論理を宣伝していた。1945年8月15日，あるいは外交史的な敗戦である9月2日以後，これらの地域は日本の支配から離れた。また，沖縄，奄美諸島，小笠原諸島が米軍統治下におかれ，日本は，北海道，本州，四国，九州の4島を領域とする国民国家として新たな国家建設をおこなうことになった。

　戦後における日本，あるいはまだ内戦などが続き，戦後とはいえない時期が続いた東アジアで，脱帝国／脱植民地化はどのように進行したのだろう。日本は1945年9月2 ↗

教師と台湾人・朝鮮人の協力関係を破壊することに成功したわけだが，同時に宣教師の中に日本に対する不信を植えつけることにもなった。台湾領有当初にバークレイの抱いた「軽蔑された帝国」のイメージは，最後まで払拭できなかったと評すべきかもしれない。

　もっとも宣教師の役割を過大に評価することもできない。たとえ宣教師が反日的な世論を形成することがあったとしても，米国政府は朝鮮人の独立運動家の期待を裏切り続けた。日本と英米両国の政府レヴェルでは「共同の抑圧」の体制を再編しつつ維持する努力が，1930年代後半にいたるまで継続された。宣教師に

日から 1951 年のサンフランシスコ講和会議を経て，それが発効する 1952 年 4 月 28 日まで連合国の統治下に置かれていた。この占領期に，帝国から国民国家への転換が急速に進んだ。それは中国が内戦下にあり，朝鮮半島情勢も安定していない時期だった。
　占領期から主権回復後になされた日本の脱帝国化は，第 1 に帝国の政治的，軍事的な解体および行政，制度的な調整，第 2 にかつての植民地を含む新興諸国との外交関係の樹立，第 3 に植民地や占領地において残された支配の負の遺産への対処，処理などを，その内容とする。現在の日本が直面している，戦争や植民地支配，あるいは歴史認識問題は，この脱植民地化のあり方と深くかかわっていると考えられる。戦後の日本は，「日本人」を確定し，その日本人を 4 つの島に「引き揚げ」させるところから始まった。そして彼らが「外地」で得ていた預金，年金，資格など諸権利などの継承の可否などを個別に定めていった。たとえば，外地において特別に与えられたものは内地では継承されず，再度特別な試験が実施された。
　しかし，戦後初期，朝鮮半島出身者や台湾人は日本国民でも，また連合国占領下の日本で治外法権下にある戦勝国民でもない存在とされた（台湾出身者は後に中華民国籍を得ることが可能になった）。1946 年 7 月には闇市を営む台湾人と日本警察が衝突する渋谷事件が発生した。また，外地での諸権利の保障，あるいは戦争被害に対する保障は，日本人を対象とし，かつての植民地臣民はその対象とはならなかった。賠償や補償についても，サンフランシスコ講和会議において原則的賠償放棄が約されたこともあり，賠償を放棄したり，日本からの経済援助として賠償問題を解決する国が大半であった。
　現在のところ，外交面では北朝鮮以外の国々とは国交を回復している。その後，アジア諸国から民間賠償などの問題が提起されるに及び，1995 年の戦後 50 年を契機として従軍慰安婦やハンセン病患者への補償などが次第になされるようになってきているが，充分な解決にはいたっていないという声が多々ある。また，アジアに関する言論や認識の面で，日本社会における脱帝国化がはたしてどの程度進行したのか，またそれにどの程度自覚的であったのかが，昨今あらためて問われている。

（川島　真）

【参考文献】山本有造編『帝国の研究――原理・類型・関係』（名古屋大学出版会，2003 年）

しても，非人道的な行為や反キリスト教的な施策は批判したものの，植民地支配のシステムそのものに疑問を呈す者は稀であった。朝鮮人の中にはそれでも米国に希望を託そうとする者と，ソヴィエト連邦と社会主義に解放の契機を見出そうとする者とのあいだに亀裂が生じ，戦後における南北分断の予備線を形作ることになった。

　最後に，戦後の状況についても簡単に記しておくことにしよう。
　1945 年，日本政府がポツダム宣言を受諾することにより，朝鮮は独立し，台湾は中国に復帰することになった。しかし，日本の植民地支配から解放された人

びとは，それぞれ新たな難局に直面した。

　1948年，朝鮮半島南部ではアメリカの援助を受けた李承晩(イ・スンマン)政権のもとで「親日派」を裁くために「反民族行為に関する特別調査委員会（反民特委）」が発足した。しかし，朝鮮半島が東西冷戦の最前線としての性格を強める中で反「親日」よりも「反共」が優先されるようになり，反民特委の活動は中途半端なままに挫折した。結果として，朝鮮人エリートの多くが大韓民国の政界・官僚組織・軍隊の中枢に残り続けることになった［李景珉］（⇒第11章コラム「国際政治のなかの『在満朝鮮人』」）。

　台湾でも，台湾民衆党の再結成など脱植民地化のための試みが展開された。しかし，半世紀に及ぶ植民地支配の結果として，戦後国民政府（中華民国政府）とともに大陸からやって来た人びと（外省人）と戦前から台湾に在住した人びと（本省人）の間には深刻な社会的・文化的亀裂が生じていた。国民政府は，本省人全体を日本人により「奴隷化」された存在とみなし，参政権を否定した。1947年，両者の対立は武力衝突を含むものにエスカレートし，多くの本省人が殺された（2.28事件）。さらに，国共内戦に敗れた国民党が台湾に本拠地を移転するに及んで戒厳令を宣告，40年近くにわたって戒厳状態が継続されることになった（⇒コラム「渋谷事件と2.28事件」）。

　かくして，韓国では「親日派」が統治機構内に残ったのに対して，台湾では本省人全体が「親日派」とみなされて統治機構から排除されることになった。そのあり方は対照的であるにしても脱植民地化のプロセスが中途で挫折させられたことに変わりはない。東西対立の構造が東アジア世界における国際政治の中核的課題と意識される状況の中で，植民地支配の責任を問う作業は半世紀近くも凍結されることになった。そのことは，今日の東アジアにおける国際関係を考える際にも決して見過ごすことのできない問題である。

◆研究課題
（1）国際政治上の力関係は，日本の植民地支配のあり方をどのように規定したのか。
（2）日本による植民地政策の展開は，国際的な紛争の要因をどのようにつくり出したのか。
（3）台湾と朝鮮における植民地支配のあり方には，どのような共通点と相違点があったのか。

第III部

現代東アジア国際政治の形成と展開

第9章　日本の復興と国共内戦・朝鮮戦争

井口　治夫・松田　康博

はじめに

　1945年8月14日，日本はポツダム宣言を受諾，敗戦を迎えた。そして，9月2日にはミズーリ艦上で降伏文書に調印した。この間，8月15日に日本本土および各植民地，占領地に，玉音放送がラジオを通じて流れ，終戦が告げられた。中国では，9月9日に南京において中国戦区の降伏文書調印がなされ，それに基づいて台湾では10月25日に台湾総督府が統治権などを中華民国に引き渡した。中国東北部（満洲）は，中華民国ではなく，ソ連が占領，接収をおこなった。朝鮮半島では，8月15日をもって朝鮮総督府がその機能を停止し，南北それぞれが分断されて，アメリカ，ソ連に占領された。日本は，1951年のサンフランシスコ講和会議を経て，1952年4月28日にサンフランシスコ講和条約が発効したことにより主権が回復するまで，連合軍（連合国最高司令官総司令部，GHQ）の占領統治下に置かれることになった。他方，1952年を過ぎても，沖縄，奄美，小笠原などは，アメリカの占領下に置かれた。

　一般的に，日本では1945年をもって戦前と戦後に時代を区分する。だが，このような区分は日本を除く東アジア諸国には当てはまらない。中国では国民党と共産党が争う国共内戦が生じ，朝鮮半島では朝鮮戦争が生じる。そして38度線と台湾海峡が軍事的な境界線となって，緊張が続くことになる。またヴェトナムをめぐる諸紛争も，1970年代まで継続する。これは，1930年代年代初頭の満洲事変以来，1970年代にいたるまで，東アジアで軍事的な紛争が続いたことを意味する。日本はその軍事的衝突の口火を切りながら，その半ばで敗北したことに

より，後半には軍事衝突には直接的にはかかわらない存在となった。

　このように20世紀後半の東アジアの軍事的境界線は，日本の敗戦にともなう権力の空白地域をめぐる争いの結果でもあり，また同時に冷戦の産物でもあるといえよう。そして，中国大陸で共産党が優勢となり，国民党が台湾に逃れる過程で，敗戦国であった日本の位置づけは大きく変容していくことになる。日本は，アメリカとの強固な関係の下で，東アジアにおける自由主義陣営の拠点として位置づけられていく。日本の戦後復興は，こうした東アジアにおける冷戦構造の形成と深く結びついていたのである。本章では，連合国の日本占領政策とその展開，そして中国における国共内戦と朝鮮戦争について述べていく。

1. 連合国の対日占領とアジア情勢の変容

「戦後」をめぐる国際政治　太平洋戦争における連合国側の軍事力の主力はアメリカであった。アメリカの参戦以前から，英米はヨーロッパでの対枢軸国戦争において緊密な実質的同盟関係を構築してきていたが，それは太平洋における戦争では，クリストファー・ソーンが指摘する「名ばかりの同盟（Allies of a Kind）」に過ぎなかった。イギリスは，物資・人員・資金の面で米国に完全に依存していた。ソ連とともに独伊を先に屈服させるという，両国が推進していた大方針のもとでは，ヨーロッパ方面以外の地域をかえりみる余裕はまったくなかったのである。そもそもイギリスにとっての関心の度合いから見れば，東アジアは中東，南アジア，東南アジアよりも優先順位の低い戦域であった。1943年11月から12月にかけて開催されたカイロ会議，テヘラン会議は，日ソ中立条約を気にするソ連の立場を考慮したものだった。中ソ同席を回避すべく，カイロにて米英中首脳会議，テヘランにて米英ソ首脳会議が行われたのである。テヘランでは，ソ連がドイツ降伏後の対日参戦を確約したため，英米にとっての中国の軍事的価値が激減した。とはいえ，アメリカは中国を見捨てることはもちろんなく，むしろ戦後秩序における英米ソと並ぶ大国，とくにアジアにおけるアメリカのジュニア・パートナーに成長させるべく支援を続けた。

　アメリカ太平洋艦隊は中央太平洋で日本軍と激しく戦いながら台湾・沖縄・日本本土を目指した。同艦隊が1944年夏にサイパンをはじめとするマリアナ諸島を制圧したことで，同年秋以降米軍はそこからB29長距離爆撃機による日本本

土空襲が容易になった。これは，同年4月に開始された日本陸軍の一号作戦が成功し，終戦まで中国沿岸部全域を日本が制圧したことにより，連合国側が中国南部のB29発進基地を喪失したことの解決策となった。一方，ダグラス・マッカーサー大将の率いる南西太平洋方面軍は，豪州を拠点にニューギニアとフィリピンなどで日本軍を次々と敗走させて日本を目指した。こうしたなか，アメリカ側は，イギリスの南アジア・東南アジアにおける対日戦へのより積極的な参加を望む姿勢を示した。他方において米国は，自ら主導して展開してきた太平洋戦争での軍事作戦にイギリスが口出しすることを警戒した。アメリカは，イギリスが戦後ふたたび，南アジア・東南アジアにおいて，戦前のような帝国の再構築を行う足がかりを確保することを企図して太平洋戦争に参加するのではないかと強く警戒したのである［赤木，臼井，Spector，Thorne］（⇒コラム「イギリス帝国と香港，アジア冷戦」）。

　日本の敗戦　日本は，天皇が2度の「聖断」によりポツダム宣言を受諾し，1945年8月15日に敗戦を迎えた。連合国側がポツダム宣言で要求してきた無条件降伏の解釈をめぐって日本の最高意思決定機関では議論が暗礁に乗り上げていた中で，天皇の2度の「聖断」はなされたのである。そして，それは2度の原爆投下と，その間に始まったソ連の日ソ中立条約に違反する対日参戦が背景となっていた。ソ連の対日参戦は，ソ連を仲介して和平交渉を試みようとした日本国政府の，非現実的とはいえ，最後の望みを絶つものであった。

　ポツダム会議開催中に原爆実験が成功すると，アメリカはもはやソ連の対日参戦を重視する必要はなくなった。だが，スターリンはハリー・S・トルーマン大統領（Harry S. Truman）のそのような態度の変化にもかかわらず，満洲から南樺太，千島列島にいたる日本の支配地域を制圧していったのであった。カイロ会談において米英中の首脳が示したように，日本は占領地域からの撤退のみならず，満洲などにおける傀儡政権や，台湾，朝鮮などの植民地を失った。アメリカは，ソ連が提案した北海道分割占領案を退け，マッカーサー元帥率いるアメリカ軍による日本本土の実質的単独占領を行い，日本軍の武装解除・戦犯処理などの占領政策を実施した。対日占領におけるアメリカ以外の連合国の兵力の規模は微々たるものであった。

　一方，日本が第2次大戦中支配していた地域については，東南アジアはヨーロッパの宗主国の軍隊がそれぞれの植民地において日本軍の武装解除や戦犯処理な

Column 9-1

イギリス帝国と香港，アジア冷戦——人の移動と国際政治

　シンガポールと並び，香港はアジアにおけるイギリス「非公式帝国」の拠点であった。「裕福な植民地」というイメージだが，第2次世界大戦後の復興，そして1970年代以降の驚異的な経済発展の背景には中国本土からの膨大な人口流入があった。

　香港の人口は1930年代に優に100万を越えていたが，1941年からの日本占領期，圧政や追放，経済悪化で60万まで減少した。その後，状況は劇的に変化する。国共内戦と1949年の中華人民共和国成立の結果，中国本土から続々と人びとが押しよせ，1951年には終戦時の4倍の240万に達した。もはや香港政庁の行政的対応だけでは追いつかず，財政が苦しいイギリスは国際支援を求めたのである。

　ところが，これはきわめて厄介な問題であった。イギリスは中華人民共和国が成立すると，あっさりこれを承認した。イギリスには中国本土との経済関係が残っており，北京政府との摩擦を回避したかったためである。帝国維持を最優先に波風をたてない姿勢は，反共の立場から台湾の蔣介石政府をあくまで支持するアメリカとは異なっていた。それだけではない。インドなど新しく独立したばかりのコモンウェルス諸国は北京に好意的であったし，イギリスのアジア植民地として重要なマラヤやシンガポールで活動する華僑ネットワークへの影響も懸念された。

　「2つの中国」の問題がある以上，たとえば国連難民高等弁務官事務所（UNHCR）による援助には障害があった。香港に流入する人びとを国連が難民条約で定義する「難民」と認定すれば，迫害の主体が共産党か国民党かを明言することになる。

　ただアメリカは，とりわけ朝鮮戦争以降，アジア冷戦における「香港難民」のプロパガンダ上の価値に着目した。彼らを支援することで「欧米はアジア人を軽んじている」というソ連の批判をかわし，共産主義のイメージダウンを図る。したがって，アメリカの支援は選択的に限定的なものであった。共和党政権に影響力を持つ中国ロビーが活動し，また，キリスト教団体や国民党系の支援NGOが，香港経由で脱出した知識人などの台湾やアメリカへの移住を助けた。

　たしかに香港に流入した人びとは経済発展に貢献した。とくに上海出身者は資本を持ち，軽工業や貿易などで活躍した。一方で，絶えざる人口膨張は負担でもあった。アメリカの冷戦戦略に上手に乗った日本よりも香港の経済発展が遅れたのはそのためもある。

（半澤　朝彦）

【参考文献】Mark, Chi-kwan, *Hong Kong and the Cold War : Anglo-American Relations. 1949-1957* (Oxford, Oxford University Press, 2004)

どを行った。中国（満洲，香港，マカオを除く）・台湾・（一時的ながら）ヴェトナム北部については，蔣介石率いる国民党政権が，日本軍の武装解除や戦争犯罪

人の取締りにあたることになった。朝鮮半島は，北緯38度線を境界線にその北側をソ連が，その南側をマッカーサー元帥指揮下の米軍が占領し，日本軍の武装解除などを進めていった。ただ，ここで留意すべきことは，日ソの軍事衝突が8月15日後も満洲，中国辺境地域，樺太で続いたことである。8月16日，やむをえない自衛戦闘を日本国政府（大本営停戦命令）は認めていた。日本国政府が内外一切の戦闘の停止を命令したのは8月25日であったが，それは米軍の先遣隊が厚木に到着する3日前，マッカーサーの厚木到着5日前であった。

権力の空白をめぐる争い　大日本帝国の崩壊は，東アジアと東南アジアにおける権力の空白をつくり出し，これら地域では，新たな権力闘争が繰り広げられた。アメリカ陸軍と海兵隊は，日本の降伏後華北に進駐した。それは1945年7月の米軍上層部の決定に基づいたもので，目的は蔣介石が日本の撤収後同地域へ進出することを援助することにあった。これは，1938年以来四川省重慶に逃げていた国民政府軍が沿岸部に移動することを米軍が支援することの一環としてなされた。アメリカは，中国沿岸部の南部から北部までの地域を，日本軍から引き継ぐかたちで国民政府軍が再支配することを支援していたのである。華北に進駐した米軍は，日本軍の引き揚げも推進した。国民政府軍は，日本の降伏後，ソ連が支配する満洲への進出をソ連により阻まれた。ソ連は，朝鮮北部の工業地域と同様，満洲の日本の工業用設備などの多くを，戦争賠償・戦利品として持ち去りながら撤退したのみならず，満洲における中国共産党とその軍の伸長を容認した。戦争終結後，満洲にいちはやく大軍を送り込んだ中国共産党と，それに反発する国民党は，その満洲で激しく対立した。日本降伏後も国共の武力衝突は続いて両者に対する米国の調停は行き詰まり，駐華米国大使パトリック・ハーレー（Patrick Hurley）は11月に辞任した。

中国共産党の勝利　それでも，トルーマン大統領の要請で1945年12月より国共の休戦に尽力し始めたジョージ・C・マーシャル（George C. Marshall）は，1946年1月10日に国共の休戦協定までこぎつけた。しかしながら，1946年5月にソ連の満洲撤兵が完了すると，満洲における主導権の確立を目指す国民党軍と，それに反発する共産党軍との間で国共内戦が再び生じた。そのことにより，休戦協定とそれを出発点とする国民党主導の国共連立政権を確立し，その下で新憲法を制定させて中国の民主化を実現し，中国を東アジアにおけるアメリカの最重要パートナーとするという，第2次世界大戦中以来アメリカが抱いていた戦後構想

は，急速に現実味を失っていくことになる。それは，1946年6月国民党軍が共産党の支配地域に総攻撃をはじめ内戦が全国に広がるなかで決定的となる。マーシャルは，1947年の1月に国共合作の調停が失敗に終わったことを認め，帰国した。国共内戦の戦況は，最初の1年間は米国の軍事援助と経済援助を受ける国民党側に有利に展開したが，1947年5月以降，それまで守勢にたたされていた共産党軍が攻勢に転じた。そして，1949年10月北京に中華人民共和国が正式に発足し，同年12月蔣介石率いる国民党政権は台湾へ逃れた（本章第4節参照）。アメリカ大統領と国務長官は，1949年8月，まだ中華民国軍が広東で戦闘を続けるなか，国防長官と統合参謀本部議長の反対をおしきり，国共内戦における国民党敗北の最大の要因が国民党政権の無能と腐敗にあったとする中国白書を公表し，中国共産党政権の承認を模索しはじめた。国務長官アチソン（Dean Acheson）は，台湾における台湾島民による政権樹立を検討したが，同島はすでに国民党により支配されていた。アメリカ国内では，国民党政権支持派の政治勢力がトルーマン政権批判を強めた。また，1949年11月から1950年1月にかけて，中国共産党政権下の中国で，米国外交官への暴行や嫌がらせが発生し，1950年2月に中ソ同盟が締結されると，米国の中国共産党政権承認構想はいっそう困難となった。

　アジアの脱植民地化　日本の降伏後，アジアにおける政治的な脱植民地化は現実的なものとなった。フィリピンについては，アメリカが1934年に約束した通り，その独立を認め，また，イギリスはインドとビルマの独立を1947年と1948年にそれぞれ認めた。一方，オランダ軍は，日本の降伏後，インドネシアに対する宗主国としての地位を再確立すべく軍事介入を行ったが，4年後の1949年にはその独立を認めた。ヴェトナムについては，ホー・チ・ミン（Ho Chi Minh）率いる共産主義勢力が日本の降伏後に独立を宣言したものの，宗主国のフランスがこれを認めず軍事介入を行った。1950年1月，中国とソ連は，ヴェトナム北部のホー・チ・ミン政権を承認，結局1954年にフランス軍が敗退するまで，ヴェトナムでは独立戦争が続き，フランスは南部ヴェトナムにバオ・ダイ（Bao Dai）傀儡政権を樹立した。

　アメリカは，大西洋憲章でうたわれた民族自決にこだわることがあったものの，ヨーロッパの宗主国が東南アジアに再進出することを妨げなかった。1949年に入ると，アメリカは反共産主義とヨーロッパにおける親米国家の経済的建て直し

を優先する観点から，英仏蘭が影響力を維持しようと努めていたマレー，ビルマ，ヴェトナム，インドネシアに対する経済援助と軍事援助を積極化させていった（タイについても同様であった）。アメリカはヨーロッパの国々を側面支援したが，それはアジアにおける共産主義の拡大を封じ込めるのみならず，ヨーロッパにおけるマーシャル・プラン（経済復興）と北大西洋条約機構（NATO，1949年4月調印の軍事同盟）を柱とする，ソ連を意識したアメリカ主導のヨーロッパの結束と米欧関係の強化をねらうものでもあった。また，日本で1949年春以降，後述するような経済安定化政策が推進されるが（本章第3節参照），そこにおいてもアメリカは対東南アジア経済・軍事援助と日本の経済復興（日本の同地域での輸出市場・資源確保）を急速にリンクさせていったのである［波多野, Hasegawa, Cohen, Schaller 1985, Schaller 1989, Leffler］。

2．連合国の対日占領政策

日本占領政策の形成　アメリカ陸軍による占領地行政に対する広範な権限の行使が大統領により許可されるようになったのは，1943年11月以降のことである。これ以後，アメリカ政府が定めた基本方針に基づきつつ，その政策の実行は現地の米軍最高司令官の裁量に委ねられるようになったのであった。対日占領政策を直接統治（軍政）で行うか，日本国政府と天皇を利用する間接統治で行うかという点については，戦時中から米国政府内で論争があった。そして，ポツダム宣言では，それまで優勢であった前者ではなく後者が提示された。間接統治方式は，急速な平時体制移行を求めるアメリカ国内の世論が大統領や軍に非常に強い政治的圧力を加えるなかで策定された。米国議会や世論は，ドイツの降伏後，米兵の復員を急速に行うべく政治的・社会的圧力を形成していた。このようなプレッシャーは日本の降伏後飛躍的に増大したが，これは大統領をはじめとするワシントンの米軍首脳部や政策決定者たちのうち，アメリカの対外関与の維持を重視する人びとを憂慮させた。アメリカ国内が戦時体制から平時体制に戻るなかで，徴兵制によることはもちろん，そうでない方法によってでさえ，その兵力の現状維持は不可能であり，しかも兵力削減の圧力は強まるばかりであった。このことはマッカーサーも自覚していた。

間接統治と天皇　1945年9月6日，トルーマン大統領は，初期対日方針である

一般指令をマッカーサーへ送った。この文書（9月22日公表）では，天皇と日本国政府の権限は連合国軍最高司令官（SCAP）マッカーサーに従属していた。最高司令官に占領政策実施のための大幅な裁量権を与えたのであった。これはマッカーサーの強い要請に沿う指令であった。日本が再び国際秩序を乱すことのない平和な国として国際社会に復帰できるよう，日本の武装解除，軍国主義の除去，封建主義・権威主義的な政治体制の改革，民主化の推進を行うことがその主な内容であった。そして，こうした政策の実施にあたっては，日本国政府と天皇を利用して行うという，直接軍政ではなく間接統治により実施することが指示されていたのであった。そして，もしもこのような統治方式が満足に機能しない場合，総司令官は，日本の政府機関やその人員の変更あるいは直接軍政も実施でき，また，日本の国民が天皇制を廃止することを望むのであれば，そのような判断に介入しないという趣旨も明記されていた。こうしたなか，天皇の指示のもとで行われた日本の武装解除が平和裏かつ速やかに進んだことが，さらに天皇の利用価値を高めることとなった［井口 2004, Iguchi 2002, 武田, Takemae, 五百旗頭 1995, 1997, 1999, Janssens, Schonberger, Ambrose］。

大日本帝国陸海軍の大元帥であった昭和天皇と連合国軍最高司令官マッカーサー米国陸軍元帥の第1回会談は1945年9月27日に行われた。この会談こそ，天皇を利用しながら占領政策を推進し，また，そのためには天皇を戦犯として訴追するような事態を防ぐという元帥の方針を決定的に固めさせたといえよう。元帥は，終戦後の日本国政府のポツダム宣言への対応ぶりを高く評価し，今後は天皇を利用しながら占領政策を遂行していく見解を示唆した［『朝日新聞』2002年10月17日夕刊（3頁）］。もちろん，元帥自身にも占領政策における主導権を強固にしていく行動力が必要であった。

マッカーサーの権限 アメリカ政府（特に陸軍省）も元帥の裁量権を重んずる方向であった。米国を含む国際社会の世論の多数派や国務省の対日政策担当者のなかには天皇の戦争責任を問う根強い見解があったが，アメリカの占領政策の最終的な主導権は，戦時中から国務省ではなく陸軍省にあった。また，ヨーロッパの枢軸国に対する連合国の占領管理体制については国際協定や国際的取り決めが存在していたのとは対照的に，対日占領管理体制には，当初そのような枠組みが欠如しており，アメリカ主導の対日占領が推進されていた。そして，アメリカもそれを続ける意向であった。1945年秋，陸軍次官補退任直前のマクロイ（John

J. McCloy) は，ヨーロッパ・日本視察をおこなった際にマッカーサーとも会談，アメリカの対東欧・ソ連政策の観点からも必要と考えていたマクロイの見解（ソ連の形式的参加を前提とする対日理事会の設置・勧告機能）について激論を交わした。マッカーサー元帥はこれを否定的に捉えていたが，議論の末これを受け容れた。マクロイは，元帥の絶対的権限の下での対日占領について陸軍省が引き続き支援することを約束したのであった。日本での設置が予定されていた連合国対日理事会について，マクロイは国務長官など国務省関係者と調整をおこなった。その結果，理事会の権限は，総司令官に対する勧告に留まり，マッカーサーの権限を妨害しない存在にするという方向付けがなされ，理事会の機能は実際その通りとなった。

12月に開催された米英ソのモスクワ外相会議で，ワシントンに極東委員会，東京に対日理事会を設置することが決定され，ソ連が不満とする極東諮問委員会は発展的に解消されることとなった。たしかにこの会議の結果，極東委員会には対日占領政策に関する勧告だけではなく，憲法制定を含む政策を決定するという権限が与えられることになった。そして，その決定は委員会から直接マッカーサー元帥に送られるのではなく，アメリカ政府からマッカーサー元帥に指令として送られ，元帥がその指令を執行することになっていた。しかし，①極東委員会の決定について，米英ソ中の4大国は拒否権を行使でき，②委員会が政策決定を行えない場合，米国は中間指令を単独でマッカーサーに送ることができ，③もしも委員会が中間指令を否決するような決定を下した場合，アメリカは拒否権を行使できることになっていた。アメリカは，委員会ルールを利用することで，対日政策における主導権を維持していたのであった。そして，マッカーサーの権限については，大幅な裁量権が維持されていたのである。アメリカ政府も極東委員会との関係では元帥を支持した。

東京裁判と天皇の戦争責任　総司令部内で作成されていた戦犯容疑者リストには最初から天皇は記されていなかった。近衛文麿と木戸幸一に逮捕状が出た12月6日，マッカーサーを敬愛する元司法省犯罪捜査局長ジョセフ・B・キーナン (Joseph B. Keenan) が来日した。キーナンは，その前月，トルーマン大統領によって，マッカーサー直轄の極東国際軍事裁判（東京裁判，⇒コラム「東京裁判」）の首席検察官兼総司令部国際検事局長に任命されていた。キーナン首席検事は，天皇が法廷で証言することを容認する姿勢であったものの，マッカーサーに説得

Column 9-2

東京裁判

　東京裁判（正式名称は極東国際軍事裁判）とは，日本占領期の1946年5月から1948年11月にかけて連合国11カ国（米，英，中，ソ，仏，蘭，加，豪，ニュージーランド，インド，フィリピン）が日本の指導者28名（いわゆるA級戦犯）の責任を追及した戦犯裁判である。判決時の被告25名全員に有罪が宣告され（東条英機ら7名が死刑，東郷茂徳が禁固20年，重光葵が同7年，その他16名が終身刑），日本の「犯罪的軍閥」が1928年以降，東アジア・太平洋支配の「共同謀議」をなし，侵略戦争を計画，開始したと認定する「多数判決」が示された。東京裁判の先行事例としては米英仏ソ4国がナチス指導者を裁いたニュルンベルク裁判（1945年11月–1946年10月）があり，いずれの裁判も，捕虜虐待ほかの伝統的な交戦法違反（B級犯罪）だけでなく，侵略戦争の計画，準備，開始，遂行，共同謀議を国際法上の犯罪とする「平和に対する罪」（A級犯罪），および一般住民に対する非人道的行為等を国際犯罪とする「人道に対する罪」（C級犯罪）という2つの新しい戦争犯罪をも適用したため，事後法による「勝者の裁き」であるとの批判を浴びてきた。

　東京裁判が実施された法的根拠は，日本が受諾したポツダム宣言の第10項に求められる。このため，日本政府は東京裁判に協力せざるをえない立場に置かれ，裁判の具体像がどうなるかは連合国側の意思次第であった。連合国側の政策決定を主導したのは対日戦の主要な担い手アメリカであったから，しばしば東京裁判は事実上の「アメリカの裁判」だともいわれる。しかし他の関係国の役割も無視できないものがあった。

　その典型例が「多数判決」の成立過程である。判事団内部では，「平和に対する罪」における戦争の犯罪性を認めるか否かをめぐって深刻な対立があった。この対立は，開廷直後に弁護側が提出した管轄権忌避動議（ポツダム宣言第10項の対象は伝統的な交戦法違反の戦犯に限られるとの立場から極東裁判所の管轄権を忌避する動議）に反駁するのに，いかなる論拠を用いるかという判事団の討議から発生した。各国代表判事たちは独自の見解を表明し，判事団の意見は分裂の一途をたどった。こうした状況に危機感を抱いたイギリス代表判事が中心となり，ニュルンベルクと同じ論理で「平和に対する罪」を正当化することに賛成する判事7名のグループ＝「多数派」（米，英，中，ソ，加，ニュージーランド，フィリピン）を形成し，判決起草の主導権を握った。そして，そのことに反発した「少数派」（仏，蘭，豪，印）の判事4名が別個意見を書くこととなったのである。

（日暮 吉延）

【参考文献】日暮吉延『東京裁判の国際関係』（木鐸社，2002年）

されて天皇を戦犯容疑者として扱わない方針であった。1946年1月25日付の統合参謀本部議長アイゼンハワー（Dwight D. Eisenhower）宛の電報でマッカーサ

ーは，もしも日本国民の統合の象徴として国民に尊敬されている天皇を戦争犯罪人として告発した場合，日本国内は必ず大騒乱となり，その結果，日本国民のゲリラ戦や共産主義化に対応すべく，百万人の軍隊の配置，数十万人の行政官の派遣を覚悟しなければならないと論じたのであった。1月28日付のアイゼンハワーからマッカーサー宛の私信はこのようなマッカーサーの見解を支持する内容となっている。当時のアメリカ国内政治では，韓国，日本，ドイツなどの占領地域における現状の兵力を維持することは，政治的に微妙あるいは困難な状況であったのである。このような国内政治情勢を考えると，天皇を利用する形での占領政策という選択肢しかアメリカにはなかったといえよう。

マッカーサーの占領初期における実績については，トルーマン大統領自身満足しており，最高司令官は大統領の完全な支持を得ているということを，5月上旬に訪日した統合参謀議長アイゼンハワーを介して，マッカーサー本人に伝えていた。ソ連を含めた極東委員会も，天皇を戦犯扱いしない元帥の姿勢を4月3日にすでに追認しており，4月23日には統合参謀本部から元帥宛の指令においても，同委員会の判断を反映させる形で天皇を戦犯扱いしないよう伝達していた。

憲法制定をめぐる政策　マッカーサーは天皇をかばったが，総司令部民間情報教育局（CIE）の考案で1946年元旦，天皇はいわゆる人間宣言を行い，その神格性を否定していた。続いて同年2月3日，2月下旬に発足予定の極東委員会からの憲法策定に対する干渉や妨害行為を懸念したマッカーサーがすばやく動いた。元帥は近衛案に代わって，前年10月下旬以降幣原内閣のもとで開催されてきた憲法調査会における松本烝治案が採用されることを退けようとし，民政（GS）局長コートニー・ホイットニー（Courtney Whitney）に対して憲法草案作成の指示をした。そのさいマッカーサーが示した原則は，象徴天皇制，のちに憲法9条に発展する戦争放棄，そして華族制度の廃止であった。マッカーサーは，天皇を国家の元首・世襲制とすること，天皇の職務と権限は憲法により規定されること，天皇は憲法に反映される国民の基本的意思に責任を負うということを考えていた。天皇制を，それに批判的な極東委員会から護持すべく，戦争放棄と抱き合わせにしたのであった。

2月13日，GHQは松本案を却下し，GHQ草案を幣原内閣に渡した。同内閣は3月5日閣議で同草案受け容れを決定し，3月6日にGHQ草案をもとに憲法改正草案要綱を発表した。マッカーサーはそれに賛意を表した。

発足したばかりの極東委員会は，マッカーサーの賛意は越権行為であり，この要綱がポツダム宣言などに反しないか審議を行うと主張した。だが，マッカーサーと元帥の手法を黙認あるいは支援するアメリカ政府は，憲法制定に対する極東委員会の介入を退けた。また，マッカーサーは，新憲法が1946年11月に公布されるのにともなって日本国政府がおこなった新憲法に合致させるための国内法改正について，それを極東委員会に対して提出することを意図的に遅らせた。これによって同委員会の介入を回避させ，この法改正を実現させていったのである〔五百旗頭1995，井口2004，豊下，James, Janssens, Takemae, Bacevich〕。

新憲法が制定された後も，占領という超法規的状況が続く中で，天皇は，東京裁判判決（1948年11月）前後や講和会議前後に，退位や戦争に関する内外へ向けた謝罪を行うか否かについて悩みながら，アメリカ側の外交・安全保障担当者が注目する日本の安全保障に関する提言を行っていった（⇒コラム「沖縄問題と「天皇メッセージ」」）。それは，日本の安全保障を米軍下で確保するという提言であった。そして講和条約発効に伴う日本の完全な主権回復後，天皇をめぐる制度は象徴天皇制へと変貌していったのであった。

3. 対日経済改革——非軍事化と民主化との狭間で

反共主義と復興政策 戦後の対ソ協調関係を維持するか否かについて，反共産主義に基づく反ソ連的見解が，1946年3月（ヨーロッパがソ連を中心とする共産主義圏と民主主義・資本主義圏に分断されたと指摘したチャーチルの「鉄のカーテン演説」の時期）までにワシントンの外交政策決定者の間でコンセンサスになりつつあった。この反共コンセンサスとは，海軍長官（後の初代国防長官）ジェームズ・フォレスタル（James V. Forrestal），フォレスタルの支持のもと国務省内で台頭してきたジョージ・C・ケナン（George C. Kennan），そして共和党右派（保守主義者）の巨頭ハーバート・C・フーヴァー（Herbert C. Hoover）元大統領を代表例とする，ソ連を中心とする共産主義の拡張を封じ込める政策であった。

そして，アメリカの対ソ封じ込めの手段として重視されたのが，ヨーロッパにおける西欧の復興，なかでもソ連が占領するドイツ東部を除く，英米仏の占領下にあったドイツ西部であり，アジアにおいては日本の復興であった。アメリカのこのような復興政策は，まずはヨーロッパで推進された。その出発点となったの

Column 9-3

沖縄問題と「天皇メッセージ」

　アメリカによる占領統治下の1947年9月19日に，昭和天皇の御用掛・寺崎英成がGHQ政治顧問代表部を訪問した。このころ天皇は，日本の安全保障のみならず，琉球諸島の将来を懸念していたのである。そこで寺崎は，天皇の意向を政治顧問のシーボルド（William J. Sebald）に伝えた。アメリカに伝えられた天皇の意向は，「天皇メッセージ」と呼ばれる。

　その内容とは，以下のとおりであった。「天皇は，アメリカが琉球諸島の軍事占領を継続するように希望している。なぜなら，占領の継続はアメリカの国益であるだけでなく，日本の防衛を利するからである。……さらに天皇は，沖縄に対するアメリカの軍事占領が25年ないし50年，あるいはそれ以上の長期におよぶ租借方式という擬制によるべきだと考えている。天皇によると，そうした占領方式により，アメリカは琉球諸島にいかなる恒久的な野心をも有さないと日本国民を説得できる。ひいては他国，とりわけソ連と中国が同様の権利を要求するのを押さえ込めるであろうともいう。その手続きについて寺崎は，琉球諸島に対する『軍事基地権』の取得を連合国の対日講和条約の一部とするのではなく，むしろ日米間の租借条約とすべきだと考えた」。

　このような会談記録が1979年にアメリカの国立公文書館で発見されると，政界や学界では大きな論争が巻き起こった。とりわけ，その7年前に祖国復帰を果たしたばかりの沖縄では，「天皇が沖縄を切り捨てた」とみなされがちであった。しかしながら，それとは異なる解釈が可能である。というのも，「天皇メッセージ」で論及された軍事基地権とは，アメリカが他の連合国の基地使用権を確保すべく，しばしば用いられた手法である。日本が旧敵国であり，いまだ占領下にあったことを考慮するなら，日本に対しては，それよりも厳しい措置となる危険性は否めない。アメリカに沖縄の基地権を自ら提示した天皇の真意とは，領土の喪失を避けたいというものであった。したがって，「天皇メッセージ」が沖縄の分離と基地化を許したにすぎないという解釈は，当時の歴史的文脈を踏み外したものといわねばなるまい。当時の米軍が沖縄の永久かつ完全なる分離を求めていたことを想起するなら，むしろ「天皇メッセージ」は絶妙な試みであった。これによって，沖縄に対する主権の喪失という最悪のシナリオは避けられたのである。

（ロバート・D・エルドリッヂ）

【参考文献】ロバート・D・エルドリッヂ『沖縄問題の起源——戦後日米関係における沖縄1945-1952』（名古屋大学出版会，2003年）

が，1947年6月に発表されたマーシャル・プラン（欧州復興計画）であった。ソ連はこの計画への参加を拒み，戦時中からソ連の支配下に置かれていた東欧もソ連の圧力でこの計画への参加を阻まれた。マーシャル・プランが具体化されてい

くなかで，東欧で支配力を強めていったソ連とそれに反発するアメリカの対立は深刻化していった。1948年6月，ドイツ西部の通貨統合を推進する米英仏に反発したソ連は，これら3カ国の西ベルリンへのアクセスを遮断すべくベルリン封鎖を行い，米ソ対立が顕在化した。

トルーマン宣言と日本　マーシャル・プラン発表の約3カ月前にあたる1947年3月12日，トルーマン大統領は，後に「トルーマン宣言」として有名になる，反共主義に基づくギリシアとトルコへの援助を表明する演説を行った。一方，同月17日，マッカーサーは対日早期講和と対日賠償の軽減を唱え，日本の将来の安全は国連に委ねることを提唱した。元帥は，国務省のボートン（Hugh Borton）が作成していた対日早期講和案を退けたのであった。ボートンの提案は，一種の多国間の枠組みのなかで日本を長期にわたり軍事的・経済的・政治的に監視する内容であった。この場合，日本の主権回復は，極東委員会構成国による長期にわたる日本の非軍事化と経済発展の監視を経た上で可能となり，沖縄を含む日本での米軍だけによる対日駐留を認めていなかった。それに対し元帥は，講和直後の日本の主権回復を主張し，主権回復後の外国の軍隊の駐留に反対したのであって，むしろ国連による日本の安全の確保を提唱したのであった。

　同年5月，マッカーサーは天皇との第4回会談を行った。そのさい，マッカーサーは天皇に対して，占領終了後も米軍が日本を守り続けるとの言質を与えた。元帥自身，米軍が沖縄を拠点に日本の安全を確保する意図を有していたのである。吉田茂や芦田均を含め，当時の日本国の指導者たちは，憲法9条について，交戦権，軍隊の保持の禁止のみならず，自衛権の行使をも放棄していると解釈していた。ただし，民政局（GS）次長のチャールズ・ケーディス（Charles L. Kades）大佐は，マッカーサーが当初指示した文言を訂正して自衛権の行使が解釈可能な文章に書き直していた。マッカーサーが対日早期講和論を展開した1947年，日本は，米ソ対立が背景となって効果的に機能しない国連による日本の安全確保が困難であることへの不安と，アメリカに見捨てられることへの懸念を有していたのであった。外務省内では1945年秋に設置された「平和条約問題幹事会」で対日講和条約に関する研究が進められていた。しかし，その日本側の思惑はともかく，1947年の暮になると米英ソの3国間で議決方式の決定それじたいが夏以来紛糾していたので，極東委員会構成国による対日早期講和予備会議は棚上げとなった。一方，国務省内では，1947年秋にケナンが，旧敵国の戦後処理に軸足を

置いていた同省の対日講和案を退け，対日講和を具体化する前に親米国家としての日本の経済復興をまずは優先すべきであるという政策を米国政府内で軌道に乗せ始めた。ただし，このことがはっきりするようになるのは1948年春以降のことであった［『朝日新聞』2002年8月5日朝刊（1，11-12頁），秦，五百旗頭1997，1999，2001，竹前2002，加藤，Schaller 1985，Yergin，細谷］。

錯綜する日本復興計画　1945年11月，総司令部はポツダム宣言を根拠に軍国主義の一翼を担った財閥や巨大企業の解体に着手した。また，1946年春に持株会社整理委員会を日本国政府に設立させた。ここで元帥と米国政府の間で争点になっていったのは，その解体の度合いであった。また，米国の対日経済改革は，中国における内戦の展開という不安定要因の下，賠償問題に関する基本方針が錯綜し，統制経済と市場経済のどちらに主軸を置いていくかといった点で迷走した。

1946年5月，フーヴァー元大統領を団長とする世界食糧問題調査団が来日，フーヴァーは，マッカーサーと会談した。マッカーサーは，フーヴァーが大統領時代に参謀総長を務めており，2人はその時期以来，親しい関係にあった。元帥は，極東委員会，エドウィン・W・ポーレー（Edwin W. Pauley）戦争賠償調査団，そして米国内外の「リベラル派」が日本を破壊しようとしていると述べ，対日政策は，武装解除，軍事産業の解体（それ以外には制限を設けない），日本本土から1時間ほど離れた飛行場（おそらく沖縄）などからの対日監視で充分であると論じた。また，元帥は，ジョージ・C・マーシャル前参謀総長による中国における国共対立の調停は絶望的であると指摘したほか，ソ連とその共産主義は日本に対する深刻な脅威であり，もし日本国内の生活水準が著しく低下し，日本に厳しい戦争賠償が課されれば，日本をソ連の影響下に向かわせることになるであろうとの懸念を表明したのであった。

元帥も元大統領もポーレーの対日戦争中間賠償計画案に反対で，日本の重工業と軽工業の復興の必要性という点で見解が一致していた。2人はポーレーによる厳しい対日戦争賠償案（賠償撤去施設と工業生産活動に関する対日許容レヴェルにおける大幅な制限，財閥解体）に批判的であった。マッカーサー率いる総司令部内の保守派は元帥とフーヴァーの見解に属していた。

また，総司令部内やアメリカ政府内では，経済学者コロウィン・エドワーズ（Corwin Edwards）のアメリカ政府要請に基づく調査報告書（1946年半ばに刊行）が唱えた財閥解体と中小企業主体の産業構造への転換についても，これらが極端

で非現実的であると批判する声が根強かった。一方，大統領や陸軍省もポーレーやエドワーズの見解に反対あるいは無関心であった。

　しかしながら，財閥解体と密接に関係する賠償問題は，極東委員会が判断を下すことができる問題でもあった。特にこれが日本と戦勝国との講和のさい重要な争点となりうるが故に，米ソ対立が決定的となる以前の段階では，アメリカ単独で強行突破できる政策課題ではなかった。しかも極東委員会は，ポーレー報告書の基本線に沿った中間賠償計画の実施を，1946 年 12 月までに決定していた。また，同報告書は，極東委員会政策文書 FEC 230（エドワーズ報告書に基づくアメリカ案を同委員会が 1947 年 4 月に承認したもの）とは相互補完関係にあった。双方とも財閥を解体するねらいがあり，中間賠償計画はこうした財閥の資産を賠償に割り当てるという側面を有していたのであった［Iguchi，井口 2002，井口 1999，三和］。

　他方，対日占領経済政策と財閥解体に深くかかわった経済科学局（ESS）の局長の人事について見ると，経済と経営問題に明るい初代のクレーマー（Raymond C. Kramer）が 1945 年末に帰国した後，その後任人事で元帥の側近の一員であるウィリアム・マーカット（William F. Marquat）が抜擢された。だが，職業軍人の彼はこの問題についてはまったくの素人であった。1946 年に入ると，日本の経済改革を行うべく ESS に多くのスタッフが新たに加わり始めた。しかし，ワシントンと強力なパイプを持つ人物はおらず，そうした ESS が改革を推進する中で，政府と出先との間の政策上の齟齬は助長されていった。

　1947 年 2 月中旬，ポーレー案を修正する第 1 次ストライク報告書がマッカーサーの総司令部と調査依頼主であった陸軍省に提出された。同報告書提出後，陸軍省は，ポーレー報告にあった対日賠償を大幅に緩和する政策を提唱し，ポーレーや国務省の反対を押さえ込みはじめるのであった。一方，マッカーサーは，賠償撤去施設の国外移送について非協力的な姿勢を維持していた。

　マッカーサーの権限縮小と政策転換　結局，対日占領政策について，マッカーサーが主導権を奪われたのは 1948 年春以降であった。それを奪ったのは，ウィリアム・ドレーパー（William H. Draper）陸軍次官や，国務省のケナンを中心とするワシントンの政策決定者たちであった。これ以上の財閥解体，公職追放，対日中間賠償はもう不要であり，むしろ日本の経済復興を優先させるべきであるとする見解は，1948 年 1 月 6 日のケネス・ロイヤル（Kenneth C. Royall）陸軍長官

のサンフランシスコ講演でも指摘されていた。アメリカのこうした見解は，同月26日の極東委員会における政策決定として反映された。これはアメリカ政府内の陸軍・海軍・国務3省調整委員会対日政策文書SWNCC384を踏襲するものであった。

ドレーパーは，1948年2月に完成した第2次ストライク報告書に基づいてポーレー報告を骨抜きにしようとした。また，彼の説得によって，1948年春には国務省も対日賠償問題でドレーパーに同調するようになった。ドレーパーと銀行家パーシー・ジョンストン（Percy H. Johnston）は，1948年3月に来日，帰国後の4月にはアメリカ政府に報告書を提出した。このジョンストン報告書は，ストライク報告書をさらに上回る対日賠償政策の緩和を提唱した。そして，賠償撤去施設をめぐる政策は，アメリカ政府が極東委員会に中間賠償の取り立ての中止を通告し，1949年5月に停止された。

ドレーパーは，国務省との共同歩調路線によって，極東委員会を迂回するかたちで対日政策を推進した。両者は，1947年4月以降GHQが財閥解体に関してFEC 230の実施のため積極化していったことに歯止めをかける点においても一致するようになった。国務省内では，政策企画室長のケナンなどがドレーパーの対日見解に同調していた。ドレーパーの訪日の時期と結果的に重なる形で行われたケナンの訪日の後，ケナンは3月25日にマーシャル国務長官に報告書を提出した。そのなかで，ケナンは，トルーマン宣言の直後の1947年3月17日にマッカーサーが提唱した連合国による対日講和は時期尚早であると論じ，現時点においては，独立後の日本のために公職追放と財閥解体を取りやめ，日本の経済復興を最優先させるべきであると唱えた。またケナンは，これ以上の改革に反対し，むしろ総司令部から日本国政府にもっと権限を委譲させるべきであると主張したのであった。そして，日本の警察の強化と若干の再軍備も提案した。ケナンと同様，ジョンストン報告書も財閥や大企業のこれ以上の解体に反対していた。1948年2月，総司令部は持株会社整理委員会に圧力を加え，日本の産業と商業の75％を代表する325社を解体の候補としてリスト化させた。ドレーパーは，これに反対し，同年12月には，解体の対象候補となる会社数を9社にまで絞り込ませたのであった。一方，同年6月，ドレーパーは連邦議会において対日経済援助を行うことを可決させることに成功した。そして10月にはケナンの3月の報告書が対日政策に関するNSC13/2として反映された。マッカーサーはこの文書の

経済復興優先については受け容れたが，再軍備の可能性については拒否した。

一方，1946年2月以降，公職追放，農地解放，憲法制定などといった日本の改革において中心的役割を果たしてきた民政局は，総司令部の規模と予算の縮小にともない1948年6月でその主要な任務を終え，同局の公職追放に関する権限は廃止された。当時，民政局は，かつて対立していた第1次吉田内閣の退陣後に中道左派の政権として成立した片山内閣や芦田内閣を支持していたが，芦田内閣総辞職後には，第2次吉田内閣成立を妨げるべく，吉田の民主自由党幹事長であった山崎猛を首相とする内閣の実現を後押した。しかし，これは吉田・マッカーサー会談で却下され，1948年10月吉田が再び組閣することになった。同年12月，ケーディス民政局次長は日本を去った。

経済安定9原則と日本の再軍備への道　1948年12月には，国務省は，FEC 230を撤回することに同意していた。そして，12月18日，極東委員会における米国単独の中間指令という形式により，GHQは日本の「経済安定9原則」（単一為替制度の確立と米国主導の自由貿易〔IMF・GATT〕体制に日本を組み込むことを目的とし，また統制経済から市場経済に移行する方策として，超均衡財政と金融引き締めによるインフレ撲滅政策を断行する）を発表した。その実施にあたっては，ドレーパーの推薦により，ドイツにおけるアメリカ占領地域の経済再建で大きな実績のあったジョーセフ・ドッジ（Joseph M. Dodge）がその任にあたった。1949年の年頭の声明で，マッカーサーは復興の重点が政治から経済に移ったと宣言した。ドッジ・ラインという経済ショック療法を輸出で緩和するという政策（日本の対外貿易は1947年夏以後，限定的ではあったが許されていた）は，当初から夢物語であった。というのも，日本の輸出市場としてアメリカが着目していた東南アジアの政治経済が混乱しており，また，アジア全般において対日感情が悪かったため，日本の市場として期待できなかったからである。さらにヨーロッパが日本のGATT加入を拒んでいたからでもある。

1950年6月の朝鮮戦争勃発は，アメリカが支援に消極的になっていた韓国と台湾への援助の積極化へつながっていった。国民党政権への軍事援助は再開された。朝鮮戦争の勃発はアメリカ国内で検討されはじめていた対日講和の流れを加速させ，また日本の再軍備化と日米安全保障条約締結の流れを形成させていった。日米安保条約が締結された直後，アメリカは豪州・ニュージーランドとANZUS条約，そしてフィリピンと米比軍事協定を締結した。この2つの軍事協定は，将

来における日本の軍事的再台頭を憂慮するこれら3カ国の懸念を払拭させるねらいのみならず、当初はアジア太平洋地域における集団安全保障体制に日本を組み込むねらいがあったのである［浅井，竹前 2002, Takemae, 五百旗頭 1997, Iguchi, 井口 2002, Schonberger, Borden, Cohen, Leffler］。

4. 国共内戦

内戦の国際化と分断国家 大日本帝国の崩壊は東アジアに権力の空白を生み出し、そこに従来の民族運動の対立と米ソの対立が組み合わさった内戦が発生することになった。内戦が国際化したということもできよう。このような現象は中国、朝鮮半島、あるいはヴェトナムでも発生し、この結果、分断国家が東アジアに形成されることになった。

中国大陸では、中国国民党（以下、国民党）と中国共産党（以下、中共または共産党）が争った。日中戦争は、国民党を疲弊させ、結果として勢力温存・増大に成功した共産党にとって相対的に有利な状況を生むこととなった。戦争以前なら実力差がありすぎて困難であった国民党との軍事的対抗が望める状態になったのである。以下、国共内戦と朝鮮戦争という2つの戦争がなぜ始まり、どのような経過を経ていかなる結果になったのか、そしてその経過と結果が東アジアにどのような影響を与えたのか、朝鮮戦争と日本の戦後復興との関係はいかなるものかなどを論じる。

国共内戦の原因 中国は、8年にわたる日本との戦争に辛くも勝利したものの、国民経済は疲弊し、「惨勝」と揶揄された。そこでは、敗北した日本の傀儡政権をはじめ、国民党の指導する中華民国政府（以下、国府）、さらに共産党が、それぞれ独自の統治領域、人民、軍隊を有して対峙していた。勝利となった国共両勢力は、日本が撤退した後の中国統治権をめぐる覇権争いを始めた。「国共内戦（the Civil War between KMT and CCP）」とは、国民党・国府と中共との間で戦われた内戦であるが、それぞれの背後にはアメリカとソ連がついていたことから、冷戦を先取りした国際的内戦であったということもできる。

国共内戦は一般的な呼称であるが、現在の中国では成功した革命戦争であるという意味を込めて、「中国人民解放戦争」や「第3次国内革命戦争」という呼称を使うことが多い。他方当時政府当局でありながら、最後には敗者となった国民

党政権側は，中共という反乱団体を鎮圧するための戦争であるとの意味を込めて「動員戡乱戦争（反乱鎮圧戦争）」と呼んでいる。厳密には合作（協力）関係にあった時期を除く大部分の時期，国共関係は常時内戦状態にあったに等しいが，一般に国共内戦という場合，主要な戦闘状態が続き，中共の全国統治を達成するにいたった1946年6月から50年5月までの時期を指すことが多い。

　日本の敗戦後，内戦を望まない米国の調停によって両勢力のトップである蔣介石と毛沢東による重慶会談が実現し，国共両党は1945年10月10日に「双十協定」を結んで，戦後中国の基本方針を決めた。国共両党は「平和建国」，「平和的・民主的な中国統一」，「内戦回避」等の点で合意した。中共は，このときから中国の民主化において指導的役割を果たすことを内外にアピールし，「民主対独裁」の構図を作り出すことに成功した［家近］。しかも，中共が統治する「解放区」の領域や中共系軍隊の処理などの困難な問題を先送りしたことは，後に国民党と国府にとって致命傷となった。

　1946年6月，国府軍は華中の新四軍地域に大挙して攻め込み，国共内戦が本格的に始まった。当初，物量で勝るアメリカ式装備の国府軍の優勢が続いた。他方中共は1947年2月に八路軍，新四軍を中国人民解放軍（以下，解放軍）に改編して抵抗を試みたが，敗退を繰り返し，3月には中共中央所在地であった延安さえも一時陥落した。当時スターリンは，当初優勢であった蔣介石をパートナーとして選択していた。ソ連は，中共に軍事支援をしていたにもかかわらず，最終的な中共の勝利を予測できずにいたのである［下斗米］。

　国民党およびその友党は，憲法を制定するための手続きを一方的に進めた。1946年11月には国民大会を開催して「中華民国憲法」を制定した。国府は中共との内戦を続けながら，1947年に憲政に移行して，新憲法の下で国民大会代表選挙と立法委員選挙を強行し，国民大会において蔣介石総統と李宗仁副総統を選出して新政権を立ち上げた（以後国民政府という呼称は用いられない）。こうした憲政への移行プロセスから，中共およびその友党は完全に排除された［張］。蔣介石は，孫文のプランに基づく憲政移行を強引に行うことで，「民主国家」としての正当性を強化し，国内外の支持を獲得しようとしたものと考えられる。ところが，強引な選挙の実施は，国民党内部の分裂状態をもたらした。また「民主」を声高に求める有力な政治勢力を武力で排除した「民主化」は，アメリカからの支持を強化するにはいたらなかった。

「三大戦役」から全土制覇へ　当初の軍事情勢は国府軍が優勢であったが，1947年6月以降は次第に戦局が逆転し，1948年後半の3つの戦役において決定的な進展を見せた［横山］。それらは中国では「三大戦役」や「秋季攻勢」と呼ばれている。まず，「遼瀋戦役」(1948年9月12日-11月2日) は遼寧省瀋陽を中心とした東北地域での一大決戦である。国府軍は，長距離を機動したため補給線が伸び切ってしまったが，解放軍は充分な情報収集と準備をもってこれを迎え撃った。結局解放軍が，国府軍47万を殲滅し，東北地方の占領に成功したことで国府軍の歯車は狂い始めた[1]。次が「淮海戦役」(1948月11月6日-49年1月10日——台湾では「徐蚌会戦」) である。これは東西南北の主要な交通路が交差する要衝である徐州を中心とする中原地域での決戦であり，解放軍の中原野戦軍と華東野戦軍が国府軍55万を撃破した。そして「平津戦役」(1948年11月29日-49年1月31日) である。これは北平 (北京の別名) と天津の攻防戦であるが，遼瀋戦役から撤退した国府軍52万が防衛する北平と天津に対して，解放軍が総攻撃をしかけた。

北平では，傅作義・華北剿匪総司令が解放軍の林彪と交渉して無血開城の合意に達したことで，解放軍が入城し，国府軍は城外に去った。こうして北方の中核都市であり，伝統的な古都でもある北京の文化遺産は戦火から免れることとなったが，国府にとっては，決定的な痛手となった。中共は和平交渉を提起し，主戦派である蔣介石総統に圧力をかけた。このため，蔣介石は1949年1月に「下野」し，李宗仁副総統が代理総統として責任を持つこととなった。

李宗仁は和平を重視し，1949年4月に中共との和平交渉を進めた。ところが，「双十協定」とは異なり，蔣介石を含む「戦犯」の処罰，「中華民国憲法」の廃止，国府軍の解放軍への編入を要求するなど，中共側があらためて提起した「和平協定」には「全面降伏要求」に等しい一方的な要求が羅列されていた［張］。戦況が有利に展開したことで，中共は完全勝利を目指して強気の交渉に出たのである。ここにいたって，国民党内の和平派も中共との和平を拒絶する。

和平交渉が流れたことにより，毛沢東と朱徳解放軍総司令は1949年4月21日に全軍に対して進撃命令を発し，長江を渡河した。後に中国の事実上の最高指導

---

1) 中共の軍事的勝利と地域の占領については，中国の文献では資本主義の階級矛盾から解放するという意味を込めて「解放」と表現される。他方台湾では「陥落」と表現される。

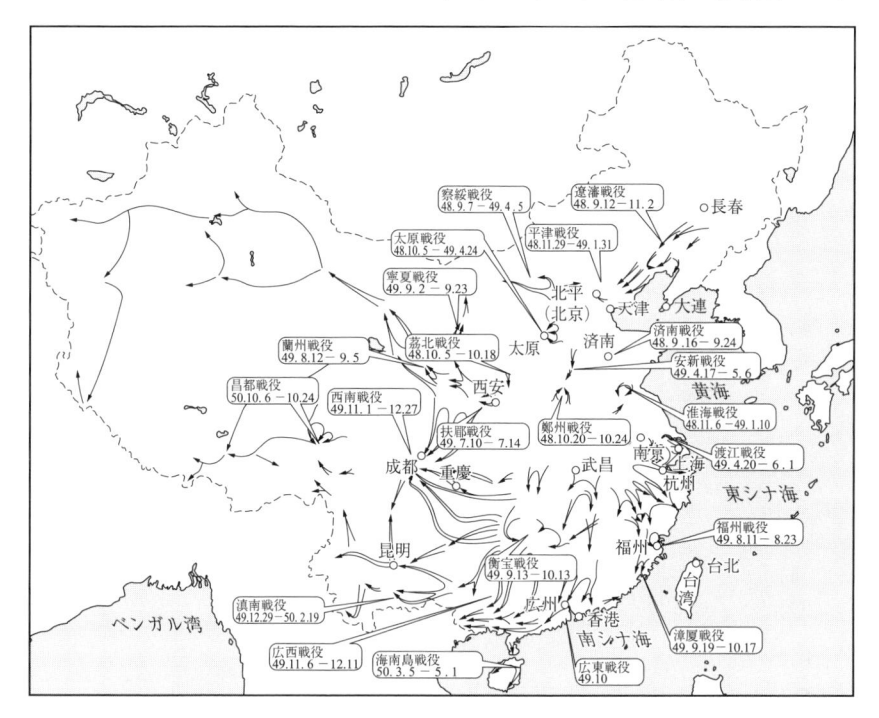

図 9-1　国共内戦の経緯（1948年8月-1950年6月）

出典）国防大学「戦史簡編」編写組、附図46を参考に作成。

者となる鄧小平はこのとき「勝った」と強く実感したという。もはや戦局は覆らず、4月24日には中華民国の首都である南京の占領に成功した。10月1日に、毛沢東は北京の天安門で中華人民共和国中央人民政府の成立を宣言し、ここに、新中国が誕生した。

　最後の大規模な戦いは、「西南戦役」と呼ばれる四川、貴州、雲南にまたがる西南地域での戦闘である。西北地域では、蔣介石の腹心である胡宗南が率いる国府軍90万余が残留していたが、半数が中共側に寝返り、防衛線は崩壊した［横山］。ただし、中共は、抱き込みが可能であると考えたイギリスとの決定的な対立を回避するため、香港とマカオの「解放」には踏み切らず、現状を維持した。実際のところ、イギリスは翌1950年1月に中華人民共和国政府を承認している。その後、チベットの占領が遅れ（1951年5月にラサ進駐）、また国府軍の残存部隊がビルマ国境などで一部抵抗を続けたものの、1950年前半には中国大陸にお

ける中共の政権は徐々に確立した。1950年代は、国府軍やその残党によるゲリラ、海上突撃などが続き、実態としての国共内戦は続いた。中国が解放を放棄して「平和統一」政策を打ち出したことにより、1979年1月1日より一方的措置として戦闘状態は終息したが、停戦合意さえ結ばれていないため、法的には中共が指導する中華人民共和国と、国民党と国府が逃げ込んだ後の台湾当局との間の敵対状況は、いまだに終結していない。

中共勝利の原因と国共内戦の影響 内戦勃発の当初、国民党の兵力は、共産党の3倍以上にも及んでいた［張］。それにもかかわらず、なぜ中共は勝利し、国民党・国府は敗北したのであろうか。その説明は、論者によって大きく異なる。中華人民共和国の出版物は、「民主」を代表する中共の道徳的正しさと、「米帝国主義」の力を借りた国民党の反動、横暴、腐敗、および左派知識人へのテロによる人心の離反を強調する傾向にあり、他方国府・国民党側の出版物では、国際的要因、すなわちアメリカの「不徹底な」国府支援[2]とソ連の中共に対する秘密の軍事支援などを強調する傾向にある［国防大学「戦史簡編」編写組］。

戦後の混乱期におけるインフレや失業を抑えることができず、また占領地接収に伴う腐敗により人心を失ったこと、内部が不団結であったことで、国府は外敵に対する抗戦に勝利を収めたにもかかわらず、威信を喪失し、内戦を嫌悪する一般大衆と国際社会を中共との戦争に動員することに失敗した。他方、中共側はこうした社会不安をうまく利用し、さらに「土地改革」を通じて、農民等を軍事的に動員することに成功した。また、ソ連の占領地であった東北地方（旧満洲地域）で、中共が国府側の予想していた以上の軍事支援を得ていたこと、ソ連の占領下にあった北朝鮮を戦略的な後背地として利用できたこと、他方和平交渉を望むアメリカの対国府支援が間歇的だったことなども、中共勝利の原因として挙げることができよう。

国共内戦が中共の勝利に終わり、中華人民共和国が成立したことは、東アジア

2）軍事的支援は決定から実施までに時間的な落差がある。また米式軍隊の装備とその運用は弾薬の大量消費を伴い、充分な補給がなければ効果を発揮しない。事実、国府軍の現場で米国の軍事援助は滞ることが多かった。1949年8月に、米国が国府批判の色彩が強い『中国白書』を発表したことから分かるように、当時の米国政府は国民党と国府の統治能力に対して強い疑問を有していた。日中戦争を経て対米依存体質を強めた国府軍が、米国の全面的な支持なしに中共との内戦に突入したことは、大きな戦略的な過ちであったということができる。

地域にいかなる影響を与えたであろうか。

　第1は，中国に中共を中心とする強力な統一政権を成立させたことである。清朝末期以来，中国大陸には，強力な統一政権は存在しなかった。強いナショナリズムを有した一枚岩の政権が中国にできたことで，周辺諸国は大きな影響を受けた。新中国成立当初，日本の代わりにソ連の影響力が増大し，分断された中国の権益から欧米諸国が閉め出された状態が続くこととなった。内部においても，段階的にではあるが，チベット，新疆，内モンゴル地域など従来独立状態にあった地域に，強力な統治を及ぼし，外国の影響力を排除するようになったのである。

　第2は，中国の社会主義化と社会主義陣営への参加を促進し，米中関係の修復を困難にしたことである。アメリカと中共は，ともに必ずしも軍事対立を望んでいなかった。むしろ双方とも可能な限り安定した関係を結ぼうと考えていた。ところが，内戦の過程において，国共双方がそれぞれ米ソからの支援を受けたことが，アメリカと中共との関係接近を困難にした。毛沢東は内戦勝利後の1950年初頭，モスクワを訪問してスターリンと会見し，2月に「中ソ友好同盟相互援助条約」を結んで「向ソ一辺倒」路線を推進した。

　そして第3は，台湾海峡を挟んだ分断状態を作ったことである。1949年12月に，国府は台湾への移転を正式に決定し，蔣介石の率いる国民党と国府は，最後に残った大規模な統治領域である台湾に撤退した。台湾海峡という物理的障碍を前にして，中国は「台湾解放」の準備に時間をかけざるを得なかった。1950年初頭，台湾は遅かれ早かれ新中国によって「解放」されるであろうと考えられていたが，朝鮮戦争を経て，アメリカは国府に対する支援を再開したため，ここに一対の分裂国家ができあがった。

5．朝鮮戦争

　朝鮮戦争の原因　朝鮮戦争は，日本では「韓国動乱」と称されたこともあったが，近年その国際的性質から「東北アジア戦争」と呼ぶ研究者もいる［和田］。朝鮮民主主義人民共和国（以下，北朝鮮）では「祖国解放戦争」，大韓民国（以下，韓国）では「韓国戦争」，途中で武力介入して北朝鮮を支援した中国では「朝鮮戦争」と呼び，中国人民志願軍が参戦した部分を「抗米援朝戦争」と呼んでいる。

そもそも，中国とは異なり，第2次世界大戦後，日本から解放された朝鮮半島はアメリカとソ連により38度線をはさんで南北に分割占領された。北朝鮮と韓国は1948年に共に相手の領域を含めた国家である，という建前をとって建国された。したがって，双方にとって相手政府は非合法組織であり，鎮圧対象であり，統一対象である。双方とも，いずれ相手が武力統一を試みる可能性を否定できない状態にあった。

南北それぞれは，朝鮮戦争が相手側の侵略で始まったと主張している。しかし，米軍の鹵獲した北朝鮮資料が公開され，さらにソ連の崩壊により，旧ソ連・東欧で当時の資料が公開されるようになってから，北の南進によって戦端が開かれたことに疑問の余地はなくなった。中国は当初北朝鮮と同じ立場をとっていたが，次第に「内戦が勃発した」というような表現を使ってどちらが侵攻したかをぼかしたり，開戦責任は重要な問題ではないという言説を表明したりするようになり，事実上，北の南進説を受け容れている［抗美援朝戦争編輯委員会］。

北朝鮮の指導者であった金日成首相は，なぜ1950年6月に南進を試みたのか。かつて国民党が優勢のころ，ソ連は朝鮮半島の統一を重視していた。さらにソ連は，中共が内戦に勝利すると，この課題を北朝鮮指導者にゆだねるようになった。他方でアメリカも，国民党の優勢時には朝鮮の統一管理を求めたが，中共が勝利した後，統一追求を放棄した［鐸木］。次に駐韓米軍は1949年6月に軍事顧問団を除いて完全撤退した（ソ連軍撤退は1948年12月）。さらにアチソン（Dean G. Acheson）国務長官は演説の中で1950年1月に，アリューシャン列島，日本，沖縄諸島，フィリピンを結ぶ線，つまり朝鮮半島と台湾が含まれない線を「不後退防衛線」であると発表した［小此木］。1949年に中国革命が成功したのに加え，韓国の防衛力が手薄になったことが，南進統一の千載一遇のチャンスとして，金日成の目には映ったはずである。

金日成は，1950年前半に2回訪ソし，1回訪中して，中ソ両国から開戦支持を獲得するために精力的に動いた。スターリンは当初北朝鮮の朝鮮半島統一に関心がなかったと見られるが，1949年10月の中華人民共和国成立と1950年2月の中ソ同盟により，金日成の説得を受け容れるようになった［下斗米］（⇒コラム「朝鮮戦争と中朝関係」）。

戦争の勃発と国連軍の参戦・北進　1950年6月25日未明，38度線全線で戦闘が発生した。朝鮮人民軍は破竹の勢いで南下してソウルを占領し，韓国軍の主力

Column 9-4

朝鮮戦争と中朝関係

　「鮮血で築かれた唇歯関係」は中朝関係を語るキャッチフレーズとしてしばしば使われているが，こうした親密な中朝関係の形成は，抗日戦争と朝鮮戦争によって築き上げられたものであるといってよい。しかし，冷戦終結後ソ連や中国で公開された朝鮮戦争関係の資料によって，中朝関係は決して「唇歯関係」の一言で片付けられるものではなく，一筋縄では行かなかったことが明らかとなりつつある。

　1949年10月1日に中華人民共和国が誕生したが，当時，中国共産党はまだ全国を解放できていなかった。全国解放，なかでも特に台湾解放を最優先課題とする新中国指導者にとっては，平和的国際環境が何よりも大切であった。

　他方，金日成はソ連に対して南北統一への援助を繰り返し要請していた。スターリンは度重なる要請に内密に応じるようになり，1950年3月30日からの金日成の秘密訪ソで，南北統一計画に関して「毛沢東が反対しなければ反対しない」との意向を示した。スターリンのお墨付きをもらった金日成は中国を訪問し，5月13日に毛沢東と会談した。2日後毛沢東は「中国統一より朝鮮問題を先行させる」というスターリンと金日成との密約に同意する旨を金日成に伝えた。中国がスターリンと金日成との密約に同意した理由には，中ソ関係への配慮や社会主義の道義に基づいた国際主義的義務が挙げられるが，海軍や空軍がきわめて弱かった解放軍がすぐに台湾攻略できず，台湾解放に一定の準備期間が必要であるという認識があったことも無視できない。

　1950年6月27日，朝鮮戦争が勃発した直後に，トルーマン米大統領が朝鮮，台湾介入を宣言した。予想外のアメリカ介入，緊迫する朝鮮戦場の戦況によって中国指導者は台湾攻撃の中止も余儀なくされた。9月15日，米軍が仁川港から上陸した。朝鮮戦争への参戦を躊躇している中国に対し，スターリンは「中国の参戦で朝鮮戦場における勝利を収めれば，アメリカは最終的に台湾をも放棄するであろう」と朝鮮問題を台湾問題に結びつけて説得し，中国の参戦を促した。こうした状況の中で，中国は中国人民志願軍の派遣を決定したのである。

　このように，朝鮮戦争に際し，中国，朝鮮ともに，中朝関係よりもソ連との関係をより重視し，自国の安全保障を最優先していた。朝鮮戦争を経て，朝鮮への中国の影響力が増し，「鮮血で築かれた唇歯関係」の中朝関係を築きあげたが，戦争発動までのプロセスの中で見られた両国の意思の齟齬がその後の中朝関係に影を落としたことも見逃せない。

（青山　瑠妙）

【参考文献】A. V. トルクノフ『朝鮮戦争の謎と真実――金日成，スターリン，毛沢東の機密電報による』（下斗米伸夫・金成浩訳，草思社，2001年）

は崩壊した。アメリカは直ちに国連に提訴し，中華人民共和国加盟問題でソ連がボイコット中の国連安全保障理事会において，北朝鮮を侵略者と認定させること

に成功した。アメリカの最高指導者は，朝鮮人民軍の南進を放置するとそれが第3次世界大戦に発展しかねないと確信していた［小此木］。安保理は国連軍による軍事制裁を決定し，17カ国が派兵したが，その大部分は米軍であった。

同時にアメリカは第七艦隊を台湾海峡に派遣して常時パトロールすることで，中国による「台湾解放」と台湾による「大陸反攻」の双方を牽制した（「台湾海峡中立化」）。中国大陸と朝鮮半島に進出してきた社会主義圏を抑えるには，大陸沿岸の島嶼連鎖に依拠しつつ，頑強に抵抗すべきであるという考え方が優勢になった［小此木］。台湾の戦略的価値はこうして増大した。アチソン演説における「不後退防衛線」は，必ずしも線外地域の防衛を放棄していることを意味しなかったのである。

国連軍は，朝鮮人民軍に対抗するため大部分の在日米軍を投入したが，兵力不足で苦戦し，朝鮮人民軍に韓国国土の9割以上を占領され，半島南部にある洛東江の防衛線内に追い込まれた。ところが，米軍の増援部隊の到着によって戦局は一変した。1950年9月15日に国連軍2個師団が約260隻の艦船で仁川上陸作戦を決行し，背後をついて朝鮮人民軍の主力を壊滅させた。これと呼応して洛東江周辺の国連軍もいっせいに総反撃を開始した。朝鮮人民軍が守っていたソウルは9月26日陥落し，国連軍は2週間で韓国全域を奪回したのである。

「侵略の排除」が唯一の戦争目的であれば，国連軍はここで進軍を停止するのが妥当であった。ところが，朝鮮人民軍の主力はすでに壊滅していたため，このまま韓国奪回の余勢を駆って北進統一を目指すことは軍事的に合理的で，政治的にも魅力的な選択であった。アメリカ内部では，中ソとの妥協によって朝鮮半島を分断国家にするよりも，北進統一をするほうが恒久的な平和を樹立することが可能であるという議論に傾いた。こうして国連軍の北進が決定され，10月1日には38度線を突破して北朝鮮領内に侵入し，20日には北の首都である平壌を占領し，10月26日には先頭部隊は鴨緑江岸に達した。

中国が北朝鮮の南進にどれだけかかわっていたかについて，確実な結論はまだ出ていない。「台湾解放」の優先順位が高かったことを考えると，北朝鮮による南進統一を中国が積極的に支持していたとは考えにくい。最近の研究では，金日成が1950年5月に訪中した際，北朝鮮が韓国に侵攻すること，そしてソ連がそれを後押ししていることを中国に伝えたことは分かっているが［下斗米］，中国側はいつ，どのような形式で戦端が開かれるのかを知らなかったとする説が有力

である。中国側は戦況を楽観視せず，朝鮮人民軍の補給線が延びきったことから，国連軍が朝鮮人民軍の背後から上陸作戦を行う危険性を懸念していたといわれる。中国指導部の懸念は開戦後に現実のものとなったのである。

中国軍の参戦・南進　中国は開戦以前から北朝鮮への部隊の派遣を検討していた。さらに，中国は開戦直前の5月に林彪率いる東北民主聯軍下にあった中共系朝鮮民族部隊を北朝鮮に引き渡した。朝鮮人民軍に編入された同部隊は南進の主力部隊となった。さらに，毛沢東は開戦まもない8月5日には戦略予備部隊に出動・作戦の待命を命じた。中国が開戦前から北朝鮮を支援し，同時に不測の事態に備えていたことは明白である。ただし，このことは中国が当初から参戦を決めていたことを意味するわけではない［平松］。

国連軍が北進し，中朝国境に迫ると，劣勢に陥った北朝鮮指導部は中国に参戦の決断を強く求めた。スターリンも，ソ連を局外に置きながら，中国に参戦を要請した［河原地］。中国内部では，まず参戦の可否について，次に参戦の時期について意見が分かれ，最終的には毛沢東が決定を下したとされる［朱］。当時の軍事常識によれば，中国が参戦で失うものはあまりにも多く，何よりも中国の勝ち目はほとんどないと判断されていた。しかし，北朝鮮が敗北し，韓国による北進統一が実現することは，米軍が重工業基地である東北地方に隣接し，北京をも制し得ることとなり，安全保障上の大きな懸念となることを意味していた。

こうして，1950年10月13日，中国はついに参戦を決定し，同月25日彭徳懐を総司令として約100万人の「中国人民志願軍[3]」を北朝鮮に派兵した。中国参戦の決定は，中国1国の国益と社会主義陣営の共通利益のバランスと，自国防衛と朝鮮半島の統一のための攻撃のバランスがないまぜになった複雑な考慮の上で行われた［朱］。中国は参戦と同時に東北地方を後方基地として「抗米援朝」運動を繰り広げて，物心両面で北朝鮮を支援した。

中国の参戦は，中ソ同盟関係に試練を与えた。参戦決定前に周恩来首相がモスクワを秘密訪問してスターリンに空軍の出動を要請したが拒否された。中国側の失望は大きく，参戦の決心は動揺した［朱］。結局，参戦後になって，ソ連空軍が中国に移駐し，航空作戦に従事した。しかし，ソ連が供与する武器は無償では

---

[3]「志願軍」という名称および形式は，国際法上国連軍との戦争状態を避けるために使われた方便であり，中国人民志願軍の実態は中国人民解放軍そのものであった。なお，人民義勇軍，抗米援朝義勇軍ともいう。

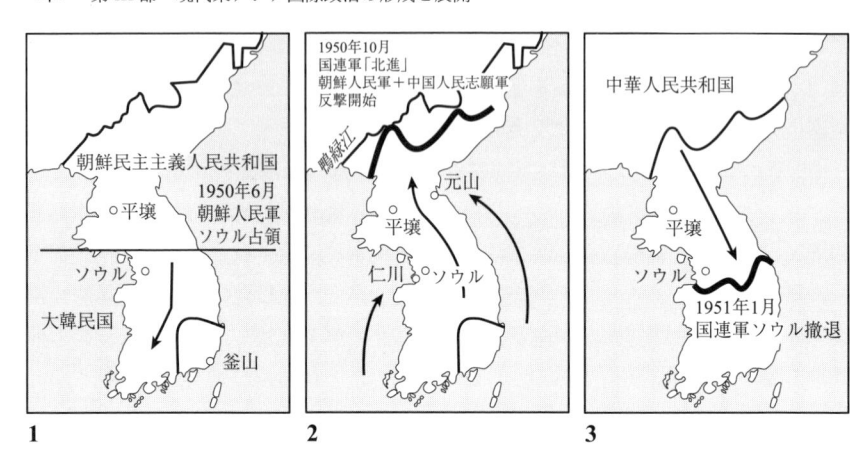

図 9-2 朝鮮戦争の戦況
出典) 小島朋之・国分良成［1997］94頁を参考に作成。

なかったし，中ソ関係は複雑な状態に置かれた。毛沢東が参戦を決断したことで，中ソの同盟関係は強化されたが，後の中ソ対立の火種も生まれたのである。

戦局の泥沼化と休戦交渉　中国の参戦は，戦況を劇的に逆転させ，国連軍は北朝鮮領内から敗退せざるを得なかった。国連軍側は大軍を投じて「クリスマス攻勢」を開始したが，逆にクリスマスまでに38度以南に撃退され，中国・北朝鮮両軍は1951年1月4日にソウルを再度占領した。この間マッカーサー国連軍司令官は補給基地となっている中国東北部への爆撃（核攻撃も検討された）や中国海上封鎖等の強硬策を主張したため，不拡大政策をとるトルーマン大統領と対立し，4月11日に更迭された。中国東北部への核攻撃は，中国との全面戦争とソ

連の直接的介入を招く可能性があるとトルーマンは判断したのである［小此木］。

　勢いに乗った中国人民志願軍と朝鮮人民軍は，37度線まで達したが，新しく就任したリッジウェイ（M. B. Ridgway）国連軍司令官の「キラー作戦」により，国連軍は再度ソウルを奪回し，6月にはほぼ38度のすこし北方で両軍は膠着状態に入った。ここで双方のあいだに休戦の気運が起きた。6月23日のソ連のマリク（Jacob Malik）国連代表による提案をきっかけに休戦会談が始まったが，会談中も戦闘は引き続き進行した。スターリンは，戦争継続の強い意志をもっており，朝鮮戦争について「第3次世界大戦を引き延ばすために使いたい」と語り，北朝鮮の停戦要求を受け容れなかったとされる［下斗米］。

　戦局の膠着化に加え，1953年3月，南進統一積極派であったスターリンの死が，休戦協定の実現をもたらしたと考えられている［下斗米］。スターリンの葬儀のため周恩来が訪ソした際，残されたソ連の指導者たちは，中国に停戦を要請した。他方，休戦交渉は，スターリンの死以前の1951年7月10日から開城(ケソン)で，10月25日からは板門店(パンムンジョム)に会場を移して行われた。捕虜の交換問題等で難航した末，ようやく1953年7月27日に，5章63項から成る「朝鮮休戦協定」が成立した。この協定は現在も有効である。そのことは，朝鮮戦争がいまだ終結していないことをも意味する。その後，1954年からジュネーヴで本格交渉が持たれたものの，北朝鮮が外国軍の撤退を，韓国が戦後処理における国連の関与を求めて，物別れに終わった。

　朝鮮戦争の影響　朝鮮戦争の犠牲者数はいまだにはっきりしないが，第2次大戦に次ぐ大規模な爆撃や地上戦により，一説には国連軍全体で約40万人，北朝鮮・中国軍で約200-400万人の死傷者を出したといわれる［下斗米2004］。

　犠牲者の多さに加え，朝鮮戦争は北東アジアの国際関係を大転換させた。第1は，朝鮮半島と台湾海峡の分断状況が確定したことである。境界線は開戦前とほぼ同じ38度線付近であり，南北朝鮮は冷戦終結後も敵対状態を正式に終結させることなく，今日にいたっている。南北朝鮮は，建前は別として統一を後回しにして，それぞれが異なるモデルで国家建設を推進した。その結果，韓国の工業国化と北朝鮮の経済破綻と孤立化を招き，朝鮮半島の不安定な状態は現在も継続している。

　第2は，米中関係を決定的に悪化させ，中国の国際社会への復帰を遅延させたことである［下斗米］。アメリカは，対韓国支援を強化し，対国府支援を復活し

た。他方，朝鮮戦争中に日米同盟が結ばれ，休戦後には米韓同盟が結ばれ，アメリカを中心とする北東アジアの同盟ネットワークが形成された。朝鮮戦争により，冷戦は世界規模で戦われるゼロサムゲームになったのである。

第3は，中国の影響力，特にアジアの社会主義圏における影響力が増大したことである［カミングス］。朝鮮戦争という試練を経たことで，中ソ同盟関係は実際に機能する同盟へと発展し，中朝の軍事関係が緊密化するきっかけにもなった。スターリンはもともとアジア諸国の共産党に対するリーダーシップを中国と分け合う構想を持っていたが［下斗米］，朝鮮戦争後はこの傾向をさらに強め，中国の社会主義圏での重みは否が応でも増大したのである。

そして第4は，朝鮮戦争が日本の経済上・防衛上の復興のきっかけとなったことである。朝鮮戦争による有効需要の増大は，「朝鮮特需」と呼ばれ，敗戦の痛手から復活しようとしていた日本経済に追い風となった［和田］。日本は，経済だけではなく，アメリカの支援の下で政治的，軍事的にも復活を始めた。占領中，日本は軍隊を解散させられ，1947年に施行された日本国憲法第9条の下で，「陸海空軍その他の戦力」を保持できないとされていた。だが，在日米軍が朝鮮半島に投入されると，日本国内の力の空白を埋めるため，マッカーサーは1950年8月に警察予備隊を発足させた。警察予備隊は，後年保安隊，自衛隊へと改組・改称し，実力を充実させ，後年東西対立の一翼を担うまでに成長したのである。

おわりに

第2次世界大戦が日本の敗戦によって終了したことは，東アジアにおける戦争の終了を意味しなかった。「終戦」という言葉が，日本国内に限定されたものであることに気づかされるであろう。東アジアではその後も戦争が続いたのである。だが，日本が植民地や多くの占領地を有する多元的な政治体から国民国家へと再編される中で，逆に東アジアには権力の空白地域が出現した。そして，そこに抗日戦争と米ソ対立が重なった内戦が発生した。国共内戦と朝鮮戦争である。2つの戦争は，国際的内戦であり，当事者には外国を引き込んで内戦を有利に戦う発想が強く，また大国も中国や朝鮮半島に世界大の意味を付与するようになったため，国際紛争化していったのである。

国共内戦や朝鮮戦争は，当事者である国々では，イデオロギー対立の結果であ

るとして描かれることが多かった。特に中国・北朝鮮側の出版物ではスローガンで歴史が書かれているかのような様相を呈していた。そうした意味で，東アジアの各政権の歴史的な正統性とこれらの戦争は深くかかわっている。この2つの戦争のもたらした結果は，38度線にせよ，台湾海峡にせよ，冷戦が終結したとされる現在においても，東アジアでは深く刻まれている。

　他方，この2つの内戦は，相互に緊密に関連していた。国共内戦による共産党の勝利があったからこそスターリンは金日成にゴーサインを出し，北朝鮮の南進が可能となった。逆に朝鮮戦争があったからこそ，トルーマンは「台湾海峡中立化」に踏み切り，台湾は「解放」を免れ，国共内戦もまた最終的決着が付かなくなった。朝鮮戦争が勃発したことで，国共内戦におけるアメリカの政策も再検討され，アメリカでは「中国を失った」のはなぜか，という政権批判が強まった［Tucker］。朝鮮戦争後，米国が台湾支援を長年続けるようになったのもまた朝鮮戦争の副産物であるということができる。

　他方，いち早く戦争を「終えた」日本は，むしろ日本の敗戦にともなって生じた内戦が進行する過程で，その敗戦国としての地位を転換していくことになる。ひとつは，アメリカの占領政策の変容であり，またひとつは戦争に伴う経済復興である。日本は，朝鮮戦争の最中である1951年にサンフランシスコ講和条約を締結し，1952年に国際社会に復帰した。そして，同年，台湾に逃れた中華民国と講和条約を締結したのであった。日本の戦後処理がこうした戦後東アジア国際政治の再編過程の中でおこなわれたことも看過できない。

◆研究課題
（1）対日占領政策には「逆コース」というべきような大きな方向転換があったのであろうか。
（2）国共内戦における中国共産党の勝利と，朝鮮戦争の勃発による東アジア地域の冷戦の幕開けにはどのような意味があるか。
（3）日本の戦後復興にはどのような国際政治上の背景があったのか。

第10章　中国分断後の国際情勢と日米安保改定

陳　肇斌・増田　雅之・池田　慎太郎

はじめに

　この章では1950年代の東アジア国際政治を見ることにしよう。前章で述べたように，日本の敗戦にともない第2次世界大戦が終結したものの，冷戦構造を背景とした軍事衝突が発生した。国共内戦，朝鮮戦争がその代表である。また，その過程でアメリカによる日本占領政策は転換し，1951年のサンフランシスコ講和条約の調印によって国際社会への復帰が約され，52年にそれが発効，日本は主権を回復し，独立した。この段階では，朝鮮半島では戦争が続いており，台湾海峡を挟んで，中国の国民党政権と共産党政権が対峙するようになっていた。他方，米軍統治下の沖縄は，アメリカの東アジアにおける軍事拠点として重要な位置を占め始めていた。

　独立した日本の外交における重要な目標には，国際連合加盟とともに，東アジア諸国との戦争状態の法的終結，あるいはかつて植民地であった地域に生まれた独立国との外交関係樹立などがあった。実際，中国，朝鮮半島の両政府はサンフランシスコ講和会議には参加できず，ソヴィエト連邦も調印を拒否したため，日本は国際社会に復帰したとはいえ，周辺諸国との関係は2国間交渉によって樹立していかなければならなかった（この点，北朝鮮との外交関係の樹立は現在も残された課題となっている）。このような交渉は，冷戦構造の下で進められ，日本は1952年に国民政府（以下，国府と略記する）を承認したものの，韓国との国交樹立には1965年を待たねばならなかった。中国，朝鮮半島の諸政府にとっては，政府承認獲得こそが自らの正統性を支える根拠にもなった。だが，中国大陸との

間で経済関係などの実質的な関係を維持するべきだという見解もあり，さまざまな可能性が模索された。日本は，中国市場とともに，イギリス帝国の影響力が低下しつつあった東南アジア市場への進出をも目指し，賠償と経済協力を絡めながら，経済関係の強化を模索していった。また，ソ連については，米ソ間に外交関係があったように，日本もまたソ連との外交関係樹立に努め，その実現とともに国際連合への加盟も果たした。

だが，安全保障の面では，すでに前章でふれたように，日米，米韓，米華（国府）における諸条約が締結され，逆に中ソ同盟，中国と北朝鮮の関係も強化されていく。東アジアは，確実に冷戦に組みこまれたのである。国内政治に目を転じれば，こうした国際情勢を反映するように，日本では自民党を主軸とする55年体制が形成され，台湾では国民党政権，韓国では軍事政権が安定政権を築くことになった。

1. 対日講和と「中国問題」

対日講和をめぐる英米対立　1949年10月に中国大陸に中国共産党による中華人民共和国政府（人民政府）が成立し，蔣介石の国府は台湾に撤退した。それ以降，両政権はそれぞれ中国の代表政府として自らを主張した。アメリカ政府は国府を承認し，朝鮮戦争の勃発を受けて，人民政府を封じ込める方針を固め，対日講和交渉から人民政府を排除する態度を明確にした。1951年1月には，対日講和交渉を継続すべく，ダレス（John Foster Dulles）が米大統領特別代表に任命された。ダレスのアメリカの議会関係者に語ったところによれば，単独講和によって日本は伝統的な市場としての中国大陸を喪失するものの，東南アジアがその代替になるというのである。

アメリカの政策と異なり，イギリスは1950年1月に北京の人民政府を承認した。イギリスの意図は，植民地香港の地位を維持しながら中国大陸との通商関係を確保することであり，さらに早期承認によってソ連の対中影響力を最低限に抑えることをねらっていた。これに加えて，戦前日本との貿易競争で苦い経験のあるイギリスにとって，自国の伝統的な市場である東南アジアへの日本の経済的進出を抑えておかなければならなかった。そのためには，人民政府の講和参加によって，中国大陸市場を日本の市場として復活させる必要があったのである。

ダレスは、人民政府のサンフランシスコ講和会議参加を唱えるイギリス側の主張が対日講和を妨害するものであるとみなし、イギリスを排除して日米両国間だけでも講和を進めるかもしれないと警告した。しかしアメリカにとっては、英米の協調が必要であったことはいうまでもない。そこでダレスは、対英交渉力を強化するために日本政府の意思を確認しておく必要があると考えた。

　講和を最優先とする日本政府から国府との講和を望む旨の言質を得たダレスは、ロンドンに赴いた。駆け引き上「譲歩」と見せて、中国のいずれの政府と講和を行うかは独立した日本政府の自由裁量に委ねるという案をイギリスに提示し、6月19日、その提案通りの了解を英米間で成立させた［細谷］。しかし、この後も、英米は日中講和問題をめぐって対立し続けた。

　4通の「吉田書簡」　英米対立のなかで、日本政府はどのような中国政策をとったのであろうか。1951年1月末のダレス使節団の来日の際、吉田茂首相が中国問題について意見を開陳した。当時のいわゆる「中国問題」とは、中国代表権問題に加えて、対中貿易統制の問題であった。戦前の中国勤務で培った独特の中国認識を持つ吉田は、長期的に見て日本にとっては中国貿易が必要であることを語った。日中貿易を手段にして中ソ分断をはかろうと吉田は考えたのである。

　ダレス離日後の2月16日、吉田は自己の中国認識をダレス宛の「吉田書簡」に認めた。以後、「中国問題」に関して吉田の書簡（4通）が重要となるので、これらを時期順にABCDとして叙述を進めたい。その「吉田書簡A」において吉田は、中国大陸における共産主義の前進に対して米英日間の協力が必要であり、「われわれの最初の仕事は、中国をロシアの手中からもぎとって」、西側陣営に仲間入りさせることでなければならないと説いた。吉田は、4億5千万の中国人に対するモスクワの支配はそれほど強く永続的なものではありえず、日本人は中国との旧い絆をもっているので、「竹のカーテン」の内側に浸透する役割を果たすのにもっとも適していると説き、中ソ分断における日本の役割を自薦した［猪木］。

　上述の英米間の了解の成立を受けて、吉田はダレス宛に同年8月6日付の「吉田書簡B」を送り、国府との講和には一切言及せず、もっぱら人民政府との非講和を強調した。吉田のねらいは、国府との講和を回避して大陸との関係樹立の余地を将来に残すことにあった。弁護士出身のダレスも吉田のこの意図を感知し、「中華民国」との早期講和を進めることが日本の利益になる旨を指摘した返書を

送った。

　だが，日本側の国府への視線には厳しいものがあった。日本側は国府が大陸反攻どころか，年内にも経済的窮状によって崩壊するかもしれないと観測していた。また，不安定なアメリカの中国政策に対する不安感もあった。さしあたり台湾と貿易関係を中心とする実務協定を結ぶことが吉田の希望であり，またそれはイギリス側の希望とも一致していた。しかし，このような吉田の考えはダレスに受け容れられるものではなかった。ダレスは吉田から国府との講和を保証する明確な言質をとるべく日本を訪れ，1通の書簡の草案を用意して吉田に手交し，早い時期に署名したうえで自分宛に送るよう要請した。これが不本意な「吉田書簡C」となり，12月24日付で吉田からダレスへの「クリスマス・プレゼント」として発送された。

　数日後，吉田はダレス宛の「吉田書簡D」を書き，アメリカ側に手交した。12月27日付の同書簡において吉田は，連合国の占領が終了した後「独立国としての日本は，独自の中国政策を持たざるを得ないであろう」と書いたうえで，日本を大きなジレンマに立たせている英米間の中国政策をめぐる対立が調整される必要性を訴えた。

　連合国の主要国である英米が中国の代表政府として人民政府と国府とをそれぞれ承認していたことに鑑みれば，それらと異なる日本の「独自の中国政策」とは，国府と講和しつつも大陸との関係樹立をおこなう可能性を模索するという意味での「2つの中国」政策にほかならなかった。

　東京・台北・シンガポール　1952年2月から，日本と国府との間で日華条約の交渉が始まった。条約の性格について，国府は中国の代表政府としての立場から，サンフランシスコ講和条約と内容的に近い条約の締結を望んだ。それに対して日本政府は，同条約を中国の代表政府との講和ではなく台湾の政府との条約であるとみなし，条約の「適用範囲」について大陸を除外して台湾に限定しようとしたが，国府の頑強な反対に遭った。

　国府はアメリカの介入を要請した。米国務省は日本側に対し，日華条約の早期調印が望ましいと伝え，圧力をかけた。これを重視した日本側は，国会審議を要しない日華「合意記録」において国府の立場を盛り込むことを決定し，多国間講和条約（サンフランシスコ講和条約）の発効と同じ日に日華条約に調印した。日華条約によって，大きな戦争被害を蒙った中国大陸地域が除外された。それによ

って戦後処理問題が放置され，今日の東アジアにおける歴史問題をめぐる紛糾の原因のひとつとなっている。

日華条約の調印後，吉田の周辺では日台「再統合」の可能性について模索した痕跡がある。吉田に近かった松本重治がイギリス側に語ったところによれば，日本は旧植民地台湾との関係の将来について，「日台連合王国」を構想していることが伝えられた。吉田らの帝国意識の具現であるこのような構想は，国際的支持を得る可能性がまったくなかった［ダワー］。当面，吉田の中国政策の基本路線は「2つの中国」，すなわち台湾を蔣介石に，大陸を毛沢東にそれぞれ統治させるとの外観を呈するようになった。これは，かつて満洲を張作霖に，いわゆる「中国本部」を蔣介石に統治させるという吉田が演出した田中外交の方針を連想させるものがあった。

吉田はその政権の末期に，日英米共同の中国政策を形成するために3国政治協商機関を設置する構想を打ち出した。それは，シンガポールに「対共政策の本部」たる機関をつくり，それには日英米が資源を投入し，東南アジアの開発と同時に，華僑を通じて中国大陸に浸透するというシナリオであった。

1954年初夏，チャーチル英国首相の東西両陣営の平和共存に関する呼びかけに触発され，吉田は西側共同の中国政策の形成を促すべく英米に外遊した。しかし朝鮮戦争休戦後のイギリスは，「経済的脅威」としての日本の競争力を大陸市場にそらすという講和期の対日政策をあらため，人民政府の「軍事的脅威」の減殺を図るために，むしろ日中間の経済的連携を防止しようとした。またアジアにおける影響力が低下したイギリスは，すでに中国政策のイニシアティヴをアメリカに委ね，英米関係の修復につとめており，吉田の構想を英米離間策とみなして警戒した。

吉田の構想に対しては，アメリカの反応もまた否定的であった。協商機関の設置は国連や東南アジア条約機構との関係で困難であるというのが，ダレスの見解であった。またアメリカが日本の保守党指導者に望んでいたのは，再軍備に積極的かつ国内に強固な支持基盤をもつことであり，吉田の大規模な再軍備への消極姿勢がアメリカを失望させたと同時に，造船疑獄による政権の支持基盤の弱体化がさらにアメリカの失望に拍車をかけた。ダレスは吉田が引退すべきであるという意見に傾き，外遊の成果を吉田にもたせることには気が進まなかった。吉田は帰国してまもなく退陣に追い込まれ，その構想もあえなく挫折した。

2．東西雪解けと東アジア

日英米「共同」の中国政策　東西雪解けといわれる冷戦の緊張緩和の空気が高まるなか，1955年7月にはジュネーヴで米英ソ仏首脳会談が行われた。さらにジュネーヴでは，米中の大使級会談が同年8月に開催された。これを受けて日本政府は，アメリカの対中封じ込め政策の転換が予告なしに訪れる危険に対する不安を強めた。実際，その16年前に，日独防共協定を結んだナチス・ドイツがソ連と不可侵条約を突如締結した「複雑怪奇」な異変に遭遇した経験が日本外交当局にはあったからである。

外務省関係者は中国大陸との非公式な接触の可能性を模索し，アメリカ側の事前了解を得ようとした。また同時期に日本の政治，経済および文化関係者の訪中使節団の数が急増した。日中の接近を恐れたアメリカは，それを牽制すべく，「引き続き圧力を与え続ける」アメリカの中国政策が変わらないことを強調する対日「口上書」を作成し，鳩山一郎首相，重光葵外相ら政府与党の最高幹部に伝えた。その際，国務省は日本政府が有力な人物の中国大陸への渡航を思いとどまらせるべきであると主張し，積極的な規制措置をとるよう促した。

翌年3月，重光は「目下の諸問題についてのメモ」と題するダレス宛メモを米駐日大使に提出した。このメモにおいて重光は，以前吉田がアメリカに対して要望した西側共同の中国政策を，「2つの中国」政策という明確な表現で提言した。当時，英米間では中国政策をめぐって対立が生じていた。それは，従来の中国の国連代表権問題と，対中禁輸の維持か緩和かという問題に加えて，1955年初頭以来，国共の争奪戦が繰り返された大陸沿海諸島の防衛か撤退かという問題における対立であった。それについて重光は，次のようにメモに記した。「英米の中国問題に関する不一致は，アジアにおける自由世界の戦線に致命的な打撃を与えている。英米間の完全な合意が不可能であっても，"二つの中国"構想については，自由主義陣営内において統一的な政策を形成する必要がある」。

「国連中心主義」　ジュネーヴ会議，バンドン会議の開催後，国連での中国代表権問題に対する加盟国の賛否には変化の兆しが見え始めた。1956年の国連総会では，人民政府に傾く国連加盟国の数は依然として過半数にはほど遠かったが，それでも2年前に比べて倍増していた。アジア・アフリカの新興独立国が増えつ

つあるなかで，その趨勢が助長され，いずれアメリカの中国政策と多数の国連加盟国の中国政策とが，必ずしも一致しなくなることが起こり得るとみなされるようになった（⇒コラム「バンドン会議」）。

岸内閣は外交3原則のひとつとして「国連中心」の原則を唱えたが，それは中国問題に関していえば，「2つの中国」政策の推進，すなわち人民政府の承認およびその国連加盟への支持の余地を残し，同時に台湾の「確保」をはかるということを意味していた。岸は日本民主党幹事長を務めていた1954年末，米国駐日大使館員に対し，「国連または自由世界で何らかの形で台湾を独立国家として認められるような政策が形成されるよう希望する」と語り，「2つの中国」の実現の可能性を国連または英米の協調と結びつけて考えていた。

また岸は，大陸沿海諸島の防衛のためなら核兵器の使用を許容し，代価を惜しまずに台湾を「確保」するようアメリカに要望した。日本外務省も台湾と大陸との和解を望まず，当時流布していた国共秘密会談の風聞に敏感に反応し，再三アメリカ側に注意を促し，精力的に「2つの中国」政策を売り込んだ。しかし，それは，人民政府を封じ込め，国府を承認したアメリカの中国政策と対立するものであり，アメリカ政府には認められなかった。

「藤山構想」 日米関係の緊密化をはかる岸内閣は，同時に対英関係の強化に動き出した。藤山愛一郎外相は1957年9月末に訪英し，ロイド（Selwyn Lloyd）外相と会談した。ここで，藤山は，中ソ同盟が不安定であり，アメリカが要求するほどに対中禁輸を厳格にすべきではないことについて，意見の一致を見た。藤山は，台湾を重視しない英政府の見解に接して「新鮮な驚きを感じ，直ちに岸首相に報告した」。

会談で藤山は日英間の中国情報の交換強化についてロイドに要請した。この提案が伏線となり，1958年1月，藤山はシンガポールでマクミラン（Harold Macmillan）英首相と討議するためのメモを用意した。メモには「政治協商」と称される項目があり，東アジアの「諸問題に対応する措置のひとつとして，英米日3国外相の間であらゆる角度から充分な了解を確立したうえで，3国共同の政策を立案する必要性」が強調されていた。

藤山構想において提起されていた政治協商には，日中関係の打開に積極的なインドの参加も模索されていた。しかしネルー（Jawaharlal Nehru）インド首相は，当事者の直接交渉を重んじ，もっぱら大国の力でアジア問題に対処する考えには

Column 10-1

バンドン会議

　1955年4月,インドネシアのバンドンに,第2次世界大戦後に独立を獲得したアジア・アフリカ29カ国の代表が参集した。バンドン会議である。

　第2次世界大戦までアジア・アフリカの大半は植民地で覆われていた。「国際政治」とは,いわば欧米や日本など列強諸国の占有物であった。欧米諸国のいない初めての国際会議であるバンドン会議は,独立を果たしたアジア・アフリカが国際政治の新たな担い手として登場したことを鮮烈に示すものであった。

　会議は植民地主義反対やアジア・アフリカ連帯を謳い,その精神を集約した「バンドン宣言」は,米ソ冷戦を拒む非同盟運動の源流となった。

　だが冷戦下にあって参加国は,「平和五原則」を掲げて会議を主導するインドや中国など中立主義・共産主義諸国,これを阻止しようとするパキスタンなどアメリカ寄りの国々に二分されていた。討議も,ソ連の東欧支配は「共産主義下の植民地主義か」などで紛糾し,しばしば決裂状態に陥った。それでも「バンドン宣言」の採択にこぎつけたのは,「独立の希求」が冷戦対立を上回る連帯感をもたらしたからに他ならない。

　だが10年後に計画のみで終わった第2回アジア・アフリカ会議では,中印紛争や中ソ対立の激化で結束はもはや困難であった。70年代には植民地の消滅で連帯の源であった「独立」は完遂し,アジアは開発と経済成長へ,アフリカは停滞に沈むことになる。

　バンドン会議は,戦後日本にとっても初めての国際会議であったが,その立場は微妙であった。アメリカの意を汲み,反共を掲げて臨むのか,それとも日本の国民感情を重んじ,日米関係を損なってでも冷戦に距離を置く中立主義諸国に近づくのか。結局日本は経済問題に専念し,政治問題にはできるだけかかわらないという方針をとったが,それは冷戦によって分断されたアジアの一方を選択することを避ける方途でもあった。

　2005年にはバンドン会議50周年会議が開かれた。半世紀を経て,アジアは何よりも経済を軸に語られる地域へと変貌した。今後定期的に開催されるという21世紀のアジア・アフリカ会議は,かつての「独立」に代わって何を求心力とするのか。アジアの一員を標榜するのであれば日本にも共に模索すべき責務があろう。

（宮城 大蔵）

【参考文献】宮城大蔵『バンドン会議と日本のアジア復帰』（草思社,2001年）

批判的であり,しかも台湾についても,沖縄の日本への帰属を主張したのと同様に,反帝国主義の立場から,台湾を人民政府に返還すべきであると主張していた。それは中国の分断の固定化をねらう岸内閣と異なる意見であった（⇒コラム「チベット問題」）。

　岸内閣がもっとも期待をかけたイギリスも,構想に関心を示さなかった。イギ

リス側には，藤山構想が数多くの問題を惹起しかねないという不安があった。協商機関が国連の権威に触れかねないこと，中国と衝突する危険性があること，アジア地域の問題の討議にあたってはオーストラリア等を排除することはできないこと，などといった問題があり，「とにかくわれわれと英連邦諸国および東南アジア条約機構とのつながりは，ほとんど当然に日米との間のいかなる排他的な政策決定機構への参加の可能性を除外する」というのが，イギリス外務省の見解であった。

米国務省もまた藤山構想には否定的であった。イギリスから通報を受けた国務省は，「日英米の間で共同政策を創出するようなことは問題外であり……もっともよい方法は，通常の外交折衝を通じて行うことである」との見解を示した。結局，藤山構想はその原型であった吉田構想と同じように，英米から積極的な反応を引き出せずに挫折した。

第4次日中民間貿易協定の決裂　1957年秋に第4次日中民間貿易協定の交渉が行われた。人民政府側は第4次協定を機会に，双方の貿易代表部の設置およびその代表の指紋押捺の免除を希望した。日本外務省も民間貿易をコントロールできることと，大陸情報の把握に有利であることから，北京駐在事務所の設置に意欲的であった。

岸内閣は協定の交渉に政府の支持を与え，近い将来に予想される人民政府の国連加盟後の国交回復を円滑に行う条件を整えようとした。岸はアメリカと台湾を訪問し，日本にとっての大陸貿易の必要性について理解を求めた。大陸貿易が最終的に日本の対中承認につながりかねないとの強い不安を抱いていた国府側は，岸の保証によっていくぶんの安心感を得た。また，それまで岸が一貫して獲得に努めてきたアメリカ側の信頼は訪米によっていっそう強められた。

しかし岸の台湾訪問および国府支持の発言は，人民政府を強く刺激し，第4次協定交渉は難航した。とくに貿易代表部の政治的待遇の問題について双方の意見が対立した。人民政府側は貿易代表部の要員の準外交官待遇や国旗（五星紅旗）掲揚の権利の承認を強く求めたが，アメリカおよび国府との関係を重視する日本側にとって，それは即座には受け容れられないものであった。交渉は一旦中断された。その間，岸内閣は，あらためてアメリカの了解を得る工作を行った。岸らにとっては，政権基盤の強化をはかる次の総選挙のタイミングを得るためにも，広範な世論の支持を受けている第4次協定の成立が必要であると考えたのである。

Column 10-2

チベット問題

　チベット問題は主に，中華人民共和国における「中国化」・社会主義化と伝統社会文化秩序のあいだの葛藤，そして中国共産党が堅持しようとする集権体制・「祖国の統一」とチベットの自治・「独立」との間の矛盾，といった争点を中心に知られている。しかし，その原因をたんに中国共産党に帰すのみでは充分に歴史的な理解とは言えない。チベット高原では，辛亥革命から1951年までダライ・ラマ政権（今日のチベット自治区の範囲に相当）が事実上の独立に近い独自の自治を行っていたのをはじめ，さまざまな地域支配が存在した。これに対し共産党政権が軍事力と党組織の急速な浸透を目指したこと自体，弱肉強食の近現代国際社会での生き残りを図ろうとした近代中国ナショナリズムのひとつの総決算だった。

　ことの起源は主に，清とチベット仏教の関係にさかのぼる。自らチベット仏教を信仰し，かつモンゴル騎馬兵力を活用することで帝国支配を実現させようとした清は1720年，藩部統合の中にダライ・ラマ政権を組み込み，仏教保護を通じてチベット・モンゴル人一般の支持を取り付けた。しかし19世紀半ば頃を境に，儒学的思考を強く持つ知識人・官僚が清の政策決定上多大な影響力を持つようになり，かつ条約港を介してイギリスとの関係が徐々に改善したことから，清とチベットとの関係は著しく変質した。1870年代以降において清がロシア・日本と敵対する中，李鴻章ら統治エリートはイギリスへの見方を「アヘン戦争の国」から，学ぶべき知識と貿易上の利益の源泉である「泰西商主の国」へと転換させた。そして，仏教に固執して英領インドの交易要求を拒むチベットを敬意や配慮の対象からたんなる軽蔑と支配の対象へと格下げしたのである。さらに，朝貢国喪失の流れが決定的になった1880年代以降（特に日清戦争敗北後）清は最後に残された満漢＋藩部を「近代主権国民国家・中国」に改めようとした。そこで明治日本式の単一国民国家形成による立憲政治の実現と富国強兵が目指され，チベット（そしてモンゴルやトルコ系イスラム教徒）の社会と文化の漢語と中国文化への同化が強要され始めた。その結果，清とダライ・ラマ政権のチベット，そして外モンゴルとの関係は辛亥革命を最後に決裂し，残る諸地域も民国・人民共和国史を通じて次第に漢民族中心のナショナリズムと距離を置くようになった。20世紀以後の中国の民族問題は，このような「先進的中華民族の一体性と漢族の指導」と「後発的」内陸アジア民族の「分裂主義」――実際には異議申し立て――の対峙という構図を抱えている。そして，その典型としてのチベット問題の帰趨は，近代中国の国家形成のあり方が今後どのように変化するのかという根本的な問いと直結している。

（平野　聡）

【参考文献】平野聡『清帝国とチベット問題――多民族統合の成立と瓦解』（名古屋大学出版会，2004年）

その後，1958年2月に協定交渉は再開され，3月に妥結した。日本側は協定の正文ではなく覚書において，貿易代表部員に準外交官待遇を与え，さらに国旗掲揚を認めた。

ところが，協定調印は国府の激しい反発とアメリカ政府の困惑を招いた。国府は五星紅旗の掲揚承認問題に焦点を絞り，日本政府に対して協定を否認するよう求めた。日本側が民間協定であることを理由としてこれに応じないのを見ると，国府側は日台間の貿易協定交渉を中止した。さらにダレス国務長官や駐日米国大使に対して，対日影響力を行使するよう訴えた。蔣介石は第4次協定の調印を岸の背信行為として憤激し，自らの青天白日旗を降ろして対日断交をも辞さない意思を示した。

アメリカも協定が五星紅旗の掲揚に許可を与えた点は，日本の「重大な誤り」と見ていた。またアメリカは日華関係の断絶を回避するために，国府と妥協するように日本側を説得した。これに直面した岸内閣は，協定を受け容れる方針を再考せざるを得なかった。国府と協議を重ねた結果，次のような結論を出した。

政府は，協定当事者の日本側民間3団体には，協定に「支持と協力を与える」という政府回答を行う。同時に，協定は国旗掲揚の権利を認めるのではなく，日本政府は「中華民国との関係」を尊重する趣旨の官房長官談話を発表する。それに加えて，日本政府は五星紅旗が掲揚されないために「必要かつ十分な努力を行う」という文書による保証を国府に与えるというのが，その結論であった。

これに対して人民政府側は激しく反発し，日本政府の回答正文の受領を拒否し，第4次協定は不成立に終わった。そして，その直後に起きたいわゆる長崎国旗事件によって，日中間の貿易代表部の交換設置の可能性は失われた。

3．1950年代の中ソ関係

中華人民共和国の建国と毛沢東のソ連訪問　前2節では，日本が国際社会に復帰し，国際連合への加盟も果たす中で，1952年の日華条約によって国府と外交関係を締結しつつも，大陸中国とも経済関係の樹立を望み，さまざまな模索をおこなったことを見た。また，台湾海峡を挟んで国共が対峙する分断状況をいわば固定化するために，アメリカやイギリスとさまざまな交渉をおこなってきたさまを，英米の反応も交えて述べてきた。では，この時期，東アジアにおける社会主

義陣営，特に中ソ関係はどのようになっていたのであろうか。以下，1950年代の中ソ関係を見てみたい。

アメリカとソ連が厳しく対峙する冷戦のなかで，1949年10月に中華人民共和国が成立した。新中国成立直前の9月に採択された「政治協商会議綱領」は，対外政策の基本方針を示していた。すなわち，相互主権尊重，領土保全および互恵平等を基礎に外国政府と新たに交渉を行い，外交関係を樹立するというものであった。その前提は，外国政府が国府と外交関係を断絶すること，中国の国連における合法的地位を回復することを支持すること等であった。深まる冷戦の中で，こうした考え方に基づく外交関係の樹立は，現実には，社会主義諸国をおもな対象とするほかなかった。事実，同年6月30日に毛沢東は「人民民主主義独裁論」を発表し，「真の友好的な援助」は「ソ連を頭目とする反帝国主義戦線の側」に求めることができるだけであるとして，社会主義への「一辺倒」を宣言していたのである。

中ソ2国間関係についても，国府がソ連と1945年8月に締結した中ソ友好同盟条約が，あらためて検討されることとなった。49年12月には毛沢東がソ連を公式訪問し，中ソ同盟条約にかわる新条約締結交渉をスターリンと行うこととなった。しかし，毛沢東の訪ソが翌年2月までの長期にわたったことが示すように，交渉は必ずしも順調であったわけではなかった。そもそも，スターリンは中国との新たな条約の締結に乗り気ではなかった。なぜなら，ひとつに45年2月のヤルタ協定が約した東アジアにおけるソ連の権益（外蒙古〔モンゴル〕の地位確保，千島列島，南樺太〔サハリン〕，東清鉄道や大連・旅順港の権益）を反故にする可能性があったからである。いまひとつは，冷戦が進展する国際環境の中で，中国と同盟条約を締結すれば，米国との戦争を生起させるのではないかとの懸念があったからである。こうした雰囲気の中で，毛沢東はスターリンに対して新たな同盟条約について，はっきりと口に出すことができず，何か「きれいでおいしいもの」をつくりたいと述べるにとどまったのであった。ソ連側には毛の発言の意味が分からなかったが，最終的には駐ソ大使・王稼祥による説明で，新たな同盟条約の締結を毛沢東が求めていることが，ソ連側に伝わったという。

中ソ友好同盟相互援助条約　スターリンの当初の消極姿勢にもかかわらず，1950年2月にヴィシンスキー（Andrey Januaryevich Vyshinskiy），周恩来両外相によって調印された中ソ友好同盟相互援助条約（期限は30年）は，反米的な色

彩を強く帯びるものとなった。1945年の中ソ友好同盟条約は，その仮想敵をもっぱら日本としていたが，新条約は「日本または日本の同盟国〔アメリカを指す〕」を仮想敵に設定した。また，第1条は「締約国のいずれか一方が日本または日本の同盟国からの攻撃を受けて戦争状態に入った場合は，他の締約国はただちに全力をあげて軍事上およびその他の援助を与える」と明記し，有事の際の相互援助（実質的にはソ連による中国への軍事的援助）を明確な義務とした。スターリンの当初の消極姿勢を反映して，ソ連側はもともと中国への明確な援助義務を規定しない意向であったとされてきた。中国外交部ソ連東欧司長として交渉に参加した伍修権の回想によれば，ソ連側の草案ではたんに「援助を与えることができる」となっていたとしており，ソ連の（軍事的）援助が明確な義務として規定される方向にはなかったとしている。しかし，近年公表されたロシア側史料によれば，ソ連側草案（第1稿，1949年1月5日付）には，軍事援助を含む一切の可能な援助を相互に与えるとの文言が含まれていた。また，条約名にある「相互援助」との文言の挿入を求めたのは周恩来であったとされてきたが，ソ連側が初めて中国側に示した条約案では，「ソ中友好同盟相互援助条約」との名称が用いられていた［沈ほか］。

　戦後中ソ関係の基本的枠組みについては，中国建国前の1949年7月の劉少奇の秘密訪ソの際に，スターリンとの間で合意されていたとされる。下斗米伸夫がいう「パワー・シェアリング」の決定がそれである。すなわち，ソ連共産党が米ソ関係など戦略的問題を担当する一方で，ヴェトナムや朝鮮半島などアジアにおける共産党の指導などを中国共産党に任せるというものであったという［下斗米］。そして，中ソ友好同盟相互援助条約の締結は，冷戦に明確な形で「米国⇔中ソ」という二極対立の枠組みを正式に付与したのであった。

　しかし，スターリンはアジアにおいてアメリカとの全面的対決を所与のものとしていたわけではなかった。スターリンは毛沢東に対して，目下のところ中国にとって直接の脅威は存在しないと言及したうえで，「われわれに友好さえあれば，平和は5-10年あるいは20-25年，ひいてはさらに長く続くであろう」と述べていたのである［「斯大林与毛沢東会談記録」1949年12月16日］。

　両国間の同盟関係の形成に積極的であったのは中国であった。すでに指摘したように，冷戦が深まる状況下で成立した中国と外交関係を樹立する外国政府は「ソ連を頭目とする」社会主義陣営に求めるほかなかったからである。いまひと

表10-1 ソ連の援助による中国のインフラ建設（第1期）

	プロジェクト数	建設区分		地域分布	
		改築・拡張	新 規	東 北	内 陸
(1) エネルギー部門					
①石　炭	10	5	5	8	2
②電　力	11	5	6	6	5
(2) 原材料部門					
①黒色金属（鉄鋼）	3	2	1	3	0
②有色金属	3	1	2	3	0
③化　学	5	0	5	4	1
(3) 機械加工部門	7	2	5	7	0
(4) 国防軍事部門	7	7	0	4	3
(5) 製紙部門	1	0	1	1	0
合　計	47	22	25	36	11

出典）彭敏『当代中国的基本建設』上（中国社会科学出版社，北京，1989年）14-15頁。

つの理由は，国家建設を進めるための援助を中国が必要としたからである。中ソ友好同盟相互援助条約の調印の際に，「ソ連政府から中華人民共和国政府に長期経済借款を供与し，ソ連より購入する工業および鉄道の機械設備の支払いに充当することに関する協定」（長期借款協定）も調印された。長期借款協定は，1950年から5年間，中国に3億ドルを年利1％で発電所，鉄道，機械設備の費用として供与するものであった。加えて，財政支援とともに，ソ連は中国に対して技術支援や専門家派遣等を行ったのである。ソ連からの借款は中国の国家予算に当初から組み込まれており，第1次五カ年計画（1953-57年）の作成と実施において，ソ連の経済援助が果たした役割は大きいものであった。また，1950年6月に朝鮮戦争が勃発し，「中国人民志願軍」が派兵されたこともあり，志願軍に武器装備を提供するための軍事借款が51年2月および9月に中ソ間で合意され，あわせて10億ルーブルの軍事借款が中国に供与された。

分裂に向かう中ソ同盟　このように中国にとって，ソ連との同盟の形成の意義は大きいものであった。しかし，東欧におけるソ連と衛星国のような関係が，中ソ間で形成されていたわけではなかった。中国は，社会主義やソ連への「一辺倒」を宣言する一方で，「パワー・シェアリング」の合意からも明らかなように，ソ連への対等性を強く志向していた。また，中国にとって，「一辺倒」外交にせ

よ、ソ連との同盟にせよ、それは複数の目的実現の手段であった。中国側は、ソ連への対等性という観点から、東清鉄道や大連・旅順港といったヤルタ協定が約した中国におけるソ連の権益の回収を求めていたが[1]、他方で、たとえば1949年12月16日のスターリンとの会談において、毛沢東は「帝国主義の侵略に対して有効に抵抗し反撃するために」、具体的には台湾の即時解放を念頭にソ連軍の旅順港駐留を求めていたのである。また、台湾の即時解放のために、毛はスターリンに中国の海空軍創設への援助を求めた。しかし、スターリンは、アメリカに関与の口実を与えないことが重要だとして、毛の要求に消極的な姿勢を示しており、中ソ間ですでに意見の齟齬が生じていた。

1953年3月のスターリンの死去後、中ソ間の同盟関係は大きな調整を求められることとなった。スターリンは後継者を決めなかったことから、首相のマレンコフ (Georgy Maximilianovich Malenkov)、内相兼第1副首相のベリヤ (Lavrentiy Pavlovich Beria)、共産党第1書記フルシチョフ (Nikita Sergeyevich Khrushchev)、モロトフ (Vyacheslav Mikhailovich Molotov) 外相兼第1副首相による集団指導体制がしばらく続いた。この集団指導体制は長続きしなかったものの、彼らはいずれも世界革命というスターリンの対外路線に批判的であり、非スターリン化を模索した。新たに模索された外交路線は、資本主義国に向けた「平和共存」であり、日本やドイツといった旧敵国との関係の再構築が目指された。「日本または日本の同盟国」を仮想敵とする中ソ同盟も当然、調整の対象となったのである。

中ソ同盟の調整は順調に推移するかに思われた。1953年末から実権を握り始めたフルシチョフは翌54年9月末から10月初旬にかけて北京を訪問した。その際に発表された「対日関係に関する共同宣言」において、中ソ両国政府は「社会制度の異なる国家との平和共存の原則に基づいて」、「互恵の条件で日本と広範な

---

1) 中ソ友好同盟相互援助条約とともに、「中国長春鉄道、旅順口および大連にかんする協定」が締結された。中ソ合弁の長春鉄道は、ソ連の満洲接収後の満洲地区の鉄道を指し、満洲国建国以前の北満鉄道と南満洲鉄道の双方を含む。前者は、シベリアからウラジオストックに最短距離で抜けることのできる戦略鉄道であった。1945年の中ソ協定では、30年間両国が長春鉄道を共同管理することになっていたが、新協定によって「対日平和条約の締結後すぐ、遅くとも52年末までに中国に無償で引き渡す」こととなった。また、旅順口のソ連海軍基地も同じく30年間ソ連が利用できることになっていたが、これも1952年末までに中国に返還されることとなった（第6章注1も参照）。

貿易関係を発展させ，密接な文化的連携をうちたて」，「段取りを追って関係を正常化させる」意向を表明した。また，この首脳会談において，1955年5月までにソ連軍が旅順，大連から撤兵することが決定された。加えて，フルシチョフは中国の建国5周年慶祝大会において，長大な演説のほとんどを中国への賛辞に費やし，中国の大国としての地位を強調するなど，中ソ両国は蜜月を全面的に打ち出した。事実，フルシチョフの中国訪問中，科学技術協定が締結されたほか，5億2,000万ルーブルの長期借款や15項目の新規プロジェクト等について合意が成立した。翌55年4月には原子力の平和利用に関する協定がモスクワで結ばれ，中国の「核工業」発展をソ連が援助することとなった。すでにこの頃，中国指導部は核兵器生産の必要性を認識しており，中ソ間でも1955年から58年までの間に中国の核兵器開発にかかわる6件の協定が締結された。これらの協定に基づいて，55年7月から59年末までの期間，中国の核兵器開発部門は260名余りの幹部および労働者をソ連に派遣し，ソ連からも専門家が招聘されたのである。

　しかし，この頃から中ソ間では対立点が明らかになりつつあった。中ソ蜜月を最大限に演出した1954年のフルシチョフ訪中時にも，対立の萌芽が見られた。例えば，首脳会談において，外蒙古の中国への帰属を毛沢東は要求したが，見解の一致を見ることはできなかった。また，この時点ですでに毛はフルシチョフに核兵器の技術提供を求めたという。しかし，毛沢東のロシア語通訳であった師哲の回想によれば，中国は経済建設を優先させるべきであるとして，フルシチョフは毛沢東の要求を断り「核の傘」の保障に言及した。後年，フルシチョフは「1954年に中国から戻って，私は同志たちに『中国との衝突は必至だ』と語った」と回想しているのである。

　スターリン批判　中ソ対立の直接の始まりは，1956年2月のソ連共産党第20回党大会におけるフルシチョフによる「スターリン批判」であった。フルシチョフは，公開報告において，社会体制の異なる国の間で平和共存が可能であり必要だとして，帝国主義が存在する限り，戦争は不可避であるとのこれまでのテーゼを退けた。また，資本主義から社会主義への移行についても，議会を通じた平和的移行の可能性を強調した。さらに秘密報告において，フルシチョフはスターリンの政治，軍事，指導方式などにおける誤りを全面的に批判したのである。フルシチョフ演説に対して中国は当初，厳しい批判を表明してはいなかった。しかし，4月5日付『人民日報』論文は，スターリンの功績について「七三開」（功績7

分で，誤りは3分）の観点から論じた。すなわち「いくつかの重大な誤りをおかしたが，スターリンの生涯はマルクス・レーニン主義の偉大な革命家としての生涯であった」と指摘され，フルシチョフの「スターリン批判」を中国は完全には承認しなかったのである。中ソ関係におけるイデオロギー対立の始まりであった。

一方，「スターリン批判」は東欧で社会主義体制の危機を招いた。同年6月にはポーランドでポズナニ暴動，10月にはハンガリー動乱が発生した。こうした状況に直面して，中国は東欧諸国とソ連との調停役を果たした。すなわち，中国はポーランドとハンガリーに社会主義陣営の団結の必要性を認めさせる一方で，平等・領土保全・主権の尊重，内政不干渉という原則をソ連に受け容れさせるという調停役を果たしたのであった。こうした中国の行動は「パワー・シェアリング」の合意によって，ある意味でアジアに限定されていた中国の指導的役割を社会主義陣営全体の問題に拡大したことを意味するものであった。

社会主義陣営における，あるいはソ連に対する中国の地位向上を背景に，フルシチョフは中国に対する核関連技術の供与のレヴェルを上げた。1957年10月には，原爆の模型や図面資料のほかにロケットや航空機に関する技術を中国に供与する「国防新技術協定」が締結され，実行に移された。ちょうどこの頃，ソ連の戦略ミサイル開発は急速に進展していた。同年8月には，ソ連がアメリカに先駆けて大陸間弾道ミサイル（ICBM）の発射実験を成功させ，10月には人工衛星スプートニクIおよびスプートニクIIを打ち上げた。ソ連は戦略ミサイル開発で対米優位を確保したのである。

毛沢東は「東風は西風を圧倒している」と述べ，ソ連によるICBMの打ち上げ成功を社会主義陣営の帝国主義陣営に対する力の優位と認識し，ソ連のアメリカに対する政治的な威嚇力としてICBMを利用しようとした。具体的には台湾問題において，中国はソ連の核を対米威嚇に利用しようとした。1958年8月から10月にかけて，中国は蔣介石政権の支配下にある金門・馬祖への砲撃を行った。砲撃直前に中国を秘密訪問したフルシチョフに対して，毛沢東は米軍を中国内陸におびき寄せ，ソ連の核でこれを叩くべきであると述べ，ソ連の協力を要請していたのである。この首脳会談の際に，中国側が金門・馬祖への砲撃予定を通知していたのかどうかはよく分からない。しかし，中国が金門への砲撃を実行に移したことは，平和共存論に立つソ連指導部と核を政治的な威嚇力として利用しようとする毛沢東ら中国指導部との戦争と平和に対する認識の根本的相違を示す

こととなった。こうした状況にいたり、ソ連指導部の中国への不信感は決定的となり、1959年6月20日、ソ連は中国に国防新技術協定を破棄し、核関連技術の提供を拒否する旨の書簡を送り、60年代の中ソ対立の幕が開いたのであった。

4. 日米安保改定

重光訪米と安保改定の挫折　1950年代半ばにスターリンの死を契機として到来した東西の緊張緩和は、東側だけでなく、西側にも大きな影響をもたらした。他方で、1950年代後半には東西は新たな緊張局面を迎えた。この時期の東アジアでは、アメリカを中心とする安全保障体制が整備され、日本国内でも55年体制とよばれる政治体制が築かれていくことになる。そして、日本は国連加盟などにともない、対アジア外交をスタートさせる（⇒コラム「1955年体制と冷戦」）。

1950年代の折り返し地点で、日米関係は早くも再調整の季節を迎えた。米軍立川飛行場の拡張に反対する砂川闘争（1955年）に見られるように、日本では反米ナショナリズムが高まり、当時の日米安保条約の不平等性に対する不満が生じ始めていた。安保条約には、日本政府からの要請があれば日本国内の内乱鎮圧に在日米軍が出動できる、という「内乱条項」があった。また条約には期限がなく、日本のアメリカに対する基地提供義務は明文化されているのに、アメリカの日本防衛義務は明記されていないといった、さまざまな欠陥を抱えていた［坂元］。

こうした折、サンフランシスコ体制を受け容れた吉田政権が退場し、「反吉田」を旗印に結集した鳩山政権が登場した。鳩山は、政権の座につくと早速、日本が毎年約550億円負担していたアメリカに対する防衛分担金（「思いやり予算」の原型）を削除し住宅建設に充てる、という方針を打ち出した。鳩山政権が中ソとの関係改善に乗り出した上、対米関係を軽視していると見たアイゼンハワー政権の態度は硬化し、重光葵外相の訪米申し出をいったんは拒絶した（⇒コラム「日ソ国交回復交渉」）。

それでも重光外相の訪米は、ようやく1955年8月に実現した。重光は安保条約の改定を申し入れたが、ダレス国務長官は「時期尚早」と却下した。重光は、米比相互防衛条約のように、日米安保条約を双務的にすることは現行憲法下でも可能である、と食い下がった。そこでダレスは、例えばもしグアムが攻撃された場合、日本はアメリカを助けるために自衛隊を海外派遣できるのか、と問いただ

Column 10-3

1955年体制と冷戦

　1955年10月，講和・安保両条約をめぐり左右両派に分裂していた社会党が統一し，11月には保守合同が実現した。これ以降，細川内閣の成立にいたるまでの38年間，日本政治は，自民党を政権党とし，社会党を野党第1党として展開された。政権交代のない民主主義が長期にわたって続いたのである。

　この1955年体制の成立には，冷戦が大きな影を落としていた。1953年7月の朝鮮休戦，54年7月のインドシナ休戦によって，緊張緩和が進展し，片面講和や再軍備などに示される講和・安保両条約の枠組みが動揺した。そうしたなか，非武装中立を党是とする左派社会党が攻勢に転じ，議席を伸ばすとともに，右派社会党と統一し，他方，それに脅威を感じた民主・自由両党が，長年の確執を乗り越えて合同した。自由党はもちろんのこと，中ソ両国との関係改善や日米安保条約の改定を試みた民主党も，対米協調や軍事力の必要性を認めており，非武装中立を掲げて統一した社会党の政権獲得を阻止するため，保守合同に踏み切ったのである。

　自民党と社会党の対立を米ソ冷戦の国内版と捉える見解もあるが，それは誤りである。自民党が自由主義陣営を指向したのに対し，社会党は共産主義陣営との関係改善を主張しつつも，それから距離を保ち，中立を唱えた。1955年体制の構図は，アメリカに協力して冷戦の勝利を目指す勢力と，冷戦構造の緩和・解消を求める勢力との対立として理解すべきである。だが，緊張緩和の進展にもかかわらず，冷戦が継続していた以上，また，日本が西側に位置していた以上，社会党の非武装中立論が，ソ連や中国を利するものであったことは否定できない。そこで，アメリカ政府は，保守合同を後押ししたばかりか，自民党政権の継続に力を貸し，秘密資金援助まで行ったといわれる。

　1989年から91年にかけて冷戦が終結すると，自民党と社会党の対立は弛緩した。そして，1993年8月に細川内閣が成立し，自民党が下野することで，1955年体制は終焉を迎えた。重要なのは，米ソの和解というよりも，アメリカの勝利をもって，冷戦が終結したことである。事実上の消滅を余儀なくされた社会党に比べて，自民党が脆弱化しつつも強靱な生命力を保ち続けているのは，そのことと無縁ではなかろう。

（中北 浩爾）

【参考文献】中北浩爾『一九五五年体制の成立』（東京大学出版会，2002年）

した。これに対し重光は，できると答えた。ダレスは，日本がそのように考えているとは最近まで気づかなかった，と皮肉混じりに言い放った。

　岸信介の登場　重光外相がやりこめられる様子をつぶさに観察していたのが，民主党幹事長として重光訪米に同行した岸信介であった。岸はこの席上，重光と

は対照的に，保守勢力をまとめ上げることが先決であると述べ，アメリカ側から高く評価された。1955年秋，左右社会党が統一して日本社会党を結成したのに続き，保守が合同して自由民主党を結成したことから，「黒幕」と見られていた岸に対するアメリカの期待は高まった。

　1957年2月，病気辞任した石橋湛山に代わり，副首相兼外相であった岸が首相に昇格した。前年末に，ソ連との関係改善を背景に念願の国連加盟が実現したのを受けて，この年，外務省は初めて『外交青書』を発表し，「国際連合中心」「自由主義諸国との協調」とならんで，「アジアの一員としての立場の堅持」を日本の外交3原則に掲げた。岸は戦後首相として初めて東南アジア諸国を歴訪し，日本が「アジアの盟主」であることを内外にアピールした。これにともない，東南アジア諸国に対する賠償もおこなわれた（⇒コラム「東南アジアとの賠償問題」）。

　ついで岸政権は，「効率的な防衛力を漸進的に整備する」ことを定めた国防の基本方針を国防会議と閣議で決定し，陸上自衛隊18万人，海上自衛隊の艦艇約12万4,000トン，航空自衛隊の航空機約1,300機を3年間で達成することを目標とする第1次防衛力整備計画（1次防）を閣議了解して，初の訪米に備えた。

　1957年6月，訪米した岸は，アイゼンハワー大統領と会談し，安保条約を検討するため日米合同委員会の設置で合意した。マッカーサー元帥の甥にあたるマッカーサー駐日大使は，アメリカにとって岸こそ「唯一の賭」であると大統領に具申し，岸もまたこの訪米を「日米新時代」として演出した［池田］。

沖縄問題　1955年8月に重光外相の提案を拒否したアメリカが，わずか2年後に安保改定に向けて動き出した背景には，岸への期待以外に，日本内外の情勢変化があった。その最も重要な要因は，沖縄情勢であった。

　沖縄では，1950年以降，恒久的な基地建設が進み，「銃剣とブルドーザー」による土地接収が行われた。1954年，米民政府が軍用地料の一括払いという方針を発表すると，沖縄側は永代借地権を取得しようとするものだとして動揺した。沖縄の要請に応じて派遣された米下院軍事委員会の調査団が議会に提出した「プライス勧告」（1956年）は，①沖縄基地が制約なき核基地として，②アジアの地域紛争に対処する米戦略の拠点として，③日本やフィリピンの親米政権が倒れた場合の拠り所として，きわめて重要であることを強調し，それまでの米軍支配のあり方を是認した。これに落胆した沖縄住民は，プライス勧告に反対する「島ぐ

Column 10-4

日ソ国交回復交渉

　1956年10月，鳩山一郎首相・河野一郎農相が全権としてモスクワに乗り込み，日ソ共同宣言を発表した。これにより，日ソの戦争状態が法的に終結し，両国国交は一応正常化した。また，共同宣言には抑留者問題の解決や日本の国連加盟への支持も明記され，日本外交の諸懸案の解決にも寄与した。

　しかし，ここにいたるまでの国内のプロセスは外交史上稀に見る混乱を呈した。交渉の立役者・鳩山は，1954年12月，首相になるやいなや，日中と並び，政界復帰以来の持論であった日ソ国交正常化に取り組むと声明した。そして外務省が接触を拒否していた元ソ連代表部首席のドムニツキー（A. Domnitskii）から書簡を受け取り，日ソ間の交渉開始を模索し始める。鳩山は，領土問題などはとりあえず棚上げしても，日ソの戦争状態の終結を優先すべきという考えだった。だが，この交渉のもう1人の主役だった重光葵外相は，領土問題および諸懸案を解決し，平和条約締結を優先すべきであると主張した。1955年2月の閣議決定により交渉開始が正式に決定するが，交渉地や全権問題についても両者は対立し，松本俊一を全権とするロンドン交渉が漸く開始されたのは6月のことだった。

　しかも，他の諸懸案が両国間で妥協できた後，残された最大の焦点となった領土問題が歯舞・色丹の2島返還で漸くまとまりかけた55年8月，重光は北千島・南樺太の帰属は国際会議で決められるべきであると考え，国後・択捉の返還までも松本に指示した。その結果，交渉は中断されてしまう。この最後の段階での外務省と政府首脳の意思疎通も充分ではなかった。

　さらに，交渉中断中の11月，自民党が結党される。このとき，同党の緊急政策として「日ソ国交の合理的調整」が発表された。そこでは重光の主張の線に沿った領土問題解決案が盛り込まれ，アメリカもこれを支持した。領土問題の妥協はさらに困難にな

るみ闘争」を行った［中野・新崎］。

　1957年，革新系の瀬長亀次郎が那覇市長に当選したが，米民政府は「赤い市長」の就任阻止と不信任を画策し，最終的には瀬長を追放し被選挙権を剥奪した。しかし，仕切り直しとなった翌年の選挙でも，瀬長の後継者である兼次佐一が当選した。この那覇市長選挙の結果にアメリカは衝撃を受け，対日政策の再検討を迫られた。ダレス国務長官らは，沖縄に散在する米軍基地を飛び地に集めて永久あるいは半永久的に所有する代わりに，残りの土地については施政権を日本に返還する，という案を検討した。沖縄問題が，イギリスにとってのキプロス，フランスにとってのアルジェリアのような植民地問題に発展することを恐れていたア

ゝったが，ソ連は年末に再び日本の国連加盟に拒否権を行使し，日本に暗黙の圧力を与え，情勢は複雑さを増した。その後再開された第2次ロンドン交渉の最大の焦点は領土問題に他ならなかったが，妥協案は見出せず，ロンドン交渉は56年3月に遂に無期休会となる。

しかし，鳩山派の河野一郎農相が56年4月から5月にかけての漁業交渉を梃子に，日ソ間の交渉を再開させる。その後のプロセスもまた錯綜した。まず，必ずしも交渉に乗り気でなかった重光が，同年7月から8月にかけて，新しい交渉地モスクワに自ら乗り込むことを決意し，第1次モスクワ交渉が始まった。そこで重光は，北方領土の全面解決論からソ連の提案に沿った2島返還論に突如「豹変」し，交渉をまとめようとした。重光の主張が何故変わったのか。田中孝彦『日ソ国交回復の史的研究』（有斐閣，1993年）によれば，そもそも強硬論から段階的に後退し，2島返還論でまとめることが重光および外務省の方針だったことになる。また，鳩山およびその周辺には，日ソ国交回復を鳩山引退の花道にしようという意図があった。専門外交官出身の重光には，外交を政局の道具とすることがどうしても許せず，それを阻止しようとしたという解釈も成り立つ。いずれにせよ，鳩山およびもう1人の全権であった松本は，この重光の「豹変」を認めず，第1次モスクワ交渉は中断される。そして，その後を継いだ鳩山・河野の第2次モスクワ交渉によって，1年8カ月にわたった交渉が漸く妥結するのである。

しかし，紆余曲折の末に，第2次モスクワ交渉では，日本側の最大の課題となっていた領土問題の解決は，平和条約締結が条件とされ，今に至るまで両国関係に禍根を残している。また，全交渉を通じて，ソ連の外交戦略も実に巧みであった。日ソ国交回復交渉の最大の焦点となった領土問題は，日本の意思決定過程の混乱と当時の日本外交が抱えていた他の諸懸案をめぐるソ連の外交戦略との双方が複雑に絡み合って生み出されたものだといえる。いずれにせよ，この交渉の一連のプロセスは，国内意思決定過程と外交の不必要な連動が如何に大きな影響をもたらすかを如実に示している。（武田 知己）

【参考文献】武田知己『重光葵と戦後政治』（吉川弘文館，2002年）
木村汎『新版日露国境交渉史』（角川選書，2005年）

イゼンハワー大統領もこの案に賛成したが，ダレスの案は技術的に困難であった［坂元］。

こうした一連の事態を通じて，沖縄問題は日本本土でも知られるようになった。1957年，群馬県の米軍演習場で薬莢を拾い集めていた主婦が米兵に射殺されるというジラード事件が起こると，日本人の対米感情は悪化した。

安保改定交渉と中ソの反発　1958年9月，藤山愛一郎外相が訪米してダレス国務長官と会談，安保改定交渉の開始で合意した。安保改定をやりとげようとした岸は，予想される混乱を防ぐために，警察官の権限強化をねらって警察官職務執行法の改正を試みたが，大規模なデモとストライキを招き，警職法の改正案は廃

Column 10-5

東南アジアとの賠償問題

　賠償問題と聞けば，日本の戦争責任に関する「償い」が行われたはずだ，と多くの読者は思うであろう。しかし，日本が東南アジア諸国に対して支払った賠償の実像は，かなり異なったものであった。第1に，冷戦における西側陣営の1国たる日本の経済復興を考慮してアメリカ政府が懲罰的な賠償を回避した，第2に，賠償支払額・内容が，求償国と日本との協議に基づいて決定された，第3に，その内容が受償国の経済復興を考慮して行われたのである。その際，役務や生産物としての無償部分に，借款（有償資金協力）がセットされて支払われるパターンが一般化したという特徴があった。対日講和条約14条の賠償規定に沿って賠償請求を行った国は，フィリピンと（南）ヴェトナムであり，別に2カ国間平和条約を締結し賠償協定を結んだ国が，ビルマとインドネシアであった。ラオスとカンボジアは賠償請求権を放棄し，その代わりに日本は経済協力として無償援助を行った。このように，法的に賠償ではない贈与は「準賠償」と呼ばれ，他にマレーシア，シンガポール，タイに供与された。

　日本政府は2国間交渉の過程で，財政負担を減らそうと支払額を値切る多大の努力を行った。しかし，相対的にいうと，自民党政府はこうした「賠償」に積極的で，社会党他の野党は「賠償」に批判的であった。しかし，野党の批判の根拠は，戦争責任をまったく自覚しない，償いより日本国民の福祉を優先すべきだという身勝手なものが多かった。もうひとつ，賠償支払いへの抵抗の牙城は大蔵省であった。もっとも，自民党政府と外務省が，贖罪意識を強くもっていたわけではない。彼らが抱いていたのは，「反共」・「親日」勢力支援という戦略的考慮であった。例えば，インドネシア賠償には，アメリカに支援された軍事勢力が独立を図る中で，スカルノ（Achmad Sukarno）の下での国家統一を支援する意図があった。タイの「特別円」処理，ビルマの賠償再検討では，親日的な政権を支援して，共産化を阻止し中国に接近させないというねらいがあった。最も戦争で与えた被害への償いの意味がはっきりしていたマレーシア・シンガポールとの「血債」処理においても，「華人で反日」のリー・クアンユー（Lee Kuan Yew）よりも，「親日的」なラーマン（Tungku Abdul Rahman）との間でのマレーシア結成後の交渉に期待した結果，その解決が遅延するなどの事実があった。　　　　（佐藤 晋）

【参考文献】波多野澄雄・佐藤晋『現代日本の東南アジア政策 1950～2005』（早稲田大学出版部，2007年）
　　　　　　永野慎一郎・近藤正臣編『日本の戦後賠償』（勁草書房，1999年）

案に追い込まれた。

　1960年1月，岸は訪米し，新日米安保条約および日米地位協定に調印した。その変更点は，①国連憲章との関係の明確化，②日本の施政下にある領域での共

同防衛の義務の明示，③協議制度の設置，④条約期間を 10 年とする，⑤経済協力条項の挿入，⑥内乱条項の削除，⑦沖縄・小笠原と条約の関係の明示，の 7 点であった．岸は，調印から半年後の批准式に，アイゼンハワーを米大統領として初めて訪日させる，というシナリオを描いた．

　1957 年 10 月，ソ連が世界初の人工衛星スプートニクの打ち上げに成功して以来，共産圏の動向は日本に大きな衝撃を与えていたが，安保改定の動きは中ソの反発を招いた．1959 年 3 月，社会党委員長の浅沼稲次郎が訪中し，「米帝国主義は，日中共同の敵」と演説したが，中国はこの浅沼発言を繰り返し引用し，社会党を反米闘争に駆り立てるのに利用した．5 月，北京の天安門広場を 100 万人の群衆が埋め尽くし，赤旗を振りかざして「日本軍国主義復活反対」「打倒米帝国主義」を叫んだ．

　ソ連は，「日本領土からの全外国軍の撤退と日ソ平和条約の締結」を条件としなければ交渉に応じない，として，1956 年の日ソ共同宣言で約束されていた歯舞および色丹の返還を反故にした．フルシチョフ首相は，鳩山一郎か河野一郎が首相であれば日ソ関係はこれほど悪くならなかったが，岸がよくない，と非難し，ロシア語で「酸っぱくなる」という意味の「キシ」という言葉を何度もつぶやいた［NHK 取材班］．

　こうした折，中ソを上空からスパイ撮影していたアメリカの無人偵察機 U2 をソ連が撃墜する，という事件が起きた．同型機は日本の厚木基地などにも配備されていたため，日本は米ソ軍事衝突に巻き込まれる恐怖心にさいなまれることとなり，安保反対運動はますます激しくなった．

　安保騒動　1960 年 5 月 20 日，日本政府は新日米安保条約を強行採決した．反安保は反岸の色彩を濃くし，国会周辺はデモ隊に包囲された．アイゼンハワー大統領訪日に備えるべく訪日したハガティー（James C. Hagerty）大統領秘書官を乗せた車が学生に取り囲まれ，沖縄海兵隊員の息子が乗る米軍ヘリによって救出されるという事件が発生した．その数日後，デモ隊が国会に突入した際，女子学生 1 名が死亡した．

　岸はアイゼンハワーに訪日延期を要請した．1960 年 6 月 19 日深夜，時計が午前零時を回った瞬間，新安保条約と協定は自然承認された．数日後，岸が退陣すると，街頭デモは潮が引くようにおさまっていった．

おわりに

　この章では1950年代の東アジアの国際政治を考察した。中国における国共内戦，そして1950年から53年まで続いた朝鮮戦争の後，1953年のスターリンの死，そしてフルシチョフによるスターリン批判を契機として，冷戦は一時的に緩和された。それは，日中民間交流の増加，日ソ間の外交関係の樹立，日本の国連加盟などを後押しすることになった。フルシチョフのスターリン批判は中ソ関係にも影を落とし，他方で沖縄や日本本土での反米運動の下で日米安全保障条約改定の動きが進んでいった。

　他方で日本は，国府と1952年に講和条約を締結したものの，大陸中国との経済関係樹立のために，さまざまな外交活動を展開した。しかし，これらはアメリカの同意を得られず，また国府からの反対もあり，相当限定的な貿易をおこなうに留まり，長崎国旗事件に見られるように，その関係は不安定であった。だが，国際社会に本格的に復帰した日本は，岸の東南アジア歴訪に見られるように，賠償をおこないながら，経済面を中心としたアジア外交をスタートさせた。

　しかし，1950年代後半には，日米安保改定への動きにともない日ソ，日中関係が悪化，また同時に台湾海峡でも武力衝突が発生し，安全保障面で見れば，東アジアはふたたび緊張局面に入っていったのである。

◆研究課題

（1）1950年代の日中関係について，「中国問題」をめぐる国際的な動向を踏まえてまとめてみよう。
（2）中ソ対立のスタートはいつか。また何故，中ソは対立関係に陥ったのであろうか。
（3）安保改定と沖縄問題はどのような関係にあるか。

第11章　アジア冷戦の変容と日本の戦後処理

池田　慎太郎

はじめに

　1960年代に入ると，冷戦構造は揺らぎを見せ始め，多極化していった。前章で述べたように，1950年代後半から再び東西の緊張は高まり，1961年にはベルリンの壁が築かれ，1962年のキューバ危機で米ソは核戦争の一歩手前までいったが，かえって両国は核大国の責任を自覚した。さらに両国は，ホットラインを開設するなどしたため，結果としては「平和共存」と「緊張緩和」が進んだのである。

　米ソが歩み寄る一方で，東西の両陣営ではそれぞれ深刻な内部亀裂が生じつつあった。ド・ゴール（Charles André Joseph Marie De Goulle）大統領の率いるフランスは，独自に核開発を行うとともに，NATO軍事部門から脱退し，中国を承認して，アメリカに反旗を翻した。一枚岩とみなされていた社会主義陣営にあっても，中国とソ連は，イデオロギー論争を経て，抜き差しならない対立関係に入っていった。

　こうした世界規模での冷戦の変容は，東アジア国際政治にも重大な影響をもたらした。北朝鮮と北ヴェトナムは，中ソ対立の狭間で難しい舵取りを余儀なくされる。ソ連と訣別した中国は，先にソ連から受けた軍事技術支援を基礎としつつ，独自に核実験に成功するが，文化大革命で混乱し，国際社会から孤立していくことになる。

　60年代後半から激化するヴェトナム戦争もまた，東アジア諸国に大きな影響を与えた。沖縄の戦略的価値は高まり，沖縄返還をめぐる日米交渉は，より困難

となっていた。ヴェトナム戦争により、アメリカの対韓支援が先細りすることを懸念した韓国は、自らもヴェトナムに兵を送る道を選んだ。そしてアメリカがヴェトナム戦争の泥沼にはまり込んだことは、結果的にアメリカの東アジアへのコミットメントを減ずることとなった。

　こうした冷戦の変容下にあって、経済大国としての自信を取り戻した日本は、積み残された戦後処理に取り組むこととなる。60年代前半は、アメリカからの圧力もあり、日韓国交回復にエネルギーが注がれた。フランスが台湾と断交し中国と国交を結んだことで、日本はあらためて「2つの中国」問題に直面することとなる。そして沖縄返還は、ニクソン・ドクトリンというアメリカの新戦略の中で、日本だけでなく東アジア全体に影響を与えることになるのである。

1. 日韓国交回復交渉と中ソ対立下の北朝鮮

　日米韓における政権交代　1959年12月、在日朝鮮人らを乗せた船が、新潟から北朝鮮へ向けて出航した。北朝鮮は、帰国者を受け容れることで韓国に対する優位を示すと同時に、在日朝鮮人を影響下に収めようとした。以後、帰国事業は一時中断を挟み1984年まで続き、日本人配偶者を含む約10万人が北朝鮮へ渡った。だが、「理想郷」と信じられた北朝鮮では、多くが生活困窮や差別に直面し、労働収容所に収監されたり、中国へ「脱北」した。

　韓国では、1960年3月に実施された大統領選挙で、李承晩が90%近い得票を得たと主張したが、選挙の不正と権力乱用に対する反政府デモが広がった。馬山では警察と学生が衝突し、韓国軍は米軍に部隊派遣を要請、米海兵隊が秩序回復のために上陸した。4月に入るとソウルで学生デモが激化し、主要5都市には戒厳令が敷かれた。官邸に押しかけた約10万の群衆に対し警官隊が発砲、ソウルは修羅場と化した。アメリカから辞職を促された李は、ハワイへ亡命した［カミングス］。

　李承晩政権の崩壊を受け、外務部長官で第4次日韓会談首席代表でもあった許政が暫定内閣を発足させた。許は、日本人の歴史認識や在日朝鮮人の「北送」に不満を持っていたが、李前政権の非現実的な対日強硬策には批判的であった。加えて、許は、アメリカの対韓援助が削減されつつあることを憂慮し、日韓関係改善の必要性を感じていたのである［太田修］。

他方，日本では1960年7月，安保騒動で退陣に追い込まれた岸信介内閣に代わり池田勇人内閣が成立した。池田は，安保騒動の教訓から「低姿勢」に徹し，「所得倍増」といった経済政策を全面に打ち出した。池田政権時代に，日本は「大国クラブ」といわれたOECD（経済協力開発機構）に加盟を果たし，東京オリンピックを開催するなど，経済大国としての地位を確立していった［波多野］。

アメリカでも，1960年11月にケネディ（John Kennedy）が大統領に当選，共和党から民主党に政権が交代した。駐日大使に知日派学者ライシャワー（Edwin Reischauer）が就任し，安保騒動で断たれた日本との絆を日米「パートナーシップ」として再構築しようとした。1961年6月，池田・ケネディ会談が行われたが，そこでは，それまでとは異なり，防衛問題は話し合われなかった。

日韓国交回復交渉の再開　韓国では，1960年7月末に総選挙で民主党が勝利すると，8月には，張　勉（チャン・ミョン）内閣が発足した。張は，政権の座につくと，すぐに日韓関係正常化に着手した。同月，尹潽善（ユン・ポソン）大統領は，李承晩時代の「孤立外交」をやめると言明し，三菱商事の代表にビザを発行した。9月に入ると，小坂善太郎外相が戦後初めて公式に韓国を親善訪問して交渉再開で合意し，さらに日本から最初の経済視察団が訪韓した。10月には李承晩ラインを越えたことで抑留されていた日本人の漁夫40人が帰還した。

11月，第4次会談の首席代表・沢田廉三，高麗大学総長の兪鎮午（ユ・ジヌ）がそれぞれ首席代表となり，第5次日韓会談が始まった。12月には，日韓間の民間経済交流を目的として日韓経済協会が設立され，博多―釜山間に定期海上航路が戦後初めて開設された。1961年2月，韓国は，対日貿易制限を撤廃したが，韓国国会は李ライン死守など対日復交4原則決議を採択した。一方，日本側では4月，石井光次郎自民党副総裁を座長とする日韓問題懇談会が組織され，5月には野田卯一，田中角栄ら8名の議会代表団がソウルを訪れた［高崎］。

朴正煕軍事政権の登場　1961年5月，朴正煕（パク・チョンヒ）将軍が指揮する革命軍が3権を掌握した。張は修道院に隠れ，クーデターの既成事実化を許した。7月，朴は国家再建最高会議議長に就任した。

朴は日本植民地時代，大日本帝国が創設した満洲国軍官学校を卒業し，満洲国軍将校となった「親日派」であった（⇒コラム「国際政治の中の「在満朝鮮人」」）。他方，朴のクーデターの中核を担った若手将校たちのほとんどは貧農の出身で，半分は北朝鮮から逃れてきた反共色の強い青年であった。大韓民国建国

Column 11-1

国際政治の中の「在満朝鮮人」

　1931年の満洲事変にはじまり，45年の日本敗戦にいたるまで，中国東北地方には「満洲国」が存在していた。「満洲国」という日本の植民地支配の下に，その後の東北アジアの運命を決定的に左右することになる2人の朝鮮人がいた。金日成と朴正熙である。

　1912年，平安南道に生まれた金日成は，父親とともに満洲に移住し，1930年代には普天堡戦闘をはじめ朝鮮人パルチザン部隊を率いて植民地支配からの解放のために日本軍・「満洲国」軍と交戦していた。1945年，朝鮮半島に戻り，48年，朝鮮民主主義人民共和国樹立以後，国家社会主義路線を追求したが，67年頃より「唯一体制」と称される独裁体制を強化し，94年，死去した。

　一方，1917年，慶尚北道に生まれた朴正熙は，1940年，「満洲国」軍の軍官学校に入学，創氏改名後は高木正雄と名乗り，敗戦時には陸軍中尉であった。1948年大韓民国政府が樹立されたが，アメリカの東アジア冷戦戦略の下で，新たに創設された韓国軍には多くの日本軍・「満洲国」軍出身者が登用された。朝鮮戦争を契機とする韓国軍部の増大のなかで，1961年，朴正熙は5.16軍事クーデタにより政権の座に上った。朴正熙の執権期間220カ月の約50％を占める105カ月間には戒厳3度，衛成令3度，各種非常措置9件が敷かれ，特に70年代には「維新体制」と称される独裁体制を構築したが，79年，側近の金載圭に暗殺された。

　1965年，日本と韓国は植民地支配責任を棚上げにしたままで国交樹立を図った。以後，日本企業は韓国に再進出し，日本財界と保守政権は韓国軍事政権を支持した。朴政権は日本資本と技術に依存しながら，韓国の経済発展を追求したが，それは対外的には韓国経済の日本経済への従属を，国内的には財閥形成と労働搾取，そして民主化運動弾圧と人権侵害をもたらした。

　朴正熙と金日成という南北の独裁体制は対立しつつ，互いの政権基盤を強化する「敵対的共犯関係」にあり，日本は韓国軍事政権との癒着を通じて朝鮮半島の分断を固着化させた。韓国の民主化が進展する過程で，日本軍強制慰安婦問題や，戦時下強制連行問題，「親日派」清算問題など，植民地支配責任を問う声が噴出したのは決して偶然ではない。21世紀，朝鮮民主主義人民共和国との国交正常化をはじめ，冷戦時代とは異なる開かれた日本と朝鮮半島との関係構築が求められている。「過去清算」，問われているのは日本の民主主義である。

（田中　隆一）

【参考文献】田中隆一『満洲国と日本の帝国支配』（有志舎，2007年）
T・K生／「世界」編集部編『韓国からの通信』（岩波新書，1974年）

後初めて陸軍士官学校に入校した彼らは，日本軍や満洲国軍での服務経験を持たない「純国産」の将校であり，政治家と癒着し米軍の言いなりになっている高級

将校に不満を持っていた［奥薗］。

　アメリカの対韓援助削減と北朝鮮の経済建設進展を受けて，日本から資金と技術を早急に獲得する必要に迫られていた朴は，日韓国交交渉の妥結を急いだ。日韓会談に積極的な朴政権の登場を受けて，岸前首相や石井光次郎は，安保騒動の二の舞を恐れる池田首相に，日韓会談を促進するよう圧力をかけた［高崎］。

　1961年6月の池田・ケネディ会談では，民政移管を前提とした上で韓国の軍事政府を支持する，そして日韓国交正常化により韓国の経済発展を図り，それによって政治的安定を達成する，という基本路線が合意された。

　中ソ対立と北朝鮮　朴正煕による「軍事革命」後の1961年7月，北朝鮮の金日成は訪ソしてフルシチョフと会談，ソ連と友好協力相互援助条約に調印した。この条約では，特定の仮想敵国は想定していなかったが，一方がどこかの国に軍事攻撃を受けたときは直ちに相互に軍事援助と支持を行うと規定された。続いて金日成は訪中し，同様の条約を結んだ［下斗米］。

　中ソ対立の最中の1961年9月，朝鮮労働党第4回全党大会には，中ソ両国が代表を送り込んできた。ソ連のコズロフ（Frol Kozlov）は，スプートニク打ち上げ成功を誇り，平和共存路線による西ドイツとの国交正常化について説明した。中国からは，ソ連との論争を繰り広げていた鄧小平が訪朝した［徐］。

　1962年10月に中印国境紛争が起きたとき，ソ連は中国を支持しなかった。その直後に起きたキューバ危機で中国は，ソ連がミサイルを搬入したことを冒険主義，アメリカの要求に屈してそれを撤去したことを敗北主義と非難した。1963年7月に，米英ソが部分的核実験停止条約に調印したことは，中国の孤立感を深めた。

　金日成は，フルシチョフの平和共存路線に強い警戒感を抱いていた。キューバ危機で見せたソ連の対応は，いざというとき，ソ連は北朝鮮を見捨てるのではないか，という不信感を植え付けるものだった。こうして朝ソ関係は冷え込み，北朝鮮は中国に傾斜していった。

　大平・金メモと日韓会談　1961年11月，訪日したラスク（Dean Rusk）国務長官は，池田に韓国と妥協するように促した。その後，ラスクは訪韓し，朴正煕に対韓援助削減をちらつかせて，個人請求権について形式面で譲歩するよう迫った。同月，訪米の途次，朴は日本に立ち寄り，池田と会談し，請求権と李ラインの2点で譲歩する姿勢を示した。

こうして第6次会談が開かれることとなった。日本側首席は関西財界の大物で，韓国とも縁の深い日本貿易振興会会長の杉道助だった。しかし，岸や石井のような親韓派の大物を期待し，韓国側首席に許政を決めていた韓国側は大いに失望した。このため，韓国の首席は，前韓国銀行総裁の裵義煥（ペ・ウィファン）に変更された。1962年3月には日韓外相会談も持たれたが，決着にはいたらなかった。

1962年7月，池田は，自民党総裁選で再選され，大平正芳が外相に就任した。ここで日本側は，個人請求権7,000万ドル，経済協力1億ドル，借款のパッケージを内容とする「大平構想」をまとめ，交渉の妥結に向けて積極的に動き出した。

10月，韓国中央情報部部長の金鍾泌（キム・ジョンピル）が訪日し，自民党副総裁の大野伴睦と会談した。いったん訪米し再び東京に戻ってきた金は，11月に大平外相と会談している。会談では，無償3億ドル，有償2億ドル，商業借款1億ドル以上というパッケージで請求権問題を処理するという妥協が暫定的に成立した。いわゆる大平・金メモである。

総額目標を5億ドルに置いていた韓国側からすれば，最低限の要求額は満たすものであったため，代わりに名目については日本側の要求に譲歩する形となった。大平は，請求権という名目でなく，経済協力もしくは一種の独立祝賀金のようなものとして供与することを提案した。これについては，金も承認している。ただし，韓国は国内世論を配慮し，韓国国内向けには請求権という言葉を使用することにこだわった。

こうした動きに対し，北朝鮮は，日本との協定は南北統一後になされるべきだとして，日韓会談に対する排撃を声明した。さらに，大平・金メモが合意されると，日本に対して賠償請求権があると言明した。

韓国は1962年11月に新憲法を採択した。1963年に入ると，民政移管後の主導権をめぐり軍事政権内部の争いが激化し，金鍾泌の独走が非難の的となった。1963年2月，朴正熙は，金をアメリカへ長期外遊という形で事実上の亡命の途につかせた。

朴は1963年10月の大統領選挙に辛勝した。11月，ジョンソン大統領（Lyndon Baines Johnson）は，暗殺されたケネディの葬儀に出席した池田，朴と3者会談を持ち，両者に早期妥結を促した。12月，韓国は「民政移管」し，朴が大統領に就任，第3共和国が発足した。しかし1964年3月，「対日屈辱的外交」に反対するデモにより主要都市は麻痺状態に陥り，朴は6月に戒厳令をしき，4

個師団をソウルに進駐させた。

日韓基本条約の調印　1964 年 7 月，池田首相は，大平に代えて，岸の盟友である椎名悦三郎を外相に据えた。咽頭ガンを患った池田は 11 月，東京オリンピックの開幕を見届けた後，佐藤栄作に政権を譲った。その佐藤政権に，椎名外相は留任した。

他方，韓国でも 7 月，外務部長官に李東元（イ・ドンウォン）・元最高会議議長秘書長が任命された。こうしたなかで 12 月には，第 7 次日韓会談が東京で開会された。杉が死去したため，日本側首席代表には三菱電機相談役の高杉晋一，韓国側代表には元外務次官の李東祚（イ・ドンジャク）が就任した。

1965 年 2 月，椎名外相が訪韓し，「両国間の永い歴史の中に，不幸な期間があったことは，まことに遺憾な次第でありまして，深く反省するものであります」と述べた。外相として初めて，公式の場で日本の朝鮮統治について反省の意思表示を行ったことは歩み寄りの機運を高め，両国は基本条約に仮調印した。

しかし，韓国側は，1910 年の日韓併合条約は締結時からすでに無効であったことを確認すべきであり，韓国の支配権は朝鮮半島と附属の島々すべてに及ぶと主張し，日本側と対立した。結局，旧条約については「もはや無効であることが確認される」と表現し，韓国政府の管轄権については直接触れず，「国連総会決議に示されている通りの唯一の合法政権である」とした。

1965 年 6 月，東京の首相官邸において，日韓基本条約と 4 つの協定（日韓漁業協定，韓国との請求権・経済協力協定，在日韓国人の法的地位協定，韓国との文化財・文化協定）が調印された。アメリカがこれを歓迎したのに対し，北朝鮮は，韓日条約はすべて無効であると声明し，韓日交渉の粉砕を訴えた。中国も同様に，日韓条約調印は東北アジア軍事同盟を結集させ極東の緊張を激化させると非難し

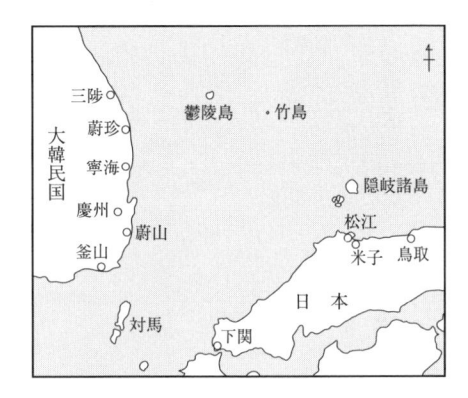

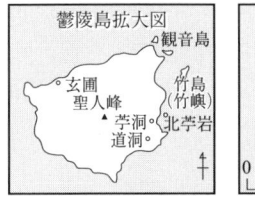

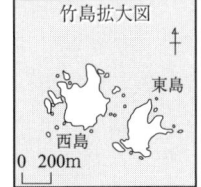

図 11-1　竹島関連地図

出典：下條正男『竹島は日韓どちらのものか』（文春新書，2004 年）6 頁。

た。

　日本国内では，日韓国交正常化は朝鮮半島の分断を固定化するものであるとして，反対運動が起きた。韓国国内でも，李ラインの撤廃など屈辱外交であるとして激しい反対運動が生じ，朴政権は，大学の休校，軍によるデモ鎮圧で応じた。

　竹島の帰属問題について，日本側は日比谷公園ほどの大きさしかない竹島に価値はなく，爆破すれば問題はなくなると発言し，国際司法裁判所による調停を促した。だが，韓国側は固有の領土であり会談の議題ではないとして，協議を避け続けた。結局，竹島問題は国交正常化後に話し合うことにしたため，将来に禍根を残すこととなった。

　その後，韓国は日本から受け取った5億ドルの資金をインフラ整備と基幹産業育成に投資した。日韓国交正常化後，韓国は農村を近代化し，京釜高速道路や浦項(ポハン)製鉄所を建設して，「漢江の奇跡」と呼ばれる経済発展を実現していく。他方で，強制徴用などの被害者の個人補償は韓国政府が負うこととなり，70年代に実施されたが，日本政府に個人補償を求める道は閉ざされた。

2．日中台関係のトライアングル

　中台関係　1960年代に入ると，中国では反右派闘争が収まり政情が落ち着きを見せてきた。大躍進運動の失敗に自然災害が重なり，経済復興の必要性が認識され，劉少奇や鄧小平による現実路線が台頭した。しかしこのことが，後に毛沢東が文化大革命を発動させる要因となる（⇒コラム「文化大革命」）。

　他方，台湾では，蔣介石が事実上の終身総統制をつくり，3選を果たした。中国と対照的に，台湾は50年代に土地改革とアメリカの援助によって工業化の基礎を固め，60年代に入って目覚ましい成長を始めた。

　「大陸反攻」を諦めていない蔣介石は，中国大陸の混乱と中ソ対立を好機ととらえ，頻繁に特務やゲリラ部隊を送り込んで撹乱工作を実施したが，アメリカの支持を得られなかったこともあり，うまくいかなかった。

　日中貿易と台湾　岸政権時代，日中関係は悪化していた。だが，岸が退陣し池田勇人内閣が発足すると，日本と中華人民共和国の関係に回復の兆しが見えてきた。1960年8月，周恩来は貿易3原則を示し，日中民間貿易の復活を示唆した。10月には，かつてバンドン会議で周と会談した経験を持つ高碕達之助が訪中し，

Column 11-2

文化大革命

　現在の中華人民共和国の正史において，文化大革命（文革）は1966年から1976年までの間，「指導者がまちがって引き起こし，それが反革命集団に利用されて，党と国家と各民族人民に大きな災難をもたらした内乱である」（「建国以来の党の若干の歴史的問題に関する決議」1981年）と定義されている。「指導者」とは毛沢東を指し，「反革命集団」とは林彪グループと毛夫人の江青を中心とした四人組を指す。文革発動は毛沢東の「晩年の誤り」で，毛沢東の全生涯としては功績のほうが大きかったとされ，毛の威信を守る意味からも混乱の主たる責任は林彪グループと四人組に向けられている。

　文化大革命の正式名称は「プロレタリア（無産階級）文化大革命」である。では文革はほんとうに「プロレタリア革命」であったのか，そしてなぜ「文化」の革命であったのか。結論からいえば，文革は労働者（プロレタリアート）の地位や権利を保護し向上させようとする運動ではなかった。上海で成立した労働者政権が党指導を理由に毛沢東によって鎮圧されたことから見ても，「プロレタリア革命」とはいいがたい内容であった。また，文革は現実には毛沢東と劉少奇らとの権力闘争であったが，発動段階において文芸論争に名を借りて始まった政治闘争であったため，「文化」大革命となった。

　文革は，表面では大衆参加，反体制，反権力，反エリート主義などが理念に掲げられたため，実態に対する実証的・批判的分析を欠いたまま，西側世界では自らの体制批判の裏返しとして賞賛を浴びた。アメリカではヴェトナム反戦運動と重なり，アジアの側に立った理解を訴える多くの若い研究者や学生たちが文革の理念に共鳴した。日本でもヴェトナム反戦や学生運動の高まりのなかで，文革賛美が論壇をにぎわした。

　文革中における学生組織の紅衛兵や労働者による指導部批判の激しい造反有理（謀反にも道理がある）が毛沢東自身によって指示された結果，無制限の暴力や殺人と自殺への追い込み等が発生し多数の犠牲者を出した。それは同時に無数の悲劇と怨念を残した。文革は1981年決議で片付くほど単純ではない。しかし現政権は体制安定のために責任の所在を絞り，論争を再燃させないようにしている。中華人民共和国における未完の歴史問題といえよう。

（国分　良成）

【参考文献】国分良成編『中国文化大革命再論』（慶應義塾大学出版会，2003年）

周や陳毅副総裁兼外交部長と会談した。

　1962年9月，自民党顧問の松村謙三が訪中し，周，陳らと会談，「積み上げ方式」を確認した。「積み上げ方式」とは，民間レヴェルの経済・文化交流を漸進的に増やすことで，関係を改善しようとする現実的な外交の進め方である。11月，廖承志と高碕達之助は「日中総合貿易に関する覚書」に調印，両者の頭文字

をとって,「LT貿易」と呼称された。この会談で,対中ビニロン・プラント輸出の議定書が調印され,63年7月に輸出入銀行の融資を条件として倉敷レーヨンが輸出契約を結び,8月,池田内閣はこれを閣議決定した。

これに対し国府（中華民国政府,台湾）は,輸銀融資はたんなる貿易問題ではなく,中国に対する経済援助であるとして,張厲生駐日大使が大平外相に抗議し,蔣介石が吉田茂宛に電報を打ったほか,日華協力委員会を通じて岸信介,大野伴睦ら自民党内親台湾派に働きかけた。9月,池田首相は国府による大陸反攻能力に疑問を投げかける発言を行った。これにより,蔣介石の不満は頂点に達し,駐日大使を召還して抗議の意思を示した。

周鴻慶事件と第2次吉田書簡　こうした折,日中台のトライアングルを揺るがす亡命事件が発生する。

1963年10月,中華人民共和国からの油圧機械訪日代表団の通訳として来日していた周鴻慶は,帰国の朝,タクシーに乗り中華民国大使館に行くよう指示した。しかし運転手も周も場所を知らず,ソ連大使館を通りかかったので下車して駆け込んだ。翌日,周の身柄は,日本側に引き渡された。取り調べの過程で,周は帰国前夜,酩酊し,中国を批判する言動を行ったため,帰国後自身に加えられるであろう処罰を憂慮し,とっさに失踪したのが実情で,ソ連あるいは中華民国への明確な政治的亡命ではなかったことが判明した。

中華民国,中華人民共和国の双方は個別に周に説得工作を行った。周は亡命先を二転三転させたが,結局,中国大陸に帰る意思を表明した。これを受け,入管当局は,中国大陸を送還先とする退去強制令書を発布した。

この決定に対し,蔣介石は強い不満をもった。大野伴睦が訪台し,ちょうど誕生日を迎えていた蔣と会談したが,ビニロン問題が中心で周問題は取り上げられなかった。しかし,陳誠副総統は,日本政府が「周某を鉄のカーテンの向こう側に送ろうとしているが,このような措置は実際,人道の原則に悖る」と強い不満を表明したし,張群総統府秘書長も,周問題を主管する法務省の大臣が親台湾派の賀屋興宣であることを指摘して,周を絶対に大陸に送り返さぬよう,政治的考慮を払うべきであると主張した。

結局,賀屋法相下の入管当局は,退去強制令書を発布しながら,出国許可証は出さないという形で,周を日本に留め置くという苦渋の措置をとった。しかし周はハンストを行って出国許可を求め,1964年1月,大連へ出発した［石井］。

台湾における反日運動は激化し,国府は代理大使以下4人の大使館員を召還し,さらに日本からの全輸入の4割を占める政府による買い付けを停止する報復措置をとった。

しかし同月,フランスが国府と断交し中華人民共和国と国交を結んだことで,国府の置かれた状況は悪化し,事態打開のため,吉田元首相の訪台を歓迎する意向を発表した。2月,吉田が訪台し,蔣介石と3度にわたり会談,了解事項として「中共対策要綱5原則」がまとめられた。この中では,「中華民国政府が客観的に見て,政治7分軍事3分の大陸反攻が成功することが確実」と認めるときは,日本は大陸反攻に反対せず,「精神的道義的支持」を与えること,日中貿易は民間貿易に限り,中華人民共和国に経済援助を与えることは慎むこと,などが定められた。吉田は帰国後,大筋において要綱案に誤りのないことを書簡にして国府に送付した。これは,1951年にダレスに宛てられた吉田書簡に対して,第2次吉田書簡と呼ばれている(第10章参照)。

1964年6月末,中華民国(台湾)から新しい駐日大使が赴任した。7月,大平外相が訪台したが,台湾側からの厳しい追及はなかった。8月,吉田訪台の答礼として,張群秘書長が来日し,日華(台)関係は正常化した〔清水〕。

停滞する日ソ関係　中国と対立関係にあるソ連と日本との関係は,北方領土問題がネックとなり,60年代を通じて停滞を続けた。池田政権期の1961年8月と1964年5月,ミコヤン(Anastas Mikoyan)第1副首相(後にソ連最高会議幹部会議長)が訪日したが,次にソ連要人が日本を訪れたのは1991年のゴルバチョフ(Mikhail Gorbachev)であった。

1度目の訪日時にミコヤンが携えていたフルシチョフの書簡には,「日ソ平和のため安保条約は解消すべきである」と書かれていた。ミコヤンは記者会見で「ベルリンで戦争が起これば,日本は安保条約で自動的に戦争に巻き込まれる」と述べた。これに対し池田は,フルシチョフへの返書で,日米安保条約は防衛的なものだが,ソ連は中ソ同盟条約,ソ北朝鮮相互防衛条約を結び,日本解放のために軍事援助を強化している,と反論した。その後日ソ間には,互いを非難する文書の往復が続いた。

2度目の訪日時,ミコヤンは北方領土問題について,池田首相に向かって,「ソ連の大部分は凍っていて,日本の土地1エーカーはソ連の100エーカー分の価値がある」「エトロフやクナシリは,小さな島々ではあるが,カムチャッカへ

の門戸であり，放棄しえない」と語った。

ミコヤンは，2度の訪日で，日本経済が想像以上に発展していることを観察し，日ソ経済協力の必要性を痛感した。「日本にあるのは火山と地震だけだ」が口癖だったフルシチョフも，ミコヤンの報告を受けて日本の経済力を評価するようになった［木村］。

ミコヤン離日の翌月，日本社会党は訪ソ使節団を派遣した。1964年前後，ソ連は対日工作の拠点を共産党から，社会主義路線を鮮明にした社会党に移し始めたのである。その背景として，中ソ対立の表面化に伴い国際共産主義運動が分裂傾向を強め，日本共産党が自主独立路線をとりソ連から離れ始めていた，という事情がある。1964年8月，原水禁世界大会でソ連の核政策を批判した日本共産党とソ連共産党の対立は決定的となった［名越］。

中国核実験と日中関係 中ソ対立によりソ連からの援助が期待できなくなって以降，中華人民共和国は独力で核開発を行い，1964年10月，核実験に成功した。核兵器の拡散を憂慮するアメリカは，中国の近隣諸国，とりわけ日本とインドへの影響を懸念した（⇒コラム「日米安保における核兵器問題」）。

中国の核開発を受けて，佐藤首相は表向き，日本が核武装する意思はないと表明した。しかし1964年12月，ライシャワー駐日大使と会談した佐藤は，中国が核を持っているのであれば，日本も持つのは常識である，と述べた。1965年1月に訪米した佐藤は，ジョンソン大統領，ラスク国務長官らとの会談で，「私個人としては，中国共産党政権が核兵器を持つならば，日本もまた持つべきだと感じている。しかし，これは日本人の国民感情に反するので，非常に内輪にしか言えない」との考えを明らかにしている［黒崎］。

池田内閣から佐藤内閣に変わって以降，日中関係は悪化の一途をたどった。1964年11月，日本共産党大会に出席しようとした彭真北京市長の入国が拒否された。ついで，1965年2月，中国大陸に対するプラント輸出については，輸銀融資は許可しないと決定した。佐藤は「吉田書簡は私信であるが，政府としても道義的に拘束される」と国会で発言し，中国の態度を硬化させた。

日中関係の悪化とは裏腹に，日華（日台）関係は好転した。1967年9月，佐藤首相は実兄・岸信介以来，現職首相として10年ぶりに訪台した。蔣介石は，中国が文化大革命で混乱している今こそ，大陸反攻の好機である，との持論を展開した。佐藤としては，国府の顔を立てつつも，中華人民共和国を刺激したくは

Column 11-3

日米安保における核兵器問題

　日米両国にとって，核をめぐる問題は誠に微妙な問題だった。「広島・長崎」の経験を持つ日本には，今日にいたるまで核兵器に対する強い反発があるが，政府はそうした国民感情を無視できない一方で，安全保障面ではアメリカの核抑止力に依存し，また円滑な対米関係を維持する必要があった。こうした2つのヴェクトルの狭間にあって，日本政府は対応に苦慮することもあった。たとえばアメリカの核搭載艦船が日本に寄港することが，1960年の安保改定によって定められた事前協議の対象になるか否かという問題は，これまでもよく知られている。

　一方アメリカにとっても，日本の核をめぐる問題は，2つの意味で大きな関心事だった。いうまでもないことだが，第1に日本における強い反核感情が日本政府の行動を拘束することは，アメリカにとって好ましいことではない。だが第2に，日本国内で反核感情が和らぎ，それが高じて独自の核開発を求める方向へ向かうことも，アメリカが歓迎できることではなかった。

　アメリカ政府の外交・軍事文書が公開されるにしたがって，1960年代の中盤から，アメリカが日本の核開発問題について注視するようになったことが明らかになっている。この背景には，2つの理由があった。第1に，高度経済成長によって，日本の経済力と技術力が，独自の核開発を可能とする水準に達したとアメリカは判断した。第2に，日本人が敗戦による精神的な打撃から立ち直り，国家主義的なナショナリズムが復活しつつある，とアメリカは見た。たとえば1964年末，佐藤栄作首相が米側に将来的な核武装について語ったり，また予想に反して，日本が核兵器不拡散条約への調印を渋ったこと等が，アメリカ政府内でこうした認識が醸成される要因となった。

　経済力の向上とナショナリズムの高揚それ自体が問題視されていたわけではないが，この2つの要素が結合し，日本国内で独自の核開発を求める声が高まるのは困る，というのがアメリカの考え方だった。むろん，近い将来に日本の核開発が現実化すると考えていたわけではない。ただ1960年代を通じて，アメリカはそうした可能性を検討し，長期的にはそれを否定できないと判断するようになったのである。　　　（中島　信吾）

【参考文献】中島信吾『戦後日本の防衛政策――「吉田路線」をめぐる政治・外交・軍事』（慶應義塾大学出版会，2006年）

なかった。だが，中国は佐藤の訪台に激しく反発し，報復措置として，日本人の中国特派員3名を国外退去させた。

3. ヴェトナム戦争と東アジア

トンキン湾事件とヴェトナム戦争の激化　1950年代後半，南ヴェトナムにはアメリカの支援を受けたゴ・ジン・ジェムによる強力な反共独裁体制が築き上げられたが，過酷な弾圧と腐敗に国民の反対は強く，1960年12月にNLF（民族解放戦線）が結成された。

ケネディ政権は，NLFを北ヴェトナムの傀儡とみなし，さらに北ヴェトナムも中ソの手先ととらえ，国外からの人的物的支援を断ち切ればゲリラは根絶できると確信した。1961年以降，アメリカは特殊部隊を含む多数の軍事顧問を送り込み，徐々に戦争に介入し始めた。

1964年8月，北ヴェトナム沖合で，米駆逐艦が北ヴェトナム魚雷艇に攻撃を受けた。この魚雷攻撃は，アメリカ側の錯覚もしくは歪曲によるものだったといわれているが，ジョンソン大統領は即座に空母艦載機による報復爆撃を実施，米議会もトンキン湾決議を可決して，大統領に事実上の戦争権限を与えた。

ソ連のコスイギン（Alexei Kosygin）首相が北ヴェトナムに滞在していた1965年2月，アメリカは大規模な北爆に乗り出した。以後，アメリカは最大時で55万人にのぼる地上兵力をヴェトナムに送り込んでいく。

中ソ対立と北ヴェトナム　1950年代末，中華人民共和国は金門・馬祖島でアメリカと対決し，チベットをめぐりインドとの紛争を経験するなど，平和共存路線を放棄していた。さらに中華人民共和国は，北ヴェトナムを積極的に支援するようになる。中ソは互いに相手こそ北ヴェトナムの「抗米救国戦争」を阻害していると非難した。その頃北ヴェトナムはソ連に傾斜していたが，やがてソ連の対米共存政策を批判し，再び中国寄りに転じるなど，2つの社会主義大国の間での綱渡りを強いられていた。

1965年，中国は，北ヴェトナムがソ連の援助を断れば全面支援すると申し出，6月以降，極秘にのべ32万人の「後方支援部隊」を送り込んだ。またごく少数だが，北朝鮮空軍もヴェトナム戦争に参加したといわれている。

ソ連では1964年10月，フルシチョフ第1書記が失脚，ブレジネフ（Leonid Brezhnev）が後任となる政変が起きた。ブレジネフ新指導部は，中国との関係修復を図るとともに，北ヴェトナムへの支援強化にも乗り出した。ところが11月，

訪ソした周恩来に対し、マリノフスキー（Rodion Malinovskii）国防大臣が「我々はすでにフルシチョフを失脚させた。今度はあなたたちが毛沢東を退陣させる番だ」と発言する事件が起き、中ソ対立は修復不可能なレヴェルにまで達していく［朱］。

ジャカルタ―北京―平壌枢軸 中国の核実験成功は中国の威信を高揚させたが、60年代後半、中国の影響力はかえって低下した。1963年後半から、インドネシアは中国に傾斜し、アメリカとの対決姿勢を強め、国連から脱退した。1965年9月、スカルノを支持するインドネシア共産党が反スカルノ派の軍指導者などの排斥を試み、失敗した。これが「9.30事件」である。

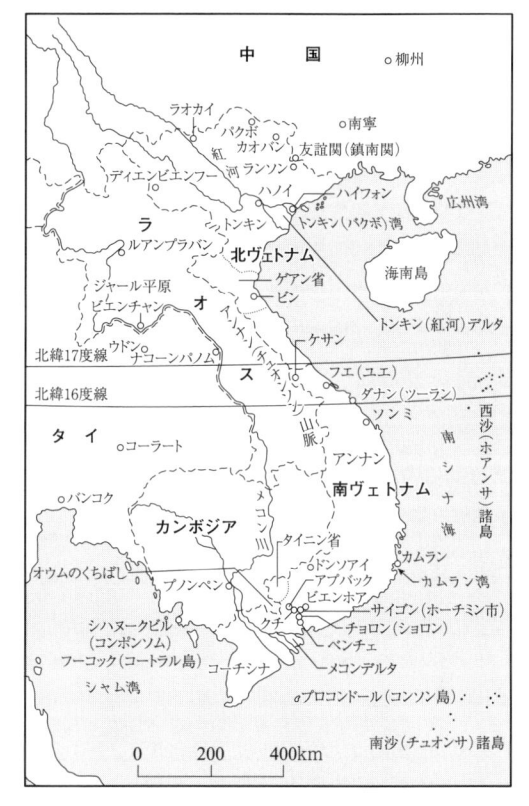

図11-2 ヴェトナム戦争関連地図
出典）松岡完『ベトナム戦争――誤算と誤解の戦場』（中公新書、2001年）2頁。

スカルノ失脚後、クーデター鎮圧の立役者、スハルト将軍が権力を掌握すると、インドネシアは中国と断交し、共産党に大弾圧を加え、中国は貴重な味方を失った［宮城］（⇒コラム「マレーシア紛争とイギリス」）。

他方、1965年4月、それまで中ソ訪問の多かった金日成が、初めてインドネシアを訪問した。かつて非同盟主義を提唱したバンドン会議の10周年記念会議に出席した金日成は、北朝鮮の自主路線を明らかにした［徐］。

韓国のヴェトナム派兵と特需 韓国のヴェトナム派兵が本格的に提起されたのは、1961年11月の朴大統領訪米時であった。朴はアジア自身による反共防衛の必要性を説き、台湾と協議する用意があることも示した。実際、ゴ・ジン・ジェ

Column 11-4

マレーシア紛争とイギリス

　マレーシア紛争は，ラーマン・マラヤ連邦首相による「マレーシア連邦構想」の提唱（1961年5月）をきっかけとした，インドネシアとマラヤ，イギリスの紛争である。「マレーシア連邦構想」とは，ボルネオ島の英領（北ボルネオ，サラワク，ブルネイ）とシンガポール，そしてイギリスからすでに独立しているマラヤを統合して，新たにマレーシア連邦を結成しようというものである。

　イギリスはこの構想を通じて，東南アジア地域における「脱植民地化」を一気に進め，旧英帝国の再編成，そして自国の影響力の新たな足場の確保を目指していた。マレーシア連邦が実現すれば，イギリスは植民地経営の負担から解放されながらも，シンガポールの英軍基地の使用が認められることになっており，東南アジアにおける英軍事プレゼンスを維持することができる。そして同地域における軍事プレゼンスは，大国としての地位の象徴，さらには英米の「特別な関係」のより所でもあった。

　これに対してスカルノ政権は，「マレーシア連邦構想」を，イギリスの新植民地主義のあらわれであると非難し，マラヤに対する「対決政策（コンフロンタシ）」を宣言した。このことから，マレーシア紛争を，欧米の文献などでは「対決政策」と呼ぶことが多い。「対決政策」は，マラヤ・イギリス両政府に対する非難だけでなく，在ジャカルタ英系企業の接収や対マラヤ・シンガポール禁輸などの経済制裁，ボルネオ国境地帯やマラヤ本土でのゲリラ活動へとエスカレートしていった。

　イギリスは「大国が新興独立国をいじめている」とのイメージを持たれることを嫌い，英軍による戦闘活動が大々的に報道されることはなかったが，5万人を超える兵力を投入し，密林地帯でインドネシア・ゲリラと戦った。ヴェトナム戦争が，アメリカのアジアの戦争であったとすれば，イギリスにとってのアジアの戦争は，まさにこのマレーシア紛争であった。

　「対決政策」は，1965年の「9.30事件」によってスカルノ政権の基盤が揺らいだことをきっかけとしてその勢いを失い，翌年には終結する。他方でイギリスは，67年にシンガポール・マレーシアからの英軍撤退を発表し，東南アジアにおける影響力の足場を完全に失ったのである。

（永野　隆行）

【参考文献】永野隆行「イギリスと戦後東南アジア国際関係——政治的脱植民地化と防衛政策」（『国際政治』第128号，2001年）

ム南ヴェトナム大統領は，台湾の軍事顧問団受け容れを示唆していた。

　1964年4月，ジョンソン政権は，「より多くの国旗を」キャンペーンを開始し，ヴェトナム問題に関し，アメリカによる単独行動を回避し，より多くの同盟国をヴェトナム戦争に参加させようとした。しかし，韓国と中華民国（国府）以外の

同盟国は派兵に消極的であった。中国の本格的な介入を誘発させないために国府の積極的関与を避けたいアメリカは，韓国に期待した。

韓国はまず64年7月，1個外科病院部隊とテコンドー教官を派遣し，ついで65年3月に非戦闘部隊を派遣した。5月，ジョンソンは朴に正式に韓国軍のヴェトナム派兵を要請，その見返りとして，韓国への侵略によって発生する事態を「共通の危険」とし，米韓相互防衛条約に基づくアメリカの対韓コミットメントと軍事援助の継続が韓国にもたらされた。米韓首脳会談での合意を受けて，6月，韓国軍の戦闘部隊がヴェトナムへ派遣され，66年3月には増派された。

ヴェトナム戦争で韓国は，約5千人の戦死者を出す一方で，特需を手にした。派兵韓国軍には，アメリカからドル建てで手当や補償が支払われたため，兵士の多くはそれを本国に送金し，貴重な外貨となった。次に，ヴェトナムに駐在する米軍や韓国軍が必要とする軍需物資やサーヴィス，港湾や道路の建設工事を韓国企業が受注したり，それに伴って派遣された韓国人労働者が本国に送金することで特需が発生した。「現代」や「韓進」は，ヴェトナム特需を通じて急成長した代表的な財閥である。また，ヴェトナム戦争により，アメリカや南ヴェトナムへの輸出も急増した［木宮］。

朴政権には，ヴェトナム派兵によって，対内的には国内の不満をそらし，対外的には国際的な威信を高め軍事政権の正統性を調達するねらいもあった。またヴェトナム派兵を通じて，のべ37万人以上の韓国人が閉鎖的な農村社会から海外に出たことは，韓国の国際化を促すこととなった。

北朝鮮の自主路線　フルシチョフ失脚と韓国のヴェトナム派兵を受けて，北朝鮮はソ連との関係改善に乗り出した。1964年11月の第47回ソ連10月革命祝賀会に金一(キム・イル)が参加，65年2月にはコスイギン首相が平壌を訪問した。北朝鮮は，ソ連の先進的な武器を必要としていた。

1966年10月，北朝鮮は，「軍隊の幹部化」「軍隊の現代化」「全人民の武装化」「全国の要塞化」という「4大軍事路線」を定式化した。これにより，北朝鮮は中ソからのある程度の自主性を獲得できたが，経済成長は鈍り，軍人たちの過度な政治参与を許すこととなった。

文化大革命下の中国との関係は悪化した。紅衛兵たちは，金日成をフルシチョフのような修正主義者と呼び非難した。そして，韓国がヴェトナムに派兵しているのに，北朝鮮は北ヴェトナムを助けていない，朝鮮戦争で中国が北朝鮮を支援

したことを思い出せ，といった。これに対し北朝鮮は，北京駐在の大使を召還し，平壌駐在の中国大使を追放した［徐］。

ASPAC 創設 1966 年，ソウルで第 1 回アジア太平洋理事会（ASPAC）閣僚会議が開かれた。韓国の目的は，①韓国の対ヴェトナム政策の道義的立場に対する支持獲得，②東南アジアおよび太平洋諸国に対する共産侵略の危険性に対する共同運命意識の強調，③韓国の東南アジア経済進出に対する橋頭堡の構築，④東北アジアにおける日本の「ワンマンショー」を防ぐための円卓会議体制の設定，⑤安定・繁栄・共産主義浸透の防止・外国勢力の排除などの共同目標を実現するためのアジア太平洋自由諸国の地域協議体制形成とその中での韓国の発言権強化，⑥韓国の国際的地位と威信の向上に置いた［木宮］。

国府や南ヴェトナムは，有名無実化した SEATO に代わる反共軍事組織となる可能性までも視野に入れたが，日本は反共・反中国的色彩が強まることを恐れた。ASEAN の発展とは対照的に，ASPAC は有名無実化していった。

日本とヴェトナム戦争 1965 年 1 月の訪米で，佐藤首相はアメリカがヴェトナムから撤退しないように希望していた。のみならず日本政府は，南ヴェトナムに対する医療・経済援助など非軍事的手段を通してアメリカに協力することを約束するなど，早い段階からアメリカのヴェトナム戦争に支持を表明した。

4 月，ジョンソン大統領は，東南アジア諸国が開発のために地域的連合を結成して相互に協力し合う必要性を訴え，10 億ドルの資金提供を明らかにした。佐藤は，この構想に全面的支持を表明した。この結果設立されることとなったアジア開発銀行（ADB）に日本は深くかかわり，本部の東京誘致には成功しなかったものの（本部はマニラに設置された），初代以降，総裁には日本人が座り続けた。

日本国内では，折からの日韓条約反対闘争や大学紛争とあいまって，ヴェトナム戦争反対運動が広がりを見せた。作家の小田実らを中心として 1965 年 4 月に結成された「ベ平連」（ベトナムに平和を! 市民連合）は，反戦ストライキ，兵器・軍需品輸送阻止，反戦米兵に対する援助といった活動を行った。

1967 年 9 月，訪米した三木武夫外相はジョンソン大統領やラスク国務長官と会談，アメリカのヴェトナム政策に対する支持を表明し，アメリカが払っている犠牲と努力が正当に報われるような解決を希望している，と述べた。10 月，佐藤首相は東南アジア諸国訪問の一環としてサイゴンを訪問，翌月の訪米時には，アメリカ側からその「勇気ある行動」が賞賛された［菅］。

このように，日本政府はアメリカのヴェトナム戦争政策への支持を公然化させていったが，佐藤首相の動機には，次節で見るように，見返りとしての沖縄返還があった。

4．沖縄返還と東アジア

佐藤の沖縄訪問　1964年7月の自民党総裁選で，佐藤が池田に挑むにあたり目をつけたのが沖縄問題であった。1951年の講和で日本本土から切り離された沖縄は，引き続き米軍政下に置かれ，50年代半ば以降は，米軍恒久基地建設に対する反対運動と本土への復帰運動が激化していた。

1965年1月の訪米で，佐藤はジョンソン大統領に沖縄返還を持ち出したが，色よい

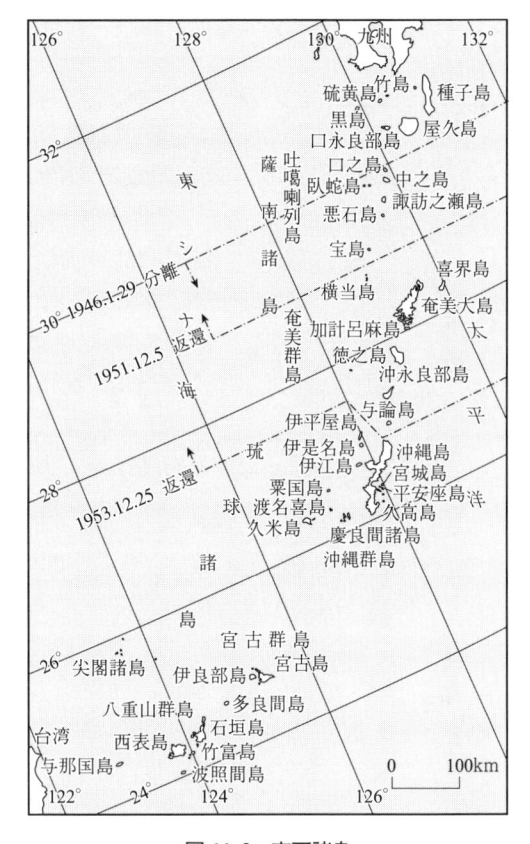

図 11-3　南西諸島

出典）中野好夫・新崎盛暉『沖縄戦後史』（岩波新書，1976年）iv頁．

返事はもらえなかった。それもそのはず，ジョンソン政権は翌2月，北爆を開始してヴェトナムに本格介入し，「太平洋の要石」である沖縄は中継・兵站の重要拠点となることが想定されていたからである。

1965年8月，戦後首相として初めて沖縄を訪れた佐藤は，「沖縄の祖国復帰が実現しない限り，わが国にとって戦後は終わっていない」と声明した。

三木外相を信頼していなかった佐藤は，京都産業大学教授の若泉敬を密使として重用した。若泉は，旧知の経済学者で大統領特別補佐官のロストウ（Walt Rostow）と沖縄返還について協議を重ねた。その結果，1967年11月，佐藤・ジ

ョンソン会談で，小笠原を早期返還し，沖縄を「両3年内」に返還することで合意した。

転機としての1968年 1968年は，東アジア国際政治において，一大転機の年となった。

1月，NLFと北ヴェトナム軍は，南ヴェトナム全土で「テト攻勢」に出た。サイゴン政権を一気に崩壊させることには失敗したが，アメリカ国民はこの戦争への不信を深めた。ジョンソンはこの年の大統領選挙への出馬を断念し，和平実現を求めて北爆を縮小した。

佐藤は1967年12月，国会で核兵器を「作らず，持たず，持ち込ませず」とする非核3原則を表明していたが，68年1月には非核3原則の堅持，日米安保条約によるアメリカの核抑止力への依存，核軍縮外交の推進，核エネルギーの平和利用推進という核4政策を発表した。こうして日本は非核政策を確立することとなったが，施政権返還後の沖縄から核兵器を撤去し，それまで米軍が自由に使えた基地に日米安保条約の事前協議制度が適用できるのかが焦点となった。

11月，沖縄では，激しい自治権拡大要求の末にようやく認められた主席公選で，基地および安保条約に反対し，沖縄の即時無条件返還を訴えていた革新系の屋良朝苗が保守系の西銘順治を破って当選した。その直後，B52戦略爆撃機が嘉手納基地に墜落し，搭載していた通常爆弾が爆発するという事件が起こった。同月，アメリカではニクソン（Richard Nixon）が大統領選挙に当選し，民主党から共和党へと政権が交代することとなった。

2つの密約 1969年10月，若泉は，キッシンジャー（Henry Alfred Kissinger）大統領特別補佐官から手渡された「緊急時の核再持ち込み」と「繊維製品の対米輸出自主規制」の秘密合意議事録の原案を佐藤に示した。日本からの繊維製品輸入急増に悩む米南部の生産業者に問題解決を約束したニクソンは，沖縄返還に絡めて，日本に対米繊維輸出の自主規制を求めてきた。いわゆる「糸（繊維）と縄（沖縄）の取引」である。佐藤は，「前向きに検討する」と述べてニクソンを期待させながら実際には措置を講じなかったため，ニクソンの怒りを買い，後のニクソン・ショックの遠因になった。

もうひとつの密約は，緊急時にはアメリカは沖縄に核を再持ち込みする権利を持ち，事前協議が行われても日本は遅滞なく認める，というものであった。若泉は，この秘密合意議事録の存在を，『他策ナカリシヲ信ゼムト欲ス』の中で暴露

した。本書のタイトルは，日清戦争時の外相・陸奥宗光の回顧録『蹇蹇録』の有名な1節から引用したものである。

1969年11月，佐藤・ニクソン会談で，1972年中に沖縄が返還されることが決まったが，米軍基地そのものは撤去されず，その後の「沖縄問題」の温床となった。

ニクソン・ドクトリン　ヴェトナム戦争の泥沼化により，国際的な威信の低下と国力の疲弊に苦しめられたアメリカは，過剰な対外コミットメントを縮小する必要に迫られた。ヴェトナムからの「名誉ある撤退」を公約として当選したニクソンは，1969年7月，「グアム（ニクソン）・ドクトリン」を発表した。その骨子は，①アメリカは今後も引き続き世界平和維持のためにアジアにおける国際的公約は遵守する，②核の脅威にさらされている同盟国を防衛する，③しかし，地域的防衛の第一義的義務は域内諸国にある，というものである。

ニクソン・ドクトリンに従い，アジアにおける米軍のプレゼンスは72万3千人（1969年1月）から28万4千人（1971年12月）に削減された。最大の削減対象はもちろんヴェトナムであり，アメリカは米軍の肩代わりをさせるため，南ヴェトナムの政府や軍を強化し，ヴェトナム戦争の「ヴェトナム化」を行った。

もうひとつの削減対象が韓国であり，1970年，アメリカは韓国から2万人の米軍部隊を一方的に撤収することになる。こうしたアメリカのアジアに対するコミットメントの縮小は，結果的に北朝鮮の挑発を呼ぶこととなった［チャ］。

1.21事態とプエブロ号事件　1960年代後半，金日成は，60歳の誕生日（1972年4月）までに南北統一を図ろうとし，武力統一に傾いた。朝鮮半島での些細な挑発によって，武力衝突に巻き込まれ，超大国同士の核戦争に発展することを恐れたブレジネフ指導部は1967年末，北朝鮮との同盟条約をより限定的に再定義しようと交渉した［下斗米］。

1968年1月，北朝鮮の特殊部隊31名が朴大統領の暗殺をねらって官邸付近にまで侵入し，韓国警備隊と銃撃戦を展開するという，軍事停戦以来最大の武装ゲリラ事件が起こった（「1.21事態」）。その2日後，金日成の息子・金正日の指揮の下，元山沖で北朝鮮の哨戒艇が米海軍の情報収集艦プエブロ号を拿捕し，もしアメリカが攻撃すれば，米兵を殺害すると警告する事件が起こった。

アメリカは空母を派遣したものの，平壌への報復空爆を求める朴の要求は拒絶した。ジョンソン政権は，「1.21事態」の優先処理を求める韓国を排除する一方

で，コスイギン首相と交渉し，ソ連が仲介しつつ，板門店で北朝鮮と秘密の直接交渉を行った。こうして12月には82名の米軍乗組員は釈放された［下斗米］。1969年4月にも，北朝鮮海岸沖で米軍の偵察機が北朝鮮空軍機に撃墜される事件が起こったが，アメリカは報復しなかった。

　韓国は，北朝鮮が米韓同盟を試すために挑発していると判断し，アメリカ側に武力による報復を訴えたが退けられた。こうして韓国は，北朝鮮の対韓武装ゲリラ活動への警戒と対米不信を同時に抱くこととなった。韓国の安全保障に危機感を強めた朴は，1968年4月，「自主国防論」を提唱しつつ，武装ゲリラ鎮圧を目的とする郷土予備軍を創設した［倉田］。なお，「1.21事態」に対抗して，金日成暗殺を任務として極秘に特殊部隊が結成され，孤島のシルミドで訓練を受けた。

　1968年4月，朴はジョンソン大統領と最後の米韓首脳会談にのぞんだ。韓国側は，米韓相互防衛条約に「自動介入条項」を付加するよう執拗に主張していたが，アメリカ側はそれに応ずるどころか，韓国軍のヴェトナム増派を求めてきた。ジョンソンは，韓国軍の軽1個師団を沖縄に送り，そこで完全武装させ，アメリカの輸送船でヴェトナムに移動させることを提案したが，朴は拒否した。

　沖縄返還と韓国条項　韓国は，沖縄返還に不安を抱いていた。1969年3月，佐藤が国会で，返還後の沖縄には日本国憲法と日米安全保障条約が適用されると答弁した後，崔圭夏(チェ・ギュハ)外務部長官は，沖縄返還交渉に関し定期的に韓国に周知し，かつ，日本が沖縄返還後，事前協議の権利を放棄するよう，日米に要求した。

　1969年5月のヴェトナム参戦国外相会議で，韓国は，「琉球諸島の問題は，米軍基地の軍事的価値が決して損なわれることのないよう，また，基地の迅速かつ効果的使用が決して妨げられることのないよう処理されるべき」と訴えた。さらに，「沖縄基地の問題は，たんに米国と日本の利害に関する問題にとどまらない。それは，この地域の自由アジア諸国の安全保障に直接かかわる問題であり，それゆえ，われわれが共通に関心を寄せる死活問題である」とも表明した［チャ］。朴大統領自身，6月，沖縄返還に際しては，済州島(チェジュ)を米空・海軍基地として提供し，さらに済州島を米軍の核兵器基地として提供する用意があることを表明したのである。

　日米両国は，沖縄返還が東アジア全体に影響を与えるものと認識していた。そのことを端的に示すのが，いわゆる「韓国条項」であろう。「韓国条項」とは，1969年の佐藤・ニクソン共同声明に盛り込まれた一節である。そこでは，「総理

大臣と大統領は，特に，朝鮮半島に依然として緊張状態が存在することに注目した。総理大臣は，朝鮮半島の平和維持のための国際連合の努力を高く評価し，韓国の安全は日本自身の安全にとって緊要（essential）であると述べた」とされている。

さらに佐藤は，「特に韓国に対する武力攻撃が発生するようなことがあれば，これは，わが国の安全に重大な影響を及ぼすものであります。したがって，万一韓国に対し武力攻撃が発生し，これに対処するため米軍が日本国内の施設，区域を戦闘作戦行動の発進基地として使用しなければならないような事態が生じた場合には，日本政府としては，このような認識に立って，事前協議に対し前向きに，かつすみやかに態度を決定する方針であります」と演説したのである。

沖縄返還と中国・台湾　韓国条項とは対照的に，日本は共同声明で国府，台湾について触れることを極力避けようとした。しかし，アメリカ側の要求を容れ，台湾の安全は日本の安定にとって「重要（important）」であるという表現が挿入された。佐藤は，韓国への武力攻撃への対処を述べた同じ演説で，国府，台湾など他の近隣諸国の防衛については，日本はそのような事態に対処はするが，そうした事態は予見されない，と述べた。

中国に配慮した日本であるが，中国は「台湾条項」に激しく反発し，対日批判を強めた。1968年以降，LT貿易は日中覚書貿易（MT貿易）と名称を変えられていたが，1970年，北京での交渉の席上，中国は「沖縄返還はペテンである。日本の軍国主義は復活しつつある」と述べた。さらに中国は「周恩来4原則」を唱え，韓国，国府など反共国家と取引している貿易業者への規制を強化した。

一方の国府は，沖縄を「琉球」と呼び，日本の主権下に置かれることに異議を唱えていた。佐藤・ニクソン会談で沖縄返還が現実味を帯びてくると，国府は尖閣諸島が琉球の版図に入っていた小中学校の教科書を回収し，尖閣諸島を中華民国の領土に書き換えた［比嘉］。

おわりに

この章では，中ソ対立による社会主義陣営の内部分裂と，ヴェトナム戦争によるアメリカの東アジア関与の減退によってもたらされた，1960年代のアジア冷戦の変容について考察した。最後に，1970年代への序曲としての東アジア各国

の展開を見ておきたい。

　1968年，ソ連は「プラハの春」と呼ばれたチェコスロヴァキアの民主化を武力で弾圧し，社会主義諸国の主権は制限されるというブレジネフ・ドクトリンを発表して正当化した。翌年3月，ダマンスキー（珍宝）島で，中ソは武力衝突を起こした。以後，中華人民共和国はアメリカへの接近を模索していく。

　台湾では，1969年7月，蔣介石が交通事故に遭い，衰弱の兆候が明白となる。その前月，長男の蔣経国が行政院副院長（副首相）に就任し，父・蔣介石の衰弱に合わせるかのように蔣経国への権力委譲が行われていく。

　1969年10月，朴正熙は大統領3選禁止規定を削除し，半永久的な権力への道をひらいた。同年，浦項製鉄所の建設協定が日本との間で調印された。「開発独裁」体制の下，韓国は1970年代の重化学工業化を推し進めていくこととなる。

　佐藤栄作は1972年5月の沖縄祖国復帰式典を花道に引退し，1974年には非核3原則や沖縄返還が評価されてノーベル平和賞を受賞した。鳩山政権のような「自主外交」が挫折した後の60年代に，池田・佐藤政権が対米協調の下で経済成長を実現したことで，彼らの師である吉田茂が「軽軍備・経済重視」路線の始祖として見直され高く評価されるようになった。こうした見方は，後に「吉田ドクトリン」として知られるようになる。

◆研究課題
（1）日韓国交正常化の遺産とは何か。
（2）中ソ対立は東アジアの国際政治にいかなる影響を与えたか。
（3）ヴェトナム戦争と沖縄返還はどのような関係にあるか。

第 12 章　日中国交正常化から中国の改革開放へ

劉 傑・川島 真

はじめに

　1970年代から1980年代末にいたる20年間は，東アジア国際関係が劇的に変化した時代であった。国際関係の変化は関係諸国の国内政治，経済，社会の変動と相互に緊密に関係していた。とりわけ，冷戦構造の多元化にともなって生じた中ソ対立と密接に連動した，地域大国である中国の国内情勢の変化は，東アジアないし世界の国際関係にも大きな影響を与え続けた。

　他方，世界情勢を見れば，1970年代はドル・ショックとオイル・ショックが発生し，東アジアにもその影響が及んだ。1971年8月にアメリカが貿易収支の不均衡を理由にしてドルの金との兌換を停止，これによって日本のように輸出に依存していた工業国は大きな打撃を受けた。こののち，1971年12月にワシントンのスミソニアン博物館で開かれた先進10カ国蔵相会議で，ドルの切り下げと為替変動幅に関する目安が定められた（スミソニアン体制）。このスミソニアン体制下でドルの切り下げには歯止めがかけられたが，それまで1ドル360円であったものが，308円となった。また，1973年からは主要通貨は変動相場制に移行した。他方，1973年10月の第4次中東戦争勃発の結果，石油輸出国機構は石油の値上げを決定，12月には74年1月から原油価格を2倍にすることとしたのであった。これは，世界各国の経済を直撃し，インフレーションが発生した。日本も，1974年に高度経済成長後，初めてのマイナス成長となった。このような情勢は，冷戦体制の漸次的な多極化を示していた。

　しかし，70年代後半からは，東西の軍拡競争や現在につながる情報革命の動

きが発生，それらにおいて西側，特にアメリカの優位性がいっそう高まった。東西の経済格差が広がり，社会主義諸国は次第に体制転換を模索していくことになった。東アジア内部に眼を転じても，この時期には，域内の国際関係の歴史を変えるいくつかの大事件があった。米中の関係改善と国交樹立，日中国交正常化と日中平和友好条約の締結，香港返還をめぐる中英交渉の決着，敵対してきた中ソの和解，などである。この間，中国内部では政策が激しく揺れ動き，その国際戦略が東アジアの国際関係にも波及した。一方，国際関係の変化は，社会主義国家中国に改革開放，すなわち開放路線と市場経済への転換を促した。現在の東アジア国際情勢を，歴史的に遡るとすれば，1970年代から80年代にかけての変化にまずは行き着くだろう。90年代以後にもさまざまな変化はあったが，1970-80年代の変化によって特徴付けられた東アジア世界に現在のわたしたちは生きていると考えていい。

　1960年代以降の中ソ論争がダマンスキー島（珍宝島）をめぐる国境紛争にまで発展するなか，中国は1970年，アメリカとの急速な接近を果たし，日本との国交正常化を実現した。日米両国との関係改善は，都市部に防空壕を張り巡らすなど国民を総動員してソ連の脅威に備えた中国内部の張り詰めた空気を和らげた。同時に，長年閉ざされた中国の窓が西側に開放されたことで，西側諸国の政治，経済，社会，文化に関する情報が中国に入るようになった。これらの情報が急速に中国に浸透し，1976年の毛沢東の他界とともに，文化大革命は自然に収束に向かった。そして，1978年から中国は「4つの近代化（農業，工業，国防，科学技術の近代化）」と「改革開放」をスローガンに，先進国の技術と資本を積極的に取り入れ始めた。近代化路線に転換した中国は1982年に「独立自主外交」政策を打ち出し，イデオロギー重視ではなく，近代化に有利な国際環境の創出に方向転換した［岡部1990］。中国の外交政策の転換は，東アジアの国際関係に新たな契機をもたらすことになった。

　本章では，地域大国である中国の変動に注目しつつ，1970年代から80年代までの東アジアの国際政治を概観してみたい。この時代は東アジアの国際政治において，中国が次第に主体的なアクターとして登場してきた時代である。1990年代以降の中国の台頭は，70年代前半から主体性を持ち始めたことの連続性の中に位置づけられる。そして，日本はそうした中国の政策転換に対応し，日米安保を基軸としながら自主外交を模索することになった。

1. 東アジアをめぐる国際情勢の変化と日中国交正常化

米中の関係改善 1966年以後の中国では，権力基盤の強化を目的とした，全国民を巻き込んだ激しい「階級闘争」が繰り広げられた。文化大革命である（⇒第11章コラム「文化大革命」）。それまで自由経済の要素を取り入れて，立ち遅れた経済を立て直そうとしていた劉少奇国家主席は，この文化大革命のなかで失脚した。しかし，毛沢東の「継続革命」「階級闘争」路線が優勢を占めるなか，1969年に開かれた第9回共産党大会では，文化大革命の継続が確認されたものの，社会の混乱によって引き起こされた経済の停滞と共産党の指導力の低下もまた確認，認識され，経済の回復が不可欠となった。

対外政策の面から見ると，1968年8月の「プラハの春」以後，中国はソ連への警戒を強め，対外政策および経済協力をめぐる激しいイデオロギー対立とあいまって，両者の対立はやがて国境地帯での領土紛争にまで発展し，1969年3月，ウスリー川にあるダマンスキー島（珍宝島）で武力衝突が発生した。この前後から中国はソ連を「社会帝国主義」「覇権主義」と称し，中国にとっての最大の脅威と認識するにいたった。そして，ソ連に対抗するために，毛沢東は明の洪武帝の戦略に習い，「深挖洞，広積糧，不称覇（防空壕を深く掘り，食糧を大量に備蓄し，覇権を称えない）」を国民に呼びかけ，北京を含む都市部を中心に防空壕を大量に造成し，ソ連との本格的な戦争に備えた。

経済の逼迫とソ連との対立のもと，中国の外交政策も調整を迫られることになった。珍宝島事件直後の1969年6月，毛沢東と周恩来は陳毅，葉剣英，徐向前，聶栄臻など人民解放軍の元帥を集めて，国際情勢の変化と中国の対応について検討を重ねた。4カ月に及ぶ議論の結果，中国は初めて明確に，自らを米ソ中の3大勢力の一角を担っている存在として位置づけた。すなわち，フランス，西ドイツおよび日本などの西側諸国は経済的には実力を備えているが，アメリカに追随している。一方，東ヨーロッパの社会主義諸国はソ連の影響下にある。これらに対して中国は，経済的にこそ遅れているが，核大国であり，アメリカとソ連に左右されず，独立の外交政策を実施する空間を持っている。3大勢力の一角を担っているという状況判断に基づいて，中国は次第に大国として主体性を持って国際政治の舞台におけるアクターになるにいたった。この時期には，日本もまたアメ

リカから自立したという意味での独自外交を模索していたが、それは米ソと並び立つことを想定したものではなかった。

1969年6月のこの会議において、元帥たちは中米ソ3国間の関係、とりわけ、中ソ、中米、米ソの対立について分析した。彼らは、中ソ対立は中米対立よりも深刻であり、米ソ対立は中ソ対立よりも深刻であると判断した。この判断は中国の指導部にアメリカへの接近戦略に関し重要な根拠を与えた。このように、「中国経済の建て直し」と「ソ連の脅威への備え」という国家目標を明確にした中国は、アメリカとの対決を避け、主要敵をソ連に絞る戦略を立てたのだった。

一方、ヴェトナム戦争で苦境に立たされていたアメリカは、中ソの軍事衝突を利用する方針を新たな世界戦略の一環として位置づけていた。1969年8月、ソ連軍による中国新疆ウイグル自治区への侵攻が明らかになると、ニクソン大統領は国家安全保障会議で、ソ連の方がより侵略的だと発言した。大統領補佐官を務めたハーヴァード大学教授のキッシンジャー博士も「ひとつの共産主義大国の生存がわれわれにとって戦略的な意義がある」と主張した。

もっとも、ニクソンとキッシンジャーは中ソ軍事衝突の前から中国への接近を構想していた。その主な内容は、第1に、米ソ核パリティ（均衡）に対処するために核軍備管理交渉（SALT I）を行い、ソ連との全般的なデタントを追求すること、次に、核パリティのもと、ソ連との交渉での優位を確保するため、中ソ対立を利用し、中国への接近を図ること、そして、ソ連とのデタント、中国への接近を背景にヴェトナム戦争を解決するといった戦略であった［田中］。

このようにして米中両国の戦略的思惑が合致したことにより、両国の関係改善は急速に進められた。1971年7月9日から11日にかけてキッシンジャーがパキスタン訪問時の空白の1日を利用して秘密裏に北京を訪れ、周恩来首相と17時間に及ぶ会談を行った。その結果、ニクソン大統領の翌年の中国訪問が発表され、世界を驚かせた。

米中関係は重要な一歩を踏み出したが、アメリカと日本は台湾の国際的な地位に配慮して、中華人民共和国が安保理常任理事国として単独で国連に加盟することには消極的で、中華民国にも議席を留保する方法を模索した。それにもかかわらず、国際舞台での存在感を増してきた中国は1971年10月に国連に単独で加盟し、中華民国は中国の正統政府としての承認を失い、国際連合を脱退した。翌年2月21日ニクソン大統領が中国を訪問し、米中共同コミュニケ（上海コミュニ

ケ)が28日に発表された。コミュニケは「中米両国の関係が正常化に向かうことは、すべての国ぐにの利益に合致する」[外務省アジア局中国課]と両国の関係改善の意義を強調した。また、「どちらの側もアジア・太平洋地域で覇権を求めるべきではない。いずれの側もいかなるその他の国あるいは国家集団がこうした覇権をうち立てようとすることに反対する」と声明した。この「反覇権」条項がソ連の影響力の拡大を牽制したものであることは明白で、米中の戦略的利益の共通点を象徴するものであった。[毛里ほか 2001、毛里ほか 2004、増田]。

ニクソン・ショックといわれたこの劇的な米中関係改善は、両国関係に止まらず、冷戦下の国際秩序を根底から揺さぶる力を持ち、日中関係にも重大な影響を与えた。米中の急接近を受けて、民間レヴェルで長く準備されてきた日中国交正常化の気運が一気に加速された。また、「反共」を軸にまとまってきた、韓国、中華民国、フィリピンなどにとっては、米中接近が外交や安全保障の基軸を揺るがすほどの意味をもった。

日中関係の資源——人脈　先に触れた米中共同コミュニケのなかで、アメリカは、日本との関係について、「日本との友好関係を最高度に重視しており、現存の緊密な結びつきを引き続き発展させるだろう」と表明した。これに対して中国は、「日本軍国主義の復活と対外拡張に断固反対し、独立、民主、平和、中立の日本の樹立を求める日本人民の願いを断固支持する」と強調し、日本の軍国主義復活に警戒感を示した。当時の中国は、日米安保条約が日本軍国主義の復活につながるという従来の見解を繰り返していた。文化大革命というイデオロギー優先の国内政治を反映したものである。このように、1971年の米中共同コミュニケでの日本の位置づけは旧来通りであったが、日中国交正常化の条件はもはや成熟しつつあったのである。日中国交正常化は1972年9月に達成されるが、それを可能にしたのは、上記のような中国内部の経済問題、外交面での中ソ対立という最大懸案や、米中和解という前提条件に加えて、日中戦争の時代を含めて両国の間に蓄積された太い人的パイプと、関係者の活動だったのである。日本と中国の間に政治外交面での関係がなかった時期には、外交ルート以外の「民間」(議員のグループ、財界、学界、文化人、スポーツ界など)の接触者が重要なアクターとして機能してきた。以下、典型的な事例をいくつか紹介しておこう。

日本が中華民国との間で日華条約を締結した直後の1952年5月、高良富、帆足計、宮腰喜助らが国会議員として初めて中華人民共和国を訪問し、日中民間貿

易協定を結んだ。日本は中華民国とは政治外交関係と経済関係の双方を，中華人民共和国とは経済関係を結ぼうとしたのである。彼らを支えたのは石橋湛山，風見章が組織した国際経済懇話会であった。この懇話会は，モスクワ国際経済会議の発起人の1人である，中国人民銀行総裁南漢宸からの招待に応じるために設置されたものである。その活動目的は中国との経済貿易関係を構築することにあった。懇話会には，北村徳太郎，鮎川義介，西園寺公一など政界，経済界の錚々たるメンバーが加わったが，懇話会の結成に当たって，決定的な役割を果たしたのは風見章であった。日中戦争勃発時，近衛内閣書記官長（1937年6月-39年1月）を務めた風見は，戦後日本の針路を日本と中国の友好関係に求めた。中国に理解のある風見だが，他方で，保守勢力側にも依然大きな影響力を持っていた。その人脈と資金調達力を背景に，国際経済懇話会が設立され，中日貿易促進会の発足も風見の助力を得た。1952年の総選挙で政界に復帰した風見は，戦前の記者時代や内閣書記官長時代から作り上げた中国との太いパイプを生かして，日中貿易促進議員連盟の発展に貢献し，日中国交回復運動，日中文化交流の基盤づくりなどに重要な足跡を残した［古川］。

　1962年9月には，当時80歳を迎えた松村謙三自民党顧問が中国を訪問，周恩来が「花好月円人寿」という詩句を用いて，松村の長寿と健康を祝うとともに，日中関係が良好になることへの期待を述べた。この松村・周会議を契機に，日中民間貿易が再開されることになった。11月に締結された「日中総合貿易に関する覚書」に基づいて，双方に連絡事務所が開かれることになった。覚書に署名した中国側代表は廖承志であり，日本側代表は高碕達之助であったため，この覚書に基づく日中貿易は「LT貿易」と呼ばれた。高碕は1940年6月から満洲重工業開発株式会社の理事，副総裁，総裁を歴任した。終戦直後も中国に留まり，中華民国政府東北行轅経済委員会技術顧問，資源委員会東北弁事処顧問などの要職を務めた，屈指の知中派であった。中国側は日中関係に貢献した日本人を「老朋友」と呼ぶが，高碕のことを「功臣」と称して，特に高く評価していた［孫］。

　一方，中国側にも知日派がおり，1972年までの外交なき日中関係を支えた。その知日派の代表が周恩来，廖承志，孫平化である。周恩来は1917年から約1年半日本に留学した経験がある。周への高い評価について，中日友好協会会長だった孫平化は次のように回想している。「1976年1月周恩来首相が亡くなったあと，日本の老朋友竹入義勝（当時は公明党委員長）と西園寺公一（周首相は彼を

民間大使と称した）が相次いで北京を訪れた。鄧穎超夫人に会見したとき二人は泣き崩れた。もう一人の老朋友岡崎嘉平太は，周恩来への尊敬の念を表すために，亡くなるまで周首相の写真を洋服のポケットに入れて，持ち続けた」[孫]。

廖承志は孫文の側近だった廖仲愷の息子として日本で広く知られた知日派であった。東京に生まれ，高校まで日本で過ごした廖承志は1952年から周恩来のもとで対日関係の実務を担当した。流暢な日本語と日本各界からの信頼を頼りに，日中国交正常化の実現に決定的な貢献をした。そしてその実務をさらに具体的に支えたのは東京工業大学への留学経験がある孫平化であった。彼らは日本の政界，経済界，文化・芸術界などに太いパイプを持っていた。この人脈は国交関係を持たない両国を結ぶ貴重なチャネルであった。

戦後東アジアの国際政治を考える上で，日中関係に限らず，このような非正式接触者の存在を見過ごしてはならない。こうした存在が政治外交的な敵対，対立を緩和させ，実質的な交流を支えていく役割を果たしたのである。

日中国交正常化　中国が国連に加盟する前から，日中国交正常化を求める動きは，民間に止まらず，政界まで広がっていた。1970年12月公明党の外郭団体として日中国交正常化国民協議会が結成され，1971年社会党は総評の協力のもと，日中国交回復国民会議を結成していた。

1971年の参議院選挙に向けて公明党は「速やかに中華人民共和国政府を中国を代表する唯一の政府として承認し，日中平和条約を締結して，正常な国交を早期に回復すること」を主張した。公明党の姿勢を歓迎する中国は6月，公明党の訪中団を受け容れ，日本側に，復交5原則を提示した。そのうちの第4と第5の原則は台湾と台湾海峡におけるアメリカの駐兵および中国の国連加盟にかかわる内容であったので，米中共同コミュニケの発表と中国の国連加盟に伴って，事実上達成された。したがって，中国の日本との国交回復に向けた原則は台湾問題に集中した次の3項目であった。①中華人民共和国は中国人民を代表する唯一の合法政府である。「2つの中国」と「1つの中国，1つの台湾」に断固反対する。②台湾は中国の1省であり，中国領土の不可分の一部であって，台湾問題は中国の内政問題である。「台湾帰属未定論」には断固反対する。③「日台条約」は不法であり，破棄されなければならない。

この3点は，台湾をかつて50年間統治し，またその台湾に遷った中華民国と政治外交関係を結んでいた日本にとって，容易に承認できるものではなかった。

しかし，中国は日本からの訪中団を積極的に受け容れる一方，日本で国交回復運動が盛んな機会を捉えて，要人を相次いで日本に送り込み，積極的な対日外交を展開した。1971 年 3 月から 4 月にかけて外交部アジア局の王暁雲次長らが中国卓球チームを率いて名古屋で開催された世界卓球大会に参加した。王は大平正芳自民党幹事長，竹入義勝公明党委員長らと精力的に会談を重ねた。8 月には，松村謙三の葬儀に，王国権対外友好協会会長を日本に派遣した。王は自民党の三木武夫幹事長と会談し，台湾問題における中国の原則と立場を繰り返し強調し，台湾問題の重要性を日本に伝えた。このような日中両国の接近は，すでに国連での議席を喪失していた国府を焦らせ，強い抗議が日本政府に寄せられていた。また，日本の国会議員の中には，国府擁護派も存在していた。彼らは，大勢としては中華人民共和国との国交正常化を受け容れつつも，台湾の位置づけをめぐり激しい議論を行った。そうしたなかで，蒋介石が対日賠償を放棄したり，戦後に軍人を含む日本人を安全に遣送したことに感謝する蒋介石恩義論が強調された（「以徳報怨」）。

　1972 年 7 月 5 日の自民党総裁選で田中角栄が当選した。同日行われた記者会見で田中新総裁は，「日中の基本的問題は政府間交渉で国交の正常化を図る」，「日中は日本が一方交通で迷惑をかけているので真剣に取組みたい」［1972 年 7 月 6 日付『毎日新聞』］と表明し，日中国交正常化に臨む姿勢を明らかにし，その根拠について，「中国は国連に加盟している。だから唯一の合法政府だ」と説明した。中国代表権問題の判断を国連に委ねるという点は，日本政府が 1960 年代から採用している指針であった。田中はさらに，「私は日中間の二千年の歴史の長さを考える。戦後四分の一世紀は二千年のひとコマに過ぎない。同時にこれからの長い間，再び紛争を起こしてはならない。そのような両国間の国交にする」と述べ，国交正常化の意義を強調した。

　田中は以前から対中政策に意欲を見せていた。例えば，3 月頃に「中国の原則は正しいし，ほとんどこれを認めて良いくらいである」［田川］と発言していた。田中は日中問題を明治以来日本の国内問題でもあると認識し，日中問題がおさまると，日本の「国内のゴタゴタは，3 分の 2 はなくなる」とまで言い切った。田中にとって，世界の「4 分の 1」の人口を有する日本と中国の国交正常化は，アジアに NATO をつくるよりも，強力な安全保障だと映った。

　その田中首相に訪中を最終的に決断させたのは竹入によってもたらされた周恩

来首相との会談記録，いわゆる「竹入メモ」であった。

「竹入メモ」は日中国交正常化に対する中国側の考え方をまとめたものだった。まず中日国交回復の3原則の再確認，台湾問題における中国の立場，それに加えて主権と領土保全の相互尊重，相互不可侵，内政の相互不干渉，平等・互恵，平和共存の5原則が盛り込まれていた。さらに，米中コミュニケにも書き入れられた「反覇権」条項も含まれていた。その反覇権条項は，具体的には「双方は，中日両国のどちらの側もアジア太平洋地域で覇権を求めず，いずれの側も他のいかなる国，あるいは，国家集団が，こうした覇権をうちたてようとすることに反対する，ということを声明する」という内容であった。他方，具体的な取り決めとして，外交関係の樹立後，平和友好条約を締結すること，中国は日本に対する戦争賠償の請求権を放棄すること，平和友好条約が締結される前に，通商，航海，気象，漁業，郵便，科学技術などの協定の締結などが提案されていた。

1952年の日華条約で台北の中華民国政府は対日賠償請求（権）を放棄していたが，中華人民共和国は日本との国交正常化に際して，この日華条約を継承せず，あくまでも1945年以後も戦闘状態が継続しているという立場であったので（だからこそ国交「正常化」という），対日賠償について交渉がもたれるものと日本側では予想していた。それだけに，中国の賠償放棄方針に，竹入自身も驚いたようである。竹入は，次のように回想している。「第一回会談で最も衝撃だったのは，中国側が賠償請求を放棄することをいとも簡単に，抵抗感もなしに周首相が毛沢東主席の決断として口にしたことだった。私は五百億ドル程度払わなければいけないかと思っていたので，全く予想もしない回答に体が震えた」［石井ほか］。ここでの500億ドルという数字は，戦争後に中華民国の賠償委員会がはじき出した数字515億ドルとほぼ一致する。

これらの項目以外に，中国側はさらに黙約事項として3項目を提案した。これらはいずれも日本と台湾との関係について具体的に規定したものであった。すなわち，①台湾は，中華人民共和国の領土であって，台湾を解放することは，中国の内政問題である。②共同声明が発表された後，日本政府が，台湾から，その大使館，領事館を撤去し，また効果的な措置を講じて蔣介石集団の大使館，領事館を日本から撤去させる。③戦後，台湾における日本の団体と個人の投資および企業は，台湾が解放される際に，適当な配慮が払われるものである。

これらは復交5原則よりもさらに踏みこんだもので，領事関係の維持という選

択肢を認めていない。しかし第3項目は、逆に今後も経済関係などの民間関係の維持を容認するものだった。

　他方、周恩来は竹入義勝との会談の中で、日米安保条約と、1969年11月に佐藤首相とニクソン大統領が発表した日米共同声明を問題にしないことを確約した。中国から見て、日本は依然として軍国主義化する懸念のある不安定な存在として映っていたが、いまや、日米安保などのアメリカの日本の安全保障への関与が、逆に日本の暴走を防止するものと認識されていた。日米共同声明のなかで日本は、「台湾地域における平和と安全の維持も日本の安全にとって極めて重要な要素である」と主張していたが、中国側としてもそれを国交正常化の障害とはしないという姿勢を示した。日本側も、「中国が主張する3原則を理解する」という緩やかな表現で台湾問題に言及することも検討できると約束したのであった。

　中国側が示した柔軟な姿勢は田中首相を動かした。田中首相の訪中を促すために訪日していた孫平化も大平外相らと頻繁に接触した。7月22日の会談の中で孫平化は、「中国は田中首相が北京を訪れ、周恩来首相と直接話し合うことを歓迎する。田中首相が中国へさえ行けば、どんなことでも話し合える。中国は田中首相を困らせるようなことは絶対にしない」と約束した。8月15日、田中首相は中国訪問の決定を孫平化を通じて中国側に正式に伝えた。

　日米首脳会談でアメリカの了解を取り付けたあと、1972年9月25日に田中首相、大平外相一行が中国を訪問した。3回の外相会談と4回に及ぶ首脳会談を経て、9月29日両国は共同声明に調印した。この共同声明が妥協の産物であったことはいうまでもない。日本側が台湾と締結した日華平和条約で中国との戦争状態は終結していると主張したため、共同声明では両国の「これまでの不正常な状態は、この共同声明が発出される日に終了する」という表現が用いられた。

　中国の復交3原則については、「中華人民共和国政府は、台湾が中華人民共和国の領土の不可分の一部であることを重ねて表明する。日本国政府はこの中華人民共和国の立場を十分理解し、尊重」するという文言で決着を付けた[1]。だが、台湾の帰属をめぐってはさまざまな見解があった。たとえば、先の5原則にも挙げられた台湾地位未定論であるこれは、1945年10月25日に台湾を接収したの

---

1) この「理解と尊重」は、英文では"understand"と"respect"とされるが、アメリカは"acknowledge"を使用している。

は連合国の中国戦区を代表する中華民国政府であったが，この接収じたいが台湾の主権の帰属（中華民国への帰属）と直接関係するのではなく，また1951年のサンフランシスコ講和会議でも日本は台湾及び澎湖諸島を「放棄」したに過ぎず，どの国に返還するか明示されていなかったことに基づく見解である。日中共同声明には，帰属未定論を懸念する中国側の立場を反映して，日本政府が「ポツダム宣言第8項に基づく立場を堅持する」という項目が書き入れられた。ポツダム宣言第8項では，カイロ宣言が履行されなければならないと規定され，そのカイロ宣言は，「満洲，台湾および澎湖島の如き日本国が清国人より盗取したる一切の地域を中華民国に返還する」と規定していたのである。

　賠償請求権の放棄について，外務省条約局は日華条約で解決済みという解釈を示したが，周恩来が激しく反論した結果，最終的には「中華人民共和国政府は，中日両国国民の友好のために，日本国に対する戦争賠償の請求を放棄することを宣言する」という表現に落ち着いた。1952年の日華条約と1972年の日中共同声明は関連付けられなかったのである。

　米中の関係改善に続いて実現された日中国交正常化は，日中両国の不正常な関係に終止符を打ったのみならず，ニクソン訪中以来の東アジアの国際関係の変貌を加速させた。これによって戦後形成されたアジアの冷戦構造の重要な一角が崩壊したのである。対ソ関係において領土問題を抱えていた日本は，ソ連と対立する中国と結ぶことによって，より有利な立場を獲得したし，また日ソのより緊密な関係を模索する上でも，中国との国交正常化は日本のバーゲニングパワーを高めることになった。一方中国は，アジアにおけるアメリカの同盟国の正式承認を受けて，特に東アジア国際政治におけるソ連に対する優位性を高め，同時に，政治大国としての姿勢を国際社会にアピールすることもできたといえよう。中国は侵略国日本に寛大な姿勢を示すことによって，国際的な地位の向上をねらった。また，日米という2つの経済大国との関係改善は，改革開放後の中国の近代化路線への転換に向けた国際的な環境を整備したのであった。

　他方，日米と中国の関係改善によって，台湾の中華民国政府は，国連のみならず，東アジアでもその政治外交的な地位が大きく損なわれた（韓国とは外交関係を維持）。しかし，日本と台湾の間の民間関係は維持され，その際につくられた民間交流の制度的な枠組みは他国のモデルとされることになった（⇒コラム「断交後の日台関係」）。

Column 12-1

断交後の日台関係

　1940年代後半に中国大陸で発生した国共内戦の結果，中華民国政府は1949年12月に台湾に逃れ，台湾海峡を挟んで1949年10月に成立した中華人民共和国と対峙した。両政府はともに中国の正統政府であることを主張し，世界各国に政府承認を求めた。一般的に西側諸国は台湾の中華民国政府を，東側が中華人民共和国政府を承認したが，イギリスは当初から北京政府を支持した。日本は，1952年の日華条約によって台北の中華民国政府を承認したが，北京政府とも民間貿易交渉を継続した。その後，国際連合においても，安保理常任理事国であった中華民国を支持する国が増減を繰り返し，最終的には，中華人民共和国政府を支持する国が上回った。両政府の国連の代表権が転換したのが1971年であった。日本は中華民国政府の国連での代表権維持を模索したがそれに失敗，中国承認問題について国連重視政策を採ると明言していた日本政府は，1972年に日中国交正常化をおこなうことになった。

　この日中国交正常化は台北の中華民国政府との断交，すなわち「日華断交」を意味する。台湾はかつて50年間にわたり日本の植民地であったこともあり，日本との経済関係が緊密で，政治外交的な「断交」が直ちに経済文化面での交流を断つことにならないような努力がなされ，現在にいたるまで「国交のない状態」の下で経済，文化，観光などの面できわめて緊密な関係を維持，発展させてきた。

　日本と台湾が「国交のない」状態で築いた枠組みは，両国政府が「民間」機構を作り上げそこを通じて実質的な経済文化交流をおこない，他方でその機関が「民間」であるためにできないハイポリティクスを国会議員やそのほか諸団体がおこなうというものであった。1972年9月の日中国交正常化以後の残務処理期間に，日本両国政府で調整がおこなわれ，同年12月に，日本側に交流協会，台湾側に亜東関係協会という民間機関が設けられ，「在外事務所相互設置に関する取り決め」を締結した。両者は，準公的機関として両国政府から財政的，人的な支援を受けることとなっていた。関連官庁としては，日本側が外務省，経済産業省，文部科学省であり，台湾側が外交部，経済部，教育部となっている。こうした政府レヴェルでの制度づくりのほか，航空協定が締結され，日本航空の子会社として日本アジア航空が設立されるなどして，民間交流のインフラが確保されたのであった。

　このような日台間の交流の型は，ひとつのモデルとして他国と台湾の間にも適用されていくものとなっていく。その後，台湾の経済発展，民主化にともない，日台間の関係はいっそう緊密になり，政治外交面での関係断絶後にいっそう実質的関係が発展するという，東アジア国際政治における興味深い事例を提供している。　　　　（川島　真）

【参考文献】武見敬三「日台関係」（若林正丈ほか編『台湾百科』第二版，大修館書店，1990年）

1970年代初頭には，朝鮮半島でもデタントの影響の下で，南北間の対話の契機が見られた。双方の赤十字を通じた折衝の後，1972年7月4日，南北同時に「南北共同声明（7.4共同声明）」が発表された。この声明では，平和的手段による自主的な祖国統一，南北赤十字会談などを通じた南北交流など，7項目が掲げられていた。だが，一般的な理解では，この南北接近により実質的に対話が促進されたというよりも，南北それぞれが，祖国統一を名目とした政権の強化にこの声明を利用した面が強い。実際，その後韓国では同年10月に朴正熙政権による第4共和国（維新体制）が構築され，北朝鮮では，金日成が権力闘争に勝ち残り社会主義憲法を1972年に発布したのであった。

2．「反覇権」に基づく東アジア国際関係の構想

「3つの世界」論　日中国交正常化以降，米中関係にも一定の進展がみられた。ニクソン大統領は1972年の中国訪問のとき，選挙に勝利して次期も大統領に就任できれば，その在任中に米中国交正常化を実現すると約束した。そして73年，ニクソン政権は2期目を迎えた。2月，中国を訪れたキッシンジャー大統領補佐官は，ニクソン大統領の2期目の前半の2年間において，台湾におけるアメリカの軍事力を削減し，後半の2年間に，「日本方式」で米中国交正常化を実現すると周恩来首相に表明した。いわゆる「日本方式」とは，中国と国交を樹立するが，台湾との民間関係を維持するというものである。

中国はアメリカの対ソ政策にも大きな関心を示した。この年の1月27日，アメリカは南北ヴェトナムと和平協定と議定書に調印し，29日，ニクソン大統領はヴェトナム戦争の終結を宣告していた。ヴェトナム戦争の終結は，冷戦史的に，またアメリカ外交史的に重要だが，東アジア国際政治史にとっても大きな意味をもっていた。日本では，沖縄などの米軍基地が基点の一部となり，戦争反対運動が盛んで，それによる反米感情の高まりが見られたが，戦争終結後，次第に反米感情が緩和された。また，韓国はアメリカの要請に応じて1964年から海軍部隊をヴェトナムに派遣，1965年から陸戦部隊を投入して本格的に参戦し，1973年に撤退した。韓国はアメリカに次ぐ兵力（35万ともいわれる）を投入したが，これによりアメリカからの補助金と移民枠拡大を得たとされる。アメリカから得た外貨は，韓国の経済政策の原資となった。他方，ヴェトナム戦争中の韓国軍によ

るヴェトナム人住民虐殺，韓越混血児問題が以後も社会問題となった。台湾は，直接派兵しなかったが，在越韓国軍に対する韓国語ラジオ放送を韓国政府にかわっておこなうなどの側面支援をおこなった。それだけに，ヴェトナム戦争の終結は，東アジア各国にとってもひとつの時代の終焉を意味した。

中国は，ヴェトナム戦争から離脱したアメリカがソ連の「拡張主義」に対抗するよう期待した。しかし，キッシンジャーは中国に対し，中国を対象とした，いかなる協定も調印しないことを約束するに止まった。米中関係の正常化をできるだけ早く実現したいという中国側の期待にもかかわらず，アメリカ側からは積極的な反応を得ることができなかった。キッシンジャーは大統領への報告の中で，中国指導者の高齢化に不安を表明し，ポスト毛沢東・周恩来の中国の情勢に憂慮を抱いていることを伝えた。

このアメリカ側の不安を打ち消すかのように，4月12日，文化大革命中に失脚した鄧小平が政治の表舞台に復活した（⇒第11章コラム「文化大革命」）。当時，長期にわたる政治闘争の結果，中国の社会，経済秩序は混乱をきわめていた。内政と外交を主宰していた周恩来首相の健康状況も悪化する中で，毛沢東は，有能な実務型の政治家として，鄧小平を起用したのであった。

この年の4月頃から，毛沢東は国際情勢について頻繁に「3つの世界」論を主張するようになった。すなわち，世界を米ソ両超大国からなる第1世界，中国をはじめとするアジア，アフリカ，ラテンアメリカなどの発展途上国からなる第3世界，両者の中間にある東西ヨーロッパ，日本，カナダ，オーストラリア，ニュージーランドなどからなる第2世界というように世界を三分して認識する見方である［岡部1983］。このような世界認識を打ち出した根拠は，毛沢東が中国革命を指導するなかで用いてきた「敵，我，友」という思考様式と戦略にある。つまり，第1世界を「敵」，第3世界を「我（仲間）」，第2世界を協力する「友」に分けることによって，中国の外交戦略を組み立てようとしたのである。この戦略に即していうならば，日本は，中国がソ連の覇権主義に対抗するために協力できる相手だということになる。この時期には，中国は日本の北方領土問題について日本支持を明確にしていた。また，後で述べる日中平和友好条約をめぐる交渉もこの「3つの世界」戦略にもとづいて展開された。

この「3つの世界」論からは，少なくとも3つの意味を読み取ることができる。第1に，アメリカが依然として第1世界＝敵として認識されていたという点であ

る。たしかに，中ソ対立の下で，米中関係の改善が図られたが，それでも台湾における米軍の駐留は続けられており，また前述のように米中国交正常化に向けての新しい展開が見られないこともあいまって，中国は依然としてアメリカを帝国主義の超大国と認識しており，「友」にはいたっていなかったのである。第2に，国際社会における地位の向上を目指してきた中国は，自らを第3世界に分類することによって，発展途上国のリーダーとなって，第3世界の国々とともに，第2世界の国々との統一戦線を結成し，第1世界のソ連とアメリカに対抗するという構想を描いていた点である。そして第3に，経済のレヴェルを，世界を区分する基準にしたことである。これは，中国が文化大革命の無秩序と混乱から，経済再建の道を探り始めたことを意味する。

1974年4月，第6回国連特別総会に中国代表団長として出席した鄧小平副首相は，一般弁論で演説し，この「3つの世界」論を世界に披露した。鄧小平の演説は，発展途上の国々の間における中国の地位向上に貢献するものとなった。

1975年1月，第4回全国人民代表大会が北京で開催された。人民代表大会は，中国における最高議決機関である。そこで政府報告を行った周恩来は，中国国民経済の発展構想を公表した。「第1段階として，15年間をかけて，1980年までに独立した完全な工業システムと国民経済システムを完成させる。第2段階として，今世紀末までに農業，工業，国防および科学技術の近代化を全面的に実現し，わが国の国民経済が世界の先頭に立つように努力する」。ここに，いわゆる「4つの近代化」路線がスタートしたのである。しかし，文化大革命はまだ終結しておらず，文革派の勢力は依然として強かった。近代化路線を完全に定着させるには，文化大革命が終了し，鄧小平が完全に政権基盤を握るまで待たなければならなかったのである。

他方，1970年代前半に高度経済成長を終えた日本では，オイルショック後の閉塞感を打破するためにも，新市場としての中国，そして中国経済の将来性に強い期待がよせられていた。とはいえ，70年代前半には対中ODA（Official Development Assistance, 政府開発援助）も開始されておらず，依然として貿易量には限界があった。72年から78年は通商，交通などに関するインフラ形成のための諸協定の締結が主として進められた時期だということができよう。

日中平和友好条約の締結　日中国交正常化が1972年の共同声明によって実現されたため，両国の戦争状態の終結は条約の形では決められていなかった。これ

は日本政府が台湾と「日華平和条約」を結んでいたことと関係していた。中国側はこの条約の合法性を否定したが，日本側は国会の批准を受けた条約を非合法にすることはできないと主張していた。国交回復を至上命題とした当時の両国は，共同声明で国交問題を解決するとともに，「両国間の平和友好関係を強固にし，発展させるために，平和友好条約の締結を目的として交渉を行なうこと」を約束した。日中関係の全面的発展を実現するためには，議会の批准を要する友好条約の締結が不可欠であった。そして，「日華平和条約」との違いを明確にするために，「友好」の2文字が挿入された条約が規定された［李］。

ところが，中国側が条約に「反覇権条項」を入れるように強く求めたため，1974年11月から交渉は難航し，条約の締結まで6年の歳月を要した。その間中国では，周恩来首相や毛沢東主席が故人となり，10年間続いた文化大革命が幕を閉じた。日本では田中，三木，福田と3つの内閣が交代した［若月］。

1968年のチェコスロヴァキアの「プラハの春」に対するソ連の武力介入以降，中国はソ連を対象に「反覇権」という言葉を使うようになった。当初，この反覇権という用語はソ連だけに向けられていたわけではなく，米ソ両国の世界政策を非難して頻繁に用いられていた。だが，1972年の米中共同コミュニケで米中ともに「覇権反対」を宣言したため，以後この言葉はもっぱらソ連を批判する用語となった。一方，ソ連は「アジア集団安保」を呼びかけ，中国に対する包囲網を構築しようとしていた。この中ソ対立の構造が存在している以上，「反覇権条項」は国際関係を律する「当たり前」の条項ではなく，より明確に対象を設定した「反ソ」条項に等しくなっていた［田中］。ソ連が日本に繰り返し警告を発したように，ソ連もこの項目を「反ソ」条項として理解したのであった。

反覇権条項の対象をめぐる議論　しかし，最近の研究によると，1972年の日中国交正常化まで，毛沢東や周恩来ら中国政府首脳は，日本の軍国主義の復活を本気で心配し，その復活をいかに抑制するかを対日外交の重要課題としていた。このような視点に立って「反覇権条項」の意味を考えると，その趣旨が日本への警戒にあったとみなすことも可能かもしれない。少なくとも当事国の日本と中国を拘束する条項として理解されても不自然ではない［李］。

「日本への警戒」説の根拠には，1978年8月10日に鄧小平副総理が園田直外相に述べた内容がある。「中日平和友好条約の重要性は，反覇権にある。反覇権の条項は，第3国に対するものではないということはもっともであるが，覇権を

求めるものにはそれに対するものである。中日両国自身，例えば日本が覇権を求めるなら日本自身が日本に反対しなければならず，中国が覇権を求めるならば中国自身が中国に反対しなければならない」。鄧小平は反覇権を主張した理由として具体的に次の4点を挙げた［石井ほか］。①米国はこの条項に反対しない。②反覇権は中国自身への拘束である。③反覇権は，日本に対しても拘束である。④日本の北方領土復帰に役立つ。

中国が「反覇権条項」で譲歩しなかった理由がこの4点だけであったとは断言しがたい。実際にはたんなる「自戒」の目的で制定されたのではなく，やはり第3国を意識したものでもあると考えられよう。米中共同コミュニケ，日中共同声明との連続の視点から「反覇権」問題をとらえることが必要不可欠だと考えられる。

いずれにしても，日中平和友好条約は「反覇権条項」を盛り込んで，1978年8月12日に調印された。同年10月22日，鄧小平副総理が日本を訪れ，条約の批准書交換式に出席した。天皇と会見した鄧小平は「過ぎ去ったことは過去のものとして，私たちは今後，前向きにいろいろな面で両国間の平和友好関係を建設し，進めて行きたいと思います」［永野］と述べた。これに対して天皇は「両国の長い歴史の間には一時不幸な出来事があったけれども，それはお話のように過去のことになってしまいました。両国間に平和友好条約が結ばれたことは，まことに結構なことであります。これからは末永く両国の平和と親善を進めていきましょう」と応じた。満洲事変に始まった日中両国の不幸な歴史は，天皇と鄧小平の歴史的な会見で幕を閉じた［徐］。しかし，それは指導者のレヴェルでのことであり，1972年の国交正常化，1978年の日中平和友好条約が国内でいかに国民に説明されたのか，ということについては別途考慮が必要である。1980年代には，現在の歴史問題に継続する諸問題が発生していくことになる。

他方，1979年の大平総理の訪中時に，中国の改革開放政策を日本が支援するという論理で中国に対する政府開発援助（ODA）の供与が始められることになった。また，中国の日本語教師の再研修プロジェクト（大平学校）も5年間の予定で開始された。日本の対中ODAに賠償の含意があるか否かについて議論があるが，それが国交正常化直後ではなく，改革開放への支援という論理で始められたことには留意が必要だろう。

3. 中国の近代化路線と東アジア

改革開放時代の外交　1978年は中国の改革開放元年とされ，その政策が現在まで連続している。20世紀の中国史を78年で二分する研究者もいるほどである。1978年12月に開催された共産党11期3中全会は，毛沢東時代からの階級闘争路線を変更し，「全党の活動の重点を1979年から社会主義の現代化建設に向ける」ことを決定した。新中国建国以来の方針転換である。短い日本訪問で「現代化とは何か」を実感した鄧小平は，中国経済の建て直しを構想していた。

　このような国内政策の変化は外交政策の変化を引き起こした。中国はアメリカをはじめとする先進国との関係の緊密化を重要な外交課題とした。日本と平和友好条約を締結した後，中国はアメリカとの国交正常化を急いだ。中国側がアメリカに提示した条件は，アメリカと台湾との間の共同防御条約を廃止し，台湾での米軍駐留を止め，台湾との国交を断絶することであった。当時，米ソ間の戦略武器の制限をめぐる交渉も大詰めを迎え，米ソ関係の改善も期待されていた。そうした中で，アメリカから中国に，ソ連の指導者ブレジネフより先に中国の指導者をワシントンに招待したいとの意向が伝わり，米中国交樹立交渉が一気に進み，1978年12月16日，両国は79年1月1日に国交を樹立すると発表した。79年1月28日，鄧小平がアメリカを訪問し，科学技術交流協定などに調印した。

　一方，アメリカは4月，カーター (James Carter) 大統領が台湾関係法 (Taiwan Relations Act) に署名し，非平和的な手段によって台湾問題を解決する試みを「西太平洋地域の平和と安全に対する脅威であり，合衆国の重大関心事」と表明し，中国を牽制した。さらに，「防御的な性格の兵器を台湾に供給する」ことも約束した。以後，台湾問題は政府承認にかかわりなく米中関係を左右する最大の争点のひとつとして現在にいたっている（⇒コラム「台湾問題の行方」）。

　アメリカとの関係を固めた中国は，ソ越友好協力条約を後ろ盾に1979年2月17日にカンボジアに侵攻したヴェトナムに対し，「懲罰戦争」を始めた。この「懲罰」という語については，かつての冊封・朝貢時代を想起させるものがあり，しばしば中国の伝統的外交の事例として取り上げられる。実際，中国のヴェトナムに対する軍事行動はアメリカの暗黙の承認を得て実行に移された。中越戦争は，中国に国防力の近代化の必要性を認識させ，他方で米中国交樹立がアジア太平洋

地域の安全保障を含む国際関係の地図を塗り替えたことを示した。

　米中国交樹立と中越戦争の敢行は，中国が事実上「3つの世界」論と訣別し，新しい時代を迎えたことを意味する。これは国際情勢とも対応している。1979年11月，イランのアメリカ大使館が占拠され，62人が人質となり，12月末にはソ連軍がアフガニスタンに侵攻した。この年の6月には，第2次戦略兵器制限条約が米ソ間で締結されていたが，わずか半年で米ソのデタントは崩れ，新冷戦の時代に入った。その象徴が，1980年のカーター・ドクトリンであった。アメリカは，ペルシャ湾岸での権益死守を謳った。中東からの石油に多くを依存する日本は，アメリカの政策に従い，モスクワオリンピックへの参加を拒否したのであった（イギリス，フランス，イタリア，オーストラリアは参加し，一部が開会式参加を拒否した）。

　この新冷戦に対応するように，中国は「覇権国家」を敵視する政策から，「独立自主の対外政策」に政策を軌道修正した。「独立自主の対外政策」とは，「時には協力し，時には対立しながら，争点ごとに同盟関係あるいは協力関係をさまざまに組み変えていく」外交のことをいう［岡部1976］。要するにイデオロギーから脱却した現実的な外交路線である[2]。近代化建設に重点を移した中国は，この「独立自主の対外政策」を生かして，柔軟かつ迅速に建設的な国際環境の創出に努めるようになった。

　1982年4月，胡耀邦党主席と鄧小平副主席が秘密裏に北朝鮮を訪問し，社会主義の友好国としての関係を確認する一方（⇒コラム「中朝関係」），華国鋒に代わって首相に就任した趙紫陽が，5月31日から6月5日にかけて日本を訪問した。趙紫陽は鈴木善幸総理との会談のなかで，「中日関係の発展は日米同盟関係の発展と矛盾するものではない」という見解を示した上で，「今後の日中関係は，①平和・友好，②平等・互恵，③長期安定――という3原則で発展させたい」と述べた。そして，3原則について，「平和友好は中日共同声明，平和友好条約によって示されている。平等・互恵とは，お互いの必要性から出発して，広がりと深みを目指すことだ。長期安定とは，いかなる国際的な風波にも影響されることなく安定，発展させていくことだ」［外務省アジア局中国課］と解説した。で

---

[2] 中国外交が理想主義的か現実主義的かという点については多くの議論がある。時系列的にみれば，現実主義的要素が増大しているが，基本的に理想主義的な振るまい（表現）をする現実主義だと見ることもできよう。

Column 12-2

台湾問題の行方——中国の台湾政策を中心に

　1972年9月29日，北京で，当時の田中角栄首相，大平正芳外相，周恩来首相，姫鵬飛外相は日中共同声明に調印し，日中関係が正常化した。その直後，大平外相は記者会見で，「日中国交正常化の結果として，日華平和条約はその存在意義を失い，同条約は終了したと認められるというのが日本政府の見解である」と述べた。

　じつは共同声明調印の前日，9月28日の日中首脳会談で台湾問題が話し合われている。大平外相が「いよいよ明日から日台間の外交関係は解消される」と伝えるとともに，今後も台湾との実務関係を保持していきたい，と述べた。周恩来首相はうなずき，次のように述べた。「日本側は，台湾との間で『覚書事務所』のようなものを考えているのか？　台湾が設置を承知するであろうか？　日本側から，主導的に先に台湾に『事務所』を出した方が良いのではないか？」。中国側が先に，日本に対して台湾に事務所設置の提案をしたらどうかと勧めていたのであり，その柔軟姿勢に驚くが，当時の中国はソ連に対抗するために自国のポジションを強化しようとして，対米，対日関係の調整を図っていたのである。

　ところで，中華人民共和国建国直後の1949年10月25日，人民解放軍は福建省沿岸の金門島を攻めた。しかし，上陸部隊は国民党軍の反撃にあって殲滅され，人民解放軍は台湾解放のためには海空軍の支援が必要なことを痛感する。それに加えて，1950年6月，朝鮮戦争が勃発し，中国は戦略重点を台湾から朝鮮半島に移す，すなわち台湾の解放を遅らせることを決定する。台湾攻略のために動員された部隊は次々に北上し，朝鮮半島に送られ，台湾は「延命」できた。1954年12月2日には米台相互防衛条約が結ばれ，人民解放軍による台湾解放の可能性は消えうせた。

　その後も中国は「台湾解放」のスローガンを叫び続けた。しかし，鄧小平時代の始まりとなる1979年，中国の台湾政策は軍事的手段を含む「台湾解放」から「台湾の大陸復帰による平和的統一」へと転換した。では，台湾に対するこの新政策は中国の内外政策の中でどのような位置を占めたのか。1980年1月，鄧小平は中共中央の召集した↗

は，この「国際的な風波」とは何のことだろうか。

　実際，この時期，中国はソ連との関係改善を模索していた。さきにブレジネフ書記長がタシケント演説のなかで，中国との関係改善を呼びかけ，それに中国も積極的に応じようとしていた。さらに，11月にブレジネフ書記長が死去したとき，黄華外相が書記長のことを「傑出した政治家」と高く評価した。これまで，中国はブレジネフを覇権主義者と非難し続けていたので［永野，田中］，この黄華外相談話は，中ソ関係の変容を印象付けた。

> 、幹部会議で，1980年代の3大任務として，覇権主義反対，台湾統一，経済建設を挙げ，経済建設が「核心」であるとした。経済建設を台湾問題の解決よりも優先されるべき課題ととらえ，経済建設がうまくいけば台湾問題解決の条件が整ってくると考えていたのである。
> 　しかし，80年代の任務は20世紀中にも達成されず，21世紀に持ち越された。21世紀の最初の年，2001年元旦，全国人民政治協商会議主催新年茶話会の席上，江沢民主席は21世紀の3大任務を提起した。すなわち(1)引き続き現代化建設を推進する，(2)祖国統一を完成させる，(3)世界平和を維持し，共同発展を促進する。江沢民もそれらの中で，現代化建設が「核心」である，と言い切っている。21世紀の3大任務の提起は，鄧小平の80年代の3大任務を継承するということであり，台湾問題の解決は21世紀中に解決を図るべき長期課題とみなされている。このような台湾政策は胡錦濤主席の時代に入っても引き継がれている。2005年元旦，全国人民政治協商会議主催新年茶話会の挨拶で，胡錦濤は2004年を振り返り，(1)経済建設中心を堅持した，(2)「台湾独立」分裂勢力に断固反対し，その活動を食い止め，祖国完全統一のプロセスを推進した，(3)世界平和の維持，共同発展に新たな貢献をした，と述べている。
> 　とはいえ，中国は台湾問題の解決を長期課題ととらえていることを弱さの現れと見られることを警戒している。2005年3月14日，全国人民代表大会は反国家分裂法を採択した。同法は，台湾を中国から分裂させる事実や重大な事変が発生したり，平和的統一の可能性が完全に失われたりした場合，非平和的方法や必要な措置をとる，と明記している。この法律は台湾に対する武力行使の条件を規定しており，台湾当局に対して中国が容認する限界を越えないよう警告している。中国国内の，台湾問題の早期解決を求める愛国主義勢力の声を受け止めていることを示すのも同法制定のねらいのひとつであろう。いずれにせよ，台湾海峡両岸の関係は依然として危機を孕んでおり，双方のちょっとした「誤解」によって危機がエスカレートする可能性がある。両岸指導者の率直な対話によって危機を回避する仕組みを作ることが強く望まれる。　　　　　　(石井　明)
>
> 【参考文献】石井明・朱建栄・添谷芳秀・林暁光編『記録と考証　日中国交正常化・日中平和友好条約締結交渉』(岩波書店，2003年)

　他方，趙紫陽がいった「国際的な風波」を日本側に送ったメッセージだと見ることもできる。仮にソ連との関係改善が現実的なものになっても，日中関係になんらの影響もないことを中国が日本側に伝えるためのメッセージとしても理解できるだろう。中国が自らの外交戦略の変化について，日本側に何らかの示唆を与えようとしたのではないか，とも受け取れるのである。

　1982年9月に開催された第12回共産党大会の胡耀邦報告は，異例ともいえるほど，対日政策の重要性を強調した。翌年日本を訪れた胡耀邦総書記は，中曽根

Column 12-3

中朝関係

　中国の改革開放は北朝鮮には試練の始まりだった。中国が北朝鮮との伝統的関係の見直しを進めたからだ。朝鮮戦争に象徴される中朝関係は本来、共産主義政党どうしの特殊な関係であった。また中ソのイデオロギー対立のため、中国は北朝鮮を外交的に持ち上げ、経済援助でもてはやしていた。中朝関係の重要事項はすべて最高指導者の会見の場で決められた。金日成は生涯に39回訪中したという。「同志的協力」の名の下で、両国関係は実際は親しい最高指導者どうしの義理人情によって動かされていた。

　改革開放以降の中国は、このような外交上の例外を排し、諸外国との関係を一律にドライな主権国家間の関係に切り替えていった。北朝鮮に対外開放を勧める一方で援助を減らし、朝鮮半島情勢の緊張緩和を唱えて韓国との政治対話を促した。だが北朝鮮は抜本的な改革を恐れ、ソ連衰退の影響も重なって、1980年代末には国際的孤立と経済的困窮に悩み始める。

　冷戦崩壊後、ソ連と韓国の国交樹立（1990年9月）、韓国・北朝鮮の国連同時加盟（翌年9月）と「合意書」調印（同12月）を経て、中国は韓国との国交正常化に踏み切った（1992年8月）。この時点で中国は北朝鮮と日米との国交樹立は近いと見ていたが、結局実現しなかった。孤立を強めた北朝鮮は1994年の核危機への道を邁進し、国内の飢餓を押して軍事的脅威で周辺国を威嚇し生き残りをはかる瀬戸際外交を展開した。

　中国はなすすべがなかった。1992年の中国国家主席の訪朝を最後に両国指導者の往来は途絶えた。1994年には両国のかすがいだった金日成が死去した。北朝鮮の面子尊重の伝統だけを残し、中国は国際的な場で北朝鮮問題への口出しを避け続けた。

　状況が変化するのは1999年以降である。国内の体制基盤を固めた金正日は対外活動再開のさきがけとして対中関係の強化を図り、自らも翌年訪中した。中国でも政策決定者の世代交代で北朝鮮への気兼ねが薄れてきた。新しい指導者の間で、両国関係は表面的には伝統的な善隣友好を保ちつつ、実際はかなり緊張をはらんだ戦略的関係に変化した。

　2002年10月以降、北朝鮮の核開発が再び国際問題化すると、中国は対米協力と多国間外交の試みの一環として積極的に6者協議を組織した。北朝鮮は米国との直接交渉を求めて核実験など度重なる挑発行動をとり、6者協議はその度に中断と再開を繰り返すことになった。中国の北朝鮮への影響力の低下は、その無謀な行動を阻止できなかった点によく示されている。ただし北朝鮮の核問題をイラクレベルの国際問題に拡大したくない点で関係6カ国の思惑は共通している。2005年9月に北朝鮮の核兵器・核計画放棄を盛り込む共同声明を発表した6者協議は、この問題を外交的に解決するための唯一の国際的枠組みとして現在も機能しており、議長国である中国には米国などから高い期待が寄せられている。

（益尾 知佐子）

【参考文献】益尾知佐子「鄧小平期中国の対朝鮮半島外交」（『アジア研究』2002年7月号）

康弘首相と「日中友好21世紀委員会」の設立に合意した。胡耀邦総書記は日本の青年3千人を中国に招待する計画を日本に伝え，日中友好の雰囲気を最高潮に押し上げた（⇒コラム「中国残留孤児問題」）。中曽根首相は趙紫陽首相が提唱した日中関係3原則に，「相互信頼」を加えて4原則とすることを提案し，胡耀邦総書記の賛同を得た。このように，中国は米中，日中関係の安定化を図るとともに，ソ連との関係改善を模索することによって近代化路線を保障する良好な国際環境を創出することに成功したのだった。

1980年前後の東アジア　しかし，1980年代の日米関係は，「日米防衛協力のための指針（旧ガイドライン，1978年）」に即して，安全保障の面でいっそう強化されはじめていた。大平正芳首相も，1980年に防衛庁の「中期業務見積もり」の繰り上げ達成に意欲を見せ，米加豪などとの環太平洋合同演習（リムパック）に海上自衛隊の護衛艦を派遣した。1981年，鈴木善幸総理はレーガン（Ronald Wilson Reagan）大統領との会見の後の共同声明で，日米関係を「同盟」という語で説明して，防衛面での協力を約した。世論調査で日米安保を肯定的に捉える見解が5割を超えたのも81年であった。

他方，1982年には日中，日韓間で教科書問題が発生した。1980年代はその後も継続される歴史をめぐる諸問題が表面化した時期でもあった。日中間の歴史認識問題は，1910-30年代に教科書問題としてすでに発生していたが，戦争により日中間の国交が途絶えるなかで，棚上げされていた。それが，日中関係の緊密化の中で（あるいは韓国の民主化の中で）再び提起されたのである。1985年には『朝日新聞』が，中国が日本の首脳の靖国参拝を注視していると報道，それを追うかたちで『人民日報』や政府談話として参拝反対の意向が中国から示された。そして，中曽根康弘総理ら閣僚が参拝したため，靖国参拝問題が歴史認識問題と絡み，外交問題化した。

最後に，日中平和友好条約から米中国交正常化にいたる時期の朝鮮半島と台湾の状況を一瞥しておこう。この時期には朝鮮半島でも政治状況に大きな変化があった。韓国では，開発独裁を強化していた朴正煕が1979年10月，側近であったはずのKCIA長官に暗殺された。朴の後，軍人政権が続くが，基本的に開発独裁政権としての性格は変わらず，「漢江の奇跡」と呼ばれた経済成長が続いた。しかし，民主化抑制には限界があった。日本で大平正芳総理が解散総選挙に踏み切り，公示される直前の1980年5月27日，戒厳令下の韓国の光州(クァンジュ)市で，民主

Column 12-4

中国残留孤児問題

　日本の厚生省（現厚生労働省）の定義によると,「残留孤児」たる条件は次の5つである。すなわち,(1)戸籍の有無にかかわらず,日本人を両親として出生したこと,(2)中国の東北地域(旧満洲)などにおいて,1945年のソ連軍参戦以降の混乱によって,保護者と生別または死別したこと,(3)終戦当時の年齢が13歳未満であること,(4)本人が自分の身元を知らないこと,(5)当時から引き続き中国に残留し,成長したこと,である。中国政府も基本的に同じ見解をとっている。残留孤児のほか,同じように中国残留を強いられた者のなかには,「残留婦人（当時13歳以上であった女性）」もいる。残留孤児と残留婦人などをあわせて「中国残留日本人」と総称する。

　中国残留日本人の問題は,日本社会では注目されていながらも,ジャーナリスティックな観点で扱われがちであり,日本に永住帰国した中国残留日本人ばかりが強調され,中国定着を選択した中国残留日本人への視点が欠落している。そのほか,中国残留日本人をみる場合でも,彼らへの過剰な同情や養父母への配慮の欠落などといった問題点がある。

　中国残留日本人が1945年に中国残留を強いられて以降,中国定着か日本への永住帰国かを選択するまでの長いプロセスの中で,大きな外部環境として,いくつかのキー・ポイントがある。まず,日中間のできごととして,1945年の日本の敗戦,1946-1949年の日本人前期集団引揚げ,1949-1958年の日本人後期集団引揚げ,1972年の日中国交正常化などが挙げられる。次に,中国残留日本人が長期間暮らしていた中国の国内情勢としては,1949年の社会主義新中国の成立,1950-1952年の土地改革,1950-1952年の三反五反運動,1957年の知識人批判の反右派闘争,1966-1976年の大規模なプロレタリア文化大革命,また,1978年以降の改革開放路線,市場経済政策の実施などが挙げられる。これらのキー・ポイントこそ,中国残留日本人が中国定着ないし日本への永住帰国を決めた分岐点になったと考えられる。中国残留日本人の引揚げと帰国には,およそ半世紀の時間がかかった。それはいまだに終わっていない。その長い時間の経過の中で,中国残留日本人の帰国問題の性質も徐々に,戦後まもなくの1950年代の単純な引揚げから,現在では家族ぐるみの経済「先進国」日本への「移住」も絡むように変化してきている。彼らの帰国が「来日」としての側面を持っている以上,1980年代の後半以後,日本社会に入り込んだ百万人を超える外国人労働者,大量の外国人留学生などのニュー・カマーとのつながりも念頭に入れ,あらためて,日本社会の国際化問題を考えなければならない。

（呉 万虹）

【参考文献】呉万虹『中国残留日本人の研究——移住，漂流，定着の国際関係論』（日本図書センター，2004年）

化を求める市民，学生に軍部が発砲，2千人の死者を数えた（光州事件）。また，1980年8月に全斗煥（チョン・ドゥファン）大統領が就任し，軍法会議が反体制運動家の金大中（キム・デジュン）に死刑を宣告した。日米はこれに強く抗議した。北朝鮮では，1977年に主体思想が憲法に盛り込まれるなど，金日成政権の基盤強化がはかられた。

　台湾では，1979年の米華断交後，1980年に世界銀行やIMFからも脱退し，国際的な外交空間を失い続けていたが，1960年代前半に始まった高度経済成長が1966年の高雄輸出加工区設置，1980年の新竹科学工業園区設置（IT産業など）に見られるように順調に進み，次第に安定成長期に入った。また，1979年12月高雄で世界人権デーにあわせておこなわれた雑誌『美麗島』主催のデモが警官隊と衝突した美麗島事件に見られるように，民主化への動きが高まった。これは1949年以来戒厳令を継続し（1987年解除），一党独裁を続ける外来政権，国民党政権に対する台湾人社会からの反発，という性格もあった。

4．東アジア民主化と天安門事件

　日韓新時代とロン・ヤス　1980年代，日本は日米同盟を強化し，また「国際化」というスローガンとともに外交の舞台を世界へと拡げ，経済大国から国際国家への脱皮をはかった。他方，1980年代前半は，新冷戦による緊張が国際社会に生まれるとともに，イギリスはサッチャー（Margaret Hilda Thatcher）が，アメリカはレーガンが首班となり，リベラルよりも保守の潮流が強まった転機とされる。規制緩和による「小さな政府」と反共産主義が政策スローガンとなった。

　世界では，ソ連のアフガニスタン侵攻の緊張覚めやらぬ中，レーガンは「強いアメリカ」を強調した。そのレーガンが最初に国賓としての招聘相手に選んだのは，韓国の全斗煥大統領であった。レーガンは，韓国大統領にこの「栄誉」を付与し，逆に金大中の減刑に成功した。また，韓国は対米関係の改善を後ろ盾にして，日本に対して経済援助を求め，外交問題化した。この問題が解決したのは，1983年1月の中曽根康弘総理の電撃訪韓であった。中曽根総理は，「日韓両国の間には，遺憾ながら過去において不幸な歴史があったことは事実であり，われわれはこれを厳粛に受け止めなければならない」などと発言し，韓国側の支持を得た。訪韓の直後，中曽根は訪米した。その結果，日米関係が「同盟関係」であり，それは「世界の平和と繁栄のために死活的に重要」だとされた。中曽根，レーガ

Column 12-5

韓国——解放と経済発展の光と影

　第2次世界大戦における日本の敗北は，朝鮮半島の人びとにとっては，日本からの解放を意味していた。連合国は，1943年11月のカイロ宣言以後，「朝鮮ヲ自由且獨立ノモノタラシムルノ決意」を明らかにしており，「自由且獨立」は目前にあるかに見えた。
　しかし，今日の韓国が実際に独立を果たすのは，日本の敗戦から3年後の，1948年8月15日のことになる。解放が直ちに独立へと結びつかなかったのには，理由があった。第2次世界大戦時までの朝鮮半島は「大日本帝国」を構成する一部分であり，それ故に連合国は朝鮮半島を「敗戦国の領土」として軍事占領下に置くことになったからである。さらに悪いことに，日本敗戦の段階で，朝鮮半島北半にはすでにソ連軍が侵入を開始しており，この結果，日本本土がアメリカの単独占領下に置かれたのとは対象的に，朝鮮半島は，北緯38度線を境に，北半をソ連，南半をアメリカにより分割占領されることとなった。
　だからこそ，朝鮮半島の国々の独立もまた，朝鮮半島を占領した米ソと密接な関係を持たざるを得なかった。アメリカの占領地域であった朝鮮半島の南半には，30年以上にも及ぶ亡命生活をアメリカにて送った李承晩を大統領とする大韓民国が成立し，北半にはソ連軍将校であった金日成を指導者とする朝鮮民主主義人民共和国が成立した。
　朝鮮半島の国々の独立がこのような歪な形を取らざるを得なかったことは，両国のその後にも濃い影を落とすことになる。第1に，朝鮮半島の分断は，当然のことながら，そこに住む人びとへ統一への強い意識をもたらした。朝鮮戦争は一面ではそのひとつの帰結である。しかしながら，朝鮮戦争が第3次世界大戦へと発展することを恐れるアメリカやソ連，中国は，「阿吽」の呼吸の下，この戦争を38度線にほど近い，現在の休戦ラインで停止させる。東西両陣営の「力の均衡」の下，南北朝鮮は自前の軍事力を使って戦争を行うことさえ禁じられた。
　朝鮮半島の2つの国家の独立が，日本からではなく，米ソから与えられる形を取ったことは，植民地支配の清算にも大きな影響を残すこととなった。インドがイギリスから独立を獲得した例に現れているように，本来，植民地からの独立は，長い独立運動の結果，植民地の人びとが宗主国から支配権を奪い取ることにより，獲得されるものであり，植民地支配の清算も，通常，この時点で行われる。しかしながら，朝鮮半島の国々が，いったん連合国による軍事占領を経て，独立を獲得したことは，独立の時点で日本と朝鮮半島の国々が，植民地支配の過去を清算することを不可能とさせた。独立後，韓国ノ

ン両首脳は，ファーストネームで呼び合うほどの関係になったとされた。中曽根は『ワシントンポスト』（*Washington Post*）のインタヴューで日本を不沈空母と位置付けるような発言をし，物議をかもした。しかし，日米同盟の強化は世論からも支持された。その背景には，大韓航空機事件があったと考えられる。1983

〴が日本との国交を正常化したのは 1965 年，大韓民国建国から 17 年後のことであった。北朝鮮にいたっては，日本との国交は依然，樹立されていない。

　日本と韓国の関係をさらに複雑にさせたのは，国交正常化にいたる過程でも，両国が植民地支配にまつわる問題をあいまいな形で処理した，ことであった。よく知られているように，国交正常化にいたるまでの過程で，経済的苦境に苦しむ韓国は，日本から植民地支配に伴う「賠償」を獲得する代わりに，「独立祝賀金」なる名目の下，無償協力 3 億ドル，円有償協力 2 億ドル，それに 3 億ドル以上とも言われる民間借款にて満足することを余儀なくされた。背景にあったのは，韓国を取り巻く深刻な国際環境であった。冷戦の最前線に位置する韓国は，休戦ラインを挟んで対峙する社会主義圏のソ連や中国とは国交さえ持つことができず，欧州諸国からの大きな支援も期待できない状態にあった。このような状況の中，韓国が友邦として頼り得るのは，同盟国であるアメリカと，そのアメリカと日米安全保障条約で結ばれた日本以外に存在しなかった。こうして韓国は，かつて自分たちを支配した日本と，日本からの解放後，軍事占領の苦渋を飲ませたアメリカを友好国として選択せざるを得ない状況に追い込まれる。しかも 1960 年代，アメリカの関心は朝鮮半島からヴェトナムへと移っていく。この状況で韓国は，自らの生き残りの為には，屈辱的な妥協をしてでも日本から経済開発の為の資金を獲得する他はない状況に追い込まれていたのである。

　その後の韓国の歴史が如実に物語っているように，日米を友好国として選択したことは，結果としてその後の韓国の安定と発展に大きな意味を持つことになる。日米の資本と技術は，1960 年代以後の韓国の経済発展には不可欠であったからである。しかしながら，そのことは韓国の人びとの日米両国に対する想いをさらに複雑にさせていくことになる。経済発展はたしかに素晴らしい。しかし自分たちには，本当に，このような屈辱的な発展の道筋しかなかったのか。韓国の人びとは自問自答しながら，ここまできた。

　そして，それから 40 年を経た韓国は，民主化と経済発展を実現し，先進国の一角を占める存在となっている。貧困と北朝鮮の脅威に苦しむ韓国は今やなく，彼らは日米からの自立を模索しようとしている。韓国を縛り付けてきた，歪な解放と歪な独立。韓国は，その桎梏からようやく逃れようとする，最後の苦しみの中にいる，のかもしれない。

（木村　幹）

【参考文献】木村幹『韓国における「権威主義的」体制の成立——李承晩政権の崩壊まで』（ミネルヴァ書房，2003 年）
　　　　　　木村幹『民主化の韓国政治——朴正熙と野党政治家たち 1961〜1979』（名古屋大学出版会，2008 年）

年 9 月 1 日，ニューヨーク発ソウル行きの大韓航空機が，サハリン沖上空で，領空侵犯を理由としてソ連戦闘機に撃墜され，日本人 28 名を含む乗員乗客 169 名が死亡した。日本の自衛隊レーダーは，ソ連戦闘機の交信記録を傍受しており，それがソ連の行為であることを決定付ける証拠となった。この事件は，ソ連とい

う脅威をあらためて認識し，また東アジア安全保障における日本の重要性を認識させる機会となった。

アジア4小龍と民主化の波　1980年代には日米間の経済摩擦が高まり，1985年のプラザ合意により円高基調が容認され，日本はバブル経済へと向かった。この時期，中国や新興工業経済地域（NIEs）は急速な発展を遂げた。これには，日本が対中円借款（1979年の第1次が500億円，1984年の第2次が4,700億円，1988年の第3次が8,100億円）を行って中国の改革開放を支持したことや，工業製品の吸収，資本財輸出，直接投資によってNIEsの経済発展を支えたことがひとつの背景となっていた。NIEsやASEANは世界貿易において一定の位置（総輸出入額の約10%）を占めるにいたった。

NIEsとしては，韓国，台湾，香港，シンガポールなどが挙げられるが，このうち韓国，台湾などでは，経済発展とともに，開発独裁型国家から権威主義体制への政治体制の変容もあり，民主化を容認する政策が採用された。これにはアメリカ外交の影響も強い。アメリカはこうした国々に民主化を要求していたのである。韓国では，朴正煕大統領が暗殺された後，民主化運動が高まったものの，全斗煥少将が先に見た光州事件をおこすなど弾圧された。しかし，経済成長が続き人びとの所得が増し，また1988年のソウルオリンピックが迫る中，民主化は避けられない状況となり，1987年の大統領選挙は民主化選挙となった。1987年6月，与党候補で軍人出身の盧泰愚（ノ・テウ）が「6.29民主化宣言」を発表，年末の大統領選挙で金泳三（キム・ヨンサム）や金大中らを破って大統領となった。これは，韓国の「手続き的民主主義」のひとつの金字塔となった（⇒コラム「韓国」）。

台湾では，1985年のレーガン大統領による要請や，また国内でも高まる民主化要求を受けて，1986年に台湾独立を綱領に掲げる民主進歩党の結成が認められ，1987年7月14日には戒厳令が解除された。1988年，蔣経国総統が死去し，李登輝副総統が国民党主席，中華民国総統に就任した。そして，1992年12月には44年ぶりに立法院議員選挙を実施し，1996年には総統選挙が実施された。このような台湾の民主化は，同時に中国大陸との新たな対話を開くことになり，1990年5月20日，李登輝総統が中国との敵対関係の終結を宣言した。

このような東アジアの民主化の波は中国にも及んだ。1987年には天安門で「デモの自由」を求めるデモが行われ，胡耀邦総書記が引責辞任した。そして1989年4月に胡が死去すると学生たちが天安門で追悼集会を開催し，それ以後，

天安門から離れなかった。5月20日，北京に戒厳令が発せられ，5月23日には学生たちを支持した趙紫陽総書記が解任されると，6月4日に武力でこれを弾圧した（天安門事件）。おりしもソ連のゴルバチョフ訪中と重なったため，この模様が国際メディアによって世界中に報道された。西側各国は外交使節を中国から退去させ，経済関係をも停止した。中国は，民主化を受け容れた韓国や台湾とは異なる道を選んだのである。1980年代後半は，東アジアに経済発展と民主化の波が押し寄せ，そこでの各国の対応の相違が現在の政治体制の相違につながった。

　他方，北朝鮮は1980年代初頭に金日成から金正日への権力委譲の目処が立ち，1982年には金日成が訪中して，関係を修復した。だが，米中接近には反対し，1984年のレーガン訪中に抗議した。1983年，ビルマ（現ミャンマー）のラングーン（現ヤンゴン）を訪問中の全斗煥大統領一行をねらった爆破テロをおこし，副総理らが死亡した。しかし，南北統一への対話路線は続き，1985年，南北の赤十字を通じた会議がおこなわれ，離散家族の交流などに道が開かれた。この間，北朝鮮は核開発を開始しているが，NPTには加盟していた。しかし，1987年大韓航空機爆破事件が発生する。バグダッドからアブダビ経由でソウルに向かっていた大韓航空機が爆破され，115名が死亡した。この事件は南北宥和路線に水をさすものとなった。他方，1989年の天安門事件発生に際して，北朝鮮は中国政府支持を表明していた。

　1989年，ベルリンの壁が崩れ，12月にはアメリカのブッシュ（George Herbert Walker Bush）大統領とソ連のゴルバチョフ書記長がマルタで会談し，冷戦の終結を宣言，新世界秩序の形成，軍縮促進で合意した。これは，東アジアにとっても，日本にとっても新たな時代の幕開けを意味した。この点は終章で述べたい。

おわりに

　70年代に入ってから，中国は国連への加盟を契機に，国際社会に本格的に登場した。中国はアメリカ，続いて日本との関係改善という大胆な戦略を実施し，東アジアの国際政治に新たな局面を切り開いた。自他ともに認める政治大国となった中国は，国際的地位のさらなる向上を外交の目標に掲げた。「3つの世界論」もその戦略の一環であった。中国の外交政策の転換，改革開放政策の実施こそが，1970-80年代の東アジア国際政治の第1のポイントだろう。

80年代以降，日米などの西側先進国に門戸を開いた中国は，独立自主の外交政策を打ち出し，経済大国への道を歩み出した。経済大国として徐々に台頭してきた中国とどのような関係を維持するかは，東アジア各国の外交にとってのメインテーマとなった。

第2のポイントは，韓国や台湾などを含むNIEsの台頭と民主化である。東アジア・東南アジアは，世界でも有数の経済成長牽引地域となったが，新冷戦下のレーガン政権による民主化要求が，権威主義体制下にある韓国や台湾の民主化をいっそう促進した。1980年代後半は，東アジアの民主化にとっての転換点であったし，1988年のソウルオリンピックは韓国が先進国として国際社会で認められる契機ともなった。中国もまたこの流れに対応していた面もあるが，社会主義国としての体制は維持され，天安門事件が発生した。

第3のポイントは，新冷戦時代に日米同盟を強化した日本が，強大な経済力を背景にしてアジア太平洋地域での影響力の拡大を企図したことであろう。日本が国際的な舞台における活動を活発化させることは，政治大国への道の模索と受け取られることにもなり，中国と韓国の警戒を引き起こした。また，東アジア諸国の民主化や日本の政治大国化は新たな難局を東アジアにもたらした。それが歴史認識や尖閣諸島（中国名：釣魚島），竹島（韓国名：独島）の領有権，さらに台湾をめぐる認識の問題だった。これらは，東アジアの外交問題や国民感情の対立へと発展しやすい問題となっていった。

1980年代の東アジアの国際関係は，人脈という重要な資源を頼りとする「日中」「日韓」の友好交流の時代から，国益重視の「普通の国同士」の関係へ脱皮し始めたと見ていいだろう。90年代以降，この傾向はますます加速するのである。

◆研究課題
（1）1970年代と80年代の日中関係には，それぞれどのような特徴があったのか。
（2）中国の「反覇権」外交が国際関係に与えた影響について論じなさい。
（3）東アジア諸国の経済発展と民主化の関係について論じなさい。

終　章　グローバル化時代の東アジア

川島 真・劉 傑

はじめに

　1989年の天安門事件は，社会主義の政治体制を維持しながら経済大国を目指す中国の苦しみを象徴する事件であると同時に，東アジアの国際政治にも少なからぬ影響を与えた出来事だった。日中2国間関係に限定しても，この事件以後，1980年代のような友好ムードを取り戻すことはなかった。だが，世界規模の国際政治から見れば，1989年12月のマルタにおける米ソ首脳会談で冷戦の終結が確認されたことの意義は大きい。ソ連の解体にともない，東アジア各国はアメリカとの関係を基軸にしながら，欧州統合を意識しつつ，新たな地域秩序を模索していくことになる。冷戦の終結は東アジアにも大きな影響を与え，朝鮮半島の38度線，台湾海峡をめぐる動きが活発になり，さらには日本の対東アジア侵略をめぐる戦争責任問題が再び提起されるなど，20世紀半ばの冷戦形成時期に生まれた，あるいは封印された諸問題があらためて浮上したのである。冷戦終結後の新たな国際秩序の枠組みは，グローバル化と地域統合など多元的なものであるが，そうした秩序形成から比較的自立したスタンスをとり，社会主義体制を維持したまま，ミサイル発射実験や核開発などをおこなった北朝鮮をめぐる問題も，冷戦の終結にともなって生まれた問題のひとつであった。
　また，1990年代までの東アジアでは，数々の政治主体がありながら，日本が台湾や北朝鮮を承認していないように，政府承認を与えていない国家と地域の複合的な関係により構成されていた面がある。韓国は台湾の中華民国を承認し，中華人民共和国を承認していなかった。北朝鮮は，中華人民共和国とは国交があっ

たが，そのほかの日韓台とは国交がなかった。だが，1990年代には，このような状況に大きな転機が訪れた。これは，1980年代後半からの韓国，台湾の民主化とともに，1980年代以降の東アジアにおける重要な構造変動を示すものである。1990年代初頭には，韓ソ国交正常化，中韓国交正常化（韓台国交断絶）が見られ，それまでの東アジア各国で使われていた地図は使えなくなった（日本と北朝鮮が使用していた東アジア地図は変わらなかった）。

だが，何よりも大きな変化は中国の台頭にともない，東アジアの国際政治が1990年代から大きな転換期を迎えたということであろう。米中関係のみならず，周辺諸国の中国との関係は，反発も含めて劇的に変化することになる。特に，それまで東アジアをリードしてきたという自負心のある日本の対応は苦渋に満ちたものであった。中国は周辺外交を積極的に展開し，北朝鮮問題をめぐる6者協議でも議長国として紛争解決能力を国際社会から認められつつある。

このような中国の台頭にともなうシフトチェンジに加えて，経済，金融のみならず多方面で展開するグローバル化の波を受け，東アジア各国もグローバルなガヴァナンス形成の場に関与することが求められた。他方で，アジア通貨危機やSARS（重症急性呼吸器症候群），鶏インフルエンザは，ヒトやモノが大量に移動し，緊密な実質的関係を有する東アジアという単位を浮上させ，地域協力の必要性をも認知させることになった。本章では，こうした大きな動向をふまえつつ，1990年代から現在にいたる東アジアの国際政治を見てみよう。

1. 冷戦終結後の東アジアの構造変動

反共体制の溶解　東アジアでは冷戦が現在でも終わっていない，という見解を目にすることがあるが，それは正しい表現ではない。1989年の冷戦終結宣言は，特に東アジアにおいてそれまで「反共」で結束していた諸国・地域（韓国，台湾など）の対外関係に大きな影響を与えた。また，朝鮮半島の38度線，台湾海峡という東アジアの冷戦の象徴ともいえる境界を跨ぐ対話も模索されはじめた。

韓国では1988年2月に成立した盧泰愚政権が北朝鮮との関係改善を視野にいれつつ，ハンガリーなどの東欧諸国とともに，中ソとの関係改善をおこなった。1990年6月，サンフランシスコで盧大統領とゴルバチョフ書記長との初の首脳会見が，次いで9月30日にニューヨークの国連本部で韓ソ外相会談がおこなわ

れ，国交が結ばれることになった。その際，韓国は30億ドルの対ソ経済援助を決定した。韓国がソ連との国交樹立を進めたのには，ソ連の北朝鮮への援助の抑制という目的もあった。また，韓国と北朝鮮の国連加盟も実現することになった。1991年4月，ゴルバチョフが訪韓した際，韓国の国連加盟についてソ連は拒否権を発動しないと約束したのである。他方，中韓関係においては，1983年5月の中国民航ハイジャック事件により両政府間のチャネルが開かれたが，以後，中国のソウルオリンピックへの大型代表団派遣などのスポーツ交流，また経済交流を進め，1992年8月24日に中韓に国交が開かれた。これは，天安門事件後に西側諸国との関係改善を模索し，また「実務外交（務実外交）」を展開する台湾を牽制し，台湾と国交をもつ主要国を減らそうとしていた中国にとっても重要なことであった。他方，韓国から見れば，冷戦終結に対応してソ連，東欧諸国と関係改善してきたことの最終段階が中国との国交樹立であった。無論，これによって，従来安全保障政策上も緊密な関係にあった韓国と台湾の関係は冷却化した。断交後，半官半民組織を通じて経済文化交流をおこなう日本方式などを用いたソフトランディングにも失敗し，韓台関係は数年間，準公的関係さえ開かれなかった。また，伝統的な友好国であった中国と北朝鮮との関係については，中韓国交樹立の後も，1961年に締結した中朝友好協力相互援助条約に変更を加えなかった。南北双方と国交をもつことになった中国は，以後，朝鮮半島問題について，南北間の合意を尊重するようになり，北朝鮮への直接的影響力は相対的に低下した。

台湾海峡の暫時的緊張緩和　冷戦構造の緩和は台湾海峡の緊張緩和にもつながった。台湾海峡をはさむ中国（中華人民共和国）と台湾（中華民国）の関係を両岸関係というが，両者はともに，自らが中国の正統政府だと主張していた。1971年に中華人民共和国が国際連合での代表権を得てから，世界の8割以上の国が中国を承認し，台湾（中華民国）承認国は20数カ国へと減少していった。

以下，中国の改革開放政策以後の両岸関係について略述してみよう。1979年元旦，中国の全国人民代表大会常務委員会が「台湾同胞に告げる書」を発表し，和平統一，一国二制度という基本方針を掲げた。一国二制度は，香港やマカオの「回収」にも用いられた概念で，ひとつの国の中に，社会主義と資本主義，あるいは社会主義とそのほかの体制が共存できるということを意味していた。これにより，香港，マカオの既存の体制は中国による回収後も維持されるものとされた。しかし，蔣介石，蔣経国総統時代には両岸の間で具体的な関係改善は見られなか

った。その後，李登輝総統時代に入った1990年，北京で開催されたアジア大会に台湾が代表団を派遣した。そして，1991年5月20日，台湾は，蔣介石以来の「漢賊不両立」政策を放棄して，中華人民共和国，中国共産党への敵視政策を改め，「動員戡乱時期臨時条款（中国共産党を反乱団体と規定したもの）」を廃止した。これは中国との敵対関係を終結させることを意味したが，この段階での李登輝政権は，まだいわゆる台湾化を前面に出してはおらず，依然として中国統一を希求する中華民国，中国国民党として中国側と交渉していた。この点は，1991年に台湾が「国家統一綱領」を採択して，統一を国家の基本方針とすることを確認したことからもうかがえる。李登輝総統は，後に，「二国論」などによって，中国政府から台湾独立派と認識されるようになるが，1990年代前半には，中国大陸との対話姿勢を示していたのである。当時，李登輝総統は曾慶紅らに通じる中国との私的チャネルを有していたことが近年わかってきている。

他方，1990年代初頭には，民間団体を通じた両岸対話の体制が整えられた。台湾側の窓口は行政院大陸委員会の委託を受けて実務を扱う「海峡交流基金会」（2005年11月から張俊雄理事長），中国側が「海峡両岸関係協会」であった。1992年，この海峡両岸関係協会と海峡交流基金が香港で実務的な協議をおこない，のちに「92年共同認識」とよばれる内容を口頭確認したとされる[1]。

他方，92年の中韓国交正常化は，それまで自由中国として韓国と国交を有し，反共国家として合同軍事演習もおこなっていた台湾に大きな打撃となったと考えられる。その翌年の1993年4月，海峡交流基金会の辜振甫理事長と海峡両岸関係協会の汪道涵会長のトップ会談がシンガポールでおこなわれ，両岸の緊張緩和が本格化するように見えた。しかし，李登輝総統が台湾の国際社会における外交空間を実質的に拡大しようとする「実務外交」を展開する中で，経済文化交流は緊密化したものの，両岸の政治対話は停滞することとなった。

北朝鮮の国際的孤立　韓国が（かつての）東側に対する積極的な外交を展開する中，北朝鮮も90年に南北首相級会談を開始し，また同年に日本の金丸信・自

---

[1]「92年共同認識」は現在，両岸関係における争点となっている。この共同認識を基点として今後の対話をもとうとする中国が，この共同認識で両岸が「『一つの中国』原則を堅持する」ことに合意したと主張しているのに対し，当時の与党であった台湾の国民党側は「『一つの中国』の解釈は（中台）各自に委ねる」としたに過ぎないとしている。また，民進党の陳水扁総統は合意それ自体を否定している。

民党副総裁を代表とする自民党・社会党の訪朝団と国交正常化のための条件をめぐる3党共同宣言を出し，91年には第1回日朝国交正常化交渉が始められた。金丸信は，日本の植民地支配とともに，植民地支配終了後の不正常な関係についても，日本が謝罪し償うとしたために，日本国内からの合意を取り付けにくい状況になった［五百旗頭］。以後，92年11月まで交渉が続けられたが，1987年に発生した大韓航空機爆破事件にともなう，実行犯とされた金賢姫元死刑囚の「日本人化」教育者である「李恩恵」問題（日本人で，日本から拉致された可能性）をめぐって日朝関係は悪化し，交渉が中断した。

　当時，北朝鮮が日本に歩み寄ったことの背景に，1990年9月の韓ソ国交樹立があることはいうまでもない。この結果，ソ連から北朝鮮へのエネルギーや物資が，友好価格ではなく，国際価格に準じるようになったため，北朝鮮の経済状況は悪化していた。北朝鮮外交は国際協調政策へと転換，92年には，韓国とともに国連加盟を実現し，92年4月，IAEAの査察受け容れも表明していた。

　しかし，このような北朝鮮の宥和路線も1992-93年であらためて転換されたようである。この転換の契機を，92年8月末の中韓国交樹立に求めることも可能かもしれない。1993年3月，北朝鮮はNPTを脱退した。これは，北朝鮮の核開発の懸念を国際社会に植えつけることになったと同時に，中国の北朝鮮への影響力の限界を印象付けた。94年7月8日，金日成国家主席が急死し，金正日が3年の喪に服しながら政権を継承する過程で，中朝関係は「唇歯の関係」といわれた緊密な関係を失いつつあった。他方，1995年から97年にかけて，北朝鮮は大洪水などの自然災害に襲われ，食糧難に直面し，経済は危機的なものとなった。97年に喪が明けた金正日が国家主席として登場したとき，中国の招きに金は応じなかった。中朝関係は，その後，再構築されていくことになる。

中国の国際社会復帰と日本　1989年6月4日の天安門事件後，アメリカや日本を始めとする西側諸国は大使館員を北京から撤退させ，中国に経済制裁を加えた。外資依存型の経済発展を模索していた中国にとって，これは大きな打撃となり，事件直後は経済成長が著しく鈍化した。

　天安門事件後の日本の対中姿勢は慎重で，制裁解除や制裁緩和の機会をねらっていたとされるが，ほかの西側諸国が慎重でなかったというわけではない［リリー］。アメリカ内部にも関係改善に向けた動きがあったが，日本から見るとアメリカは中国に厳しい姿勢を見せているように映った。日本国内では，日中関係は

米中関係とは異なるという説明がなされ，関係回復を求める声が強まってはいたものの，6月20日に外務省は第3次円借款および日中友好環境保全センターなどの新たな経済協力を凍結することを決定した［田中］[2]。日中関係特殊論と国際的協調主義，特にアメリカとの関係の狭間で日本の外交には揺らぎが見られたのである。

　1990年6月，中米間の対立が緩和され，日米間の構造問題協議にも一定の区切りがつけられた。中国は天安門事件後，北京のアメリカ大使館に逃れていた反政府運動家方励之教授の出国を認め，アメリカも中国への最恵国待遇延長を決定した。1990年7月，ヒューストンサミットで，海部俊樹総理は中国をいつまでも国際的に孤立させてはならないと説き，ブッシュ大統領の同意を得たのだった［五百旗頭］。これは，第3次対中円借款の凍結解除を意味した。

　1992年初頭，鄧小平が改革開放政策の堅持と，経済発展の加速を提唱する南巡講話を発表した。そして，1992年10月，天皇が訪中した。これは，中国から見れば，団結する西側諸国のもっとも弱い部分である日本との関係を，天皇訪中によりいっそう緊密なものとして表現し，国際社会に復帰することを企図したものだった［銭］。また，天皇訪中に際し，歴史認識問題に関する天皇の「お言葉」をめぐって日中間で調整が重ねられ，最終的に「両国の永きにわたる歴史において，我が国が中国国民に対し多大の苦難を与えた不幸な一時期がありました。これは私の深く悲しみとするところであります」，「このような戦争を再び繰り返してはならないとの深い反省にたち」といった表現がとられた。これは日中の歴史認識問題にとって，ひとつの節目となるものであった。

　湾岸戦争と新しい安全保障　他方，世界的に見れば，冷戦構造の崩壊は新たな時代の始まりでもあった。1990年8月2日，イラクがクウェートに侵攻し，湾岸戦争が始まった。1980年代にバブル経済を謳歌し，国際的なプレゼンスを増した経済大国日本は，エネルギーの大半を中東に依存しており，この国際社会全体の問題にいかに取り組むかが問われた。しかし，当時の日本には戦後以来の「侵略戦争か自衛戦争か」の二分法的な認識が主流で，国際紛争処理への関与にまでは議論が進まなかった。結果として，湾岸情勢に直接的に関与しようとしな

---

2) 日本の対中ODAの新規案件の凍結が一時的になされたが，既存の案件について，全面的に停止されたものはほとんどなかった。円借款をはじめ，日本の対中ODAがどの程度停止されたり，延期されたのかについては，詳細な実証研究が待たれるところである。

かった日本は国際社会からの非難を浴び，130億ドルの資金協力をおこなったが，金銭による協力がいっそう批判の対象となった。

だが，それ以前に，日本が国際紛争処理や平和構築にまったく無関心であったのではない。1980年代から，国際連合のPKO活動（国連平和維持活動，United Nations Peacekeeping Operations）への参加も検討されていたが，リクルート事件にともなう政局の混乱などで先送りにされていた。湾岸戦争に際して日本の国際貢献が問題視されるにいたり，1992年6月にPKO協力法が成立した。これにより，自衛隊のPKO参加が容認されたが，軍事行動に関連する業務への関与は抑制された。92年にPKO法案の成立が急がれた直接的な背景には，日本がそれまで積極的に関与してきたカンボジアの問題があった。カンボジア内戦は，冷戦のみならず，ヴェトナム，中国など周辺の国々が関与したものであったが，日本は1989年パリ国際会議に招かれるなど（日本が戦後最初に参加した和平会議），カンボジアの安定発展のために，一定の役割を果たしていた。そして，1992年には，カンボジア暫定統治機構（UNTAC）への参加が求められていた。PKO法案成立ののち，日本は自衛隊員1,200名をカンボジアに派遣した。この活動では，日本人のヴォランティアや警察官の犠牲をともなったが，活動は継続され，国内世論も国際貢献に肯定的になった。しかし，自衛隊の海外派遣に対しては，日本の軍国主義復活を危険視するアジア諸国からの批判的な意見も見られた。

2．東アジアにおける「歴史認識問題」

歴史認識問題の深刻化　前章で述べたように，1980年代には東アジアで歴史問題が発生した。日本は過去といかに向きあうかを問われたのである。だが，90年代後半以後と比べると，80年代には事態が深刻化しないことが多かった。1982年の教科書問題，1985年の靖国神社公式参拝問題，1987年の光華寮問題などはそれぞれ90年代にいたる歴史認識問題の始まりだったが，80年代には決定的な悪化は避けられていた。その背景には，中国が対日関係を重視し，日本社会に戦争に対する贖罪感があったことなどがある。しかし，天安門事件は事態を大きく変容させた。日本社会における対中感情が一気に悪化したのである。他方，1990年代の「失われた10年」は，社会党の勢力を減退させ，前章で述べたような日中友好運動が衰退に向かうことにもなった。日中友好運動の衰退は，小泉政

権下での，自民党橋本派の勢力減退によって決定的となる。そして，日本のバブル崩壊による自信喪失と社会の右傾化，中国国内での経済発展にともなう言論の相対的自由化，愛国主義的運動の活発化などが歴史認識問題噴出に拍車をかけた。そして，1989 年の冷戦の終結，また中ソ和解によって，ソ連への対抗関係を意識しつつ対中政策を展開していたアメリカの立場も変化しようとしていた。冷戦の終結が，日中関係を良好に保たせる国際的要因の減退をもたらした側面があったのである。

歴史認識問題解決にあたっては，東アジアにおける独自性を考慮しつつ，あわせてドイツなどの海外の事例を参考にし，対話や協力が求められるところであり，21 世紀にはいってから日韓，日中の歴史共同研究がおこなわれている。

教科書問題　日中関係が良好に推移していた 1982 年，日本と中国，韓国との間に歴史教科書問題が発生した。6 月 26 日に各新聞が報道した歴史教科書検定の情報は，検定において「侵略」を「進出」に書き換えさせたことを示していた。実際のところ，これは一部誤報であったのだが，それでも事態は中国外交部の肖向前第一アジア局長が渡辺幸治日本公使に正式に抗議するといった外交問題にまで発展した［田中］。中国や韓国のメディアも日本の文部省の姿勢を厳しく批判した。1972 年の国交正常化以降落ちついていた「軍国主義復活」の懸念が再び中国に広まった。8 月 2 日の『解放軍報』は，「軍国主義の論理に警戒せよ」と題する論評を発表し，「侵略」を「進出」に変えたことは，「日本軍国主義が復活を企てていることの重要な信号」とした。文部省や政府の一部が戸惑うほど中国と韓国が猛烈に反発した背景には，中韓両国が 70 年代後半以降，日本が「政治大国」を目指していると認識し，それを憂慮していたということがあった。

1972 年の国交正常化以前，中国のメディアは，「アメリカ帝国主義」と並んで，「日本軍国主義」への批判で充満していた。国連加盟，日中，米中国交正常化を実現した中国は，国際秩序を転換できる政治大国と自負していた。そのため，日本がどのような姿勢で政治大国を目指すかは，中国の関心事であった。『人民日報』は，8 月 15 日の社説で日本の動向を次のように厳しく批判した。「この 30 余年に，日本はふたたび資本主義経済大国として興隆し，国際情勢の推移につれて国際政治でより大きな役割を果たそうと望むにいたった。こうした状況が，侵略戦争から教訓を汲もうとせず，侵略戦争の美化に必死の一部の軍国主義者に時機の到来を思わせ，『大東亜共栄圏』の夢を追わせることになったのである。教

科書における歴史の改ざん，軍国主義を謳歌する『大日本帝国主義』など反動的映画の製作，軍国主義者をまつる靖国神社への公式参拝，憲法改正の動き，わが国の領土台湾との政府間関係樹立のたくらみなどはすべて，厳しく注目すべき動きである」。

1982年8月26日に，宮澤喜一官房長官は，「過去において，我が国の行為が韓国・中国を含むアジアの国々の国民に多大の苦痛と損害を与えたことを深く自覚し，このようなことを二度と繰り返してはならないとの反省と決意の上に立って平和国家としての道を歩んで来た」とし，「日韓共同コミュニケ，日中共同声明の精神は我が国の学校教育，教科書の検定にあたっても，当然，尊重されるべきものである」と述べた。文部省は，教科書検定基準の中に「近隣のアジア諸国との間の近現代の歴史的事象の扱いに国際理解と国際協調の見地から必要な配慮がされていること」という，いわゆる近隣条項を設けた。しかし，後述するように，その後も歴史教科書をめぐって検定のたびに日中，日韓で外交問題化するようになった。現在，その解決のためにさまざまな取り組みがなされている。

靖国神社公式参拝問題　戦後40周年を前にした1985年8月14日，第2次中曽根内閣の藤波内閣官房長官が談話を発表し，15日に「内閣総理大臣は靖国神社に内閣総理大臣としての資格で参拝を行う」と宣言した。参拝の目的は「祖国や同胞等を守るために尊い一命を捧げられた戦没者の追悼を行うことにあり，それはまた，併せて我が国と世界の平和への決意を新たにすること」だとされた。中曽根首相による公式参拝は，教科書問題で中国に生じた「軍国主義復活論」を再燃させた。鄧小平は「日本軍国主義分子の動向を心配している」とふたたび発言し，中国外交部スポークスマンは「中曽根総理ら日本の閣僚が，もし靖国神社に参拝するなら，世界各国人民，とくに軍国主義の大きな被害を受けた中日両国人民を含むアジア各国人民の感情を傷つけることになろう」と警鐘を鳴らした。その理由は，「同神社には東条英機ら戦犯も祀られているから」であった。

中国側は戦犯，特にA級戦犯が祀られていることを靖国参拝の最大の問題と認識した。「一部の軍国主義者」に戦争責任があり，一般民衆は被害者だという認識をもつ中国から見れば，A級戦犯はまさにその「一部の軍国主義者」に相当すると考えられたのである。また，教科書問題のときと違って，今度は「アジア各国人民の感情を傷つけた」と，国民感情の問題を特に重視した。日本の首相が靖国神社に参拝する論理の背後に，戦争犠牲者に対する遺族感情，国民感情が

あることはいうまでもない。しかし，戦争被害者のアジア諸国の側にも同様な遺族感情や国民感情があり［高橋］，靖国問題が東アジアにおける国民感情の対立を引き起こすことになったのである［波多野］。9月18日の満洲事変記念日に，北京の大学生が天安門広場に集まり，「靖国神社参拝反対」「日本軍国主義打倒」をシュプレヒコールし，デモ行進した。一部の学生は中国政府の対日政策を「売国外交」と激しく攻撃した。日本の外務省は「中国側の反靖国感情には，予想以上の厳しさがある」という認識を強めた［田中］。

1985年の反日学生デモの直接の原因は中曽根首相の靖国神社参拝であったが，日本からの対中輸出拡大が貿易不均衡を引き起こし，日本の対中「経済侵略」を批判する言説がすでに流布していたこともその一因である。さらに，経済改革にともなうインフレの影響で，国民の不満が高まっていたこともある。学生デモは中国の国内矛盾が先鋭化した表れでもあった。反日デモには，しばしばこういった国内要因が絡みついている。この後も，共産党幹部の腐敗や，収入格差の拡大などの国内問題は解決の糸口が見つからず，やがて89年の天安門事件を迎えることになった。

1985年，反日デモに直面した中国政府は，国交正常化以来の日中関係の最大の危機と認識し，学生らの説得に当たった。共産党の宣伝部門の指示で，知日派の孫平化と劉徳有の名で発表された論文「苦労のすえ築き上げた中日友好関係を大切にしよう」は，日中関係の重要性を強調し，過激な反日行動を戒めた。結果的に中曽根総理は2度目の参拝をおこなわず，以後，総理大臣の参拝は橋本龍太郎総理まで見られない。だが，中曽根総理も橋本総理も，中国や韓国の抗議以後に参拝を実行していない。この点で，抗議の後も参拝を継続した小泉純一郎総理と異なる。

しかし，1980年代に日中韓の間に発生した教科書問題と靖国参拝問題が，80年代の良好な日中関係を大きく傷つけることはなかった。アジア太平洋の時代を強く意識した鈴木善幸，中曽根康弘両内閣は，日中関係の重要性を認識していた。また，改革開放の路線に転換した中国を側面から支援する大平内閣の基本方針も維持されていた。中国も日本の政治大国化を警戒しながらも，良好な日中関係が中国の改革開放にとって不可欠だと理解し，両国関係の安定化に努めた。しかし，歴史問題に起因する国民感情の対立が芽生えたことは，90年代以降の日中関係と東アジア国際関係の複雑さを予感させるのに充分であった。

戦後50年と村山談話　「歴史」が東アジア国際政治史の焦点となってきた1990年代半ば，戦後50年が訪れた。21世紀を間もなく迎えることから，未来志向とともに過去に区切りをつけるべく，さまざまな議論がなされた。ここには，アジア諸国の経済発展，民主化，あるいはナショナリズムなどさまざまな要素が背景にあった。アジア諸国の経済発展は日本からの支援の重要性を薄め，また民主化は，かつて独裁政権下で日本とおこなわれた戦後処理への不満を表明する契機となり，経済発展などに裏打ちされた自信をともなうナショナリズムは，国際社会における自己主張を促した側面があった。

中国では，1994年から愛国主義教育と名づけられるキャンペーンが展開された［劉傑］。韓国では，日本の植民地支配を脱した光復50周年を記念して「旧朝鮮総督府解体」と日本が風水の気脈を断つために各地に打ち込んだとされる「鉄杭」の「除去」がおこなわれ，あわせて李氏朝鮮の慶福宮の復元がはかられた［黒田］。台湾では，1997年の2.28事件50周年が重視されるなど，国民党支配の相対化がなされ，歴史においても脱中国史とともに，台湾史，郷土史の構築がはかられていた。

日本では，1994年6月に成立した自社さ（新党さきがけ）連立政権である村山富市政権下で，戦後50年をめぐる日本としての見解を，国会決議とするか，内閣談話とするかで調整が進められた。日本においても過去の総括がなされようとしていた。最終的に，6月9日の「戦後五十年国会決議」（「歴史を教訓に平和への決意を新たにする決議」）と，8月15日の村山総理による「戦後五十年談話」（「戦後五十周年の終戦記念日にあたって」）が別々に発表されることになった（⇒コラム「村山談話」）。前者では，「世界の近代史上における様々な植民地支配や侵略行為に思いをいたし，我が国が過去に行ったこうした行為や他国民とくにアジアの諸国民に与えた苦痛を認識し，深い反省の念を表明する」としている。それに対し後者では，よりふみこんだ表現がとられた（コラム参照）。これは村山談話といわれ，後の小泉政権や安倍政権を含む自民党の諸政権に原則として継承されている。村山内閣は，歴史の共同研究などのために平和友好交流事業を10年間の時限立法で実施した。従軍慰安婦問題についても，1995年6月14日に五十嵐官房長官が「女性のためのアジア平和友好基金」（仮称）の設立を発表，7月19日に同基金が発足した。

しかし，1990年代後半以後，日本では，経済不況や左派運動の衰退などにと

Column 終-1

村山談話

　1995年8月15日，終戦50周年を迎えた首相官邸は緊迫していた。ときの首相は社会党委員長の村山富市であり，村山内閣は自民党，社会党，新党さきがけによる連立政権であった。閣議が始まると，村山首相は終戦50周年の談話案を閣議にはかった。

　わが国は，遠くない過去の一時期，国策を誤り，戦争への道を歩んで国民を存亡の危機に陥れ，植民地支配と侵略によって，多くの国々，とりわけアジア諸国の人々に対して多大の損害と苦痛を与えました。私は，未来に過ち無からしめんとするが故に，疑うべくもないこの歴史の事実を謙虚に受け止め，ここにあらためて痛切な反省の意を表し，心からのお詫びの気持ちを表明いたします。

　「植民地支配と侵略」という談話案を耳にした自民党の閣僚たちは，少なからず内心で反発したであろう。閣僚のなかには，靖国神社で参拝を終えたばかりの橋本龍太郎通産相などもいる。だが，閣議室は水を打ったように静まりかえり，だれも言葉を口にしない。談話案が無修正で閣議決定されたのである。談話を手にした村山首相は，顔を赤らめながら記者会見に現れた。そこで発表されたのが，村山談話にほかならない。

　もっとも，村山談話と呼ばれるからといって，この談話が村山首相の主導によるものとは限らない。村山談話の公表に先立って，外務省は省内会議を開催していた。とりわけ外務省の総合外交政策局が，村山談話の形成に中心的な役割を果たした。総合外交政策局の設立によって，戦後処理の問題を包括的に扱えるようになっていたのである。

　この村山談話には，どのような政策的意図が込められていたのであろうか。外務省の記録によると村山談話は，率直に反省とお詫びを表明しながらも残された戦後処理問題を4点に限定し，個人補償を行わないことを確認しようとしたものであった。残された戦後処理問題の4点とは，従軍慰安婦問題，台湾の確定債務問題，在サハリン韓国人永住帰国問題，中国における遺棄化学兵器問題であった。外務省からするなら，村山談話は一時しのぎではなく，長期的な視野に立っていた。つまり，それ以降にさらなる謝／

もない，国内の歴史をめぐる言論が大きく変容していた。そのため，すでに述べたような，東アジア諸国の歴史をめぐる政治の動きとあいまって，日本でも歴史認識が大きな問題となった。特に2001年，2005年に「新しい歴史教科書をつくる会（通称：つくる会）」の歴史教科書が検定を通過したことに対し，中韓双方から強い抗議がよせられたが，国内でも議論が盛んになった。

　一般に，教科書の内容にかかわらず，国内での教育権は国家主権，また言論の自由の問題もあるので，中国や韓国からの抗議を理由に教科書の内容を変更する

罪を求められた場合には，村山談話を踏襲すれば済むというのである。だとするなら，外務省なりの長期戦略であり，歴代内閣が村山談話を踏襲するにいたったのは偶然ではないことになる。

それでは村山談話は，どの国を念頭に置いていたのか。村山談話そのものは，せいぜい「とりわけアジア諸国」という表現にとどまっている。だが実際には村山首相の書簡が，談話発表とほぼ同時に中国，韓国，アメリカ，イギリスの4カ国だけに発出された。中国外交部は，この村山談話を評価しつつも「歴史問題において正しい態度を持てない人がいることを指摘」した。韓国外務部は「今後の日本の態度」に注目し，「正しい歴史認識」の確立に向けた努力を日本に求めた。のみならず，金泳三韓国大統領は村山に返簡を送っており，村山談話が「日本における正しい歴史認識を確立する重要な土台」であると金は伝えた。

しかしながら，日本の多様な歴史認識が村山談話に収束したわけではない。それどころか，歴史教科書や靖国神社参拝をめぐって，歴史問題をめぐる議論は村山談話以後に分極化した。だからといって，村山談話が無意味であったことにはならないだろう。村山談話の重要性は，それが歴代内閣に踏襲されたところに表れている。2005年4月に小泉純一郎首相が，インドネシアでバンドン会議50周年の国際会議に出席し，10年前の村山談話を踏襲して演説した。終戦60周年の2005年8月15日にも，小泉首相は村山談話を引用した。タカ派と目された安倍晋三も，2006年9月に首相となるや村山談話を受け容れた。

このように村山談話は，いくつもの内閣を超えて10年以上も継承されてきた。その傾向は，今後も続くに違いない。日本政治の共通言語になってきたといってもよい。その成り立ちからして村山談話は，対外関係における言葉の持つ重みに着眼したまれな事例であった。村山談話の内容は，ひととおり諸外国に伝わっており，韓国のように好意的な返簡を送った国もある。とはいえ肝要なのは，言葉が行動によって支えられているか否かであろう。そのことを中国や韓国は注視しながらいまにいたっている。

(服部 龍二)

【参考文献】服部龍二「村山談話と外務省──終戦50周年の外交」(田中努編『日本論──グローバル化する日本』中央大学出版部，2007年)

ことには無理がある，と考えられている。しかし，他方で相互理解と対話は必要で，この「歴史」という国際政治の焦点について，「和解（conciliation）」へのプロセスを導き出すことが東アジア共通の課題となっている。というのも，歴史問題は，日中，日韓のみならず，高句麗問題に見られる中韓間，そして台湾史をめぐる中台間の問題でもあるからである。そうした中で，2001年10月，小泉純一郎総理が訪韓して日韓歴史共同研究が，また2006年10月には，安倍晋三総理の訪中時に日中歴史共同研究が始められたように，政府や民間でさまざまな「和

解」への試みがなされている。

3. 地域主義と「東アジア共同体」

日本による地域統合の試みと APEC　1975年4月のサイゴン陥落は，アジアにおけるアメリカの影響力の後退を示すものだった。それに伴い，アジア太平洋地域の安定と発展に対する日本の役割を問う声が高まった。1977年8月，福田赳夫総理がマニラでおこなった演説（福田ドクトリン）は，日本の軍事大国化を否定し，アジアにおける日本独自の役割や日本とアジアの特別な関係を強調し，アジアにおける日本の重要性を世界に印象付けた。また，1978年に成立した大平内閣は，「環太平洋連帯構想」を打ち出し，アジア太平洋協力のなかで日本が中心的な役割を果たす方針を明確にした。1980年代，「ロン・ヤス」時代のもと，自らの「国際化」が課題となる中，日本は対中円借款を拡大し，また NIEs 諸国の経済発展のけん引役となった。

1985年，欧州ではドロール（Jacques Lucien Jean Delors）が EC の委員長となり，欧州統合への機運が高まっていた。80年代末の冷戦構造の崩壊は一面でグローバル化の契機となったが，一面で地域協力をも促進する側面があった。北米での NAFTA（北米自由貿易協定）の形成もそうした流れの中にあった。アジアでは，アメリカなどを取り入れたかたちでの地域協力が模索された。1988年6月，日本の通商産業省の坂本吉宏国際経済部長がまとめた報告書（「サカモト・レポート」）は，アジアと太平洋の結合を提唱し，大平の環太平洋連帯構想を受けた PECC を引き継ぎつつ，1989年のアジア太平洋経済協力会議（APEC）へと発展していった（当初12カ国が加盟，2006年現在21カ国・地域が加盟）。日本はオーストラリアとともに，APEC 成立を支えた。だが，地域協力の場での大国間の抗争への懸念などもあり，APEC では1967年に成立した ASEAN（東南アジア諸国連合）が調整役を担うことになった。90年代に入ると加盟国を10カ国とした ASEAN が東アジアの地域協力におけるプレゼンスをいっそう高めることになった。ASEAN は，地域協力が大国の抗争の場となるのではないかという懸念を払拭しつつ，また個々の国の内政に深く関与しない原則のもと，定期的に首脳会談を開くことで，実務レヴェルでの協力関係を構築していった。その協力関係は，次第に，ASEAN＋1 などというように，周辺諸国と協力関係を築き，

それが東アジアから南アジアへと広がっていった。他方，APEC は，地域協力が保護主義に向かうことへの懸念から「開かれた地域主義（open regionalism）」を提唱し，WTO などの国際組織を支える姿勢を示して，具体的な協力枠組みを構築し始めた。また，チャイニーズ・タイペイ（台湾）や中国香港が加盟していることも，ASEAN＋3 と異なる APEC の特徴である。

アジア通貨危機と ASEAN＋3　ASEAN＋3（日中韓）を中心とする地域協力は，後述する 1997 年 7 月のアジア通貨危機以後に急速に進むが，それ以前からその動きは見られていた。1994 年 10 月，シンガポールのゴー・チョクトン（Goh Chok Tong）首相の提案に基づく「アジア欧州会合（Asia-Europe Meeting：ASEM）」がそれである。これはアジア諸国と EU 各国（15 カ国，当時）首脳のサミットであるが，このときの「アジア」の構成要素が「ASEAN＋3」10 カ国とされ，1996 年 3 月の第 1 回会合以後，現在にいたるまで首脳，閣僚級会議が開催されている。だが，ASEM には APEC のような事務局がなく，個別問題に対応する枠組みが多くないという問題を抱えている。

1997 年 1 月，橋本龍太郎総理が ASEAN を訪問し，ASEAN＋1（日本）首脳間の対話の緊密化，固有の伝統，文化の継承と共生に向けた多角的な文化協力，テロや環境問題等世界全体の課題への共同の取り組みを内容とする「橋本ドクトリン」を発表した。

同年 7 月 2 日，香港がイギリスから中国に返還された翌日，タイ政府はその通貨バーツの実質的切り下げを敢行し，バーツが急落，それに伴って東南アジア各国の通貨が暴落した。これは，東南アジア（特にインドネシア）のみならず，香港や韓国，日本にも飛び火した（通貨管理をおこなっていた中国は被害を最小限に食い止めた）。これをアジア通貨危機という。これは，通貨をドルに固定していた国々の通貨が，ドルの価値の上昇とともに，実質的な価値よりも低下したことに注目したヘッジファンドの動きによるものとされる。このアジア通貨危機は，金融のグローバル化とともに，東南アジア経済，金融・財政構造の問題をさらけ出すかたちとなった。また，経済発展の成功を根拠とした「アジア的価値」論の限界が指摘されるようになり，他方で「アジア」としての連関性や危機管理の必要性を関係各国が認識するきっかけとなった。アジア通貨危機は，その後の地域協力の大きな契機となったのである。

1997 年 9 月，香港で開催された IMF の世界総会において日本は「アジア通貨

基金」を非公式に提案，アジアでの通貨危機に迅速に対応できる体制を整えようとした。だが，IMF との重複の問題からアメリカなどからの強い反発を受けた。同年 12 月，ASEAN は創設 30 周年を記念し，日中韓の首脳を招き，ASEAN＋3 首脳会議を実施し，ASEAN＋3 を軸とした地域協力の必要性を確認した。その 2 カ月後，韓国では，金大中大統領が就任早々に IMF の勧告を受け容れ，財閥解体など，国内経済・社会改革に取り組むことになった。

中国の周辺外交の展開　1998 年 6 月のクリントン（Bill Clinton）大統領の訪中は，天安門事件後悪化した米中関係が改善したことを示していた。しかし，建国後 50 周年を迎えた 1999 年 5 月，ユーゴ・コソヴォ紛争に絡んで，NATO 機がベオグラードの中国大使館を誤爆したことで，中米関係は冷却化した。こうした米中関係の緊張を契機としてか，中国は，1998 年 3 月に首相に選出された朱鎔基が，国際的孤立を防ぐため周辺諸国との関係を積極的に構築していくようになる。1999 年 11 月末にマニラで開かれた ASEAN＋3 首脳会議における非公式会合の場で，朱首相が「中国は ASEAN 自由貿易区と自由投資区との連携を強化させ，メコン川流域の開発を支持する」などと積極的な発言をした。翌 2000 年 11 月，シンガポールの ASEAN＋中国の会議で朱首相は，中国と ASEAN の FTA 構想を提案したのであった。中国は，2002 年にそれまで海底油田をめぐって ASEAN 諸国との間で懸案となっていた，南シナ海問題に関する「南シナ海行動宣言」に調印した。そして，同年には FTA 包括的枠組み合意ができ，翌 2003 年には東南アジア友好協力条約（TAC）に中国が署名，同年 10 月に「平和と繁栄のための戦略的パートナーシップに関する中国 ASEAN 共同宣言」も採択された。中国は東南アジアとの関係を，領土問題を棚上げにすることで良好に保つことに成功したのである。

　中国はロシアとの領土問題も解決した。1989 年のゴルバチョフ訪中で中露関係は改善され始めたが，中国は，西側との関係が依然緊張していた 1991 年 5 月に中ソ東部国境協定を締結してダマンスキー島の帰属を確定，1994 年には中露西部国境協定を締結した。2004 年 10 月には，これらの 2 協定で棚上げにされた諸島について協定を締結し，翌年には批准書の交換も終えて，中露間の国境問題は解決した。その後，中露関係はきわめて緊密になり，2006 年には胡錦涛・プーチン首脳会談が 5 度もおこなわれたほどである。

　中央アジアとは，1996 年 4 月に上海ファイブ首脳会議（中国・ロシア・カザフ

スタン・キルギスタン・タジキスタン）が開催された。この会議は，中国と国境線を接している中央アジア諸国との間の会議の場で，国境線地帯の安全管理とともに，民族独立運動，宗教運動，テロなどへの共同の対応や，経済文化面での協力強化をはかるものであった。2000年にウズベキスタンがオブザーヴァーとして加わり，2001年6月に上海協力機構となった（Shanghai Co-operation Organization；略称SCO）。中国の周辺外交は，ASEANとの関係構築に始まるとする観点もあるが，他方で1996年の上海ファイブ形成に求めることも可能である。2006年現在，この会議にはモンゴル，インド，パキスタン，イランなどがオブザーヴァー参加し，次第に（アメリカとの同盟関係のない）ユーラシア大陸の地域協力の場として成長してきている。

中国は南アジアとの関係も改善した。友好国であるパキスタンとの関係を維持した上で，1950年末から国境紛争が続いたインドとは，2003年6月22日にバジパイ（ヴァージーペーイー，Atal Behari Vajpayee）首相の訪中を実現するなど，関係が良好になった。

以上のように，2000年前後（あるいは1996年）から中国は周辺諸国との関係を改善してきている。このような周辺外交から見れば，緊張の続く日中関係はやや例外のように映る。だが，こうした積極的な周辺外交は，中国の経済成長を安定的に保つための環境整備の一環と見ることもできるし，エネルギーなどの資源外交との関連を指摘することもできよう。だが，特にSCOに見られる中国と周辺との関係を，アメリカを牽制する，新たな安全保障面での協力関係が形成されてきていると見る向きもある。だが，ASEAN＋3との協力は（安全保障的な含意があるにしても）経済協力を中心とした，一種の地域ガヴァナンス形成を目指している。中国の周辺との関係は，相手に応じて多様な形態を見せている。

「東アジア共同体」構想　欧州でEUが形成される中で，東アジアでも共同体形成が議論されるようになった。特に日中，日韓の関係が政治面で緊張する中で，そうした地域枠組みの必要性が認識された面がある。だが，「東アジア」の範囲，形態や具体的な内容をめぐって議論があり，それは構想に留まっている。現在のところ，この「東アジア」共同体は上記のASEAN＋3を中心として構想され，ASEANの主導する東アジア・サミット（2005年）がその共同体の出発点として認識されているものと思われる。このサミットには，ASEAN＋3に，オーストラリアやニュージーランド，インドが加わっている。

ASEAN＋3 は，貿易・投資，金融，そのほかの国境を越える問題（テロ，不正薬物取引，海賊等）などを含む具体的な地域ガヴァナンスにかかわる枠組みを作り出してきていた。これを東アジア共同体（EAC）として位置づける動きは，正式には金大中韓国大統領の提案で設けられた東アジア・ヴィジョン・グループが，2001 年 10 月に ASEAN＋3 に対しておこなった報告において触れたことに始まる。その後，共同体の範囲を ASEAN＋3 に限定する動きと，そこにオーストラリアやニュージーランド，インドを含む動きがあった。また，このような共同体論には，地域主義や保護主義的になることへの懸念があった。そして，最終的には ARF（ASEAN 地域フォーラム）の加盟国で ASEAN との関係が緊密な ASEAN＋3＋2（オセアニア 2 国）＋1（インド）を構成員とする東アジア・サミットが，2005 年 12 月にクアラルンプールで開催された。

この共同体構想に対し，日本は，「東アジア」を単純な地理概念ではなく，経済貿易関係などの面で緊密な関係を有していることなどの機能に基づくものとして，また自由や民主といった普遍理念に依拠した，開かれた共同体として構想し，オセアニア 2 国やインドを包含することを主張した。だが，「東アジア共同体」構想については多くの問題が残されている。第 1 に，これまで東アジアには，日本の大東亜共栄圏や中国を中心にした伝統的国際秩序のように，覇権国を中心とする地域統合はあるものの，平等互恵的な地域統合の経験に乏しい。第 2 に，ASEAN を中心とした実質的な地域的なガヴァナンス形成がすでに見られる中で，あえて「共同体」を主張する意義，あるいは ASEAN＋3 との相違点を提起することが難しい。2005 年 12 月のクアラルンプールの ASEAN＋3＋2＋1 の会議では，「東アジア首脳会議は，この地域における共同体形成において，『重要な役割』を果たしえる」というように，共同体形成の可能性と首脳会議の役割が言及されるに留まった。そして，2007 年 1 月にセブで開催された第 2 回東アジア・サミットにおける宣言，声明では，東アジア共同体については言及されなかったのである。

4．中国の台頭と「競存」の時代

中国の成長・台頭　天安門事件後の中国については，脅威論はもとより，分裂論や，経済発展鈍化論などがあった。だが，実際には中国は経済成長を続け，ま

た周辺との協調外交によって次第に国際的な影響力を増してきた。他方，中国は，2006年でも1人当たりのGDPでは2,000ドル未満で発展途上国と位置づけられるが，国家の経済規模や貿易規模では世界の5位以内に入る経済大国でもある。また，経済成長にともない開発独裁体制から権威主義体制にいたるという発展・成長モデルが中国に適用できるか否かも議論があり，中国の成長をいかに位置づけるかについては定見がない。だが，現実的な問題として，国際社会は中国の存在の変容を受け止めざるを得なくなっている。第1に，世界最大規模の人口と面積を有する中国が経済大国となったこと。第2に，国連安保理の常任理事国として数多くの人員を平和維持活動などに派遣したり，6者協議で主導的役割を果たしているように国際紛争解決にも影響力を行使する，グローバル・パワーとなりつつあること，である。無論，中国には沿岸と内陸，都市と農村の格差など，多くの内政問題や懸念があるにしても，その国際社会でのプレゼンスの変容は明白なものとなっている。また，2003年10月に有人宇宙飛行船「神舟五号」の打ち上げに成功したように，科学技術面での先進性も際立ってきている。この中国の成長，台頭が東アジアの国際政治に与える影響は大きい。そこでは，中国と競争しつつ，生存空間を共有して協力しあうための交渉を忍耐強く続ける「競存」が求められることになる。

　中米関係の変容　安全保障面や経済面で日韓や台湾と緊密な関係を維持していたアメリカは，90年代以後，中国といかなる関係を築いたのであろうか。天安門事件以後，ブッシュ政権は1989年のうちに特使を中国に派遣していた。中国側も，総書記となった江沢民が，「信任を増加し，面倒を減らし，協力を発展させ，対抗はしない（増加信任，減少麻煩，発展合作，不摘対抗）」という方針をたて，アメリカとの関係を再調整しようとしていた。1990年6月，既述のように，中国は方励之教授の出国を認め，アメリカも中国への最恵国待遇延長を決定した。緊張はしだいに緩和されてきていたのである。

　しかし，1993年に民主党のクリントン政権が発足すると方針が転換した。ブッシュ政権の対中政策を親中的だと批判し，第1に貿易赤字解消と人権問題解決をからめた政策をとり（94年に解消），第2に大量破壊兵器の製造技術を中国がパキスタンやイランに移出しているという疑惑を提起し，第3に民主化されつつある台湾をいっそう支援する姿勢を示した。日本に対しても，冷戦の終結にともないソ連という仮想敵を失い「漂流」していた日米安保を1996年に再定義し，

日米安保共同宣言を出した［船橋］。日米安保の再定義に際しては，「地域の安定」がキーワードとなったが，戦域ミサイル防衛（TMD）などが台湾防衛とかかわるのではないかとして中国は強い懸念をもった。また，1996年3月には，台湾最初の総統選挙の前に，台湾の基隆沖と高雄沖に向けて，中国がミサイルの発射実験をおこなったことで，日米の懸念は強まった。このミサイル発射実験は，日本の中国脅威論をいっそう後押しすることとなった。

だが，1997年2月に鄧小平が死去し，7月に香港返還とアジア通貨危機がおきると，10月に江沢民総書記が9日間にわたって訪米，ついで1998年6月にクリントン大統領が9日間中国を訪問することで，米中関係は改善された。アメリカは成長著しい中国をエンゲージすることにより，国際社会の規範のもとにおくことを推進しようとしていた。この首脳の相互訪問によって，米中関係は「建設的な戦略的パートナーシップ」と位置づけられ，アメリカははじめて「3つのノー（三不）」（①台湾の独立，②一つの中国・一つの台湾ないし二つの中国，③国家であることが参加条件となる国際機関への台湾の参加，の3点を支持しないこと）を表明した。他方，この間，中国は民主活動家の魏京生や王丹を釈放した。

しかし，1999年に米中関係は再び悪化する。90年代の米中関係は緊張と宥和を振り子のように繰り返していた面がある。無論，日中関係も，この米中関係の変動に多様な形で影響を受けた。99年の関係悪化の契機は，NATOのユーゴスラヴィアへの軍事介入である。コソヴォへの介入で人権の主権に対する優位が正当化されたことは人権問題を抱える中国にとっては深刻な問題であったし，NATO軍がユーゴスラヴィアの中国大使館を誤爆したことは，北京の米国大使館に対する投石などの反米運動を招来した。また，中国のWTO加盟をめぐる米中交渉も，中国側の譲歩にもかかわらず決裂した。

2000年は東アジア国際政治にとって大きな転機となった。それは，日米同盟の強化などの安全保障上の大きな変化であり，また日本の小泉総理，アメリカのブッシュ（George Walker Bush）大統領だけでなく，台湾の陳水扁総統，あるいは2002年の胡錦濤など，新たなリーダーが出揃ったことに伴う変化だった。2001年1月にブッシュ政権が成立すると，中国を「戦略的ライヴァル」と位置づけた。そして，2001年4月に海南島沖でアメリカの偵察機と中国海軍の戦闘機が衝突，偵察機が中国軍基地に緊急着陸した事件で両国は対立した。結局，米中間では英文で文書が作成され，regretおよびsorryを使用してアメリカ側が

「遺憾の意」を表明し（apologize は使用していない），中国側はそれをアメリカからの「謝罪」として認識するというかたちで決着した。だが，このような緊張関係は，2001年7月のパウエル（Colin Luther Powell）国務長官訪中によって改善の兆しを見せ始め，同年9月11日の同時多発テロによって大きく転換することになる。反テロという論理で米中は手を携えることとなったのである。新疆ウイグル自治区の独立問題を抱える中国にとって，アメリカの反テロ政策は充分受け容れられるものであった。また，中国は2001年12月に，念願のWTO加盟を実現した。以後，現在まで米中関係は比較的安定し，2005年にはゼーリック（Robert Bruce Zoelick）国務副長官が中国を「責任ある利害共有者（responsible stake holder）」と位置づけ，国際システムを維持することでともに利益を得ていくことができる仲間だとしたのである。その後，懸案となっていた人民元問題でも2005年7月に人民元の切り上げ調整がおこなわれた。現在，貿易摩擦，人民元問題，人権問題，エネルギー問題などを抱えるが，台湾問題も含めて，対話と協調が関係の基調となっている。

日本の政治大国化と中国脅威論　中国が多くの内政問題を抱えながら，また社会主義体制を維持したまま軍事費を増大させ，経済発展を続けたことは中国脅威論を惹起した。中国を，国際秩序を乱し，他国の国益を損ずる脅威として認識する，この中国脅威論は1990年代の日本でも急速に広まった。1989年の天安門事件と1996年の中国の台湾付近に対するミサイル発射実験により，中国の将来への不安，また軍事大国化への不安などが，日中関係に特徴的な歴史認識問題やバブル崩壊後の日本の自信喪失とあいまって，中国脅威論が拡大したものとみなされている。

こうした中で，1998年に江沢民国家主席が日本を訪問した。江沢民訪日は，このような日中間の雰囲気を打開する契機となることが期待された。しかし，この江主席の訪問に先立っておこなわれた韓国の金大中大統領の訪日が，歴史認識問題を今後は提起しないとするなど，数々の政治パフォーマンスが日本の世論からも歓迎されたことが，江主席訪日には重荷となった。江主席は歴史認識問題を今後取り上げないと述べることに躊躇があったとされ，また特に宮中晩餐会で江主席が着用した中山服が軍服相当とされたためにメディアで批判されることになった（実際には正装）。江沢民訪日に際しては，日中共同宣言という，日中共同声明（1972年），日中平和友好条約（1978年）と併称される重要文書が日中間で

交わされた。ここでは，軍事交流，首脳間のホットラインの創設など，画期的な内容が多く含まれていたが，内容的にも充分に実現されないまま現在にいたっている。その後，2000年に朱鎔基首相が訪日した。朱総理の訪日は，江主席の訪日によって悪化した対中感情を改善するのに一定の成果を挙げたが，その後も両国の相手国に対する国民感情は依然として悪化したままだった。

　一方，日本では，90年代前半に小沢一郎により，「普通の国」というコンセプトが提起され始め，それが90年代後半の日本政治の底流となる［北岡］。「普通の国」論は内容的には多様であったが，基本的に敗戦国として課せられた負荷を，戦後50年を機に払拭するという意味合いがあり，行財政改革による「小さな政府」論とともに，軍隊保持，海外派兵容認などの憲法改正論をともなっていた。このような日本の方向性はアメリカから歓迎され，日米安保再定義にも結びついたが，アジア諸国からは軍事大国化への懸念が表明された。しかし，2001年の9.11以後，アメリカが対テロ戦争を主導し，2003年3月からイラク攻撃が開始され，地域とともにグローバルな規模での安全保障が重視されはじめると，「国際貢献」の必要性から自衛隊のイラク派遣などが実施された。近隣諸国も，懸念を示しつつ，日本の国連を通したグローバルな秩序維持については否定的な見解を示してはいない。1990年代の東アジアでは，軍事費の増大そのものが周辺への脅威として非難されることもあったが，9.11以後には反テロ戦争や，国連を通じた平和構築などに向けた軍備の拡充といった正当性があれば，説明責任を果たすことができる面もでてきている。それだけに，日本や中国をはじめとする東アジア諸国も，軍備の状況についての情報公開が求められ，また同時に軍人，艦船の往来をはじめとする軍事交流が重要視されるようになってきている。

　他方，国連では2003年9月の第58回総会において，国際社会に対する「新たな脅威」に集団で対処するために，いかにその機能・組織を改革すべきかを検討するためのハイレヴェル会議が設けられ，2005年の国連成立60周年を機に，国連安保理改革を実施すべく，その内容が審議された。日本はドイツなどとともに常任理事国入りを目指したが，おりしも歴史認識問題が盛んに議論されていた東アジアでは，中国，韓国が日本の常任理事国化に反対し，実現しなかった。2005年4月の中国の反日デモの中心的スローガンは，この国連常任理事国入りへの反対であった。国連安保理の椅子を抗日戦争の勝利によって獲得した中国にとって，日本が常任理事国となることは受け容れがたいことだった。なお，国連重視外交

は日本だけの政策ではなく，中国も国連外交重視をうたっており，2006年には平和維持活動，平和監視部隊などに出している人員数が安保理常任理事国の中で最も多くなっている。

台湾海峡危機と対話 90年代半ば以降の両岸関係は，緊張と緩和を繰り返す中米関係と，緊張度を増す日中関係の狭間で，対話と緊張の双方が見られた。台湾は，民主化と本土化（台湾化）を強め，住民の多くが統一でも独立でもない「現状維持」を望むようになっていた。李登輝政権は，国際社会での台湾の外交空間を拡大し，その地位を高める実質的な外交（「務実外交」）を展開した。1989年のシンガポール訪問の後，1994年には「休暇外交」と称してタイなどの東南アジア諸国を，次いで同年5月には「式典外交」と称して南アフリカなどのアフリカ諸国を訪問した。

1995年1月30日，江沢民主席が台湾問題の解決方法を示す「八点項目提案（江八点）」を発表すると，台湾側では不快感が強まった。また，同年，台湾の民主化を歓迎するアメリカのクリントン政権が李登輝へのヴィザ発給を決定した。国務省は反対したが，上院・下院ともに賛成，6月に李総統訪米が実現すると，中国は軍代表団をアメリカから召還するなど，これに強く反発した。その後，中国は大使をも召還し，同年末から台湾海峡におけるミサイル発射訓練を開始した。1996年3月，台湾では民主化の象徴とでもいうべき総統選挙がおこなわれたが，選挙前の3月上旬，中国は台湾近海でミサイル発射実験などの軍事演習を実施した。アメリカは2隻の空母を中心とする機動部隊を台湾近海に派遣した。

しかし，1997年に米中関係は好転する。同年，江沢民が訪米，翌1998年にはクリントンが訪中して前述の「3つのノー」を述べ，緊張は緩和される。この間，1998年10月，台湾の辜振甫理事長が上海，北京を訪問し，汪道涵会長との間で，政治・経済の各方面での対話を開始，促進することについての4つの共通認識に達した。こののち，台湾では2000年5月に民進党の陳水扁政権が誕生した。陳総統は，2002年8月に「一辺一国」発言をおこない，両岸の実務レヴェルの調整は中断された。この一辺一国発言は，「台湾は別人の一部分でも，別人の地方政府でも，そして別人の省でもない。台湾を第2の香港・澳門にしてはならない。何故ならば台湾はひとつの独立主権国家である。簡単にいえば台湾と対岸の中国は『一辺一国』と明確に分かれているのである」という，両岸をまったく別の国家とするものであった。その前年，2001年には李登輝前総統が両岸関係を「特

殊な国と国」と表し，中国は反発を強めていた。

　しかし，このような政治レヴェルの対立をよそに，両岸の経済交流はいっそう活発になっていき，2005年前後には100万人以上の台湾人ビジネスマンが中国大陸で経済活動をおこなっているといわれるほどになった。中国は，台湾側に「三通（通郵・通商・通航）」の全面解禁を要求，現在のところ金門島から厦門への船での直接渡航を限定的に認めるなどの「小三通」がおこなわれている（福建省民にも金門島への観光旅行を開放）。また，2003年1月にチャーター便が香港経由で上海に向かって以後，不定期航空便の往来も始まっている。

　また，1997年7月の香港，1999年12月のマカオの中国への返還は，「一国二制度」に基づく台湾の統一のモデルとも考えられたが，「50年間変更を加えない」とされた政治諸制度の変更の有無をはじめ，香港・マカオの動静を台湾住民は注視している。

　そして，2004年に陳水扁総統が再選された後，政治レヴェルでの対話が滞る中，2005年4月末から5月初旬にかけて，中国共産党中央委員会と胡錦涛総書記の招きで，中国国民党の連戦主席が訪問団を率いて中国大陸を訪問した。国共両党の60年ぶりの会見では，「九二の共通認識」の堅持，「台湾独立」反対，台湾海峡の平和と安定などをともに主張した。またその直後に親民党の宋楚瑜主席も訪中し，両岸の接近を印象付けた。しかし，この政治的接近のパフォーマンスは台湾では反発を招き，連戦は国民党主席の続投を断念した。この連戦訪中の直前の2005年3月，中国は「反国家分裂法」を制定していた。この法律は，「一つの中国」の確認，三通の推進など，従来の原則の確認という側面もあるが，台湾が独立を宣言した場合に「台湾独立派」に対して「非平和的手段」を採用することをも合法化している。台湾の民進党政権はこれに反発し，2006年に国家統一綱領と国家統一委員会を廃止した。

　台湾をめぐる問題は，日米中関係，そして東アジアの安全保障の根幹にかかわる。昨今，米中関係がグローバルな関係へと変化する中で，アメリカは台湾関係法を維持しつつも，台湾海峡の現状維持を強く求め，民進党政権の独立志向型の動きを強く牽制している。中国の台頭が台湾の置かれている地位にも大きな影響を与えているのである。

　北朝鮮問題と6者協議　北朝鮮は1990年代前半に核不拡散体制から脱退するなど，国際的に孤立する傾向にあった。だが，1994年6月カーター元大統領が

訪朝して金日成国家主席と会見，北朝鮮を国際的な枠組みの中に位置づける試みが本格的に始まった。しかし，1994年7月に金日成国家主席が急死し，予定されていた南北首脳会談の延期が表明された。だが，その直後の10月，米朝高官協議がおこなわれ，北朝鮮側がNPT復帰，軽水炉完成前の燃料棒搬出を確約し，連絡事務所の相互設置，軽水炉転換支援実施で合意した。米朝国交正常化もそこに含まれていた。1995年3月，朝鮮半島エネルギー開発機構（KEDO）がスタートし，1996年初頭にはアメリカが200万ドルの北朝鮮への食糧支援を発表した。しかし，同年9月に北朝鮮の潜水艦が韓国に侵入する事件がおき，北朝鮮情勢が依然楽観できないことが明らかになった。また，この時期，父子間の権力継承もおこなわれ，金正日が1997年10月に朝鮮労働党総書記に，1998年9月に国防委員長となった（国家主席ポストは廃止された）。1998年2月に就任した韓国の金大中大統領は太陽政策を採用し，北朝鮮との対話姿勢を強調，2000年6月に北朝鮮を訪問して，初の南北首脳会談をおこない，南北共同宣言が発表された。そこでは，離散家族の再会事業，スポーツ交流などが約されたが，このときに現代グループを通じた5億ドル規模の支援が北に対してされていたことが2003年に判明している。なお，金大中大統領は南北対話の促進を評価され，ノーベル平和賞を受賞した。

　北朝鮮が日本にとって脅威であると強く認識されたのは，1998年8月31日のテポドンの発射実験である。ミサイルは三陸沖に着弾した。北朝鮮は，これを三段式ロケットによる衛星打ち上げ実験としたが，日米はミサイル発射実験だと見る趨勢にあった。2002年1月29日，ブッシュ大統領は一般教書演説でイラン，イラクとともに北朝鮮を，大量破壊兵器開発を目指す「悪の枢軸」と非難した。他方，この時期には自然災害や生活の困窮のため，北朝鮮から中国などに逃亡する脱北者も増加し，北朝鮮に対する不安感，不信感がいっそう高まった。また，日本では拉致問題が取り上げられた。2002年9月17日，小泉純一郎総理が訪朝し，金正日総書記と会談，「日朝ピョンヤン」宣言に署名した。北朝鮮は，13人の拉致を認め，10月15日に拉致被害者5名が帰国した。だがその後，拉致被害者数や死亡者の遺体の信憑性などをめぐって日朝は対立を深めることになる。

　この日朝合意には，「双方は，朝鮮半島の核問題の包括的な解決のため，関連するすべての国際的合意を遵守することを確認した。また，双方は，核問題及びミサイル問題を含む安全保障上の諸問題に関し，関係諸国間の対話を促進し，問

題解決を図ることの必要性を確認した。朝鮮民主主義人民共和国側は，この宣言の精神に従い，ミサイル発射のモラトリアムを2003年以降も更に延長していく意向を表明した」というように，安全保障に関する内容も含まれていた。2002年10月，アメリカのジェームス・ケリー（James A. Kelly）国務次官補が訪朝した際，高濃縮ウラン計画の存在を姜錫柱(カン・ソクジュ)外務次官が認め，11月にはKEDOが北朝鮮への重油供給の中断で合意し，またIAEAも北朝鮮非難決議を採択した。12月，北朝鮮はIAEA査察官の国外退去を命じ，2003年1月にはNPTからの脱退を宣言，翌月にはIAEA緊急理事会は北朝鮮の核開発問題を国連安保理に付託した。北朝鮮をめぐる情勢は，朝鮮半島統一をめざす韓国と北朝鮮の関係，拉致問題などで紛糾する日朝関係，そこに核不拡散や国際秩序構築を重視する米朝関係，ひいては同じ社会主義国として友好的な中朝関係など，多様な二国間関係の集合体としての様相を呈していた。

　こうした中で，2003年4月に米中朝の3者会議が開催され，問題解決への枠組みが形成されはじめ，7月末に米中朝に日韓露を加えた6者による協議を開催することが約された。2003年8月27日に第1回6者協議が北京で開催され，以後，中国を議長国とする6者協議が北朝鮮問題解決のひとつの枠組みとなった。しかし，この間，北朝鮮は，2003年2月に地対艦ミサイルを日本海の公海上に発射，2005年5月には日本海に短距離ミサイルを発射した。国連安保理は，これに対して7月に非難決議を採択した。だが，10月上旬，北朝鮮は核実験を敢行し，国連安保理は核不拡散を目標とし，経済制裁を含む非難決議を採択した。中国やロシアも，この決議採択に加わった。

　グローバルな諸問題と地域協力　北朝鮮問題が，一方でグローバルな核不拡散問題として国連などで位置づけられ，他方で6者協議という地域的枠組みで総合的な討論がおこなわれたように，解決が必要な国際的問題の多くに対しては，地域とグローバルの両面からのアプローチが必要になってきている。これは，安全保障とからむ平和構築のみならず，海賊，環境，衛生，ジェンダーなどの多様な問題においても同様である。またそれに関与する主体も，国連などの国際組織，地域組織，国家，そして地方自治体，企業，NGOなどに多様化している。

　安全保障および平和構築の面では，冷戦構造が世界規模で溶解し，同時多発テロに見られるように国家以外の暴力主体があらわれる中で，国家間の協力が不可欠となっている。その紛争処理の枠組みは，グローバルな問題であると同時に地

域の問題として位置づけられ，日中韓それぞれが国連などを通じてそれに関与するようになった。また，安全保障でも，緒方貞子やアマルティア・セン（Amartya Sen）によって「人間の生にとってかけがえのない中枢部分を守り，すべての人の自由と可能性を実現すること」と定義される「人間の安全保障」という概念も提起されている。

しかし，東アジアにおける地域的な問題解決枠組み形成は発展途上にある。特に安全保障面では，アメリカとの関係もあり，依然手探りが続いている。ASEAN＋3は，紛争処理を含む安全保障，平和構築を，現段階ではその機能としてはいない。東ティモールでも，2002年の独立前後は国連の平和維持軍が活動したが，2006年の暴動に際してはオーストラリア，マレーシア，ニュージーランド，ポルトガル軍が治安維持軍を構成した。日本も，国連，日米同盟，NATOなど多様な枠組みのもとでこうした平和構築に取り組もうとしている。中国も国連を通じた活動を積極的におこなっている。

他方，安全保障以外の領域，たとえば環境，衛生，犯罪，海賊取締りなどの分野は，いずれもグローバルな問題だが，関係が緊密で地理的に隣接した地域の枠組みが重視されている。環境問題では，1997年の京都議定書に東アジア諸国は署名，批准しており，2国間枠組みを含めた地域協力が持続的発展を考慮にいれながら数多く実践されている。こうした具体的な問題に対する地域協力が進んでいるが，たとえばASEAN＋3や国際組織に加わっていない台湾を加えた地域ガヴァナンスをいかに形成するかという問題も残されている。

また，近年，SARSや鶏インフルエンザなどの東アジアで猛威を振るう感染症や衛生面での「脅威」が発生しており，WHOなどと協力しながら，ASEAN＋3などを基盤とする地域が積極的に事態の沈静化に取り組むことが求められている。特に，SARSの席巻は地域協力の重要性を認識させるのに充分であった。新型肺炎ともいわれるこの感染症は，2002年11月に広東で報告されたが，WHOへの報告など国際社会に対する初動対応が遅れた（2003年2月に報告）。その後，この感染症は国際都市である香港を経由して世界中に拡大した。その後，中国の対応の遅れもあり感染が拡大，7月には終息宣言が出されたが，SARSは多くの経験と教訓を東アジアに残した。それは，東アジア地域での実質的に迅速に機能する行政協力の必要性と，国家的名誉のために情報を秘匿することなく，地域協力のために情報公開をおこなうことである。そして，このような感染症の拡大が，

中国脅威論やナショナリズムと結びついて政治問題化するという点も教訓となり，予防措置とともに，問題拡大を防ぐ枠組みの形成が求められた。

このほか，最近10年の看過できない変化として，東アジア域内のヒトの移動の活発化がある。日本在住の外国人はすでに500万人を突破し，韓国，台湾，中国でも在住外国人数は増加している。そうした中で，国際問題が情緒化して国内問題化するという状況が見られ始めている。そこには，たとえば日本の「在日」問題のように，歴史的な経緯のある未解決の問題もあれば，たとえばナニーやナースなどの特定職業の外国人増加にともなう諸問題もある。そして，法や行政の未整備による教育や医療などのガヴァナンスの問題，あるいは犯罪などの社会問題が東アジア共通の問題として浮上し，刑事犯の引渡しや情報共有が課題となっている。だが，この点についての地域協力は依然不充分である。これらは，東アジアの「内なる国際問題」であろう。

小泉政権と歴史認識問題　日本では2001年4月から2006年9月まで小泉総理が政権を担当したが，小泉はアメリカのブッシュ大統領と緊密な関係を築き，日米安保を重視する外交を展開，グローバルな平和構築にも積極的に参加しようとした。だが，その東アジア外交では問題が噴出した。小泉総理自身は，東アジア重視を強調していたが，自らの靖国参拝などで歴史認識問題がいっそう深刻になり，特に日中間では首脳交流が停止し，反日デモが発生した。また，日本国内でも対中感情がきわめて悪化した。内閣機能強化，小選挙区制の施行により，自民党の派閥政治は抑制され，特に日中友好路線をとっていた橋本派（旧田中派）が後退したこともその背景にある。1990年代に社会党系の日中友好運動が後退したのに加え，小泉政権期の橋本派の後退は，日中2国間関係に大きな変動を与えることになった。また，内閣機能が強化された結果，総理の言動の影響力が増し，2001年末からのスキャンダルで外務省機能が低下したこともあいまって，外交における（特に北朝鮮問題での）官邸主導が強まった。そして，世論やメディアの影響力が強まったのも，この時期の特徴である。

2001年8月13日，小泉総理は96年の橋本総理以来の靖国神社参拝をおこなった。自民党総裁選に際しての日本遺族会に対する約束を果たすためであったとされる。これは，中韓からの強い反発を招いたが，総理は10月に中韓を相次いで訪問し，中国では盧溝橋を訪ね，また韓国では植民地支配に対する反省とお詫びを述べ，問題の噴出を防ぐことができた。しかし，2002年4月21日，小泉総

理が再び靖国神社を参拝し，日本と中韓の関係は再度悪化した。そして，5月8日，瀋陽総領事館事件が発生した。日本の瀋陽総領事館への北朝鮮の亡命希望者を中国の公安が敷地内に入って連行したことが，韓国のNGOにより撮影され，それがメディアで流されると，主権侵害として日本国内でいっせいに反発がおこった。2003年1月14日，小泉総理は3回目の靖国神社参拝をおこなった。この一連の過程において，日本の対中感情，中国での対日感情の悪化が沈静化する前に次の問題が発生し，相互の感情の悪化は下げ止まらなくなった。

2004年元旦，小泉総理が再び靖国神社を参拝，同月，自衛隊のイラク派遣命令が出された。東アジア各国は，総理の靖国神社参拝を歴史認識の問題として抗議し，自衛隊の海外派兵を軍事大国化と位置づける傾向があった。日本側はそれを内政干渉として退けた。2004年8月，中国でおこなわれていたサッカーのアジアカップ，特に北京での決勝戦で一部の中国人サポーターが日本の外交官の車に危害を加えるなどして大きな問題となった。このような反日運動については，海外の華人NGOが関与しているという指摘もあるが，突発的な要素も加わって生じていた。

2005年4月に中国各地で発生した数万人規模の反日デモは，日本の安保理常任理事国化への反発とともに，こうした要素が複合化して発生したものであろう。日中間の相互感情は悪化の極致にいたり，2005年5月に小泉総理は，バンドン会議50周年で村山談話を踏襲した植民地支配と侵略へのお詫びを含む演説をおこない国際社会の理解を求めたが，一方で同月，靖国神社参拝問題については，「他国が干渉すべきことではない」と述べた。そして，10月17日，再び靖国神社を参拝した。

小泉政権の5年の間，日中の政治外交関係は暗礁に乗り上げ，また相互感情も悪化の一途をたどった。しかし，他方で経済関係はきわめて緊密化し，貿易額でも日中貿易が日米貿易に拮抗するか，それを上回るほどになっている。このような2国間関係は，「政冷経熱」といわれた。また，2002年には，国交正常化30周年を記念して「中国年」「日本年」などの文化交流がおこなわれ，東アジア規模でのソフトカルチャーの相互発信性，共通性が指摘されるようになってきている。こうした中で，各国はパブリック・ディプロマシーを強化し，悪化している自国への感情を好転させる努力を展開し始めている。

おわりに――東アジア国際政治における歴史・現在・未来

　本書では，19世紀以来の東アジア国際政治史について考察してきた。第Ⅰ部では19世紀から第1次世界大戦までを，第Ⅱ部ではパリ講和会議から第2次世界大戦を，そして第Ⅲ部では戦後世界を扱った。それぞれの時代における世界規模での国際政治と，それぞれの国内政治の間に位置する，東アジアの国際政治の場は，常に複雑な様相を呈してきた。そのアクターは，国家だけでなく，組織，自治体，企業，個人などさまざまであった。このうち，たとえば沖縄や北海道，香港などから見た東アジア国際政治史は，本書で描かれたような国家関係を中心とする国際政治史とは異なる姿を描き出すことであろう。

　東アジアの国際政治史を見る場合，そこに連続性を見ることもできるし，断絶性を見出すこともできる。だが，「東アジア」という地理的な空間が地域統合の場として意識され始めたのは，ここ10数年のことであろう。それだけに，東アジアという空間で展開された国際政治の歴史，そこに見える可能性や限界が注目されているのである。また，近代以来，東アジアでは「歴史」が問題となり，それぞれのナショナル・ヒストリーにおける相互の相違点や矛盾が，それぞれの自意識や対外感情に結びつくかたちで噴出する傾向にあった。そこでは，それぞれの東アジア像，東アジア国際政治史が別々に描かれてきた。「東アジア」が各国の対等な協力の場となろうとしている現在，それぞれが自国を中心に描いてきた東アジアをいかに叙述し直すかが課題になっている。

　また，19世紀以来，国際政治の焦点となった朝鮮半島，また日本が国土に組み込んだ沖縄，そして日清戦争で日本が中国から得た台湾などが，現在においても国際政治の焦点となっていることは，歴史的経緯の重要性を感じさせる。また，日本の侵略とその敗戦にともなう権力の空白の生み出した問題が，20世紀の東アジアの国際政治に大きな影響を与えたことは決して看過できないことである。現在の東アジアは国家の相互承認という点できわめて非対称な関係にある。東アジア諸国のうち，もっとも承認国が多いのは中国だろう。台湾以外の政治主体のすべてと中国は国交をもつ。日本は，北朝鮮と台湾を承認していない。東アジアでは，依然として相互承認状況に断層があるが，この背景にも歴史的経緯があるのである。

では，このような東アジアの国際政治史は，通史としてどのように描きうるであろうか。東アジア域内のパワーバランスの問題で捉えれば，強力であった清朝中国が次第にその力を喪失し，やがて近代国家として成長した日本がそれに代わり，日中戦争および第2次世界大戦を経て，戦後の冷戦構造下で西側の日本が経済大国，東側の中国が政治大国として国際政治の一翼を担いつつ，この10数年で次第に日本が政治大国化，中国が経済大国化し，互いに拮抗するようになってきている，と見ることもできよう。そして，このような日中の拮抗の中で，朝鮮半島のもつ調整役としての可能性が増してきているということができるであろうか。無論，このような東アジア域内のパワーバランスには，19世紀から20世紀初頭であればイギリスやロシア，その後であればアメリカとソ連といった世界的な大国の影響，国際的な秩序の影響があった。

次に，東アジア域内でのいわゆる「伝統的」な国際秩序が20世紀にも通底していたと見ることも可能だろう。自らを華とするような世界秩序観が20世紀にもあり，結局日本と中国が東アジアの「華」となることをめざして覇権争いをしていると見る観点である。だからこそ，常に対等な関係の束としての国際関係を想定しにくく，どちらが上で，「華」であるのかということを競い合ってしまうという傾向があるという観点である。それだけに，経済面では関係が緊密になり，比較優位に基づく相互補完関係になっていたとしても，政治外交的にはそのような関係を築きにくいという面があるのかもしれない。そこで自らを「華」とし，他より自らを上位とする際の拠りどころとしては，西洋近代の受容度（「文明国」標準）や経済発展（豊かさ）ということもあろうが，同時に東アジアに固有の歴史に根ざすものもあるかもしれない。

そして，17世紀以来，150年以上平和が続いた東アジアが，19世紀から20世紀は戦争の時代になり，それがヴェトナム戦争の終結後，再び平和の時代に戻り，現在，その新たな平和の時代における秩序形成がおこなわれている，と東アジアの国際政治史を見ることも可能だろう。ここで留意すべきは，日本で重視される1945年が必ずしも戦争と平和の画期とはならないということである。東アジアでは国共内戦，朝鮮戦争に見られるように，1945年以後も戦争が続いた。日中韓3国を見た場合，19世紀後半以来不平等な関係にあり，戦後は国交がなく，1972年の日中国交正常化，1992年の中韓国交樹立を経て，はじめて3国の対等な関係が形成されたということができるだろう。3国の協力関係にぎこちなさが

残ることの背景のひとつがここにある。

　なお，ヒトやモノの移動，経済文化交流という観点から見た場合，海外渡航が禁止されていた19世紀半ばまでの時期，および移動や交流が相当制限された1950-70年代を除くと，それ以外の時期はきわめて緊密な関係が築かれていた。19世紀末から日中戦争にいたる時期の移動や交流は盛んであったし，この20数年も同様である。他方，そのような東アジアの関係緊密化の基礎となった国際公共財はどこから提供されたのか。19世紀末から20世紀初頭であれば，海運にともなう諸制度，電信ネットワークなどのインフラの多くが，イギリスはじめ欧米資本により提供された。日本の「帝国」の時代は日本がそのインフラを独占的に使用することで成立していた。戦後は，アメリカの影響が強まり，日本も金融面などで国際公共財の一部を提供しようとしたが，そこには限界があった。それだけに，東アジアは常に国際的な秩序，規範の下におかれているということにもなる。しかし，東アジア域内の歴史から見た場合，20世紀に，ヒトやモノの移動に見られる関係の緊密化と戦争へといたる対立が同時並行で進行していたことは看過できない。関係が緊密化すれば問題は噴出する。ここには経済貿易の実務レヴェルの問題もあれば，歴史問題のような情緒化しやすい問題もある。これらの問題を国家間対立や戦争に結びつけずに，一定の秩序を形成していくという困難な挑戦を，国のみならず，多様な主体が行っていかねばならない。複雑な現代の国際政治では国家間条約などですべてが解決できるわけではない。多様な主体が，忍耐をもって，困難な挑戦にねばり強く取り組まねばならない。これが，21世紀の東アジア国際政治の課題であろう。

◆研究課題
（1）冷戦の終結は東アジアにどのような変化をもたらしたか。朝鮮半島，台湾海峡を事例として考察しなさい。
（2）アジア通貨危機とはどのようなものか。また，それが東アジアに与えた影響について考察しなさい。
（3）中国の台頭はどのように捉えることができるか。また，それが東アジア国際政治にもたらした影響はどのようなものか。

あとがき

　一国史的な歴史観の限界が指摘されるようになってから，すでに久しいようである。戦争と外交，国際秩序，安全保障，相互認識，国際機構，国境を越える各種ネットワークといったグローバルな問題を視野に入れるには，一国のみに特化した枠組みでは明らかに狭すぎるためであろう。だからといって，一国史的な観点からの歴史研究に代わりうるパラダイムについて，学界での合意があるわけではない。それでも，国際政治を俯瞰的に把握しようとする発想は，少しずつ学界に採り入れられつつあるようにも見える。なかでも東アジア国際政治の全体像を歴史的かつ多角的に描こうとするのが東アジア国際政治史である。

　そうした学界の傾向は，歴史認識をめぐる相克という昨今の切迫した状況によっても後押しされているのかもしれない。のみならず，各国で進む史料公開や情報公開請求，さらにはインターネットなどの技術刷新によって，史料の活用は容易になりつつある。だとしても，国際政治史的な手法が日本でどこまで定着したのかについては疑問の余地がある。東アジア国際政治史は，日本史，東洋史，西洋史，外交史といった学問の諸領域に及ぶものであり，それらの分野を越えた大局的な着眼点を得ることは難しい。それゆえに本書では，東アジア国際政治史を総体として見渡すような視座を示そうとした。東アジア国際政治史の本格的な通史としては，おそらく初めての手引き書といってもよいであろう。

　本書の構想に着手したのは，いまから3年前のことであった。その頃から通史的な教科書の必要性を痛感していたのだが，実際の作業に入ると戸惑うこともあった。テーマ設定や時期区分からして無数にあるだろうし，地域的な広がりにも際限はないように思えた。日本と中国の外交関係を記述の軸とするにせよ，時代によっては欧米や朝鮮，東南アジアなどを加味せねばならないのはもちろんである。のみならず，台湾など旧植民地の視点を採り入れたいとも考えた。

　このため，執筆と編集の作業はときに難航したものの，会合を重ねた末に幸いにして刊行にこぎ着けることができた。これもひとえに優れた共著者たちに恵まれたからであろう。各章の執筆者たちはみな，原文書に基づいて歴史を再構成していく第一線の研究者である。さらにこの本には，それぞれの時代を象徴するよ

うなコラムが50近く織り込まれており，そのほとんどを各章の担当者以外に求めるという計画もほぼ達成された。

　ようやく本書が形となる頃には，いつの間にか別の思いにとらわれるようになっていた。なにしろ東アジアにおける近代の幕開けから現在にいたるまで，すでに2世紀近くにもなろうとしている。東アジア国際政治史で扱うべき時代が長くなっているうえに，今後の学界では研究領域の細分化がさらに進んでいくことであろう。そしてなによりも，古い時代ほど専門家が先細りになりつつある。だとするなら，東アジア国際政治史の通史という試み自体が，将来的には難しくなっていくのではないか。そんな憂いである。

　それだけに本書では，主たる読者としては初学者を想定しながらも，専門家にとっても読みごたえのある通史に仕上げようとした。最新の研究成果や分析視角を盛り込みつつ，系統だった解釈をほどこすように努めたつもりである。とはいえ，そのような意図がどこまで成功しているのかについては，読者の判断にゆだねるほかにないであろう。各分野の専門家からご叱正を乞う次第である。

　末筆ながら，名古屋大学出版会の三木信吾氏は，企画から刊行にいたる3年もの間，並々ならぬ力量と静かなる情熱で多数の執筆者を支え続けて下さった。三木氏の献身的でひたむきな力添えがなければ，60人近い研究者の原稿が整合性のとれた通史として世に問われることは決してなかったであろう。さらに，ご芳名は省略させていただくが，年表や図表，地図，索引の作成にいたるまで，きわめて多くの方々からご尽力をたまわった。関係各位に心から深謝の意を表するとともに，その結晶ともいうべき本書が末長く読み継がれていくことを祈りたい。

2007年5月

　　　　　　　　　　　　　　　　　　　　　　　　　　服　部　龍　二

参考文献

[第1章　東アジアの「伝統的」国際秩序]

荒野泰典『近世日本と東アジア』（東京大学出版会，1988年）
植田捷雄『東洋外交史』（上・下）（東京大学出版会，1969・1974年）
岡本隆司『近代中国と海関』（名古屋大学出版会，1999年）
同『属国と自主のあいだ――近代清韓関係と東アジアの命運』（名古屋大学出版会，2004年）
籠谷直人『アジア国際通商秩序と近代日本』（名古屋大学出版会，2000年）
川島真『中国近代外交の形成』（名古屋大学出版会，2004年）
小泉順子『歴史叙述とナショナリズム――タイ近代史批判序説』（東京大学出版会，2006年）
佐々木揚『清末中国における日本観と西洋観』（東京大学出版会，2000年）
佐藤慎一『近代中国の知識人と文明』（東京大学出版会，1996年）
濱下武志『近代中国の国際的契機――朝貢貿易システムと近代アジア』（東京大学出版会，1990年）
同『朝貢システムと近代アジア』（岩波書店，1997年）
坂野正高『近代中国外交史研究』（岩波書店，1970年）
同『近代中国政治外交史――ヴァスコ・ダ・ガマから五四運動まで』（東京大学出版会，1973年）
古田和子『上海ネットワークと近代東アジア』（東京大学出版会，2000年）
茂木敏夫『変容する近代東アジアの国際秩序』〈世界史リブレット 41〉（山川出版社，1997年）
本野英一『伝統中国商業秩序の崩壊――不平等条約体制と「英語を話す中国人」』（名古屋大学出版会，2004年）

[第2章　開国と不平等条約改正]

五百旗頭薫「関税自主権の回復をめぐる外交と財政――明治初年の寺島宗則と大隈重信」（『日本政治研究』第1巻第1号，2004年）。
石井孝『明治初期の国際関係』（吉川弘文館，1977年）
稲生典太郎『日本外交思想史論考――第一条約改正論の展開』（小峰書店，1966年）
大石一男「大隈条約改正交渉再考――立案過程と国際的背景」（『史林』第85巻第6号，2002年）
同「青木外相期の条約改正交渉」（『史林』第87巻第4号，2004年）
加藤祐三『黒船前後の世界』（ちくま学芸文庫，1994年）
川島信太郎『条約改正経過概要』（日本国際連合協会，1950年）
小宮一夫『条約改正と国内政治』（吉川弘文館，2001年）
下村冨士男『明治維新の外交』（大八洲出版，1948年）
同『明治初年条約改正史の研究』（吉川弘文館，1962年）

津田多賀子「井上条約改正の再検討――条約改正予議会を中心に」(『歴史学研究』第575号, 1987年)
同「日清条約改正の断念と日清戦争」(『歴史学研究』第652号, 1993年)
中村菊男『新版 近代日本の法的形成――条約改正と法典編纂』(有信堂, 1963年)
広瀬靖子「井上条約改正交渉に関する一考察」(『近代中国研究』第7号, 1966年)
藤原明久『日本条約改正史の研究――井上・大隈の改正交渉と欧米列国』(雄松堂, 2004年)
森田朋子『開国と治外法権――領事裁判制度の運用とマリア・ルス号事件』(吉川弘文館, 2005年)
森谷秀亮『條約改正』(岩波書店, 1934年)
山本茂『条約改正史』(高山書院, 1943年, 大空社復刻, 1997年)

[第3章 列強への道をたどる日本と極東情勢]

井口和起『日露戦争の時代』(吉川弘文館, 1998年)
海野福寿『韓国併合』(岩波書店, 1995年)
同『韓国併合史の研究』(岩波書店, 2000年)
大江志乃夫「植民地戦争と総督府の成立」(『岩波講座 近代日本と植民地2 帝国統治の構造』岩波書店, 1992年)
大澤博明『近代日本の東アジア政策と軍事――内閣制と軍備路線の確立』(成文堂, 2001年)
岡本隆司『属国と自主のあいだ――近代清韓関係と東アジアの命運』(名古屋大学出版会, 2004年)
北岡伸一『日本陸軍と大陸政策 1906-1918年』(東京大学出版会, 1978年)
同『日本政治史――外交と権力』(放送大学教育振興会, 1989年)
小林道彦『日本の大陸政策 1895-1914――桂太郎と後藤新平』(南窓社, 1996年)
崔碩莞『日清戦争への道程』(吉川弘文館, 1997年)
斎藤聖二『日清戦争の軍事戦略』(芙蓉書房出版, 2003年)
髙橋秀直『日清戦争への道』(東京創元社, 1995年)
千葉功「満韓不可分論=満韓交換論の形成と多角的同盟・協商網の模索」(『史学雑誌』第105編第7号, 1996年a)
同「日露交渉――日露開戦原因の再検討」(近代日本研究会編『年報近代日本研究18 比較の中の近代日本思想』山川出版社, 1996年b)
同『旧外交の形成――日本外交 1900〜1919』(勁草書房, 2008年)
寺本康俊『日露戦争以後の日本外交――パワー・ポリティクスの中の満韓問題』(信山社, 1999年)
長田彰文『セオドア・ルーズベルトと韓国――韓国保護国化と米国』(未来社, 1992年)
服部龍二『東アジア国際環境の変動と日本外交 1918-1931』(有斐閣, 2001年)
馬場明『日露戦争後の満州問題』(原書房, 2003年)
春山明哲「明治憲法体制と台湾統治」(『岩波講座 近代日本と植民地4 統合と支配の論理』岩波書店, 1992年)
藤村道生『日清戦争――東アジア近代史の転換点』(岩波新書, 1973年)
同『日清戦争前後のアジア政策』(岩波書店, 1995年)
古屋哲夫『日露戦争』(中公新書, 1966年)
茂木敏夫「中華帝国の『近代』的再編と日本」(『岩波講座 近代日本と植民地1 植民地帝国日本』岩波書店, 1992年)

森山茂徳『近代日韓関係史研究——朝鮮植民地化と国際関係』(東京大学出版会，1987年)
同『日韓併合』(吉川弘文館，1992年)
吉村道男『増補 日本とロシア』(日本経済評論社，1991年)
李盛煥『近代東アジアの政治力学——間島をめぐる日中朝関係の史的展開』(錦正社，1991年)
廖隆幹「戊戌変法期における日本の対清外交」(『日本歴史』第471号，1987年)
Nish, Ian, *The Anglo-Japanese Alliance : The diplomacy of two island empires 1894-1907* (London, Dover : The Athlone Press, 1966)
Do., *The Origins of the Russo-Japanese War* (London, New York : Longman, 1985)

[第4章 中国をめぐる国際秩序再編と日中対立の形成]

明石岩雄「石井・ランシング協定の前提」(『奈良史学』第4号，1986年)
池田十吾『第一次世界大戦期の日米関係史』(成文堂，2002年)
臼井勝美『日本と中国——大正時代』(原書房，1972年)
NHK"ドキュメント昭和"取材班編『ドキュメント昭和1 ベルサイユの日章旗』(角川書店，1986年)
笠原十九司「北京政府とシベリア出兵——第一次大戦とロシア革命がもたらした東アジア世界の変動」(中央大学人文科学研究所編『民国前期中国と東アジアの変動』中央大学出版部，1999年)
川島真『中国近代外交の形成』(名古屋大学出版会，2004年)
北岡伸一『日本陸軍と大陸政策 1906-1918年』(東京大学出版会，1978年)
同「二十一ヵ条再考——日米外交の相互作用」(近代日本研究会編『年報近代日本研究 7 日本外交の危機認識』山川出版社，1985年)
斎藤聖二「寺内内閣における援段政策確立の経緯」(『国際政治』第83号，1986年)
佐藤公彦『義和団の起源とその運動——中国民衆ナショナリズムの誕生』(研文出版，1999年)
佐藤慎一『近代中国の知識人と文明』(東京大学出版会，1996年)
島津直子「人種差別撤廃案——パリ講和外交の一幕」(坂野潤治・新藤宗幸・小林正弥編『憲政の政治学』東京大学出版会，2006年)
関寛治『現代東アジア国際環境の誕生』(福村出版，1966年)
高原秀介『ウィルソン外交と日本——理想と現実の間 1913-1921』(創文社，2006年)
千葉功『旧外交の形成——日本外交 1900〜1919』(勁草書房，2008年)
中谷直司「ウィルソンと日本——パリ講和会議における山東問題」(『同志社法学』第300号，2004年)
波多野勝『近代東アジアの政治変動と日本の外交』(慶應通信，1995年)
服部龍二『東アジア国際環境の変動と日本外交 1918-1931』(有斐閣，2001年)
原暉之『シベリア出兵——革命と干渉 1917-1922』(筑摩書房，1989年)
坂野正高『近代中国政治外交史——ヴァスコ・ダ・ガマから五四運動まで』(東京大学出版会，1973年)
細谷千博『シベリア出兵の史的研究』(有斐閣，1955年)
同『両大戦間の日本外交 1914-1945』(岩波書店，1988年)
三谷太一郎『日本政党政治の形成——原敬の政治指導の展開』(東京大学出版会，1967年)
森川正則「寺内内閣期における西原亀三の対中国『援助』政策構想」(『阪大法学』第50

巻第 5 号，2001 年)
横山宏章『孫文と袁世凱——中華統合の夢』(岩波書店，1996 年)
吉澤誠一郎『愛国主義の創成——ナショナリズムから近代中国をみる』(岩波書店，2003 年)
吉村道男『増補 日本とロシア』(日本経済評論社，1991 年)

[第 5 章　ワシントン体制下の国際政治]

麻田貞雄『両大戦間の日米関係——海軍と政策決定過程』(東京大学出版会，1993 年)
伊藤隆『昭和初期政治史研究——ロンドン海軍軍縮問題をめぐる諸政治集団の対抗と提携』(東京大学出版会，1969 年)
入江昭『極東新秩序の模索』(原書房，1968 年)
臼井勝美『日中外交史——北伐の時代』(塙新書，1971 年)
同『日本と中国——大正時代』(原書房，1972 年)
同『日中外交史研究——昭和前期』(吉川弘文館，1998 年)
金子文夫『近代日本における対満州投資の研究』(近藤出版社，1991 年)
川島真『中国近代外交の形成』(名古屋大学出版会，2004 年)
久保亨『戦間期中国〈自立への模索〉——関税通貨政策と経済発展』(東京大学出版会，1999 年)
小池聖一『満州事変と対中国政策』(吉川弘文館，2003 年)
小林幸男『日ソ政治外交史——ロシア革命と治安維持法』(有斐閣，1985 年)
酒井哲哉『大正デモクラシー体制の崩壊——内政と外交』(東京大学出版会，1992 年)
佐藤元英『昭和初期対中国政策の研究——田中内閣の対満蒙政策』(原書房，1992 年)
関寛治「満州事変前史(1927〜1931 年)」(日本国際政治学会太平洋戦争原因研究部編『太平洋戦争への道』第 1 巻，朝日新聞社，1963 年)
土田哲夫「1929 年の中ソ紛争と『地方外交』」(『東京学芸大学紀要 第 3 部門 社会科学』第 48 集，1996 年)
栃木利夫・坂野良吉『中国国民革命——戦間期東アジアの地殻変動』(法政大学出版局，1997 年)
服部龍二『東アジア国際環境の変動と日本外交 1918-1931』(有斐閣，2001 年)
同編『満州事変と重光駐華公使報告書——外務省記録「支那ノ対外政策関係雑纂『革命外交』」に寄せて』(日本図書センター，2002 年)
同「『田中上奏文』と日中関係」(中央大学人文科学研究所編『民国後期中国国民党政権の研究』中央大学出版部，2005 年)
同「『田中上奏文』をめぐる論争——実存説と偽造説の間」(劉傑・三谷博・楊大慶編『国境を越える歴史認識——日中対話の試み』東京大学出版会，2006 年 a)
同『幣原喜重郎と 20 世紀の日本——外交と民主主義』(有斐閣，2006 年 b)
細谷千博・斎藤眞編『ワシントン体制と日米関係』(東京大学出版会，1978 年)
三谷太一郎『増補 日本政党政治の形成——原敬の政治指導の展開』(東京大学出版会，1995 年)
村井良太『政党内閣制の成立 1918〜27』(有斐閣，2005 年)
横山宏章『孫中山の革命と政治指導』(研文出版，1983 年)
Fung, Edmund S. K., *The Diplomacy of Imperial Retreat : Britain's South China Policy, 1924-1931* (Hong Kong, Oxford, New York : Oxford University Press, 1991)
Goto-Shibata, Harumi, *Japan and Britain in Shanghai, 1925-1931* (London : Macmillan

Press, 1995)
唐啓華『北京政府與国際聯盟（1919-1928）』（台北：東大図書公司，1998 年）
李恩涵『北伐前後的「革命外交」（1925-1931）』（台北：中央研究院近代史研究所，1993 年）

[第 6 章　満洲事変と日中紛争]

伊香俊哉『近代日本と戦争違法化体制』（吉川弘文館，2002 年）
石島紀之『中国抗日戦争史』（青木書店，1984 年）
石田憲編『膨張する帝国　拡散する帝国——第 2 次大戦に向かう日英とアジア』（東京大学出版会，2007 年）
井上寿一『危機のなかの協調外交——日中戦争に至る対外政策の形成と展開』（山川出版社，1994 年）
同『日本外交史講義』（岩波書店，2003 年）
入江昭『太平洋戦争の起源』（篠原初枝訳，東京大学出版会，1991 年）
臼井勝美『満洲国と国際連盟』（吉川弘文館，1995 年）
同『日中外交史研究——昭和前期』（吉川弘文館，1998 年）
内田尚孝『華北事変の研究——塘沽停戦協定と華北危機下の日中関係 1932-1935 年』（汲古書院，2006 年）
江口圭一『15 年戦争小史』（青木書店，1986 年；新版 1992 年）
衛藤瀋吉『近代東アジア国際関係史』（東京大学出版会，2004 年）
王建朗「盧溝橋事件後国民政府的和戦抉擇」（衛藤瀋吉編『共生から敵対へ』東方書店，2000 年）
加藤陽子『模索する 1930 年代——日米関係と陸軍中堅層』（山川出版社，1993 年）
久保亨『戦間期中国〈自立への模索〉——関税通貨政策と経済発展』（東京大学出版会，1999 年）
小池聖一『満洲事変と対中国政策』（吉川弘文館，2003 年）
酒井哲哉『大正デモクラシー体制の崩壊——内政と外交』（東京大学出版会，1992 年）
スラヴィンスキー，ボリス・スラヴィンスキー，ドミートリー『中国革命とソ連——抗日戦までの舞台裏』（加藤幸廣訳，共同通信社，2002 年）
ソーン，C.『満洲事変とは何だったのか——国際連盟と外交政策の限界』（上・下，市川洋一訳，草思社，1994 年）
田嶋信雄『ナチズム外交と「満洲国」』（千倉書房，1992 年）
同『ナチズム極東戦略——日独防共協定を巡る諜報戦』（講談社選書メチエ，1997 年）
田中仁『1930 年代中国政治史研究——中国共産党の危機と再生』（勁草書房，2002 年）
秦郁彦『盧溝橋事件の研究』（東京大学出版会，1996 年）
松浦正孝『財界の政治経済史——井上準之助・郷誠之助・池田成彬の時代』（東京大学出版会，2002 年）
安井三吉「塘沽停戦協定から盧溝橋事件へ」（衛藤瀋吉編『共生から敵対へ』東方書店，2000 年）
同『柳条湖事件から盧溝橋事件へ——1930 年代華北をめぐる日中の対抗』（研文出版，2003 年）
山室信一『キメラ——満洲国の肖像』（中公新書，1993 年）
鹿錫俊『中国国民政府の対日政策 1931-1933』（東京大学出版会，2001 年 a）
同「『連ソ』問題をめぐる国民政府の路線対立と『二重外交』」（島根県立大学北東アジア

地域研究センター『北東アジア研究』第1号, 2001年b)
同「満洲事変期における中国の対ソ政策」(『ロシア史研究』第78号, 2006年)
Coble, Parks M., *Facing Japan : Chinese Politics and Japanese Imperialism, 1931-1937* (Cambridge, Mass.: Harvard University Press, 1991)
鹿錫俊「日本對中国的観察与陳立夫訪蘇計劃的泄密」(中共中央文献研究室『党的文献』総第79期, 2001年c)
同「蔣介石的中日蘇関係観与『制俄攘日』戦略：1933～1934」(中国社会科学院『近代史研究』総第136期, 2003年)

[第7章　アジア太平洋戦争と東アジア国際政治の変容]

荒井信一『原爆投下への道』(東京大学出版会, 1985年)
粟屋憲太郎『未決の戦争責任』(柏書房, 1994年)
家永三郎『太平洋戦争』(岩波書店, 1968年；岩波現代文庫, 2002年)
五百旗頭真『米国の日本占領政策──戦後日本の設計図』(上・下, 中央公論社, 1985年)
伊香俊哉『近代日本と戦争違法化体制』(吉川弘文館, 2002年)
井上寿一『日本外交史講義』(岩波書店, 2003年)
入江昭『日本の外交──明治維新から現代まで』(中公新書, 1966年)
同『日米戦争』(中央公論社, 1978年)
同『太平洋戦争の起源』(篠原初枝訳, 東京大学出版会, 1991年)
海野芳郎『国際連盟と日本』(原書房, 1972年)
江口圭一『15年戦争小史』(青木書店, 1986年；新版1992年)
同『日中アヘン戦争』(岩波新書, 1988年)
衛藤瀋吉『近代東アジア国際関係史』(東京大学出版会, 2004年)
笠原十九司『アジアの中の日本軍──戦争責任と歴史学・歴史教育』(大月書店, 1994年)
後藤乾一『昭和期日本とインドネシア──1930年代「南進」の論理・「日本観」の系譜』(勁草書房, 1986年)
同『近代日本と東南アジア──南進の「衝撃」と「遺産」』(岩波書店, 1995年)
塩崎弘明『日英米戦争の岐路──太平洋の宥和をめぐる政戦略』(山川出版社, 1984年)
篠原初枝『戦争の法から平和の法へ──戦間期のアメリカ国際法学者』(東京大学出版会, 2003年)
須藤眞志『日米開戦外交の研究──日米交渉の発端からハル・ノートまで』(慶應通信, 1986年)
スラヴィンスキー, ボリス『考証 日ソ中立条約──公開されたロシア外務省機密文書』(高橋実・江沢和弘訳, 岩波書店, 1996年)
ソーン, C.『太平洋戦争とは何だったのか──1941-45年の国家, 社会, そして極東戦争』(市川洋一訳, 草思社, 1989年)
田嶋信雄『ナチズム極東戦略──日独防共協定を巡る諜報戦』(講談社選書メチエ, 1997年)
ダワー, J.『人種偏見──太平洋戦争に見る日米摩擦の底流』(斎藤元一訳, 猿谷要監修, TBSブリタニカ, 1987年)
土田哲夫「中国抗日戦略と対米『国民外交工作』」(石島紀之・久保亨編『重慶国民政府史の研究』東京大学出版会, 2004年)

戸部良一『ピース・フィーラー――支那事変和平工作の群像』(論創社, 1991 年)
波多野澄雄『太平洋戦争とアジア外交』(東京大学出版会, 1996 年)
福田茂夫『アメリカの対日参戦――対外政策決定過程の研究』(ミネルヴァ書房, 1967 年)
細谷千博「三国同盟と日ソ中立条約 (1939 年～1941 年)」(日本国際政治学会太平洋戦争原因研究部編『太平洋戦争への道』第 5 巻, 朝日新聞社, 1963 年)
細谷千博・本間長世編『日米関係史――摩擦と協調の 140 年』(有斐閣, 1991 年新版)
細谷千博編『日米関係通史』(東京大学出版会, 1995 年)
松浦正孝『日中戦争期における経済と政治――近衛文麿と池田成彬』(東京大学出版会, 1995 年)
森山優『日米開戦の政治過程』(吉川弘文館, 1998 年)
吉田裕『天皇の軍隊と南京事件――もうひとつの日中戦争史』(青木書店, 1986 年)
同『昭和天皇の終戦史』(岩波新書, 1992 年)
同『日本人の戦争観――戦後史のなかの変容』(岩波書店, 1995 年)
吉見義明『従軍慰安婦』(岩波新書, 1995 年)
劉傑『日中戦争下の外交』(吉川弘文館, 1995 年)
鹿錫俊「世界化する戦争と中国の『国際的解決』戦略――日中戦争, ヨーロッパ戦争と第 2 次世界大戦」(石田憲編『膨脹する帝国　拡散する帝国――第 2 次大戦に向かう日英とアジア』東京大学出版会, 2007 年)
Duus, Peter, *et al.*, *The Japanese Wartime Empire, 1931-1945* (Princeton University Press, 1996)
Sun, Youli, *China and the Origins of the Pacific War, 1931-1941* (New York : St. Martin's Press, 1993)
陶文剣・楊奎松・王建朗『抗日戦争時期中国対外関係』(中共党史出版社, 1995 年)
鹿錫俊「日本的対華対美政策与中日美関係的演変」(『中国人文社会科学博士碩士文庫・歴史学巻』(下), 浙江教育出版社, 1998 年)
同「抗戦前期国民政府対日美関係的反応」(中国近代史研究所編『1930 年代的中国』中国社会科学文献出版社, 2006 年)

[第 8 章　国際政治の中の植民地支配]

浅野豊美「国際関係から見た台湾法制の起源――原敬と陸奥条約の台湾適用問題」(中京大学社会科学研究所『社会科学研究』第 25 巻第 1 号, 2004 年 a)
同「植民地での条約改正と日本帝国の法的形成」(浅野豊美・松田利彦編『植民地帝国日本の法的構造』信山社, 2004 年 b)
石井摩耶子『近代中国とイギリス資本――19 世紀後半のジャーディン・マセソン商会を中心に』(東京大学出版会, 1998 年)
内海愛子『朝鮮人 BC 級戦犯の記録』(勁草書房, 1982 年)
エッカート, カーター・J.『日本帝国の申し子――高敞の金一族と韓国資本主義の植民地起源 1876-1945』(小谷まさ代訳, 草思社, 2004 年)
江橋崇「植民地における憲法の適用――明治立憲体制の一側面」(『法学志林』第 82 巻第 3・4 号, 1985 年)
小川原宏幸「日本の韓国司法侵奪過程――「韓国の司法及監獄事務を日本政府に委託の件に関する覚書」をめぐって」(『文学研究論集 (明治大学大学院)』第 11 号, 1999 年)

同「日本の韓国保護政策と韓国におけるイギリスの領事裁判権――ベッセル裁判を事例として」(『駿台史学』第 110 号, 2000 年)
同「朝鮮における各国居留地撤廃交渉と条約関係」(『文学研究論集 (明治大学大学院)』第 14 号, 2001 年)
何義麟『二・二八事件――「台湾人」形成のエスノポリティクス』(東京大学出版会, 2003 年)
河原林直人『近代アジアと台湾――台湾茶業の歴史的展開』(世界思想社, 2003 年)
北岡伸一『後藤新平――外交とヴィジョン』(中公新書, 1988 年)
黄昭堂『台湾民主国の研究――台湾独立運動史の一断章』(東京大学出版会, 1970 年)
駒込武『植民地帝国日本の文化統合』(岩波書店, 1996 年)
同「『文明』の秩序とミッション――イングランド長老教会と 19 世紀のブリテン・中国・日本」(『年報近代日本研究 19 地域史の可能性』山川出版社, 1997 年)
同「日本の植民地支配と近代――折り重なる暴力」(『Traces』第 2 号, 2001 年)
同「1930 年代台湾におけるミッション・スクール排撃運動」(『岩波講座 近代日本の文化史 7 総力戦下の知と制度』岩波書店, 2002 年)
同「朝鮮における神社参拝問題と日米関係――植民地支配と『内部の敵』」(『岩波講座 アジア太平洋戦争 4 帝国の戦争経験』岩波書店, 2006 年)
呉密察「日清戦争と台湾」(東アジア近代史学会編『日清戦争と東アジア世界の変容』上巻, ゆまに書房, 1997 年)
近藤正己『総力戦と台湾――日本植民地崩壊の研究』(刀水書房, 1996 年)
戴国煇「霧社蜂起と中国革命」(戴国煇編『台湾霧社蜂起事件――研究と資料』社会思想社, 1981 年)
長田彰文『セオドア・ルーズベルトと韓国――韓国保護国化とアメリカ』(未来社, 1992 年)
同『日本の朝鮮統治と国際関係――朝鮮独立運動とアメリカ 1910-1922』(平凡社, 2005 年)
中塚明「朝鮮支配の矛盾と『満州事変』」(『季刊現代史』創刊号, 1972 年)
VAWW-NET Japan 編 (金富子・宋連玉責任編集)『『慰安婦』・戦時性暴力の実態 I 日本・台湾・朝鮮編』(緑風出版, 2000 年)
服部龍二『東アジア国際環境の変動と日本外交 1918-1931』(有斐閣, 2001 年)
春山明哲「近代日本の植民地統治と原敬」(春山明哲・若林正丈編集責任『日本植民地主義の政治的展開――その統治体制と台湾の民族運動 1895-1934 年』アジア政経学会, 1980 年)
同「明治憲法体制と台湾統治」(『岩波講座 近代日本と植民地 4 統合と支配の論理』岩波書店, 1993 年)
檜山幸夫『日清戦争――秘蔵写真が明かす真実』(講談社, 1997 年)
同「台湾総督の律令制定権と外地統治論」(『台湾総督府文書目録』第 4 巻, ゆまに書房, 1998 年)
平井廣一『日本植民地財政史研究』(ミネルヴァ書房, 1997 年)
松浦正孝「汎アジア主義における『台湾要因』――両岸関係をめぐる日・英中間抗争の政治経済史的背景」(『北大法学論集』第 55 巻第 3 号, 2004 年).
宮田節子『朝鮮民衆と「皇民化」政策』(未来社, 1985 年)
森山茂徳『近代日韓関係史研究――朝鮮植民地化と国際関係』(東京大学出版会, 1987 年)
矢内原忠雄『帝国主義下の台湾』(岩波書店, 1929 年, 再刊 1988 年)

山本有造『日本植民地経済史研究』（名古屋大学出版会，1992年）
李景珉『朝鮮現代史の岐路――八・一五から何処へ』（平凡社，1996年）
李盛煥『近代東アジアの政治力学――間島をめぐる日中朝関係の史的展開』（錦正社，1991年）
若林正丈『増補版 台湾抗日運動史研究』（研文出版，2001年）
Ion, A. Hamish, *The Cross and the Rising Sun : The Canadian Protestant Missionary in the Japanese Empire* (Ontario : Wilfrid Laurier University Press, 1991)

[第9章 日本の復興と国共内戦・朝鮮戦争]
〈1-3節〉
赤木完爾『第二次世界大戦の政治と戦略』（慶應義塾大学出版会，1997年）
浅井良夫『戦後改革と民主主義――経済復興から高度成長へ』（吉川弘文館，2001年）
五百旗頭真「アメリカの対日占領管理構想」（中村政則ほか編『世界史のなかの1945年』岩波書店，1995年）
同『戦争・占領・講和――1941-1955』（中央公論新社，2001年）
同『戦後日本外交史』（有斐閣，1999年）
同『占領期――首相たちの新日本』（読売新聞社，1997年）
井口治夫「戦後日本の君主制とアメリカ」（伊藤之雄・川田稔編『20世紀日本の天皇と君主制――国際比較の視点から 1867-1947』吉川弘文館，2004年）
同「戦後初期日本の経済政策と日米関係――鮎川義介の戦後復興構想を中心に」（川田稔・伊藤之雄編『20世紀日米関係と東アジア』風媒社，2002年）
同「アメリカの極東政策――ハーバート・C・フーヴァーと日米関係」（伊藤之雄・川田稔編『環太平洋の国際秩序の模索と日本――第一次世界大戦後から55年体制成立』山川出版社，1999年）
臼井勝美『新版 日中戦争――和平か戦線拡大か』（中公新書，2000年）
加藤恭子『田島道治――昭和に「奉公」した生涯』（TBSブリタニカ，2002年）
高橋紘『象徴天皇の誕生――昭和天皇と侍従次長・木下道雄の時代』（角川書店，2002年）
武田清子『天皇観の相克――1945年前後』（岩波書店，1978年）
竹前栄治『GHQの人びと――経歴と政策』（明石書店，2002年）
同「GHQ論――その組織と改革者たち」（中村正則ほか編『占領と改革』岩波書店，2005年）
豊下楢彦『日本占領管理体制の成立――比較占領史序説』（岩波書店，1992年）
中村政則『戦後史』（岩波新書，2005年）
波多野澄雄「『大東亜戦争』の時代」江藤淳監修『昭和史 その遺産と負債』（朝日出版，1989年）
秦郁彦『昭和天皇五つの決断』（文藝春秋，1994年）
細谷千博『サンフランシスコ講和への道』（中央公論社，1984年）
升味準之輔「戦後史の起源と位相」（中村政則ほか編『占領と改革』岩波書店，2005年）
三和良一「戦後民主化と経済再建」（中村隆英編『「計画化」と「民主化」』岩波書店，1989年）
Ambrose, Stephen E., *Eisenhower Volume One : Soldier, General of the Army, President-Elect, 1890-1952* (New York : Simon and Schuster, 1983)
Bacevich, A. J., *Diplomat in Khaki : Major General Frank Ross McCoy and American*

Foreign Policy, 1898-1949 (Lawrence, Kansas : University Press of Kansas, 1989)
Bonner Fellers Papers (フェラーズ文書), The MacArthur Memorial Library, Norfolk, Virginia
Borden, William S., *The Pacific Alliance : United States Foreign Policy and Japanese Trade Recovery, 1947-1955* (Madison : The University of Wisconsin Press, 1984)
Cohen, Warren I., *America's Response to China : A History of Sino-American Relations* (New York : Columbia University Press, 2000)
Douglas MacArthur Papers (マッカーサー文書), The MacArthur Memorial Library, Norfolk, Virginia
Hasegawa, Tsuyoshi, *Facing the Enemy : Stalin, Truman, and the Surrender of Japan* (Cambridge, MA : Harvard University Press, 2005)
Iguchi, Haruo, *Unfinished Business : Ayukawa Yoshisuke and U. S.-Japan Relations, 1937-1953* (Cambridge, Mass. : Harvard University Asia Center, 2003)
Iguchi, Haruo, "Bonner Fellers and U. S.-Japan Relations, June 1945-June 1946" (*Journal of American and Canadian Studies*, No. 20, 2002)
James, D. Clayton, *The Years of MacArthur : Volume III Triumph and Disaster, 1945-1964* (Boston : Houghton Mifflin Company, 1985)
Janssens, Rudolf V. A., *"What Future for Japan?" : U. S. Wartime Planning for the Postwar Era, 1942-1945* (Amsterdam : Rodopi B. V., 1995)
Leffler, Melvyn P., *A Preponderance of Power : National Security, the Truman Administration, and the Cold War* (Stanford, CA : Stanford University Press, 1992)
Schaller, Michael, *The American Occupation of Japan : The Origins of the Cold War in Asia* (New York : Oxford University Press, 1985)
Schaller, Michael, *Douglas MacArthur : The Far Eastern General* (New York : Oxford University Press, 1989)
Schonberger, Howard, *Aftermath of War : Americans and the Remaking of Japan* (Kent, Ohio : The Kent State University Press, 1989)
Spector, Ronald H., *Eagle and the Sun : The American war with Japan* (London : Penguin Books, 1984)
Takemae, Eiji, *Inside GHQ : The Allied Occupation of Japan and Its Legacy* (New York : Continuum International Publishing Group, 2002)
Thorne, Christopher, *Allies of a Kind : the United States, Britain and the War against Japan, 1941-1945* (New York : Oxford University Press, 1978)
Yergin, Daniel, *Shattered Peace : The Origins of the Cold War* (New York : Penguin Books, 1990)

〈4-5 節〉
家近亮子『日中関係の基本構造――2つの問題点・9つの決定事項』（晃洋書房，2003 年）
小此木政夫『朝鮮戦争――米国の介入過程』（中央公論社，1986 年）
カミングス，ブルース『朝鮮戦争の起源』（第1・2巻，鄭敬謨・林哲訳，シアレヒム社，1989・1991 年）
河原地英武「朝鮮戦争とスターリン」（『軍事史学』第 36 巻第 1 号，2000 年 6 月）
小島朋之・国分良成『国際情勢ベーシックシリーズ① 東アジア』（自由国民社，1997 年）
下斗米伸夫『アジア冷戦史』（中公新書，2004 年）
朱建栄『毛沢東の朝鮮戦争――中国が鴨緑江を渡るまで』（岩波現代文庫，2004 年）

鐸木昌之「朝鮮戦争」（小此木政夫・赤木完爾編『冷戦期の国際政治』慶應通信，1987年）
武見敬三「台湾をめぐる危機の原型」（小此木政夫・赤木完爾編『冷戦期の国際政治』慶應通信，1987年）
平松茂雄『中国と朝鮮戦争』（勁草書房，1988年）
森下修一編『国共内戦史』（三州書房，1970年）
山田辰雄「平和と民主主義の段階における中国国民党の戦後政権構想」（石川忠雄教授還暦記念論文集編集委員会編『現代中国と世界——その政治的展開』慶應通信，1982年）
横山宏章『中華民国——賢人支配の善政主義』（中公新書，1997年）
和田春樹『朝鮮戦争全史』（岩波書店，2002年）
Pepper, Suzanne, *Civil War in China : The Political Struggle, 1945-1949* (Berkeley : University of California Press, 1978)
Tucker, Nancy Bernkopf, *Taiwan, Hong Kong, and the United States 1949-1992 : Uncertain Friendships* (New York : Twayne Publishers, 1994)
抗美援朝戦争編輯委員会『抗美援朝戦争』（北京：中国社会科学出版社，1990年）
国防大学「戦史簡編」編写組編『中国人民解放軍戦史簡編』（北京：解放軍出版社，1986年）
張玉法『増訂版 中国現代史』（台北：東華書局，2001年）

［第10章 中国分断後の国際情勢と日米安保改定］
〈1-2節〉
猪木正道『評伝吉田茂』（上・中・下，読売新聞社，1978-81年）
殷燕軍『中日戦争賠償問題——中国国民政府の戦時・戦後対日政策を中心に』（御茶の水書房，1996年）
袁克勤『アメリカと日華講和——米・日・台関係の構図』（柏書房，2001年）
北岡伸一「賠償問題の政治力学（1945-59）」（北岡伸一・御厨貴編『戦争・復興・発展——昭和政治史における権力と構想』東京大学出版会，2000年）
草野厚「第4次日中貿易協定と日華紛争——1958年3月5日-4月9日」（『国際政治』第66号，1980年）
田中明彦『日中関係 1945-1990』（東京大学出版会，1991年）
ダワー，ジョン『吉田茂とその時代』（上・下，大窪愿二訳，TBSブリタニカ，1981年）
陳肇斌『戦後日本の中国政策——1950年代東アジア国際政治の文脈』（東京大学出版会，2000年）
古川万太郎『改訂・増補 日中戦後関係史』（原書房，1988年）
細谷千博『サンフランシスコ講和への道』（中央公論社，1984年）
三谷太一郎『二つの戦後——権力と知識人』（筑摩書房，1988年）

〈3節〉
石井明『中ソ関係史の研究 1945-1950』（東京大学出版会，1990年）
岡部達味『中国の対外戦略』（東京大学出版会，2002年）
グロムイコ，アンドレイ『グロムイコ回想録——ソ連外交秘史』（読売新聞社外報部訳，読売新聞社，1989年）
師哲・李海文『毛沢東側近回想録』（劉俊南・横澤泰夫訳，新潮社，1995年）

下斗米伸夫『アジア冷戦史』（中公新書，2004 年）
中嶋嶺雄『中ソ対立と現代——戦後アジアの再考察』（中央公論社，1978 年）
平松茂雄『中国，核ミサイルの標的』（角川書店，2006 年）
毛里和子『中国とソ連』（岩波新書，1989 年）
Talbott, Strobe, translate & ed., *Khrushchev Remembers* (Boston : Little, Brown & Co., 1970)
徐成芳『和平方略——中国外交策略研究』（時事出版社，北京，2001 年）
戴超武「中国核武器的発展与中蘇関係的破裂 (1), (2)」（『当代中国史研究』第 8 巻第 3 期および 5 期，2001 年）
沈志華，謝・岡察洛夫『「中蘇友好同盟互助条約」的簽訂——願望和結果』（『中共党史研究』1998 年第 2 期，および同年第 3 期）

〈4 節〉
明田川融『日米行政協定の政治史——日米地位協定研究序説』（法政大学出版局，1999 年）
池田慎太郎『日米同盟の政治史——アリソン駐日大使と「1955 年体制」の成立』（国際書院，2004 年）
NHK 取材班『戦後 50 年その時日本は 第 1 巻 国産乗用車・ゼロからの発進／60 年安保と岸信介・秘められた改憲構想』（日本放送出版協会，1995 年）
坂元一哉『日米同盟の絆——安保条約と相互性の模索』（有斐閣，2000 年）
中野好夫・新崎盛暉『沖縄戦後史』（岩波新書，1976 年）
原彬久『日米関係の構図——安保改定を検証する』（NHK ブックス，1991 年）
同『岸信介——権勢の政治家』（岩波新書，1995 年）

[第 11 章　アジア冷戦の変容と日本の戦後処理]
池田直隆『日米関係と「二つの中国」——池田・佐藤・田中内閣期』（木鐸社，2004 年）
石井明「1960 年代前半の日台関係——周鴻慶事件から反共参謀部設立構想の推進へ」（『国際法外交雑誌』第 101 巻第 2 号，2002 年）
太田修『日韓交渉——請求権問題の研究』（クレイン，2003 年）
太田昌克『盟約の闇——「核の傘」と日米同盟』（日本評論社，2004 年）
奥薗秀樹「朴正煕のナショナリズムと対米依存」（『国際政治』第 126 号，2001 年）
我部政明『沖縄返還とは何だったのか——日米戦後交渉史の中で』（NHK ブックス，2000 年）
カミングス，ブルース『現代朝鮮の歴史——世界のなかの朝鮮』（横田安司・小林知子訳，明石書店，2003 年）
菅英輝「ベトナム戦争における日本政府の和平努力と日米関係——1965 年～68 年」（『国際政治』第 130 号，2002 年）
木宮正史「1960 年代韓国における冷戦外交の三類型——日韓国交正常化，ベトナム派兵，ASPAC」（小此木政夫・文正仁編『日韓共同研究叢書 4 市場・国家・国際体制』慶應義塾大学出版会，2001 年）
木村汎『日露国境交渉史——領土問題にいかに取り組むか』（中公新書，1993 年）
倉田秀也「朴正煕「自主国防論」と日米「韓国条項」——「総力安保体制」の国際政治経済」（小此木政夫・文正仁編『日韓共同研究叢書 4 市場・国家・国際体制』慶應義塾大学出版会，2001 年）

黒崎輝『核兵器と日米関係——アメリカの核不拡散外交と日本の選択 1960-1976』（有志舎，2006年）
河野康子『沖縄返還をめぐる政治と外交——日米関係史の文脈』（東京大学出版会，1994年）
清水麗「『第二次吉田書簡（1964年）』をめぐる日中台関係の展開」（『筑波大学地域研究』第19号，2001年）
下斗米伸夫『アジア冷戦史』（中公新書，2004年）
朱建栄『毛沢東のベトナム戦争——中国外交の大転換と文化大革命の起源』（東京大学出版会，2001年）
徐大粛『金日成と金正日——革命神話と主体思想』（古田博司訳，岩波書店，1996年）
高崎宗司『検証日韓会談』（岩波新書，1996年）
チャ，ヴィクター・D.『米日韓 反目を超えた提携』（倉田秀也訳，船橋洋一監訳，有斐閣，2003年）
名越健郎『クレムリン秘密文書は語る——闇の日ソ関係史』（中公新書，1994年）
波多野澄雄編『池田・佐藤政権期の日本外交』（ミネルヴァ書房，2004年）
比嘉康文『「沖縄独立」の系譜——琉球国を夢見た6人』（琉球新報社，2004年）
増田弘・波多野澄雄編『アジアのなかの日本と中国——友好と摩擦の現代史』（山川出版社，1995年）
松岡完『ベトナム戦争——誤算と誤解の戦場』（中公新書，2001年）
宮城大蔵『戦後アジア秩序の模索と日本——「海のアジア」の戦後史 1957〜1966』（創文社，2004年）
吉澤文寿『戦後日韓関係——国交正常化交渉をめぐって』（クレイン，2005年）
李鍾元「韓日国交正常化の成立とアメリカ——1960〜65年」（『年報近代日本研究』第16号，1994年）
若泉敬『他策ナカリシヲ信ゼムト欲ス』（文藝春秋，1994年）

[第12章　日中国交正常化から中国の改革開放へ]

石井明・朱建栄・添谷芳秀・林暁光編『日中国交正常化・日中平和友好条約締結交渉——記録と考証』（岩波書店，2003年）
緒方貞子『戦後日中・米中関係』（添谷芳秀訳，東京大学出版会，1992年）
岡部達味『中国の対日政策』（東京大学出版会，1976年）
同編『中国外交——政策決定の構造』（日本国際問題研究所，1983年）
同編『中国をめぐる国際環境』（『岩波講座現代中国』第6巻，岩波書店，1990年）
小川平四郎『父の中国と私の中国——書が語る日中の百年』（サイマル出版会，1990年）
外務省アジア局中国課監修『日中関係基本資料集』（財団法人霞山会，1970-1998年）
小島朋之編『アジア時代の日中関係——過去と未来』（サイマル出版会，1995年）
孫平化『中国と日本に橋を架けた男』（日本経済新聞社，1998年）
田川誠一『日中交渉秘録——田川日記・14年の証言』（毎日新聞社，1973年）
田中明彦『日中関係 1945-1990』（東京大学出版会，1991年）
田畑光永『鄧小平の遺産——離心・流動の中国』（岩波新書，1995年）
東郷文彦『日米外交30年——安保・沖縄とその後』（世界の動き社，1982年）
永野信利『天皇と鄧小平の握手——実録・日中交渉秘史』（行政問題研究所出版局，1983年）
日中友好協会編『日中友好運動50年』（東方書店，2000年）

古川万太郎『日中戦後関係史』(原書房，1981 年)
古沢健一『日中平和友好条約——昭和秘史』(講談社，1988 年)
増田弘編『ニクソン訪中と冷戦構造の変容——米中接近の衝撃と周辺諸国』(慶應義塾大学出版会，2006 年)
毛里和子『中国とソ連』(岩波新書，1989 年)
毛里和子・毛里興三郎訳『ニクソン訪中機密会談録』(名古屋大学出版会，2001 年)
毛里和子・増田弘監訳『周恩来キッシンジャー機密会談録』(岩波書店，2004 年)
横山宏章『日中の障壁——戦争と友好の代償』(サイマル出版社，1994 年)
李恩民『「日中平和友好条約」交渉の政治過程』(御茶の水書房，2005 年)
劉徳有『時は流れて——日中関係秘史 50 年』(上・下，王雅丹訳，藤原書店，2002 年)
若月秀和『「全方位外交」の時代——冷戦変容期の日本とアジア 1971-80 年』(日本経済評論社，2006 年)
渡辺昭夫『アジア・太平洋の国際関係と日本』(東京大学出版会，1992 年)
Scalapino, Robert A., *Major Power Relation in Northeast Asia* (Lanham, MD : University Press of America, 1987)
徐之先主編『中日関係三十年』(時事出版社〔北京〕，2002 年)

[終　章　グローバル化時代の東アジア]

五百旗頭真編『戦後日本外交史』(有斐閣，1999 年)
大庭三枝『アジア太平洋地域形成への道程——境界国家日豪のアイデンティティ模索と地域主義』(ミネルヴァ書房，2004 年)
北岡伸一『「普通の国」へ』(中央公論新社，2000 年)
黒田勝弘『韓国人の歴史観』(文春新書，1999 年)
高原明生「アメリカから見た日中関係」(『東亜』第 471 号，2006 年)
田中明彦『日中関係 1945-1990 年』(東京大学出版会，1991 年)
高橋哲哉『靖国問題』(ちくま新書，2005 年)
波多野澄雄「『歴史和解』への道標——戦後日本外交における『歴史問題』」(添谷芳秀・田所昌幸編『現代東アジアと日本 1 日本の東アジア構想』慶應義塾大学出版会，2004 年)
船橋洋一『同盟漂流』(岩波書店，1997 年)
毛里和子「中国のアジア地域外交」(渡邉昭夫編『アジア太平洋連帯構想』NTT 出版，2005 年)
劉傑『中国人の歴史観』(文春新書，1999 年)
リリー，R. ジェームズ『チャイナハンズ——元駐中米国大使の回想 1916-1991』(西倉一喜訳，草思社，2006 年)
銭其琛『外交十記』(世界知識出版社，2003 年)

年　表

年	事　項
1793	8 イギリスからマカートニー使節団が到来〔中〕
1816	7 イギリスからアマースト使節団が到来〔中〕
1824	3 第1次ビルマ戦争開始(-26)，ビルマにイギリス勝利〔東南ア〕
1825	2 異国船打払令を出す〔日〕
1840	6 イギリスとアヘン戦争(-42)〔中〕
1842	4 清国人の越境禁止を要請する〔朝〕　7 異国船打払令を撤回し，薪水給与令を発布する〔日〕　8 イギリスと南京条約を締結，香港割譲〔中〕
1844	7 オランダ使節が，鎖国撤廃を勧告する国書を携え，長崎に入港する〔日〕　アメリカと望廈条約を締結〔中〕
1848	2 マルクス・エンゲルスが『共産党宣言』を発表する　この年，ヨーロッパ各地で革命がおこる
1849	12 老中阿部正弘が海防強化令を布告する〔日〕
1850	太平天国の乱(-64)〔中〕
1851	5 ロンドンで最初の万国博覧会が開催される
1852	4 第2次ビルマ戦争開始(-12)，イギリス勝利，ペグー占領〔東南ア〕
1853	7 ペリーが浦賀に来航する〔日〕　8 ロシア艦隊プチャーチンが長崎に来航する〔日〕　10 クリミア戦争が勃発する
1854	3 日米和親条約に調印する〔日〕　7 ペリーが那覇に来航し，琉球と和親条約を結ぶ〔日〕　11 日英和親条約に調印する〔日〕
1855	2 日露和親条約に調印する〔日〕　11 琉球がフランスと和親条約を結ぶ〔日〕
1856	1 日蘭和親条約に調印する〔日〕　10 英仏とアロー戦争(-60)〔中〕
1858	5 ロシアとアイグン条約を締結〔中〕　6 露米英仏と天津条約を締結〔中〕　7 日米修好通商条約および貿易章程に調印する〔日〕　8 蘭・露・英と修好通商条約を締結する〔日〕　10 日仏修好通商条約に調印する〔日〕　この年，フランスのナポレオン3世がヴェトナム侵略開始(-67)，コーチシナ占領〔東南ア〕
1859	6 条約締結5か国に長崎・箱館・横浜における自由貿易を許可する〔日〕
1860	10 英仏露と北京条約を締結(-11月)〔中〕
1861	1 プロイセンと修好通商条約に調印する〔日〕　総理各国事務衙門の設置〔中〕　4 アメリカ南北戦争がはじまる
1862	1 遣欧使節が出発する〔日〕　6 第1次サイゴン条約，フランスがコーチシナの一部を領有〔東南ア〕
1863	8 生麦事件で薩英戦争がおこる〔日〕　フランスがカンボジアを保護国とする〔東南ア〕
1864	9 英・仏・米・蘭が下関で長州藩を砲撃する〔日〕
1866	4 学術・商業のための海外渡航が許可される〔日〕　5 英・仏・米・蘭と改税約書に調印する〔日〕　8 清から最後の冊封使が琉球へ〔日〕　9 アメリカ船シャーマン号が平壌を攻撃する〔朝〕　10 第1インターナショナル第1回大会がジュネーヴで開催される
1867	マライ海峡植民地がイギリスの直轄地となる〔東南ア〕
1868	1 明治維新がおこる〔日〕　10 万国通信同盟が結成される
1869	11 スエズ運河が開通する　12 朝鮮北部の住民多数がロシア沿海州に移住する〔朝〕
1870	7 普仏戦争がおこる
1871	6 アメリカ軍が江華島を攻撃する〔朝〕　7 ロシア，イリ地方を占領〔中〕　9 日清修好条規を締結〔日〕　11 岩倉具視らを遣欧使節団の派遣を決定する〔日〕　12 琉球漁船が難破，生存者が台湾原住民に殺害される(台湾事件)〔台〕
1872	9 琉球藩を設置する〔日〕
1873	10 ドイツ・ロシア・オーストリアが三帝同盟を結ぶ　征韓論をめぐり西郷隆盛らが下野する〔日〕　アチェー戦争開始(-1904，スマトラ北部でオランダに対抗)〔東南ア〕
1874	2 台湾出兵を決定する〔日，台〕　5 日本の台湾出兵(10 英公使による日清間調停)〔台〕　9 国際郵便会議がベルリンで開催される

年	事　項
1875	5 ロシアと樺太・千島交換条約に調印する〔日〕　9 日本軍雲揚艦が朝鮮の江華島を攻撃する(江華島事件)〔日, 朝〕
1876	2 日朝修好条規に調印する〔日, 朝〕　10 小笠原諸島領有を宣言する〔日〕
1878	6 ベルリン会議が開催される　7 日本の関税自主権などを認めた協定をアメリカと調印する〔日〕　9 琉球の清への入貢を日本が阻止し, 清が抗議をおこなう〔日〕　釜山海関が業務を開始する〔朝〕
1879	4 琉球藩を廃止し, 沖縄県を設置する〔日〕
1881	1 統理機務衙門を設置する〔朝〕　2 ロシアとイリ条約を締結, 国境再画定〔中〕　6 ドイツ・ロシア・オーストリアが新三帝同盟を結ぶ
1882	1 条約改正のための第1回予備会議を開催する〔日〕　5 ドイツ・オーストリア・イタリアが三国同盟を結成する　朝米修好条規(シューフェルト条約)に調印する〔朝〕　7 壬午事変がおこる〔日, 朝〕　8 朝鮮と済物浦条約を締結する〔日, 朝〕　10 清韓水陸貿易章程を締結, 袁世凱を派遣, 駐兵〔中, 朝〕
1883	8 フランス, ヴェトナムを保護国化(第1次フエ条約, 84.6, 第2次フエ条約)〔東南ア〕　9 日本と仁川租界条約に調印する〔日, 朝〕　11 清・ヴェトナム軍とフランス軍が交戦〔中, 東南ア〕
1884	4 清国人に内地行商を許可する〔朝〕　7 朝露修好条規に調印する〔朝〕　8 清, フランスに宣戦(清仏戦争-85.6)〔中〕　10 フランスが台湾封鎖を宣言する〔台〕　11 新疆に省制を施行〔中〕　12 甲申政変が発生し, 日清両国が朝鮮に出兵する〔朝, 日〕
1885	4 天津条約に調印する〔日, 中〕　6 フランスと天津条約を締結〔中〕　清仏戦争の結果, 天津条約で清がヴェトナム宗主権を放棄〔東南ア〕　10 大院君が清国から帰国する〔朝〕　台湾に省制を施行〔中〕　11 第3次ビルマ戦争でコンバウン朝滅亡, 86.3 ビルマ全土を英領インドへ併合〔東南ア〕
1886	5 各国公使と第1回条約改正会議を開く〔日〕　6 フランスと修好通商条規に調印する〔朝〕　10 イギリス船ノルマントン号が紀州沖で沈没し, 日本人乗客全員が溺死する(領事裁判権が問題化する)〔日〕
1887	4 条約改正案が合意され, 各国政府に送付される〔日〕　6 ドイツ・ロシアが再保障条約に調印する　10 フランス領インドシナ連邦が発足〔東南ア〕
1889	7 第2インターナショナルが発足する　10 ワシントンで第1回パン・アメリカ会議が開かれる
1890	6 ドイツとロシアの再保障条約が失効する
1891	5 来日中のロシア皇太子ニコライが大津で襲われる〔日〕
1893	フランス, ラオスを保護領化〔東南ア〕
1894	1 露仏同盟が成立する　3 甲午農民戦争が勃発〔朝〕　5 朝鮮国王が清に出兵を要請する〔朝, 中〕　7 ハワイ共和国が成立を宣言する　日英通商航海条約に調印する(領事裁判権の撤廃)〔日〕　8 日清戦争がおこる(7月開戦, 8月両国宣戦布告)〔日, 中〕　10 日本人顧問による内政改革(甲午改革)が実施される〔朝, 日〕
1895	4 ドイツ・ロシア・フランスが三国干渉を行う　下関条約に調印する〔日, 中〕　5 清総理衙門から割譲の報, それを受け台湾民主国の独立宣言, 唐景崧を主席とする。月末, 日本軍, 台湾北東部の海岸から上陸〔日, 台〕　6 台湾総督の樺山資紀が台北で始政式を行う〔日, 台〕　8 台湾総督府条例が制定される〔日, 台〕　10 日本公使三浦梧楼が閔妃を殺害する〔朝, 日〕　11 遼東半島返還条約調印〔中〕
1896	2 高宗の親露政権が成立する〔朝〕　3 軍政から民政に移行, 六三法公布, 特別統治主義をとる〔台〕　6 ロシアと朝鮮に関する議定書(山県・ロバノフ協定)に調印する〔日〕　露清密約, 東清鉄道の敷設権がロシアへ〔中〕　7 イギリス領マレー連合諸州成立〔東南ア〕
1897	10 国号を大韓帝国と改称する〔朝〕
1898	3 ドイツ, 山東半島膠州湾租借〔中〕　ロシア, 旅順・大連租借〔中〕　児玉源太郎が台湾総督に, 後藤新平が民政局長に就任(-1906)〔台〕　4 米西戦争でスペインが敗北し, フィリピン・キューバの植民地を喪失する　福建省の他国への不割譲を清国に承認させる〔中〕　6 アメリカがハワイを併合する　戊戌変法(-9)〔中〕　フィリピンでアギナルドらが独立宣言, 8月, スペイン軍降服, 10月パリ条約でフィリピンはアメリカ領となる〔東南ア〕　7 イギリス, 威海衛を租借　匪徒刑罰令〔台〕
1899	1 日本が京仁鉄道敷設権をアメリカ人モースから買収する〔朝〕　2 米軍と独立革命軍間で米比戦争〔東南ア〕　5 第1回ハーグ平和会議が開催される(-7)　同会議に中国が代表派遣〔中〕　7 日英通商航海条約11条の発効により, 居留地が廃止される〔日〕　9 米国務長官ジョン・ヘイが第1次門戸開放宣言を発す　清韓修好通商条約締結〔中, 朝〕　11 フランス, 広州湾を租借〔中〕
1900	6 義和団制圧のための派兵を決定する〔日〕　義和団を支持し, 宣戦の上諭を発する〔中〕　8 8ヵ国連合軍, 北京に入る〔中〕
1901	1 光緒新政の上諭〔中〕　7 総理衙門が外務部に改められる〔中〕　9 北京議定書に調印〔中〕　11 李鴻章病没, 対露協調が後退〔中〕　臨時台湾旧慣調査会成立〔台〕　アメリカの全フィリピン支配成立〔東南ア〕

年表 373

年	事　項
1902	1 日英同盟に調印する〔日〕　4 ロシアと満洲還付条約、3期に分け満洲から軍を撤退させる約束〔中〕　9 中英通商条約(マッケイ条約)締結、条約改正への道筋示す、やがて日米間とも同様の条約締結〔中〕
1903	4 ロシアが満洲からの第2期撤兵期限を守らず、拒俄運動が起こる〔中〕
1904	2 日露戦争がおこる〔日〕　日韓議定書に調印する〔日〕　日露戦争、中国は開戦5日後に中立を宣言、日本に対し好意的〔中〕　5 ヴェトナムのファン・ボイ・チャウら維新会結成、東遊運動開始(05.7-07)〔東南ア〕　8 第1次日韓協約が締結される〔日〕
1905	2 竹島を島根県に編入する〔日〕　5 ロシアのバルト艦隊を破る〔日〕　中国移民受入停止に対する対米ボイコット運動〔中〕　7 桂・タフト覚書で日本の韓国支配とアメリカのフィリピン支配が承認される〔日〕　8 第2次日英同盟に調印する〔日〕　9 日本・ロシアがポーツマスで講和条約に調印する〔日〕　11 清国留学生取締規則を公布する〔日〕　第2次日韓協約が締結され、韓国統監府が設置される〔日〕　12 満洲に関する日清協約(北京条約)を締結、日本によるロシア利権の継承、南満洲での利権を認める〔日、中〕　この年、専売による台湾総督府の財政的独立達成〔台〕
1906	11 南満洲鉄道株式会社(満鉄)が設立される〔日、中〕
1907	6 日仏協約に調印する〔日〕　第2回ハーグ平和会議に参加〔中〕　7 第1次日露協約を締結する〔日〕　ハーグ国際平和会議密使派遣問題で韓国皇帝に責任を追及する〔日、朝〕　第3次日韓協約が締結される〔日、朝〕
1908	2 移民に関する日米紳士協定に調印する〔日〕　11 高平・ルート協定に調印する〔日〕
1909	9 日清間で「間島に関する日清協約」、「満洲5案件に関する日清協約」を結ぶ。1905年の北京条約の実質化が完成し、中韓の国境が確定〔日、中、朝〕
1910	7 第2次日露協約を締結する〔日〕　8 韓国併合により、朝鮮総督府が設置される〔日、朝〕　9 朝鮮総督府が土地調査事業を本格的に開始する〔朝〕　理蕃五カ年事業(-14、先住民征服戦争)〔日、台〕
1911	2 日米新通商航海条約に調印する(関税自主権の回復)〔日〕　8 朝鮮教育令が制定される〔朝〕　10 武昌起義、辛亥革命の開始〔中〕　12 モンゴル(外蒙古)の独立を宣言する〔中〕　南北講和会議〔中〕
1912	1 中華民国成立、孫文臨時大総統に就任〔中〕　2 清朝皇帝退位の上諭、その後孫文が臨時大総統を辞職、袁世凱が臨時大総統に就任〔中〕　3 臨時約法を制定、大総統権限を制限〔中〕　7 第3次日露協約を締結、内蒙古の勢力範囲を決定、東部内蒙古も日本の勢力圏とされる〔日、中〕　明治天皇が没し、大正と改元される〔日〕　9 105人事件がおこる〔朝〕　10 第1次バルカン戦争が勃発する
1913	1 約法草案から大総統選挙法のみ通過、先行施行して袁世凱を大総統に選出〔中〕　3 ウィルソン政権成立に伴い、アメリカが6国借款団から脱退〔中〕　4 5国借款団(英仏露独日)と袁世凱が善後借款に調印、2,500万ポンド〔中〕　アメリカが中華民国を承認〔中〕　第2革命起こる〔中〕　10 中華民国を承認する〔日〕　辛亥革命の影響のもと羅福星が武装蜂起計画、失敗〔台〕
1914	7 第1次世界大戦がはじまる　8 対独宣戦を布告する〔日〕　中華民国はヨーロッパの大戦に対し局外中立を宣言する〔中〕　9 日本陸軍が山東省龍口に上陸〔中〕　台湾同化会の活動(-15)、総督府により解散される〔台〕
1915	1 日本が対華21カ条要求を提出する。中国、反日ボイコットへ〔日、中〕　3 柳東説らが上海公共租界で新韓革命党を結成する〔朝〕　5 中国が21カ条要求を受諾、9日が国恥記念日となる〔中〕　日中間でドイツの保有する山東権益の処分を日独間協定に委ねる決定、南満東蒙条約〔日、中〕　8 西来庵事件(抗日武装蜂起が発覚)〔台〕　10 日・英・露、袁世凱に帝制延期を勧告〔中〕　12 蔡鍔らによる第3革命〔中〕　公立中学校を台中に設立〔台〕
1916	3 帝制取消を宣言、年号も廃止〔中〕　6 袁世凱死去〔中〕　7 レーニンが『帝国主義論』を脱稿　第4次日露協約締結、中国での相互の権益を尊重〔日、中〕
1917	1 日本の寺内正毅内閣のもと、中国への西原借款が始まる〔日、中〕　2 ドイツが無制限潜水艦作戦を宣言する　3 中国、ドイツと断交　4 アメリカがドイツに対し宣戦布告する　7 段祺瑞内閣への財政援助を決定する〔日〕　タイが連合国側で第1次世界大戦に参戦〔東南ア〕　8 申圭植らが上海で朝鮮社会党を結成する〔朝〕　対独墺宣戦布告〔中〕　10 ロシアで10月革命がおこる　11 日米間で中国権益に関する石井・ランシング協定が成立〔日、米〕
1918	1 アメリカ大統領ウィルソンが14カ条の演説をおこなう　5 段祺瑞内閣と日中陸軍共同防敵軍事協定(日華軍事協定)を締結、北京で学生の抗議デモ〔日、中〕　6 李東輝らがハバロフスクで韓人社会党を結成する〔朝〕　8 シベリアに出兵する〔日〕　9 交換公文により山東鉄道を日本の借款により建設することを決する〔日、中〕　11 大韓独立宣言書を採択する〔朝〕
1919	1 パリ講和会議が開催される　3 第3インターナショナル(コミンテルン)創立大会がモスクワで開催される　独立宣言を発表する(3.1運動)〔朝〕　ロシア領の大韓国民議会が独立と政府樹立を宣言する(ロシア領臨時政府)〔朝〕　4 パリ講和会議が山東省の旧ドイツ利権に関する日本の要求を承認する

年	事 項
	〔日〕 国内で漢城臨時政府が樹立される〔朝〕 上海フランス租界で大韓民国臨時政府が樹立される〔朝〕 5 5.4運動〔中〕 6 ドイツが連合国とヴェルサイユ講和条約に調印する 中国，ヴェルサイユ講和条約に調印拒否〔中〕 7 ソヴィエト政府が新対中政策を表明，中国との不平等条約撤廃を宣言する（カラハン宣言，1920.9 第2次）〔中〕 8 朝鮮総督府官制・台湾総督府官制が改正・公布される〔日，朝，台〕 9 サン・ジェルマン条約に調印，国際連盟に加わる(1920.6)〔中〕 台湾教育令〔台〕 10 文官の田健次郎が総督に就任，陸海軍の統帥権が新設の台湾軍司令部へ移る。六三法が廃止され，内地法律の延長施行を原則とする法三号を制定(1922施行，内地延長主義)〔日，台〕
1920	3 アメリカ上院がヴェルサイユ条約の批准を否決する 9 ソヴィエト政府が第2次カラハン宣言を表明する 10 多数の朝鮮人が間島全域で日本軍により虐殺される（琿春事件）〔日，朝〕 11 国際連盟第1回総会が開催される 12 タイがアメリカと条約，関税自主権を得る〔東南ア〕
1921	5 ソヴィエト政府がモンゴルと国交を樹立する 7 モンゴル人民政府が成立する 10 台湾文化協会成立〔台〕 11 ワシントン軍縮会議が開催される ソ連とモンゴル人民政府，友好条約に調印 ワシントン会議(～1922.2)で中国をめぐる9カ国条約が成立(1922.2)〔中〕 12 日米英仏4カ国条約が調印され，あわせて日英同盟が廃棄される
1922	1 モスクワで極東労働者大会が開催される 2 ワシントン海軍軍縮条約と中国に関する9カ国条約が調印される 山東返還に関してワシントンで日中条約調印〔日，中〕 11 トルコがスルタン制を廃止する（オスマン朝滅亡） 12 ロシア・ウクライナ・ベラルーシ・ザカフカースがソ連邦結成を宣言する 第2次台湾教育令，第2次朝鮮教育令〔台，朝〕
1923	1 ソ連代表ヨッフェと孫文が共同宣言〔中〕 3 北京政府が21カ条要求関連諸条約の無効を通告，日本は否認〔日，中〕 4 石井・ランシング協定を破棄〔日〕 7 トルコと連合国がローザンヌ講和条約に調印する 9 関東大震災が発生する〔日〕
1924	2 イギリスがソヴィエト政権を承認し，他のヨーロッパ諸国も相次いで承認する 5 アメリカで排日移民法が成立する カラハンと顧維鈞間で国交樹立協定（北京協定）締結〔中〕 9 カラハンと張作霖間で奉天協定締結〔中〕
1925	1 日ソ基本条約に調印する〔日〕 4 朝鮮共産党が創立される〔朝〕 5 5.30事件によりイギリスと対立，アメリカは中国に好意的〔中〕 7 太平洋問題調査会創立大会がハワイで開催される 10 北京関税特別会議開催，無期延期(1926.7)〔中〕 12 イギリス・フランス・ドイツ・イタリア・ベルギーがロカルノ条約に調印する
1926	1 北京で治外法権撤廃に関する国際会議が始まる〔中〕 7 広州国民政府，北伐開始〔中〕 12 大正天皇が没し，昭和と改元される〔日〕
1927	1 漢口，九江のイギリス租界回収（陳友仁を中心とする革命外交）〔中〕 4 北伐軍が列強と南京事件を起こす〔中〕 5 日本の第1次山東出兵(～9)〔日，中〕 6 東方会議が開かれる(～7)，対支政策綱領発表〔日，中〕 12 国民政府，ソ連と断交〔中〕 台湾文化協会から右派が離脱し台湾民衆党結成〔台〕 この年までに，タイが関税自主権を回復〔東南ア〕
1928	4 第2次北伐開始〔中〕 5 第2次山東出兵の日本軍が済南で国民政府軍と衝突（済南事件），中国の排外運動の標的がイギリスから日本へ変わる〔日，中〕 6 国民政府軍が北京入城，撤退中の張作霖を関東軍が爆殺〔日，中〕 7 中米関税条約調印〔中〕 12 イギリスと関税自主権承認の条約を調印〔中〕 8 アメリカ・フランスなど15カ国が不戦条約に調印する 12 コミンテルンが朝鮮共産党の再建を支持する〔朝〕 張学良が蔣介石に合流（易幟），全国統一〔中〕 上海大学への留学生らが台湾共産党を結成〔台〕
1929	6 日本が国民政府を正式承認〔中〕 7 東支鉄道の回収を図る張学良政権とソ連の軍事紛争（奉ソ戦争，～12），ソ連が勝利〔中〕 10 世界大恐慌が発生する
1930	4 イギリス・アメリカ・日本がロンドン海軍軍縮条約に調印する イギリスと威海衛返還協定調印〔中〕 5 日中関税協定調印，特定品目の税率規制を伴い関税自主権を承認〔日，中〕 10 霧社事件，総督府が民衆党に解散命令(31.2)〔台〕
1931	7 中朝農民の衝突事件（万宝山事件）〔中〕 9 満洲事変（柳条湖事件）〔日，中〕 国際連盟理事会が日中両国に満洲事変解決を要望する決議を採択する
1932	1 日中両軍衝突，第1次上海事変〔日，中〕 2 国際連盟がリットン調査団派遣〔日，中〕 3 満洲国建国宣言〔日，中〕 5 上海停戦協定〔日，中〕 9 日満議定書に調印し，満洲国を承認する〔日〕 10 満洲事変に関するリットン報告書公表〔日，中〕 12 日ソ不可侵条約〔日〕
1933	1 ドイツでヒトラーが権力を掌握する 2 関東軍が熱河省に侵攻，長城抗戦〔日，中〕 3 国際連盟脱退を通告する〔日〕 5 塘沽停戦協定が成立する〔日，中〕 9 政府斡旋による初の満洲移民がおこなわれる〔朝〕 10 ドイツが軍縮会議・国際連盟脱退を通告する 日本の支持の下，内蒙古自治政府が

年	事　項
1934	発足する〔日，中〕　*11* アメリカのローズヴェルト大統領がソ連を承認する
	1 ドイツ・ポーランドが不可侵条約に調印する　*3* アメリカ議会でフィリピンの独立法が成立〔東南ア〕　*4* 天羽英二外務省情報局長が列国の対華援助に反対する旨の談話をおこなう(東亜モンロー主義)〔日〕　*9* ソ連が国際連盟に加入する　*12* ワシントン海軍軍縮条約の破棄を決定する〔日〕　以後神社参拝問題が起こる〔台〕
1935	*3* ソ連が中東鉄道を満洲国に売却する協定を結ぶ　*4* ジュノー号事件〔台〕　*6* 国民党機関の河北撤退を約す梅津・何応欽協定，チャハル省からの国民政府軍撤退を約す土肥原・秦徳純協定が成立〔日，中〕　*8* アメリカが中立法を制定する　コミンテルン第7回大会(7月)での反ファシズム統一戦線戦略を受け，中共代表団が8.1宣言(「抗日救国のために全同胞に告げる書」)を発する〔中〕　*9* 朝鮮総督府が各学校に対して神社参拝を指示する〔朝〕　*10* 広田弘毅外相が日中提携3原則を提議する〔日〕　*11* 日本の策動で殷汝耕の冀東防共自治委員会(のち政府)が樹立される〔日，中〕　汪精衛が狙撃される〔中〕　国民政府，幣制改革を実施〔中〕
1936	*1* ロンドン軍縮会議に脱退を通告する〔日〕　*3* ドイツがロカルノ条約破棄を宣言し，ラインラントに進駐する　*5* モンゴルの徳王が日本の支援で内蒙古自治政府を樹立する〔日，中〕　*7* スペインで内乱が発生する　*9* 日中の国交調整交渉開始〔日，中〕　予備役海軍大将の小林躋造が台湾総督就任，武官総督復活〔日，台〕　*11* 日独防共協定に調印する〔日〕　傅作義軍が徳王の内蒙古軍を破る(綏遠事件)〔中〕　*12* 西安事変が起こる
1937	*7* 盧溝橋事件が勃発し，日中戦争が始まる〔日，中〕　*8* 在米朝鮮人が韓国光復運動団体聯合会を結成する〔朝〕　第2次上海事変で全面戦争へ〔日，中〕　中ソ不可侵条約締結，以後ソ連の援助が重要となる(-40)〔中〕　*9* 国際連盟が日本の対中軍事行動を非難する　国共合作成立〔中〕　*11* ブリュッセル会議が日中戦争に関しイタリアを非難する　伊独日防共協定に参加する　蒙疆連合委員会が成立する〔中〕　駐華独大使トラウトマンの和平工作開始，*12* 月には失敗　*12* イタリアが国際連盟を脱退する　北平に中華民国臨時政府が成立する〔中〕　日本軍南京占領，南京虐殺事件が発生する〔日，中〕　タイ，欧米15カ国との間に平等条約〔東南ア〕
1938	*1* 近衛内閣が「爾後国民政府を対手とせず」と声明を発す〔日〕　*2* 陸軍特別志願兵制度が施行される〔朝〕　*3* ドイツがオーストリアに侵攻する　南京に中華民国維新政府成立〔日，中〕　*7* 張鼓峰で日ソ間の武力衝突が発生する　*9* イギリス・フランスがドイツ・イタリアとミュンヘン協定を締結する　*11* 近衛内閣が東亜新秩序建設を声明する
1939	*3* 英，法幣安定借款を中国に提供〔中〕　*5* 重慶を無差別に爆撃する〔日，中〕　ノモンハン事件が起こる〔日〕　*7* アメリカが日米通商航海条約の廃棄を予告する(1940年1月に失効)　*8* 独ソ不可侵条約が調印される　*9* ドイツがポーランドに侵攻し，第2次世界大戦がはじまる　張家口に徳王を主席とする蒙疆連合自治政府が成立する〔中〕　*10* 国民徴用令を実施し，朝鮮人の強制連行を開始する〔日〕　*12* 総督府が創氏改名を実施する〔朝〕
1940	*3* 南京に汪精衛の中華民国国民政府成立〔日，中〕　*6* ドイツ軍がパリを占領する　*7* 日本，南進政策開始，日本とイギリスの間でビルマ・ルート3カ月閉鎖の協定〔東南ア〕　*9* 独伊3国同盟に調印する〔日〕　大韓民国臨時政府が重慶で韓国光復軍を創設する〔朝〕　日本，北部仏印進駐〔日，東南ア〕　*10* イギリス，ビルマ・ルートの再開を予告〔東南ア〕　*11* 日本と汪精衛政権が基本関係条約を締結，日本が同政権を承認〔日，中〕
1941	*1* ローズヴェルト大統領が「4つの自由」に関する演説をおこなう　*4* 日ソ中立条約に調印する〔日〕　「日米諒解案」を基礎に日米交渉が開始される〔日〕　*6* 独ソ戦が始まる　*7* アメリカが日本資産を凍結する　御前会議で「情勢の推移に伴う帝国国策要綱」が決定される〔日〕　日本，南部仏印進駐，全域を占領〔日，東南ア〕　*8* アメリカが石油の対日全面禁輸にふみきる　大西洋憲章が発表される　*11* ハル・ノートをアメリカによる最後通牒と見なし，アメリカとの交渉を打ち切る〔日〕　*12* ハワイ真珠湾を攻撃，太平洋戦争が始まる　大韓民国臨時政府が対日宣戦を布告する〔朝〕　中国，対日独伊宣戦布告〔中〕　高砂義勇隊が組織される〔台〕　日タイ攻守同盟成立〔日，東南ア〕　日本軍がマラヤ上陸〔日，東南ア〕
1942	*1* アメリカ・イギリス・ソ連・中国など26カ国が連合国共同宣言に調印する〔中〕　日本軍がマニラ占領，インドネシア侵攻開始〔日，東南ア〕　タイ，米英に宣戦(日本降服後無効宣言)〔東南ア〕　*2* 日本軍シンガポール上陸〔日，東南ア〕　*4* 陸軍特別志願兵制度を開始〔台〕　*6* ミッドウェー海戦で敗北する〔日〕　米と武器貸与協定に調印〔中〕　*7* 金枓奉らが延安で朝鮮独立同盟を結成する〔朝〕　*10* 米英，不平等条約撤廃を宣言〔中〕　*11* 拓務省・興亜院などを廃止して大東亜省を設置する〔日〕　*12* 汪精衛の中華民国国民政府が英米に参戦する〔日，中〕
1943	*1* 汪精衛政権が日本と日華協定締結，租界返還，治外法権撤廃〔日，中〕　米中，英中間で新条約，不平等条約終結〔中〕　*5* コミンテルンが解散する　日本，ビルマとフィリピンの独立方針決定(*8* ビル

年	事　項
1944	マ，10 フィリピン独立）〔日，東南ア〕　9 イタリアが降伏する　11 東京で大東亜会議を開催する〔日〕　米英中によるカイロ会議〔中〕　12 米英ソによるテヘラン会議　台湾での徴兵制を閣議決定〔台〕 4 大陸打通作戦を開始する〔日〕　8 連合軍がパリを解放する　呂運亨らが朝鮮建国同盟を結成する〔朝〕　9 台湾徴兵制実施〔台〕　11 B29が東京を初めて空襲する〔日〕
1945	2 ローズヴェルト・チャーチル・スターリンがヤルタ会談をおこなう　米軍マニラ奪還〔日，東南ア〕　3 日本軍が仏領インドシナ軍を武装解除〔日，東南ア〕　日本がヴェトナム，ラオス，カンボジアの国王に独立を宣言させる〔日，東南ア〕　4 アメリカ軍が沖縄に上陸する〔日〕　衆議院議員選挙法を台湾，朝鮮に施行〔台，朝〕　5 ドイツが降伏する　7 チャーチル・トルーマン・スターリンがポツダム会談をおこなう　8 アメリカ軍が広島に原爆を投下する〔日〕　ソ連が対日宣戦を布告する　アメリカ軍が長崎に原爆を投下する〔日〕　御前会議がポツダム宣言の受諾を決定する〔日〕　国民政府が中ソ友好同盟条約を締結〔中〕　インドネシア共和国独立宣言，オランダと独立戦争(45.9-49)〔東南ア〕　9 東京湾のアメリカ軍艦ミズーリ号にて降伏文書に調印する〔日〕　GHQ(連合国最高司令官総司令部)が旧日本軍解体等の指令第1号を発令する〔日〕　マッカーサーが米ソ両軍による朝鮮分割占領政策を発表する〔朝〕　日本が南京で降伏文書調印〔日，中〕　イギリスがマラヤで軍政施行，英仏軍サイゴン占領〔東南ア〕　ヴェトナム民主共和国独立宣言〔東南ア〕　10 国共間で双十協定　台湾住民が国民政府訓令により中華民国国籍とされる　台湾総督府が統治権を中華民国に引き渡す〔台〕　英，マラヤ連合案発表，英仏軍がプノンペン進駐〔東南ア〕　11 ニュルンベルク国際軍事法廷が開廷する　12 アメリカ・イギリス・ソ連のモスクワ外相会議が開催される
1946	1 国際連合第1回総会が開催される　天皇が神格否定の詔書を発する〔日〕　アメリカの特使ジョージ・C・マーシャルの働きにより国共休戦協定〔中〕　2 大韓独立促成国民大会が結成される(総裁・李承晩)〔朝〕　北朝鮮臨時人民委員会が発足する(委員長・金日成)〔朝〕　3 チャーチルが「鉄のカーテン」演説をおこなう　第1回米ソ共同委員会が開催される〔朝〕　4 マラヤ連合発足〔東南ア〕　5 極東国際軍事裁判が開廷する〔日〕　米軍政庁が朝鮮共産党を弾圧する〔朝〕　ソ連，満洲撤兵を完了〔中〕　6 国府軍が華中の新四軍地域を攻撃，国共内戦の本格的開始〔中〕　7 渋谷事件が起こり，軍事裁判で判決(12)，台湾で抗議運動起こる〔台〕　フィリピン共和国独立宣言〔東南ア〕　10 ニュルンベルク国際軍事裁判で判決が下る〔日〕　11 日本国憲法が公布される〔日〕　中米友好通商条約調印〔中〕　国民大会で中華民国憲法制定(47.1 公布，47.12 施行)〔中〕　12 ヴェトナムとフランス，第1次インドシナ戦争(-54)〔東南ア〕
1947	1 マーシャル，調停失敗を認め帰国〔中〕　2 2.28事件，以後国府軍による大規模な殺戮〔台〕　3 トルーマン・ドクトリンが発せられる　6 アメリカがマーシャル・プランを発表　共産党軍が優勢となり戦局が逆転する　7 第2回米ソ共同委員会が開かれるも事実上決裂し，信託統治構想が挫折する〔朝〕　呂運亨が暗殺される〔朝〕　10 関税と貿易に関する一般協定(GATT)が調印される　11 タイでクーデター，強権政治へ〔東南ア〕
1948	1 ビルマ連邦共和国独立〔東南ア〕　2 マラヤ連邦(自治政府)発足〔東南ア〕　5 動員戡乱時期臨時条項を公布〔中〕　6 ソ連がベルリンを封鎖する　8 大韓民国が樹立される(大統領・李承晩)〔韓〕　9 朝鮮民主主義人民共和国が樹立される(首相・金日成)〔北朝鮮〕　遼瀋戦役(-11)，共産党軍勝利〔中〕　11 極東国際軍事裁判が25被告に有罪判決を下す〔日〕　淮海戦役(徐蚌会戦，-49.1)，共産党軍勝利〔中〕　平津戦役(-49.1)，共産党軍勝利，北平入城〔中〕　12 国連総会が世界人権宣言を採択する　GHQが経済安定9原則を発表する〔日〕
1949	1 ソ連と東欧5カ国がコメコンを創設する　4 西側12カ国が北大西洋条約に調印し，NATOが設立される　ドッジ・ラインが公表される〔日〕　国府と中共が和平交渉，やがて失敗，共産党軍が南京を占領〔中〕　5 戒厳令布告〔台〕　6 南北朝鮮労働党が合同し，朝鮮労働党が結成される(委員長・金日成)〔北朝鮮〕　7 ラオス王国がフランス連合内で独立〔東南ア〕　ヴェトナム国がフランス連合内で独立〔東南ア〕　8 ソ連が核実験に成功する　米，中国白書を発表〔中〕　9 人民政府が政治協商会議綱領で対外政策の基本方針を決定〔中〕　10 中華人民共和国成立〔中〕　人民解放軍，金門島を攻撃するが殲滅される〔中〕　11 カンボジア王国がフランス連合内で独立〔東南ア〕　ハーグ協定調印，インドネシア連邦共和国独立(12月，1950.8 単一の共和国へ)〔東南ア〕　12 国民政府が台北遷都を決定〔中〕　毛沢東，モスクワを訪問しスターリンと会見(-1950.2)〔中〕　この年，アメリカがマレー，ビルマ，インドネシア，タイへの援助を積極化〔東南ア〕
1950	1 米韓相互防衛援助協定に調印する〔韓〕　イギリスと中華人民共和国が国交樹立，国府，イギリスと断交〔中，台〕　トルーマン米大統領，台湾不介入を声明〔台〕　中国，ソ連，ヴェトナム民主共和国を承認〔東南ア〕　2 中ソ友好同盟相互援助条約締結〔中〕　アメリカ，ヴェトナム国を承認，フランスへの軍事援助(5-)〔東南ア〕　3 金日成がソ連を秘密訪問する〔北朝鮮〕　5 金日成，毛沢東と会談，

年表　377

年	事　項
	毛，朝鮮問題を台湾問題に先行させる意向示す〔中，北朝鮮〕　6 朝鮮戦争が始まる〔韓，北朝鮮〕　米，第7艦隊を台湾海峡に派遣，台湾海峡中立化〔米，台〕　7 マッカーサーが警察予備隊を創設する〔日〕　9 国連軍が仁川上陸作戦を決行する〔韓，北朝鮮〕　10 国連軍が38度線を越え北へ侵攻する〔韓，北朝鮮〕　中国が朝鮮戦争に参戦決定，100万の中国人民志願軍を派遣〔中，北朝鮮〕
1951	1 ダレス講和特使が来日する〔日〕　中朝軍，ソウル再占領〔韓，北朝鮮〕　2 国連総会が中華人民共和国政府を「侵略者」とする非難決議を採択する〔中〕　4 マッカーサー国連軍司令官が朝鮮戦争指導をめぐりトルーマン大統領と対立し，更迭される　5 人民政府とチベット政府の間で平和的解放に関する協定が成立(10，ラサ進駐)〔中〕　8 米，フィリピン相互防衛条約調印〔東南ア〕　9 アメリカ・オーストラリア・ニュージーランドが太平洋安全保障条約(ANZUS)に調印する　サンフランシスコ講和会議が開催され，対日平和条約，日米安全保障条約が結ばれる〔日〕　米，ヴェトナム，ラオス，カンボジアと援助協定調印〔東南ア〕　12 中華民国を講和の相手に選ぶとする吉田書簡が米ダレス国務省顧問へ〔日，台〕　日本とインドネシアが賠償協定調印〔日，東南ア〕
1952	2 米・ビルマMSA援助協定〔東南ア〕　4 中華民国政府(台湾)と日華平和条約に調印する〔日，台〕　GHQが解消される〔日〕　5 西ヨーロッパ6カ国が欧州防衛共同体(EDC)条約に調印する　ビルマ対日戦争状態終結宣言〔東南ア〕　6 日中民間貿易協定を締結する〔日，中〕　8 IMF・世界銀行に加盟する〔日〕　9 第1回世界著作権会議がジュネーヴで開催される　12 中ソ共同委員会が中国長春鉄道の共同管理の終了と中華人民共和国への移管を表明する
1953	1 ヴェトナム，ラオス，カンボジア，対日国交回復を通告〔東南ア〕　2 アイゼンハワー米大統領が台湾中立化解除を宣言，金門・馬祖を要塞化〔台〕　3 スターリンが死去する　7 休戦協定が結ばれる〔韓，北朝鮮〕　国府が中ソ友好同盟条約を廃棄　10 米韓相互防衛条約に調印する〔米，韓〕
1954	3 第五福竜丸がアメリカのビキニ水爆実験で被災する　7 ジュネーヴ協定調印，カンボジアとラオスの独立，南北ヴェトナムの分断，フランス軍の撤退〔東南ア〕　9 人民解放軍，金門・馬祖への砲撃を開始〔中，台〕　ソ連のフルシチョフが北京訪問(-10)，中ソ共同宣言に調印，1955.5末までにソ連軍が旅順，大連から撤退と決定〔中〕　東南アジア条約機構(SEATO)成立〔東南ア〕　11 日本，ビルマとの平和条約，賠償協定，カンボジアが日本に賠償請求権放棄を通告〔日，東南ア〕　12 米華相互防衛条約調印〔台〕
1955	4 中ソ，原子力の平和利用に関する協定〔中〕　バンドンで第1回アジア・アフリカ会議(29カ国)〔東南ア〕　5 パリ協定が発効し，西ドイツが主権を回復する　ソ連と東欧8カ国がワルシャワ条約機構を発足する　7 アメリカ・イギリス・フランス・ソ連が首脳会談を開催する　8 ジュネーヴで米中大使級会談〔中〕　10 ゴ・ジン・ジェムが米の支援下で南ヴェトナム大統領に就任(-63.11クーデターで殺害)〔東南ア〕　11 自民党を政権党，社会党を野党第1党とする55年体制が成立する〔日〕
1956	2 フルシチョフがスターリン批判を展開する　4『人民日報』で，フルシチョフのスターリン批判への非同意が示され，イデオロギー対立が始まる〔中〕　5 日本・フィリピン間で賠償協定，国交回復〔日，東南ア〕　6 ポーランドでポズナニ暴動が発生する　アメリカが沖縄米軍基地に関するプライス勧告を発表する〔日〕　10 第2次中東戦争が勃発する　ハンガリー動乱がおこる　日ソ共同宣言が発表される〔日〕　12 国連総会が日本の加盟を承認する〔日〕
1957	5 岸首相が東南アジア歴訪(11-12も)，賠償問題の処理〔日，東南ア〕　8 ソ連が大陸間弾道弾(ICBM)の発射実験に成功する　マラヤ連邦，イギリス連邦内で独立〔東南ア〕　10 ソ連が人工衛星の打ち上げに成功する　中ソ，国防新技術協定締結〔中〕
1958	1 欧州経済共同体(EEC)が発足する　日本・インドネシア間で平和条約，賠償協定(4，国交回復)〔日，東南ア〕　2 初の円借款となる日印通商協定に調印する〔日〕　3 第4次日中民間貿易協定交渉が妥結に向かうも，国府の抗議にあう〔日，中，台〕　8 中国，金門・馬祖を砲撃(-10)，平和共存論と相違〔中，台〕　10 長崎国旗事件(5)により，第4次日中民間貿易協定正文の受領が拒否され不成立となる〔日，中〕　中国軍が北朝鮮から全面撤退を完了する〔北朝鮮〕　日本，ラオスと経済技術協力協定調印〔日，東南ア〕
1959	5 日本・南ヴェトナム間で賠償協定〔東南ア〕　6 ソ連，中ソ間の国防新技術協定を破棄，核関連技術の提供を拒否〔中〕　シンガポール，英連邦内の自治州となる〔東南ア〕　8 中印国境で武力衝突〔中〕　9 北ヴェトナム軍がラオス侵入〔東南ア〕　12 在日朝鮮人の北朝鮮への帰国船第1便が出港する〔日，北朝鮮〕
1960	1 新日米安保条約を締結する〔日〕　高碕達之助が訪中〔日，中〕　中国，ビルマと友好相互不可侵条約〔中，東南ア〕　3 大統領選挙で李承晩が選出される〔韓〕　4『紅旗』に「レーニン主義万歳」発表，中ソ論争が表面化〔中〕　7 ソ連，中国派遣の専門家の召還を通告〔中〕　8 周恩来，日本との貿易3原則示す，日中民間貿易復活を示唆〔中〕　10 中国とビルマ，国境条約調印〔中，東南ア〕　12 西側20カ国が経済協力開発機構(OECD)条約に調印する　この年，アフリカ16カ国が独立する　ヴェトナム

年	事　項
1961	にNFL(民族解放戦線)結成、ケネディ政権は北ヴェトナムの傀儡とみなし、1961年から徐々に介入〔東南ア〕　5 朴正煕らによる軍事クーデターが発生する〔韓〕　ラーマン・マラヤ連邦首相によるマレーシア連邦構想、インドネシアとマラヤ・イギリス間でマレーシア紛争が起こる〔東南ア〕　7 ソ連と友好協力相互援助条約に調印〔北朝鮮〕　中国と北朝鮮、友好協力相互援助条約を締結〔中、北朝鮮〕　マラヤ・タイ・フィリピンによる東南アジア連合発足〔東南ア〕　9 第1回非同盟諸国首脳会議が開催される　朝鮮労働党第4回全党大会に中国・ソ連がそれぞれに代表を送り込む〔中、北朝鮮〕
1962	9 松崎謙三訪中、周恩来と会談、積み上げ方式を提案。日中民間貿易再開へ〔日、中〕　10 キューバ危機が発生する　中印国境紛争(-11)、ソ連は中国を支持する。他方キューバ危機で中国はソ連を敗北主義と非難〔中〕　11 廖承志と高碕が「日中総合貿易に関する覚書」に調印、LT貿易開始〔日〕
1963	1 ネパールと国境議定書調印〔中〕　7 米英ソ間の部分的核実験停止条約仮調印に反対〔中〕　8 アメリカ・イギリス・ソ連が部分的核実験停止条約に調印する　部分的核実験停止条約に調印する〔日〕　9 日本の対中融資に抗議して駐日大使を召還〔台〕　マレーシア連邦発足、インドネシア、フィリピンと国交断絶〔東南ア〕　10 朴正煕が大統領選に辛勝する〔韓〕　東京で周鴻慶事件が起こる(64.1 大連へ出国)。事件に対し台湾で反日運動、12月4人の大使館員を召還〔日、中、台〕　11 アフガニスタンと国境条約調印〔中〕　この年後半からインドネシアが中国に傾斜、国連を脱退(65.1)、アメリカへの対立姿勢〔東南ア〕
1964	1 フランスが中華人民共和国と国交樹立〔中〕　周鴻慶が大陸に送還されたことにより日本大使館公邸に投石〔台〕　2 フランスと断交の声明〔台〕　吉田茂訪台、蒋介石と対談、中共対策要綱5原則をまとめる〔日、台〕　5 吉田書簡、日本は対中ビニロン・プラント輸出を当面見合わせ〔日、中〕　6 新大使を日本へ送る〔日、台〕　7 大平外相訪台〔日、台〕　8 張群秘書長来日、日台関係正常化〔日、台〕　北ヴェトナム沖合で米駆逐艦が北ヴェトナム魚雷艇に攻撃受け(トンキン湾事件)、ジョンソン大統領が報復〔東南ア〕　トンキン湾事件に対し、アメリカへ強硬声明〔中〕　10 核実験に成功〔中〕
1965	1 南ヴェトナムへの非戦闘員派遣を閣議決定する〔韓〕　2 以後アメリカ、大規模な北爆〔東南ア〕　3 アメリカがヴェトナムに海兵隊派遣、直接介入(-73)〔東南ア〕　ベ平連(ベトナムに平和を！市民文化団体連合)が初のデモ行進をおこなう〔日〕　アメリカ、東南アジアの地域連合に10億ドルの資金提供表明、アジア開発銀行(ADB)成立(66.11)〔東南ア〕　5 カンボジアがアメリカと国交断絶〔東南ア〕　6 家永三郎教授が歴史教科書検定違憲訴訟をおこす〔日〕　日韓基本条約および諸協定に調印する〔日、韓〕　アメリカ、対国府経済援助打ち切り〔台〕　韓国、ヴェトナム派兵〔韓、東南ア〕　8 佐藤首相が戦後首相として初めて沖縄を訪問する〔日〕　シンガポール独立〔東南ア〕　9 9.30事件、スカルノ失脚、スハルトが権力掌握、共産党大弾圧〔東南ア〕
1966	6 フィリピン、マレーシア承認〔東南ア〕　ソウルで第1回アジア太平洋理事会(ASPAC)閣僚会議、その後有名無実化〔韓、東南ア〕　8 文化大革命開始(-76.10)〔中〕　インドネシア、マレーシアと国交正常化〔東南ア〕　9 インドネシア、シンガポールと国交正常化。インドネシア国連復帰〔東南ア〕
1967	6 家永三郎教授、教科書不合格処分取消しの行政訴訟をおこす〔日〕　7 ブリュッセル条約により欧州共同体(EC)が発足する　8 東南アジア諸国連合(ASEAN)成立(フィリピン、マレーシア、インドネシア、タイ、シンガポール)〔東南ア〕　9 インドネシアがシンガポールと国交回復〔東南ア〕　10 日本の佐藤首相が東南アジア訪問〔日、東南ア〕　インドネシアが中国と国交断絶〔東南ア〕　12 佐藤首相が衆議院予算委員会で非核3原則を言明する〔日〕　この年、イギリスがシンガポール、マレーシアから軍撤退、東南アジアにおける影響力失う〔東南ア〕
1968	1 ソウルで韓国軍警と交戦する(1.21事態)〔韓、北朝鮮〕　アメリカの情報収集艦プエブロ号を拿捕する〔北朝鮮〕　NFL・北ヴェトナム軍が南ヴェトナム全土でテト攻勢、それによりアメリカの北爆縮小〔東南ア〕　3 ジョンソン、大統領選出馬断念　LT貿易を日中覚書貿易に更新(MT貿易)〔日、中〕　6 国連総会が核拡散防止条約を採択する　シンガポール、ソ連と国交樹立〔東南ア〕　8 ソ連がチェコスロヴァキアに侵攻し、同国の民主化の動きを弾圧する(プラハの春)、中国は社会帝国主義と非難〔中〕
1969	3 ダマンスキー島(珍宝島)で中ソ武力衝突、以後アメリカへの接近を模索〔中〕　6 米中ソの三大勢力の一角と位置付け、独自外交路線を提示、主要敵をソ連としアメリカとの対決を避ける〔中〕　蒋経国、行政院副院長に就任、以後蒋介石から権力を委譲される〔台〕　米ニクソン大統領、ヴェトナム第1次撤兵発表(9、第2次)、以後断続的に北爆強化〔東南ア〕　7 ニクソン大統領がグアム・ドクトリンを発表する　ニクソン・ドクトリン(グアム・ドクトリン)によりアジアの米軍削減、他方南ヴェトナムの政府・軍を強化し、ヴェトナム戦争のヴェトナム化を進める〔東南ア〕　8 ソ軍による新疆ウイグル自治区侵攻、以後アメリカも中国に接近してヴェトナム戦争の解決を図る〔中〕　11 佐藤・ニクソン会談が開催される〔日〕　佐藤・ニクソン共同声明に、台湾の安全は日本にとって重要(important)との

年	事 項
	表現(=台湾条項)。国府は沖縄を琉球と呼び日本の主権を認めず,地図で尖閣諸島を中華民国領に書き換え。中国は台湾条項に反発〔日,中,台〕
1970	3 カンボジアで右派クーデター,内戦へ,シハヌークは亡命政権を宣言〔東南ア〕 4 日中覚書貿易会議,周恩来4原則を発表,反共国家と取引する貿易業者への規制を強化〔中〕 6 日米安保条約が自動延長される〔日〕 10 カナダが中華人民共和国と国交樹立,国府カナダと断交〔中,台〕 11 イタリアと中華人民共和国が国交,国府イタリアと断交〔中,台〕
1971	4 この頃より中,日本間で「ピンポン外交」を展開〔日,中〕 7 キッシンジャー米大統領補佐官が北京を訪問,周恩来と会談,ニクソンの翌年訪中を発表〔中〕 8 ニクソン大統領が金とドルの交換停止を発表する〔日〕 10 中国の国連復帰が確定し国府は国連脱退を表明する〔中,台〕 11 ASEAN外相会議で東南アジア中立化宣言〔東南ア〕
1972	2 ニクソン訪中,米中共同コミュニケ発表,反覇権条項を含む〔中〕 4 南北共同声明を発表する〔韓,北朝鮮〕 5 沖縄県が発足する〔日〕 9 日本の田中角栄首相,大平正芳外相が訪中,日中共同声明に調印〔日,中〕 国府対日断交〔日,台〕 フィリピンで戒厳令,マルコス大統領の独裁(-81.1)〔東南ア〕 12 日本に交流協会,台湾に亜東関係協会が成立〔日,台〕
1973	1 アメリカがパリでヴェトナム和平協定に調印する〔東南ア〕 4 この頃,毛沢東が「3つの世界論」の主張開始〔中〕 6 朴大統領が国連への南北同時加盟を提唱する〔韓〕 10 第4次中東戦争が勃発する
1974	1 日本の田中首相がASEAN歴訪〔日,東南ア〕 4 鄧小平が「3つの世界論」を国連総会で演説〔中〕 5 インドが核実験を実施する マレーシア,中国と国交樹立〔中,東南ア〕 11 日中平和友好条約の交渉開始,反覇権条項について交渉難航〔日,中〕 12 シンガポールがラオスと国交樹立〔東南ア〕
1975	1 金日成が全社会を主体思想で一色化することを指示する〔北朝鮮〕 第4期全国人民代表大会が北京で開会,周恩来が「4つの現代化」を提起〔中〕 4 蔣介石死去〔台〕 カンボジア解放勢力がプノンペン入城,シハヌークを元首とする(76.1民主カンボジア成立)〔東南ア〕 南ヴェトナムが無条件降伏,ヴェトナム戦争終結〔東南ア〕 6 フィリピンが中国と国交樹立〔中,東南ア〕 8 中国とカンボジアが経済技術協力協定に調印〔中,東南ア〕 12 ラオス人民民主共和国成立,王制廃止〔東南ア〕
1976	1 周恩来死去〔中〕 2 第1回ASEAN首脳会議,東南アジア友好協力条約調印〔東南ア〕 7 ヴェトナム社会主義共和国発足〔東南ア〕 インドネシアが東ティモール併合宣言(12 国連総会で不承認),以後抵抗続く〔東南ア〕 8 日本,カンボジアと国交樹立〔日,東南ア〕 9 毛沢東死去〔中〕 11 蔣経国国民党主席就任〔台〕
1977	6 SEATO解散〔東南ア〕 7 ヴェトナム・ラオス友好協力条約調印〔東南ア〕 8 第2回ASEAN首脳会議,日本,オーストラリア,シンガポールとも拡大首脳会議,日本の福田首相がASEAN5カ国と共同宣言,東南アジア外交3原則(福田ドクトリン)発表〔日,東南ア〕 9 ヴェトナムが国連加盟〔東南ア〕 12 カンボジアがヴェトナムと断交し,領土侵略を非難〔東南ア〕
1978	2 タイ,カンボジア国交正常化〔東南ア〕 5 蔣経国,総統就任〔台〕 6 ヴェトナム,コメコン加入〔東南ア〕 日本・ASEAN外相会議開催,ASEAN拡大外相会議の始まり〔日,中〕 7 中国が対ヴェトナム援助を全面停止〔中,東南ア〕 8 日中平和友好条約調印,反覇権条項を含む〔日,中〕 11 モスクワでソ越友好協力条約調印〔東南ア〕 12 共産党11期3中全会,階級闘争路線を変更し社会主義の現代化へ,改革・開放の開始〔中〕 79.1からの米中国交樹立を決定〔中〕 ヴェトナムがカンボジア侵攻〔東南ア〕
1979	1 中国・アメリカが国交を樹立する 全国人民代表大会常務委員会,「台湾同胞に告げるの書」を発表,平和統一,一国二制度の基本方針を掲げ,一方的措置として戦闘状態を終結〔中,台〕 鄧小平が訪米,2月,科学技術協定など調印〔中〕 米台断交〔台〕 カンボジア人民共和国成立(ヘン・サムリン政権)〔東南ア〕 2 ヴェトナムに対する「懲罰戦争」発動,事実上「3つの世界論」から訣別し,覇権国家の敵視から独立自主の対外政策へ(脱イデオロギー)〔中,東南ア〕 大平首相訪中時,対中ODAの開始を決定〔日,中〕 4 靖国神社がA級戦犯を前年に合祀していたことが判明する〔日〕 カーター米大統領,台湾関係法で中国を牽制〔台〕 カンボジア,ポル・ポト政権崩壊〔東南ア〕 7 ソ連,カンボジア人民共和国と無償援助貿易航空協定調印〔東南ア〕 12 ソ連がアフガニスタンに進駐する 美麗島事件〔台〕 米華相互防衛条約が失効〔台〕
1980	4 アメリカがイランと国交を断絶する インドネシアで反華僑暴動(11も)〔東南ア〕 5 民主化を求める学生デモが拡大する〔韓〕 9 イラン・イラク戦争が本格化する 10 国連総会が民主カンボジア(ポル・ポト派)の国連代表権を承認する〔東南ア〕
1981	3 IMFが中国に4億5,000万SDRの融資を承認する〔中〕 中国残留日本人孤児47名が初来日する〔日,中〕

年	事　項
1982	6 日本の教科書検定で「侵略」を「進出」に書き直させていたことが発覚，肖向前第一アジア局長が日本公使に正式抗議〔日，中〕　7 日本の歴史教科書が歪曲されて記述されていることに抗議する〔韓〕　『労働新聞』が日本の歴史教科書に対して批判論評を掲載する〔北朝鮮〕　反ヴェトナム3派，民主カンボジア連合政府を樹立（シハヌーク大統領）〔東南ア〕　8 鄧小平とレーガン米大統領間で8.17コミュニケ発表，アメリカの対台武器輸出の漸減を表明〔中，台〕　歴史教科書検定についての日本政府見解発表〔日〕　9 歴史教科書問題，外交決着〔日〕
1983	1 中曽根首相が初めて韓国を公式訪問する〔日，韓〕　中曽根首相が訪米し，「日米は運命共同体」と表明する〔日〕　4 ソ連と国境貿易議定書に20年ぶりに調印〔中〕　5 中国民航ハイジャック事件により中韓政府間のチャネルが開かれる〔中，韓〕　9 ソ連が大韓航空機をサハリン上空で撃墜する　11 レーガン大統領が来日する
1984	1 英自治領ブルネイが独立，ASEAN加盟，9月国連加盟〔東南ア〕　3 中曽根首相が訪中する〔日，中〕　7 外国人による投資を完全自由化する〔韓〕
1985	3 ソ連共産党がゴルバチョフを党書記長に選出する　4 バンドン会議30周年記念式典，新バンドン宣言採択〔東南ア〕　7 インドネシアと中国が直接貿易覚書調印，18年ぶりに関係正常化へ〔中，東南ア〕　8 中曽根首相が15日に靖国神社を公式参拝，外交問題化（-10）〔日〕　レーガン大統領が台湾に民主化を勧告〔台〕　9 プラザ合意によりドル高の是正を目指す　満洲事変記念日に大学生が天安門広場に集まり，反日デモを行う〔中〕　11 レーガン大統領とゴルバチョフ書記長がジュネーヴで首脳会談をおこなう
1986	2 フィリピンでマルコス政権崩壊，アキノ，大統領就任〔東南ア〕　3 第1次教科書訴訟の控訴審で原告が敗訴する〔日〕　9 民主進歩党結成，蔣経国は黙認〔台〕　10 戒厳令と党禁の早期解除言明〔台〕　12 ヴェトナム，ドイモイ（刷新）政策採択〔東南ア〕
1987	2 台湾で最初の2.28事件記念集会〔台〕　7 戒厳令解除〔台〕　9 盧泰愚民正党代表委員が民主化宣言をおこなう〔韓〕　11 大韓航空機858便がビルマ付近で消息を絶つ〔韓〕　12 ワシントンで米ソ首脳会談が開催され，中距離核戦力（INF）全廃条約に調印する
1988	1 大韓航空機爆破事件への関与を否認する〔北朝鮮〕　蔣経国死去，副総統の李登輝が総統に（7 党主席）〔台〕　5 ソ連軍がアフガニスタンから撤退を開始する
1989	2 党禁解除〔台〕　ハンガリーと国交を樹立，以後，東欧各国と相次いで国交を結ぶ〔韓〕　5 ゴルバチョフ訪中，中ソ関係改善へ〔中〕　6 天安門事件　ビルマ連邦がミャンマー連邦と改称，軍政〔東南ア〕　7 パリでカンボジア和平国際会議〔東南ア〕　11 ベルリンの壁が崩壊する〔東欧革命〕　アジア太平洋経済協力会議（APEC）成立，12ヵ国参加〔日，韓，東南ア〕　12 米ソ首脳会談がマルタで開催され，冷戦の終結が宣言される　天安門事件後，李登輝政権が実務外交を展開〔台〕
1990	5 盧大統領が来日する〔日，韓〕　6 盧泰愚大統領がゴルバチョフ・ソ連大統領とサンフランシスコで初の首脳会談をおこなう〔韓〕　中米間の対立緩和，アメリカ大使館に逃れていた方励之の出国を認める〔中〕　8 イラクがクウェートを侵略し，国連安保理が対イラク限定武力行使決議を採択する　湾岸戦争で多国籍軍への資金提供などを公表する〔日〕　インドネシアが中国と国交回復〔中，東南ア〕　9 日本の自民・社会両党代表団が訪朝する〔日，北朝鮮〕　ソ連と国交を樹立する〔韓〕　北京で開催されたアジア大会に代表団派遣〔中，台〕　10 東西ドイツが統一される　国家統一委員会設置〔台〕
1991	1 湾岸戦争が勃発する　2 大陸委員会設置〔台〕　国家統一委員会が綱領を採択〔台〕　3 ワルシャワ条約機構の軍事機構が解体し，活動を停止する　海峡交流基金会が発足，理事長は辜振甫〔台〕　4 牛肉，オレンジの輸入自由化が始まる〔日〕　ゴルバチョフ大統領が訪日する〔日〕　自衛隊掃海艇をペルシャ湾に派遣する〔日〕　5 中ソ東部国境協定締結，ダマンスキー島の帰属確定〔中〕　動員戡乱時期臨時条款を廃止，中国との敵対関係を終結させる〔台〕　6 コメコン総会が解散を決定する　9 国連総会が南北朝鮮の一括加盟を承認する〔韓，北朝鮮〕　10 民進党が台独綱領を採択〔台〕　パリでカンボジア和平会議で最終合意文書に調印〔東南ア〕　11 韓国・北朝鮮のBC級戦犯と遺族が，日本政府に謝罪と国家補償を求め，東京地裁に提訴する〔日，韓，北朝鮮〕　中国，台湾（チャイニーズ・タイペイ），香港がAPEC加入〔中，台〕　12 CISが創設され，ソ連消滅が宣言される　海峡両岸関係協会発足，会長は汪道涵〔中〕
1992	1 日韓首脳会談で宮澤首相が従軍慰安婦問題について謝罪する〔日〕　IAEA核査察協定に調印する〔北朝鮮〕　鄧小平の南巡講話〔中〕　ASEAN首脳会議でASEAN自由貿易地域（AFTA）設定に合意〔東南ア〕　3 国連カンボジア暫定統治機構（UNTAC）発足〔東南ア〕　6 地球環境サミットがリオデジャネイロで開催される　PKO協力法が衆議院本会議で可決成立する〔日〕　8 中韓間に国交が開かれる．中朝友好協力相互援助条約には変更なし，2国共に国交〔中，韓，北朝鮮〕　中韓国交樹立により以後数年間韓国との公的関係が断絶〔台〕　9 フィリピンの米軍基地撤去〔東南ア〕　10 海峡交流基金会が海峡両岸関係協会と香港で協議，「92年共同認識」を口頭確認〔台〕　11 韓ロ基本条約に調印

年	事　項
	する〔韓〕　12 44年ぶりの立法委員総選挙で民進党が52議席を得る〔台〕
1993	3 核拡散禁止条約脱退を宣言する〔北朝鮮〕　4 中台間で汪道涵と辜振甫がシンガポールで会談〔中，台〕　5 UNTACのもとカンボジアで総選挙，7月暫定政権発足〔東南ア〕　8 従軍慰安婦の調査結果を発表し謝罪する〔日〕　細川首相が太平洋戦争を侵略戦争と明言する〔日〕　9 カンボジアで新憲法発布，立憲君主制に復帰，シハヌークが国王に，UNTAC任務終了〔東南ア〕　11 マーストリヒト条約により欧州連合(EU)が発足する
1994	1 NATO首脳会議が旧ソ連・東欧諸国との軍事協力を盛り込んだブリュッセル宣言を採択する　2 李登輝総統が休暇外交として東南アジア諸国訪問〔台，東南ア〕　4 ココムが解体される　NATO軍がボスニア・ヘルツェゴヴィナ紛争で初の空爆を実施する　マラケシュ宣言が採択され，世界貿易機関(WTO)の設立が合意される　アメリカが中国の人権問題と最恵国待遇供与の切離しを表明する　李登輝総統が式典外交としてアフリカ諸国訪問〔台〕　6 IAEA脱退を表明する〔北朝鮮〕　7 金日成主席が死去する〔北朝鮮〕　ASEAN地域フォーラム(ARF)開始〔東南ア〕　9 中露西部国境協定締結〔中〕　クリントン米大統領が新台湾政策発表，米台関係強化打ち出す〔台〕　10 シンガポールのゴー・チョクトン首相が「アジア欧州会議(ASEM)」を提案〔東南ア〕　11 APEC非公式首脳会議，ボゴール宣言(2020年までの域内貿易投資自由化)採択〔東南ア〕　12 核問題で米朝枠組みが合意される〔北朝鮮〕　この年，愛国主義教育が始まる〔中〕
1995	1 WTOがGATTを継承して発足する　江沢民が江八点提案，従来の中国の台湾政策を繰り返す〔中，台〕　5 李登輝訪米〔台〕　6 李登輝訪米の実現に対し，軍代表団をアメリカから召還し反発，その後大使も召還〔中〕　軽水炉提供に関するアメリカとの交渉が妥結する〔北朝鮮〕　7 中国が台湾近海にミサイル発射〔台〕　ヴェトナム，ASEANに加盟〔東南ア〕　8 戦後50年の村山首相談話で侵略・植民地支配への「お詫び」を表明する〔日〕　無償援助を圧縮し中国の核実験に抗議する〔日，中〕　朝ソ同盟条約が失効する〔北朝鮮〕　ヴェトナム，アメリカと国交樹立〔東南ア〕
1996	1 従軍慰安婦問題で国連人権委が報告書を提出する　3 アジア欧州会議(ASEM)第1回首脳会議が開かれる　上旬に台湾総統選挙を控え，基隆沖と高雄沖に向けてミサイル実験〔中，台〕　台湾最初の総統選挙，李登輝圧勝〔台〕　4 北京でエリツィン・露大統領と江沢民主席が会談，中露共同声明に調印。上海ファイブ首脳会議(中国，ロシア，カザフスタン，キルギスタン，タジキスタン)開催〔中〕　9 包括的核実験禁止条約(CTBT)への署名が始まる　10 OECDが韓国加盟を承認(アジアで日本に次いで2番目の加盟)〔韓〕　11 ASEAN，ラオス・ミャンマー・カンボジアの同時加盟決定〔東南ア〕
1997	1 日本の橋本首相がASEAN訪問，橋本ドクトリン発表〔日，東南ア〕　2 ASEM第1回外相会議が開かれる〔東南ア〕　鄧小平死去〔中〕　3 東南アジア非核地帯条約発効〔東南ア〕　7 イギリスから香港返還〔中〕　タイの通貨バーツの実質切り下げに伴いアジア通貨危機が起こる〔東南ア，韓〕　カンボジアの政変によりASEAN加盟延期，ミャンマー，ラオスがASEANに加盟〔東南ア〕　8 IMFが通貨危機のタイ向け金融支援を協議〔東南ア〕　9 日米防衛協力のための指針(ガイドライン)に合意する〔日〕　米下院国際関係委員会が米国・台湾ミサイル防衛協力法案可決〔台〕　10 金正日が労働党総書記に就任する〔北朝鮮〕　江沢民総書記が訪米〔中〕　11 北朝鮮の日本人配偶者15人が初の里帰りをはたす〔日〕　12 ASEAN＋6の蔵相会合がIMF中心の新通貨危機支援の枠組みを支持，創設30周年のASEAN首脳会議に日中韓の首脳が招待され(ASEAN＋3)，地域協力の必要性を確認〔日，中，韓，東南ア〕　京都議定書が採択される
1998	4 ポル・ポト死去，ポル・ポト派消滅〔東南ア〕　5 インドが24年ぶりに地下核実験を実施する　インドネシアで暴動，スハルト辞任〔東南ア〕　6 日中両国の共産党が関係正常化に合意する〔日，中〕　北朝鮮赤十字が日本人配偶者の一時帰国の取消しを発表する〔日，北朝鮮〕　クリントン大統領が訪中，米中関係を「建設的な戦略的パートナーシップ」と位置付け，「3つのノー」を表明〔中〕　クリントン米大統領の3つのノー声明に対し民主党・民進党共に抗議する〔台〕　7 ASEAN地域フォーラム(ARF)第5回閣僚会合，モンゴルの正式加盟を承認〔東南ア〕　8 北朝鮮の弾道ミサイル発射を公表する〔日，北朝鮮〕　10 日本映画を解禁する〔韓〕　辜振甫が上海，北京を訪問，汪道涵と4つの共通認識に達する〔中，台〕　11 江沢民が中国国家元首として来日し，日中共同宣言。歴史認識を強調する〔日，中〕　北朝鮮金剛山に初めて観光団を派遣する〔韓〕　APEC閣僚会議，首脳会議，ロシア，ペルー，ヴェトナムが参加して21カ国となる〔日，中，韓，東南ア〕
1999	3 NATO軍がユーゴスラヴィアの軍事施設などを空爆する(初の国連決議なしの空爆)　初のASEAN＋3蔵相・中央銀行総裁代理会議〔日，中，韓，東南ア〕　4 戦時強制連行の韓国人が損害賠償・謝罪要求の訴訟で日本鋼管と和解する〔日〕　米中間での中国WTO加盟をめぐる交渉が決裂，11月妥結〔中〕　カンボジアが加盟してASEAN10成立〔東南ア〕　5 ユーゴ・コソヴォ紛争でNATO機がベオグラードの中国大使館を誤爆，人権問題とも関連して中米関係緊張〔中〕　6 NATO軍が空爆を停止し，コソヴォ戦争が終結する　7 李登輝総統が両岸関係を「特殊な国と国との関係」とする，中

年	事　項
	国は非難，汪道涵の訪台延期〔中，台〕　8 ICBM 発射実験成功を発表〔中〕　国府閣議で TMD 導入方針を盛り込む施政方針決定〔台〕　東ティモールが住民投票でインドネシアからの独立決定(2002.5 独立)〔東南ア〕　9 AFTA 閣僚評議会，主要6カ国は2015年，後発4カ国は2018年からの域内関税撤廃で合意〔東南ア〕　10 インドネシアが東ティモールの独立承認〔東南ア〕　11 ASEAN+3首脳会議，東アジア協力に関する議長声明，共同声明〔中，東南ア〕　12 日本の超党派国会議員団が北朝鮮を訪問し，国交正常化交渉の再開を促す〔日，北朝鮮〕　マカオが中国に返還される〔中〕　ヴェトナム，中国と陸上国境を画定〔中，東南ア〕
2000	2 「台湾白書」発表〔中〕　朝ロ友好善隣協力条約が調印される〔北朝鮮〕　3 総統選挙で民進党の陳水扁当選〔台〕　5 陳水扁総統が就任演説で「4つのノーと1つのない」を発表〔台〕　6 金大中大統領が北朝鮮を訪問する〔韓，北朝鮮〕　7 上海ファイブ首脳会議にウズベキスタンがオブザーヴァーとして加わる〔中〕　フィリピンと北朝鮮が国交樹立〔北朝鮮，東南ア〕　ASEAN 外相会議，地域フォーラムに北朝鮮が初参加〔北朝鮮，東南ア〕　10 金大中大統領がノーベル平和賞を受賞する〔韓〕　朱鎔基首相が訪日〔日，中〕　クリントン米大統領が中国への最恵国待遇恒久付与法案に署名〔中〕　11 シンガポールでの ASEAN+中国会議で，朱鎔基首相が中国と ASEAN の FTA 構想を提案〔中，東南ア〕　12 北朝鮮とイギリスが国交を回復する〔北朝鮮〕
2001	1 米，ブッシュ政権成立，中国を「戦略的ライヴァル」と位置付け〔中〕　厦門と金門・馬祖島の間で小三通（通郵，通商，通航）開通〔中，台〕　4 「新しい歴史教科書をつくる会」の中学校歴史教科書が検定に合格し，その内容と採択の是非をめぐり国内外で論争がおこる〔日〕　同教科書が検定通過したことに対して抗議〔中〕　海南島沖で米偵察機と中国海軍の戦闘機衝突〔中〕　ブッシュ米大統領がイージス艦の台湾への売却見合わせ発表〔台〕　6 中国，ロシアと中央アジア諸国による6カ国首脳会議，上海協力機構(SOC)設立を宣言〔中〕　7 江沢民主席がプーチン露大統領と会談，善隣友好協力条約調印，米ミサイル防衛構想に反対するモスクワ共同声明署名〔中〕　パウエル国務長官訪中〔日，中〕　小泉首相が13日に靖国神社を参拝，中韓が反発〔日，中，韓〕　国連東ティモール暫定行政機構(UNTAET)の統括で憲法制定議会選挙実施〔東南ア〕　9 アメリカで同時多発テロが発生する　同時多発テロにより米中は反テロで一致〔中〕　10 アメリカがアフガニスタンで対テロ戦争を開始する　小泉首相が中韓訪問〔日，中，韓〕　東アジア・ヴィジョン・グループが ASEAN+3 に対し報告，東アジア共同体(EAC)構想へ〔日，中，韓，東南ア〕　11 ASEAN 非公式首脳会議で反テロ共同行動 ASEAN 宣言を採択，ASEAN+3 首脳会議議長声明でテロ撲滅への結束と東アジアの協力強化を確認〔日，中，韓，東南ア〕　12 WTO加盟〔中〕
2002	1 WTO に正式加入〔台〕　日本・シンガポール間で経済連携協定〔日，東南ア〕　フィリピン・米共同軍事演習開始〔東南ア〕　4 小泉首相が再び靖国参拝〔日，中〕　5 日韓共催のワールドカップが開催される〔日，韓〕　瀋陽総領事館事件〔日，中〕　8 陳水扁総統が台湾と中国は「一辺一国」と発言，両岸の実務レヴェルの調整中断〔中，台〕　9 小泉首相が訪朝し，日朝首脳会談が開かれる〔日，北朝鮮〕　国連総会が東ティモールの国連加盟承認〔東南ア〕　10 拉致被害者5名が帰国する〔日，北朝鮮〕　立法院が中国の台湾海峡ミサイル撤去要求決議〔中，台〕　11 「南シナ海行動宣言」に調印〔中〕　広東で SARS が報告され，対応遅れによりその後拡大〔中〕　ASEAN+3 首脳会議議長声明で北朝鮮の核兵器廃棄に向けた結束を確認
2003	1 小泉首相が3度目の靖国参拝〔日，中〕　チャーター便が香港経由で上海まで開通〔中，台〕　3 アメリカがイギリス等とともにイラクへの攻撃を開始する　4 米中朝の3者会議〔中，北朝鮮〕　ASEAN+3 保健担当大臣会合で SARS 拡大防止についての共同宣言〔日，中，韓，東南ア〕　7 SARS 終息宣言〔中〕　8 北朝鮮核問題で6者協議が北京で始まる〔日，中，韓，北朝鮮〕　10 日中韓首脳会合，パリで「日中韓3国間協力の促進に関する共同宣言」発表〔日，中，韓〕　「平和と繁栄のための戦略的パートナーシップに関する中国 ASEAN 共同宣言」採択。中国が東南アジア友好協力条約(TAC)に署名〔日，中，韓，東南ア〕
2004	1 小泉首相が靖国参拝〔日，中〕　2 北京で第2回6者協議〔日，中，韓，北朝鮮〕　3 中国の活動家が尖閣諸島に上陸，強制退去〔日，中〕　陳水扁が国民党主席の連戦を破り総統に再選〔台〕　6 欧州憲法草案が採択される　日本の川口外務大臣が李肇星外交部長に対し「春暁ガス油田」等開発への懸念表明。北京で第3回6者協議〔日，中，韓，北朝鮮〕　8 中国で行われたサッカーのアジアカップで一部中国人サポーターが暴徒化〔日，中〕　10 プーチン露大統領と胡錦涛主席が会談，中露間の国境問題解決へ〔中〕　北京で東シナ海等に関する第1回日中協議〔日，中〕　ASEM 第5回首脳会合，ASEAN 新規加盟国のカンボジア，ラオス，ミャンマーと EU 新規加盟の10カ国の新規参加を承認〔東南ア〕　12 ASEAN 首脳会議，ASEAN+3 首脳会議で，2005年末にクアラルンプールで「東アジア・サミット」初開催に合意〔日，中，韓，東南ア〕
2005	3 島根県議会が竹島の日条例を制定する〔日，韓〕　全国人民代表大会で反国家分裂法採択〔中，台〕

年	事　項
	4 日本の国連常任理事国入り反対運動が，折からの歴史認識問題を背景として各地での反日デモへ発展〔日，中〕　国民党主席の連戦が大陸訪問(-5)，胡錦涛主席と会談，「台湾独立」反対等で合意〔中，台〕　*5* 北京で東シナ海等に関する第2回日中協議〔日，中〕　親民党主席の宋楚瑜も訪中〔中，台〕　*6* 中国海洋石油(CNOOC)が米石油大手ユノカルに買収持ちかけ(*8* 撤回)〔中〕　慶尚北道議会が毎年10月を独島の月とする〔日，韓〕　*7* 抗日反ファシズム戦争勝利60周年記念行事が各地で行われる(-*9*)〔中〕　プーチン・露大統領がモスクワで胡錦涛主席と会談，「21世紀の国際秩序に関する共同宣言」調印〔中〕　人民元切り上げ〔中〕　北京で第4回6者協議〔日，中，韓，北朝鮮〕　*9* ゼーリック国務副長官が中国を「責任ある利害共有者」とする〔中〕　東京で東シナ海等に関する第3回日中協議(-*10*)〔日，中〕　*10* 北朝鮮の核実験に対する国連安保理の非難決議に加わる〔中，北朝鮮〕　小泉首相が靖国参拝〔日，中〕　*11* 北京で第5回6者協議(-06.2)〔日，中，韓，北朝鮮〕　APEC首脳会議で鶏インフルエンザ対策についての国際協調を図る共同宣言〔東南ア〕　*12* クアラルンプールで，ASEAN＋3にオーストラリア，ニュージーランド，インドを加えて「東アジア共同体」に向けての東アジア・サミット(EAS)が開かれる〔日，中，韓，東南ア〕
2006	*2* 国家統一綱領と国家統一委員会を廃止〔台〕　*4* 日中21世紀交流事業開始〔日，中〕　*5* 東ティモールで元兵士らが反乱〔東南ア〕　*8* 15日に小泉首相が靖国参拝〔日，中〕　*10* 核実験を実施する〔北朝鮮〕　日本の安倍首相が訪中，胡錦涛主席と戦略的互恵関係構築で一致〔日，中〕　日中歴史共同研究が始まる〔日，中〕　この年，胡錦涛・プーチン首脳会談5度行われる〔中〕
2007	*1* 弾道ミサイルによる人工衛星破壊実験を実行〔中〕　セブで第2回東アジア・サミット開催，東アジア共同体は言及されず〔日，中，韓，東南ア〕　*3* 北京で第6回6者協議〔日，中，韓，北朝鮮〕　*4* 初めて「台湾」の名義で世界保健機関(WHO)に加盟申請(1997年以来失敗)〔台〕　温家宝首相が訪日〔日，中〕

〔※中国・台湾・東南アジアの項目を竹元規人が，日本・朝鮮半島・世界の項目を中村元哉が作成した。〕

人名索引

ア 行

アイゼンハワー（Eisenhower, Dwight D.）　221-2, 261, 263-4, 267
青木周蔵　31, 33, 38, 42-5, 49, 75
浅沼稲次郎　267
芦田均　225, 229
アダムズ（Adams, Francis）　30
アチソン（Acheson, Dean G.）　217, 236, 238
安部晋三　333, 335
阿部信行　166
阿部正弘　11
阿部守太郎　96
アマースト（Amherst, William Pit）　8
天羽英二　146-7
鮎川義介　298
荒木五郎　127
安重根（アン・ジュングン）　80, 91, 190
アンダーウッド（Underwood, Horace H.）　195
池田勇人　271, 273-6, 278-80, 287, 292
石井菊次郎　95, 100-1, 104
石井光次郎　271, 273
石塚英蔵　201
石橋湛山　263, 298
石原莞爾　138
伊集院彦吉　73, 93
李承晩（イ・スンマン）　73, 210, 270-1, 318
板垣征四郎　138-9
板垣退助　31, 200
伊藤博文　22, 35, 44-8, 50, 58-9, 63, 68, 71, 73-4, 78-80, 89, 91, 180-1, 183, 186, 189-91
伊東巳代治　107
李東元（イ・ドンウォン）　275
李東祚（イ・ドンジャク）　275
犬養毅　139
井上馨　31-4, 36, 39, 41-2, 46, 48-9, 57-9, 68, 73, 181, 189
井上角五郎　57
井上毅　35, 39, 43
井上準之助　132
岩倉具視　30, 32, 35, 49
岩瀬忠震　11
李完用（イ・ワニョン）　80
殷汝耕　148

ヴィシンスキー（Vyshinskiy, Andrey Januaryevich）　255
ウィッテ（Witte, Sergei Y.）　69, 72
ウィルソン（Wilson, Woodrow）　94-5, 97, 99-100, 104, 106-8, 115, 117, 163, 193-4, 196, 198
ヴィルヘルム2世（Wilhelm II）　76
上野景範　31
埴原正直　123
宇垣一成　204
内田康哉　92-3, 139
内田良平　79
梅津美治郎　147
エヴァーツ（Evarts, William）　31
エドワーズ（Edwards, Corwin）　226-7
榎本武揚　43
袁世凱　22, 58, 70, 83-5, 90, 94, 96, 100-2, 106
及川古志郎　170
王稼祥　255
王暁雲　300
王国権　300
王正廷　121, 127, 130-1, 133-6
王丹　342
王籠恵　134
汪兆銘　125, 145-6, 148, 161, 175
汪道涵　326, 345
大隈重信　30-1, 39, 41-2, 46, 66, 97, 100, 102, 107
大野伴睦　274, 278
大平正芳　274, 278-9, 300, 302, 309, 312, 315, 332
岡崎嘉平太　299
岡田啓介　146
緒方貞子　349
小沢一郎　344
小幡酉吉　126

カ 行

カークード（Kirkwood, W. M. H.）　185
カーゾン（Curzon, George N.）　117
カーター（Carter, James）　310-1, 347
海部俊樹　328
何応欽　147
華国鋒　311

風見章　298
片山哲　229
桂太郎　68, 70-1, 73, 76, 78, 80, 190, 195
加藤高明　97-100, 124-6, 184
加藤友三郎　120
加藤寛治　120
兼松佐一　264
金丸信　326
樺山資紀　182-3
賀屋興宣　278
カラハン（Karakhan, Lev M.）　121
川越茂　153
川島浪速　101
姜錫柱（カン・ソクジュ）　348
キーナン（Keenan, Joseph B.）　220
魏京生　342
岸信介　250-2, 254, 262-3, 267-8, 271, 273, 275-6, 278, 280
北村徳太郎　298
キッシンジャー（Kissinger, Henry Alfred）　288, 296, 305-6
木戸幸一　220
姫鵬飛　312
金一（キム・イル）　285
金日成（キム・イルソン）　196, 236-8, 243, 272-3, 283, 285, 289-90, 314, 317-8, 321, 327, 347
金玉均（キム・オッキュン）　22, 57
金載圭（キム・ジェギュ）　272
金正日（キム・ジョンイル）　289, 314, 321, 327, 347
金鍾泌（キム・ジョンピル）　274
金大中（キム・デジュン）　317, 320, 338, 343, 347
金亨稷（キム・ヒョンジク）　196
金弘集（キム・ホンジプ）　64
金泳三（キム・ヨンサム）　320, 335
キャッスル（Castle, Jr., William R.）　133-4
キャンベル（Campbell, William）　187
邱逢甲　182
ギューリック（Gulick, Sidney L.）　132
清浦奎吾　122
クック（Cook, James）　27
隈本繁吉　188

人名索引　385

グランヴィル（Granville, Earl George）30
クリントン（Clinton, Bill）338, 341-2, 345
来島恒喜　41
グレイ（Grey, Edward）117
クレーマー（Kramer, Raymond C.）227
クレマンソー（Clemenceau, George E. B.）104
黒田清隆　58
クロパトキン（Kuropatkin, Aleksei N.）69
ケーディス（Kades, Charles L.）225, 229
ケナン（Kennan, George C.）223, 225, 227-8
ケネディ（Kennedy, John）271, 274, 282
ケリー（Kelly, James A.）348
ケロッグ（Kellogg, Frank B.）124
ケンペル（Kaempfer, Engelbert）10
顧維鈞　121, 125, 134, 136
小池張造　101
小泉純一郎　329, 332-3, 335, 342, 347, 350-1
小磯国昭　176
黄華　312
黄遵憲　21, 56
江青　277
江沢民　313, 341-3, 345
光緒帝　84
河野一郎　264-5, 267
黄郛　127
河本大作　126-7
康有為　66-7, 84
ゴー・チョクトン（Goh Chok Tong）337
胡漢民　134
胡錦濤　313, 338, 342
小坂善太郎　271
伍修権　256
高宗（コジョン）22, 56, 64, 79, 190, 196
ゴ・ジン・ジェム（Ngo Dinh Diem）282-3
辜振甫　326, 345
コスイギン（Kosygin, Alexei）282, 285, 290
コズロフ（Kozlov, Frol）273
胡宗南　233
児玉源太郎　74, 186, 188, 203
伍朝枢　134
後藤象二郎　31
後藤新平　129, 186-8, 203

近衛篤麿　47
近衛文麿　152, 154, 158, 166, 169, 171, 220, 222, 298
小林躋造　203
小村寿太郎　50, 68, 70, 72-3, 76, 99
胡耀邦　311, 313, 315, 320-1
ゴルバチョフ（Gorbachev, Mikhail）279, 321, 324-5, 338

サ 行

西園寺公望　75, 93-4, 115, 126, 184
西園寺公一　298
蔡鍔　101
西郷隆盛　31
斎藤恒　127
斎藤実　139, 146, 151, 197, 199, 203
西銘順治　288
坂本吉弘　336
サッチャー（Thatcher, Margaret Hilda）317
佐藤栄作　275, 280-1, 286-92, 302
佐藤尚武　153
佐藤安之助　90
佐分利貞男　126
鮫島尚信　31
沢田廉三　271
椎名悦三郎　275
シーボルト（Sebald, William J.）219
シェンキェウィッツ（Sienkiewicz, Joseph）38
重光葵　129, 133-6, 221, 249, 261-4
施肇基　120, 136
志筑忠雄　10
幣原喜重郎　93, 103, 108, 120-1, 124-6, 129-36, 142, 222
周恩来　239, 241, 255, 276-7, 291, 295, 298-303, 305-7, 312
周鴻慶　278
シューフェルト（Shufeldt, Robert W.）56
朱徳　232
朱鎔基　338, 344
蔣渭水　201
聶栄臻　295
蔣介石　125-6, 131, 133-6, 141, 144-6, 148-52, 154, 168, 175, 201, 216-7, 231-3, 235, 245, 248, 254, 260, 276, 278-80, 292, 300-1, 325-6
蔣経国　292, 320, 325
肖向前　330
勝田主計　102-3

昭和天皇　129, 177, 214, 218-25, 309
ジョーダン（Jordan, Sir John N.）92
徐向前　295
ジョンストン（Johnston, Percy H.）228
ジョンソン（Johnson, Lyndon Baines）274, 280, 282, 284-90
ジョンソン（Johnson, Nelson T.）124
沈瑞麟　124
秦徳純　147
スカルノ（Sukarno, Achmad）266, 283-4
杉道助　274-5
鈴木貫太郎　176
鈴木善幸　311, 315, 332
スターリン（Stalin, I. V.）175, 214, 231, 235-237, 239, 241-3, 255-6, 258-61, 268
スティムソン（Stimson, Henry S.）100, 130-2, 142
スハルト（Suharto）283
西太后　84-5
ゼークト（Seeckt, Hans von）152
ゼーリック（Zoellick, Robert Bruce）343
瀬長亀次郎　264
セン（Sen, Amartya）349
宋教仁　94
臧式毅　127
宋子文　133-5
宋楚瑜　346
副島種臣　31
曾慶紅　326
園田直　308
孫科　134, 145
宋秉畯（ソン・ビョンジュン）80
孫文　24, 92, 94, 96, 101-2, 105, 125, 201, 299
孫平化　298, 302, 332

タ 行

大正天皇　194
高碕達之助　276-7, 298
高杉晋一　275
高杉晋作　15
高橋是清　151
高平小五郎　76
高良富　297
財部彪　131
竹入義勝　298, 300-2
竹越与三郎　186
竹添進一郎　57

田中角栄 271, 300, 302, 308, 312, 350
田中義一 126-9, 136, 248
谷干城 39, 47
タフト (Taft, William H.) 71, 190
ダレス (Dulles, John Foster) 245-7, 249, 254, 261-2, 264, 279
段祺瑞 102-3
崔圭夏 (チェ・ギュハ) 290
崔麟 (チェ・リン) 196
チェンバレン (Chamberlain, J. Austen) 125
チャーチル (Churchill, W. L. S.) 170, 175, 223, 248
張勉 (チャン・ミョン) 271
中堂観恵 203
張学良 127-8, 130-1, 138, 141
張勲 96
張群 153, 278-9
張作霖 90, 101, 121, 126-7, 138, 199, 248
趙爾巽 90
張之洞 85
張俊雄 326
趙紫陽 311, 313, 315, 321
張厲生 278
全斗煥 (チョン・ドゥファン) 317, 320-1
全璋準 (チョン・ポンジュン) 59
陳毅 277, 295
陳儀 207
陳水扁 342, 345-6
陳誠 278
陳友仁 127, 135
筒井政憲 11
ティリー (Tilley, John A. C.) 129
大院君 (テウォングン) 22, 56-7, 60
出淵勝次 132
寺内正毅 78, 80, 95, 102-3, 107, 190, 193-5
寺崎英成 224
寺島宗則 30-2, 39, 43-4, 49
田健治郎 197
天皇 (今上) 328
土肥原賢二 147
鄧穎超 299
唐継堯 101
唐景崧 61, 182
東郷茂徳 221
唐紹儀 76
東条英機 170, 176, 221, 331
鄧小平 233, 273, 276, 306-13, 328, 331, 342

遠山景晋 11
ド・ゴール (Gaulle, Charles André Joseph Marie de) 269
ドッジ (Dodge, Joseph M.) 229
ドムニツキー (Domnitskii, A.) 264
豊田貞次郎 169
豊臣秀吉 5, 15, 56
トラウトマン (Trautmann, Osker P.) 152, 158
トルーマン (Truman, Harry S.) 214, 216-8, 220, 225, 228, 237, 240-1, 243
ドレーパー (Draper, William H.) 227-9
ドロール (Derols, Jacques Lucien Jean) 336

ナ 行

永井松三 131
中曽根康弘 315, 317-8, 331-2
中村是公 90
中村震太郎 138
南漢宸 298
ニクソン (Nixon, Richard) 270, 288-91, 296-7, 302-3, 305
ニコライ2世 (Nikolai II) 64, 72
西原亀三 102-3, 108, 134
ネルー (Nehru, Jawaharlal) 250
野田卯一 271
ノックス (Knox, Philander C.) 78, 91
盧泰愚 (ノ・テウ) 320, 324
野村吉三郎 169

ハ 行

パークス (Parkes, Sir Harry) 28, 34, 36, 57
バークレイ (Barclay, Thomas) 183, 189, 208
ハーディング (Harding, Warren G.) 117
ハートリー (Hartley, John) 32
ハーレー (Hurley, Patrick) 216
パウエル (Powell, Colin Luther) 343
ハウス (House, Edward M.) 107
バオ・ダイ (Bao Dai) 217
ハガティー (Hagerty, James C.) 267
朴正熙 (パク・チョンヒ) 272-4, 276, 283, 285, 289-90, 292, 305, 317, 320
朴泳孝 (パク・ヨンヒョ) 22

バジパイ (Vajpayee, Atal Behari) 339
橋本龍太郎 330, 332, 337, 350
秦真次 127
ハッバード (Hubbard, Richard) 38-9
鳩山一郎 249, 261, 264-5, 267
花房義質 22
浜口雄幸 93, 130, 132-3
林権助 70
林術齋 11
林銑十郎 153-4
林董 74, 76
林復齋 11
原敬 44, 63, 70, 81, 95-6, 103, 108, 115, 117, 195-7, 201
ハリマン (Harriman, Edward H.) 73
ハル (Hull, Cordell) 170-1
バルフォア (Balfour, Arthur James) 120
日置益 98
ビスマルク (Bismarck, Otto von) 32
ヒトラー (Hitler, Adolf) 149, 152
ヒューズ (Hughes, Charles Evans) 120-1, 123
平沼騏一郎 166
広田弘毅 146, 150-1
ビンハム (Bingham, John) 31
フーヴァー (Hoover, Herbert C.) 133, 223, 226
フォレスタル (Forrestal, James V.) 223
フォン・ブラント (Brandt, Max von) 30
溥儀 139-40
福田赳夫 308, 336
傅作義 232
藤山愛一郎 250, 252, 265
ブッシュ〔ジョージ・W.〕 (Bush, George Walker) 342, 347, 350
ブッシュ (Bush, George Herbert Walker) 321, 328, 341
ブライアン (Bryan, William J.) 99-100
プランケット (Plunkett, Sir Francis) 36
フルシチョフ (Khrushchev, Nikita Sergeyevich) 258-60, 267-8, 273, 279-80, 282-3, 285
フレーザー (Fraser, Hugh) 43, 45, 47, 49
ブレジネフ (Brezhnev, Leonid) 282, 289, 292, 310, 312

人名索引　387

ヘイ（Hay, John）　65, 85
裵義煥（ペ・ウィファン）　274
ベッセル（Bethell, Ernest T.）　190-1, 195
ペリー（Perry, Matthew Calbraith）　3, 10-1, 27
ベリヤ（Beria, Lavrentiy Pavlovich）　258
ヘンダーソン（Henderson, Arthur）　130
帆足計　297
ボアソナード（Boissonade, Gustave Emile）　39
ホィートン（Wheaton, Henry）　16
ホィットニー（Whitney, Courtney）　222
彭真　280
彭徳懐　239
方励之　328, 341
ホー・チ・ミン（Ho Chi Minh）　217
ボートン（Borton, Hugh）　225
ボールドウィン（Baldwin, Stanley）　128
ポーレー（Pauley, Edwin W.）　226-7
ホーンベック（Hornbeck, Stanley K.）　134
許政（ホ・ジョン）　270, 274
細川護熙　262
ホルトム（Holtom, D. C.）　205
ホルレーベン（Holleben, Theodor von）　36, 38-9

マ 行

マーカット（Marquat, William F.）　227
マーシャル（Marshall, George C.）　216-7, 224-6, 228
マーティン（Martin, William Alexander Parsons）　16
マイヤー（Myer, George von Lengerke Myer）　72
マカートニー（Macartney, Lord George）　8
牧野伸顕　96, 107, 115
マクドナルド（MacDonald, James Ramsay）　131, 134
マクマリー（MacMurray, John Van A.）　121, 124, 133
マクミラン（Macmillan, Harold）　250
マクラッチー（McClatchy, V. S.）　132
マクロイ（McCloy, John J.）　219-20

マセソン（Matheson, Hugh M.）　180-1, 183, 187
松井石根　203
松岡洋右　93, 166-7, 169
マッカーサー（MacArthur, Douglas）　177, 214, 216, 218-23, 225-9, 240, 242, 263
松方正義　31
松平恒雄　131
松村謙三　277, 298, 300
松本俊一　264-5
松本烝治　222
マリク（Malik, Jacob）　241
マリノフスキー（Malinovskii, Rodian）　283
マレンコフ（Malenkov, Georgy Maximilianovich）　258
三浦梧楼　64
三木武夫　286-7, 300, 308
ミコヤン（Mikoyan, Anastas）　279-80
水町竹三　199-200
宮越喜助　297
宮澤喜一　331
閔妃（ミンビ）　22, 56, 64
陸奥宗光　43-4, 46-9, 60-1, 289
村岡長太郎　127
村山富市　333-5
毛沢東　231-3, 235, 237, 239-40, 248, 255-6, 258-60, 276-7, 294-5, 301, 306, 308, 310
モーリー（Mowry, Eli M.）　195
持地六三郎　197-9
モロトフ（Molotov, Vyacheslav Mikhailovich）　258

ヤ 行

山県有朋　35, 48, 58-9, 64, 66, 78, 92, 98, 101, 190, 197
山座円次郎　96
山崎猛　229
屋良朝苗　288
梁起鐸（ヤン・ギテク）　190
兪鎮午（ユ・ジヌ）　271
尹致昊（ユン・チホ）　193-4
尹潽善（ユン・ポソン）　271
楊宇霆　127
葉剣英　295
吉田清成　31
吉田茂　133, 225, 229, 246-9, 252, 261, 278-9, 292

ラ・ワ行

ラ・ペルーズ（La Pérouse, J. F. G. de）　27
ラーマン（Rahman, Tungku Abdul）　266, 284

ライシャワー（Reischauer, Edwin）　271, 280
ライヒェナウ（Reichenau, Walther von）　152
ラインシュ（Reinsch, Paul S.）　99
ラスク（Rusk, Dean）　273, 280, 286
羅福星　188
ラムズドルフ（Lamzdorf, Vladimir N. von）　69
ランシング（Lansing, Robert）　95, 104
ランプソン（Lampson, Miles W.）　130
リー・クアンユー（Lee, Kuan Yew）　266
陸栄廷　101
李鴻章　22, 56-9, 62, 64, 85, 87, 253
李宗仁　231-2
リッジウェイ（Ridgway, M. B.）　241
リットン（Lytton, Victor A. G. B.）　143-4, 204
李登輝　207, 320, 326, 345-6
劉顕世　101
劉少奇　256, 276-7, 295
劉徳有　332
劉銘伝　61, 187
梁啓超　66-7
廖承志　298-9
廖仲愷　299
李烈鈞　101
林彪　232, 277
ルート（Root, Elihu）　76, 121
レーガン（Reagan, Ronald Wilson）　315, 317-8, 320-1
レザノフ（Rezanov, Nikolai Petrovich）　11
連戦　346
ロイド（Lloyd, Selwyn）　250
ロイド・ジョージ（George, David Lloyd）　104
ロイヤル（Royall, Kenneth C.）　227
ローズヴェルト（Roosevelt, Franklin Delano）　163, 168, 170, 172, 175
ローズヴェルト（Roosevelt, Theodore）　70, 72, 75
ロストウ（Rostow, Walt）　287
ロバノフ（Lobanov-Rostovskii, Aleksei B.）　64
若泉敬　287-8
若槻礼次郎　125, 130-1, 139
渡辺幸治　330

執筆者紹介 (執筆順)

〈本　文〉

川島　真　[第1章, 第4章 (共著), 第12章 (共著), 終章 (共著)] →編者, 奥付参照。

五百旗頭 薫（いおきべ・かおる）[第2章]
　1974年生, 東京大学大学院法学政治学研究科教授。著書に『条約改正史——法権回復への展望とナショナリズム』(有斐閣, 2010年)。

千葉　功（ちば・いさお）[第3章, 第4章 (共著)]
　1969年生, 学習院大学文学部教授。著書に『桂太郎——外に帝国主義, 内に立憲主義』(中公新書, 2012年)。

服部龍二（はっとり・りゅうじ）[第5章]　→編者, 奥付参照。

鹿　錫俊（ろく・しゃくしゅん）[第6章, 第7章]
　1955年生, 大東文化大学国際関係学部教授。著書に『蔣介石の「国際的解決」戦略：1937-1941——「蔣介石日記」から見る日中戦争の深層』(東方書店, 2016年)。

駒込　武（こまごめ・たけし）[第8章]
　1962年生, 京都大学大学院教育学研究科教授。著書に『世界史のなかの台湾植民地支配——台南長老教中学校からの視座』(岩波書店, 2015年)。

井口治夫（いぐち・はるお）[第9章1-3節]
　1964年生, 関西学院大学国際学部教授。著書に『鮎川義介と経済的国際主義——満洲問題から戦後日米関係へ』(名古屋大学出版会, 2012年)。

松田康博（まつだ・やすひろ）[第9章4・5節]
　1965年生, 東京大学東洋文化研究所教授。著書に『台湾における一党独裁体制の成立』(慶應義塾大学出版会, 2006年)。

陳　肇斌（ちん・ちょうひん）[第10章1・2節]
　1963年生, 東京都立大学法学部教授。著書に『中国市民の朝鮮戦争——海外派兵をめぐる諸問題』(岩波書店, 2020年)。

増田雅之（ますだ・まさゆき）[第10章3節]*
　1976年生, 防衛省防衛研究所地域研究部主任研究官。共著に『日中関係史 1972-2012 Ⅰ政治』(東京大学出版会, 2012年)。

池田慎太郎（いけだ・しんたろう）［第10章4節，第11章］
　1973年生，関西大学法学部教授。著書に『現代日本政治史2　独立完成への苦闘 1952-1960』（吉川弘文館，2011年）。

劉　傑（りゅう・けつ）［第12章（共著），終章（共著）］
　1962年生，早稲田大学社会科学総合学術院教授。著書に『中国の強国構想――日清戦争後から現代まで』（筑摩書房，2013年）。

〈コラム〉

1-1　眞壁　仁（まかべ・じん）北海道大学大学院法学研究科教授
1-2　本野英一（もとの・えいいち）早稲田大学政治経済学術院教授
1-3　赤嶺　守（あかみね・まもる）名桜大学特任教授
1-4　岡本隆司（おかもと・たかし）京都府立大学文学部教授
2-1　三谷　博（みたに・ひろし）東京大学名誉教授
2-2　塩出浩之（しおで・ひろゆき）京都大学大学院文学研究科教授
2-3　小宮一夫（こみや・かずお）専修大学法学部非常勤講師
3-1　佐々木揚（ささき・よう）佐賀大学名誉教授
3-2　佐藤慎一（さとう・しんいち）東京大学名誉教授
3-3, 5-3　簑原俊洋（みのはら・としひろ）神戸大学大学院法学研究科教授
3-4　李　盛煥（い・そんふぁん）啓明大学校国際学部教授
4-1　籠谷直人（かごたに・なおと）京都大学人文科学研究所教授
4-2　井村哲郎（いむら・てつお）元新潟大学教授
4-3, 8-6, 終-1　川島　真　→奥付参照
4-4　高原秀介（たかはら・しゅうすけ）京都産業大学外国語学部教授
4-5　森川正則（もりかわ・まさのり）奈良大学文学部准教授
5-1　後藤春美（ごとう・はるみ）東京大学大学院総合文化研究科教授
5-2　貴志俊彦（きし・としひこ）京都大学東南アジア地域研究研究所教授
5-4　廣部　泉（ひろべ・いずみ）明治大学政治経済学部教授
6-1　塚瀬　進（つかせ・すすむ）長野大学環境ツーリズム学部教授
6-2　田嶋信雄（たじま・のぶお）成城大学法学部教授
7-1　加藤陽子（かとう・ようこ）東京大学大学院人文社会系研究科教授
7-2　楊　大慶（よう・だいけい）ジョージ・ワシントン大学歴史学部准教授
7-3　森山　優（もりやま・あつし）静岡県立大学国際関係学部教授

8-1　長田彰文（ながた・あきふみ）上智大学文学部教授
8-2　並木真人（なみき・まさひと）フェリス女学院大学元教授
8-3　等松春夫（とうまつ・はるお）防衛大学校教授
8-4　何　義麟（か・ぎりん）台北教育大学台湾文化研究所教授
9-1　半澤朝彦（はんざわ・あさひこ）明治学院大学国際学部教授
9-2　日暮吉延（ひぐらし・よしのぶ）帝京大学法学部教授
9-3　ロバート・D・エルドリッヂ　元在沖縄米軍海兵隊外交政策部次長
9-4　青山瑠妙（あおやま・るみ）早稲田大学大学院アジア太平洋研究科教授
10-1　宮城大蔵（みやぎ・たいぞう）上智大学大学院グローバル・スタディーズ研究科教授
10-2　平野　聡（ひらの・さとし）東京大学大学院法学政治学研究科教授
10-3　中北浩爾（なかきた・こうじ）一橋大学大学院社会学研究科教授
10-4　武田知己（たけだ・ともき）大東文化大学法学部教授
10-5　佐藤　晋（さとう・すすむ）二松学舎大学国際政治経済学部教授
11-1　田中隆一（たなか・りゅういち）元世界人権問題研究センター専任研究員
11-2　国分良成（こくぶん・りょうせい）慶應義塾大学名誉教授
11-3*　中島信吾（なかじま・しんご）防衛省防衛研究所戦史研究センター室長
11-4　永野隆行（ながの・たかゆき）獨協大学外国語学部教授
12-2　石井　明（いしい・あきら）東京大学名誉教授
12-3　益尾知佐子（ますお・ちさこ）九州大学大学院比較社会文化研究院准教授
12-4　呉　万虹（ご・まんこう）中国社会科学院日本研究所研究員
12-5　木村　幹（きむら・かん）神戸大学大学院国際協力研究科教授
終-1　服部龍二　→奥付参照

〈年表他〉

年表［中国・台湾・東南アジア］　竹元規人（たけもと・のりひと）福岡教育大学教育学部准教授
年表［日本・朝鮮半島・世界］　中村元哉（なかむら・もとや）東京大学大学院総合文化研究科准教授
参考地図 1-3　家永真幸（いえなが・まさき）東京女子大学現代教養学部准教授
ルビ・索引［ハングル読み］　小林聡明（こばやし・そうめい）日本大学法学部准教授

＊当該分担箇所において示された見解は、防衛省防衛研究所の見解を示すものではなく、各執筆者の見解に基づくものである。

《編者略歴》

川島　真
かわしま　しん

- 1968年　横浜市に生まれる
- 1997年　東京大学大学院人文社会系研究科博士課程単位取得退学，
- 　　　　北海道大学大学院法学研究科助教授などを経て，
- 現　在　東京大学大学院総合文化研究科教授，博士（文学）
- 著　書　『中国近代外交の形成』（名古屋大学出版会，2004 年）
- 　　　　『近代国家への模索　1894-1925〈シリーズ中国近現代史②〉』（岩波新書，2010 年）
- 　　　　『21 世紀の「中華」——習近平中国と東アジア』（中央公論新社，2016 年）

服部　龍二
はっとり　りゅうじ

- 1968年　東京都に生まれる
- 1997年　神戸大学大学院法学研究科博士課程単位取得退学
- 現　在　中央大学総合政策学部教授，博士（政治学）
- 著　書　『東アジア国際環境の変動と日本外交 1918-1931』（有斐閣，2001 年）
- 　　　　『高坂正堯——戦後日本と現実主義』（中公新書，2018 年）
- 　　　　『外交を記録し，公開する——なぜ公文書管理が重要なのか』（東京大学出版会，2020 年）

東アジア国際政治史

2007 年 6 月 10 日　初版第 1 刷発行
2022 年 3 月 31 日　初版第 5 刷発行

定価はカバーに表示しています

編　者　　川　島　　　真
　　　　　服　部　龍　二
発行者　　西　澤　泰　彦

発行所　一般財団法人　名古屋大学出版会
〒464-0814　名古屋市千種区不老町 1 名古屋大学構内
電話(052)781-5027／FAX(052)781-0697

Ⓒ KAWASHIMA Shin, HATTORI Ryuji et al. 2007　　Printed in Japan
印刷・製本　㈱太洋社　　　　　　　　　ISBN978-4-8158-0561-6
乱丁・落丁はお取替えいたします。

JCOPY 〈出版者著作権管理機構 委託出版物〉
本書の全部または一部を無断で複製（コピーを含む）することは，著作権法上での例外を除き，禁じられています。本書からの複製を希望される場合は，そのつど事前に出版者著作権管理機構（Tel：03-5244-5088，FAX：03-5244-5089，e-mail：info@jcopy.or.jp）の許諾を受けてください。

川島 真著
中国近代外交の形成
A5・706頁
本体 7,000 円

平野 聡著
清帝国とチベット問題
―多民族統合の成立と瓦解―
A5・346頁
本体 6,000 円

蒲豊彦著
闘う村落
―近代中国華南の民衆と国家―
A5・504頁
本体 7,200 円

岡本隆司著
中国の誕生
―東アジアの近代外交と国家形成―
A5・562頁
本体 6,300 円

奈良岡聰智著
対華二十一ヵ条要求とは何だったのか
―第一次世界大戦と日中対立の原点―
A5・488頁
本体 5,500 円

吉澤誠一郎著
愛国とボイコット
―近代中国の地域的文脈と対日関係―
A5・314頁
本体 4,500 円

関智英著
対日協力者の政治構想
―日中戦争とその前後―
A5・616頁
本体 7,200 円

中兼和津次著
毛沢東論
―真理は天から降ってくる―
四六・438頁
本体 3,600 円

五十嵐隆幸著
大陸反攻と台湾
―中華民国による統一の構想と挫折―
A5・400頁
本体 5,400 円

井上正也著
日中国交正常化の政治史
A5・702頁
本体 8,400 円

庄司智孝著
南シナ海問題の構図
―中越紛争から多国間対立へ―
A5・344頁
本体 5,400 円

毛里和子著
現代中国 内政と外交
A5・240頁
本体 3,600 円